现行税制与税收筹划

刘隽亭 著

山西出版传媒集团
山西经济出版社

前　言

依法纳税是每个企业、公民应尽的义务。国有企业、股份制企业还是外商投资企业概莫如此，影视明星、政府官员、平头百姓都不能例外。这不仅因为政府要通过税收支付公务员的薪俸以及为兴办各种公益事业积累资金，而且还在于合理、完善的税收法规对调节收入分配、稳定社会有着至关重要的作用。因此纳税人必须按照税法规定办理纳税申报，及时缴纳税款，接受税务部门的检查。如果为了本单位或个人利益置国家法律于不顾，终将受到法律的惩罚。

当税收申报、代理、稽查三位一体的格局建立后，纳税人的依法纳税意识将会大大增强，偷税、漏税、逃税等违法行为将相应减少。但是，税收筹划现象的存在往往又是不可避免的。因为纳税人在履行应尽法律义务的前提下，有权利运用税法（包括利用各国税法的差异和漏洞）保护自身的利益。从法的观点来看，权利和义务是一对相辅相成的矛盾。法律上的权利和义务的矛盾运动，造成了许多经济上以及社会上的后果，税收筹划就是这些后果在经济上的表现之一。纳税人在依法履行纳税义务的前提下，有可能依据法律上“非不允许”和未加限定的内容进行行为抉择，来减轻自己的税负。这种行为在形式上没有违反法律，没有越出法律“雷池”一步，但在某些场合与政府的方针、政策可能发生一定程度的不一致，而且其导致的经济后果与偷税和漏税的经济后果并无区别，都会导致财政收入的减少和歪曲经济活动的公平。按照国家法律的本意，并不提倡、鼓励个人进行税收筹划。政府解决这一问题的关键，在于依靠以后对税法的调整、修正，来加速税法的不断完善，以此堵塞漏洞。由于税收筹划是对税法不完善及固有缺陷的发现和利用，同时在客观上也就对税法的完善和健全提供了具体的指向。从这个意义上说，税收筹划与完善税法起着正向的相互促进的作用。税法越是健全的国家，税收筹划的方法、技巧就越高超，税收筹划的理论就越丰富，从而为税法的进一步完善又开辟了新的途径。可以预料，我国社会主义市场经济越发展，国内经济与国际惯例接轨越快，税收筹划现象将会越普遍。故而我们应当不失时机地千方百计地总结经验，使税收法规日臻完善，才可能把业已出现的税收筹划控制在最小的范围内，这几乎可视为一种必然的社会经济过程。

本书的写作方法，一是坚持实践论，全面反映我国现阶段市场经济中税收的现状，做到实践与理论的紧密联系，据此安排本书的框架结构，并将市场经济中税收的一般性与社会主义市场经济中税收的特殊性相结合；二是坚持国际论，尽量吸收与包容世界各国在税收实践中升华的理论，这是人类的共同精神财富，我们没有理由狭隘地拒绝它们，而要把其加以咀嚼、消化、吸收；三是坚持发展论，力争把税收实践中所创造的新知识、新范畴、新方法等反映到本书中来，体现出税收经济理论的创新，最终目标是力求寻找出既保护了纳税人的利益，又使国家财政收入流失最少。

可以肯定，如能全面掌握本书所介绍和分析的具体内容，则无论是对依法纳税，还是对税收筹划，都会从中受到教益和启示，相信读者不会失望。

刘隽亭

2012年12月

目 录

第一章

我国现行税收制度与税收征管体制

税收是国家为了实现其职能，按照法律规定，强制地无偿地取得财政收入的一种方式。也是国家进行经济管理的一种重要手段。

无论纳税人是依法缴税还是进行税收筹划，都必须了解我国税收制度的基础知识。

第一节　税收制度的构成要素

税收制度是国家各种税收法令和征收办法的总称，包括税收法律、法规、条例、实施细则、税收管理体制、征收管理办法等，它成为国家法律的有机组成部分，起着规范征税主体和纳税主体之间有关税收征纳的权利义务关系的行为准则的作用。任何一国的税收制度，都同该国的社会制度、经济结构和经济政策密切联系，体现统治阶级的意志，国家运用它为实现自已的职能和经济基础服务。税收制度不仅在不同社会制度的国家有所区别，而且在同一社会制度的国家，甚至在一个国家的不同历史时期，由于当时的政治、经济政策不同，也存在着很大的差异。因此，税收制度是具体的，是不断发展变化的。税收制度由若干要素构成，这些要素可以分为实体要素和程序要素两类。

一、纳税人

纳税人也称课税主体，是税法上规定的直接负有纳税义务的单位和个人。

纳税人可以是自然人,也可以是法人。自然人一般是指公民或居民个人。法人是指依法成立的具有一定组织机构和财产,能够以自己的名义进行经济活动，并能独立地行使法定权利和承担法律义务的社会组织,如社会团体、企业事业单位等。

法定纳税人负有直接缴纳税款的义务。一般地说,他是所纳税款的实际负担者即负税人,纳税人与负税人是一致的。但是,在某种情况下,纳税人可以通过一定的方式把缴纳的税款转嫁给他人负担,这样,纳税人就不是所纳税款的实际负担者,从而与负税人不一致。税法通常只规定纳税人和扣缴义务人而不规定负税人。

所谓“扣缴义务人”是国家为了保证财政收入,简化纳税环节和计征手段,加强税收的源泉控制,对某些税目规定由支付单位在支付款项时负责代扣和代缴纳税人应缴纳的税款。例如,个人所得税规定由支付所得单位代扣代缴。这种代扣代缴虽然也表现为纳税人和负税人不一致,但与通过税收转嫁引起的纳税人与负税人的分离,性质完全不同。因为前者只是税收征纳关系的改变,而后者则改变了分配关系。

所谓税负转嫁是指纳税人通过一定方式将税收负担通过各种途径部分或全部转嫁给别人负担的经济现象。商品经济的发展是税负转嫁产生的客观经济条件。税收是个分配范畴,又是个历史范畴。自从有了税收必然存在税收负担，但这并不意味着有了税收必然存在税负转嫁。在以自给自足的自然经济为基础的社会里,一般生产物不经过市场交换直接从生产领域进入消费领域，国家不可能对商品或商品流转额进行课税，国家征自土地生产物的税收只能由土地所有者或生产者自己负担,这也排除了税负转嫁存在的可能性。随着社会生产力的发展，商品交换突破时间和地域的限制而大规模地发展起来，一切商品的价值都要通过货币形式表现为价格，一切对商品流转额的征税必然与商品价格形成紧密的联系，这就为税负转嫁提供了可能。因此，税负转嫁是商品货币关系发展到一定阶段的产物，只要存在商品经济且价值规律发挥作用，必然会伴随着商品的价格运动而发生税负转嫁问题。当然，在不同的社会制度下，税负转嫁的表现形式和作用范围是有所不同的。

在市场经济下，纳税人转嫁税负的目的在于摆脱自己的应纳税额，以追求最大限度的利润。从税负转嫁的基本形式看，大体有五种：

第一种是前转或称顺转，即通过提高商品销售价格达到转嫁税负的目的。具体影响过程是：交纳税额增加了单位产品的实际生产费用，从而使税收成为生产成本的一个组成部分。在这种情况下，厂家为了获得同以前一样的利润，就必然比照税额，抬高价格。在价格无法提高时，由于生产费用提高，一部分厂家将退出该领域的生产过程，资本转移到其他生产领域，这样引起该产品的生产量减少，价格又上升。此时，这部分税款也就随着价格的提高而转嫁给消费者。可表示为：生产厂商→批发商→零售商→消费者。

第二种是后转或称逆转，即通过压低原材料的收购价格或本企业的劳动力价格，或者两者兼而有之，以达到转嫁税负的目的。这样，即使在出厂价不变甚至有所降低的情况下，纳税人也能不负担或少负担税款。可表示为：原材料供应商（或雇佣工人）→生产厂商→批发商→零售商。

第三种是混合转，即将前转与后转结合起来进行。如果现实的经济状况不允许纳税人以上述一种方式转嫁全部税额，这时纳税人往往采取混合转嫁方式。按照这种转嫁方式，当提价或压价的总额超过其应纳税额时，还可以得到额外利润。由于该种方式比其他方式更具有隐蔽性，因而在实际上被普遍运用。

第四种是消转，即对已缴纳的税额，纳税人既不前转也不后转，而是自己把它“消化”。当然,消转需要具备一定的条件,如生产成本下降、商品销量尚有扩大的弹性等,纳税人通过改善经营管理,挖掘内部潜力,由课税商品在生产和流通中增加的利润来抵消税负。

第五种是税收资本化。税收资本化也称为“资本还原”,即生产要素购买者将所购生产要素未来应纳税款通过从购入价格中预先扣除(即压低生产要素购买价格)的方法,向后转嫁给生产要素的出售者。这种方式的对象多是一些能够增值的商品,例如土地、房屋、股票等等。税收资本化与一般意义上的税收转嫁不同,一般意义上的税收转嫁是将每次经济交易所征收的税款,通过种种途径随时予以转嫁,而税收资本化则是将累计应纳的税款作一次性的转移,所以它实际是税负后转的一种特殊形式。

纳税人转嫁税负的基本手段表明,税负转嫁必然伴随着价格背离价值的运动。不管纳税人是以提价还是压价,或以两者结合的方式实现税负转嫁,其共同点都是以价格背离价值的那部分差额来补偿其应纳税额的。同时,税负转嫁除了需要具备自由定价的基本条件外,还需要根据经济的景气状况、商品供求关系以及商品本身的特点(例如该项商品是必需品还是非必需品,有无代用品以及与代用品的比价关系)等客观情况而定,而不能恣意妄行。

二、征税对象

征税对象也称征税客体,是课税的标的物,即规定对什么东西征税。

国家按照政治、经济的需要和征收某种税的目的,打算对什么征税,原则上要确定征收范围。不同的课税对象和征收范围构成不同的税种,在税率等条件不变的情况下,征税数额的多少直接取决于课税对象数量的变化,因此,它在税收制度中占有重要的地位。

确定课税对象,首先要选定税源。税源是国民经济各部门在分配过程中形成的各种收入。它一般表现为利润、利息、股息、工资等。税源可以是直接的课税对象,也可以不是直接的课税对象。例如征收所得税,税源和课税对象是一致的,都是纳税人的利润所得。而对财产的征税,课税对象是财产的数量或价值,税源则是财产带来的收益或财产所有人的收入。由此可见,课税对象与税源是两个既有联系又有区别的不同概念。因此在设计税制时,必须依据客观经济形势,注意税源的发展变化,选择适当的课税对象,设置适当的税种。如果课税对象选择不当,不仅发挥不了税收的作用,甚至可能导致税源萎缩,税收枯竭。

课税对象往往决定了本税种的性质和作用，甚至决定了本税种的名称,因而是税制中的基本要素。

由于当今各国的社会制度不同,在经济结构、自然条件等方面也互有差异,所以各国的税制结构也不是完全相同的,税种的设置有多有少,名称多种多样。为了对这些不同的税制和复杂的税种进行各种有目的的研究,需要从不同的角度研究税收的发展演变过程、税收的负担状况、税收来源的分布等,为制定正确的税收法规提供依据。由于分析的角度不同,可以有不同的分类方法,一般有以下几种。

1.按课税对象的性质分类

对流转额课税是指在流转环节以商品流转额和非商品流转额为课税对象征收的税。我国现行对流转额的课税有消费税、增值税、营业税、关税等。流转税课税的特点是:首先,它与商品经济有密切的关系。对流转税征税的前提条件是商品生产和商品交换。在确定税制时,自然要受到客观商品经济的制约,如对什么商品征税,在商品流通的什么环节征税,采用什么样的税率及征收方法等,无不和客观商品经济相联系。同时,对流转额征税后,也要反作用于商品经济,影响商品生产和交换。其次,税款直接受流转额影响,流转额越大,税收收入就多,反之则少。再次,在市场价格可以自由涨落的情况下,税负可以转嫁。最后,有利于国家积累资金,以流转额作为计税依据,不受企业成本变化影响,可以保证财政收入的及时稳定。

对收益额征税是指以各种收益额为课税对象征收的税。收益额是指纳税人的净收入。就企业来说是利润所得额;就个人来说是应税的各种收入额。我国现行对收益的课税有:企业所得税和外商投资企业所得税、个人所得税、农业税等。对收益额课税的特点:首先,税收收入受收益有无和多少制约。国家对收益额征税时,是按照国家财政需要和纳税人负担能力来制定税率的,一般贯彻"所得多的多征,所得少的少征,无所得的不征"的原则,因此它不像流转税类那样有可靠的保证。其次,税收收入受收益时间的限制,所得税受工商企业利润结算期的限制,农业税受收益季节的限制。一般采用分期预缴和年终汇算清缴的办法,所以它不如流转税那样经常。再次,税率最便于累进。因为这种税是以纯收益为课税对象,这是纳税人的真实收入,代表纳税人的实际负担能力,可能采取调节性强的累进税率,有利于贯彻合理负担政策。最后,这种税负通常不能转嫁,因为收益税转嫁的途径只有降低工资或延长工时,在实践中很难做到。

对财产的征税是以财产的数量或价值为课税对象的税。我国现行对财产的课税有房产税、土地使用税等。今后如果开征遗产税、赠与税,它们也属于这种税。财产税类的特点是:首先,对财产的课征税源较小,也比较分散。目前我国居民个人仅占有一些生活所用的财产,对财产的征税涉及千家万户,税源零星。其次,课税对象明确易查。再次,税收收入较稳定。因为财产额的数量变动较小,不像流转税额、收益额那样变动较大。最后,地方政府有较大管辖权。国家给予地方政府较多的税收管辖权,以便各地因地制宜,灵活安排,搞好征收管理。

对行为征税是以某些特定行为为课税对象征收的税。我国现行对行为的课税有印花税、城建税、车船使用税、契税等。行为课税的特点是:税种选择十分灵活。它可以根据国家各个时期、各个阶段政策的特点需要,某一行为或某一方面进行税收调节。

2.按税收收入形态分类

实物税是指国家以实物形式(粮食、棉花、牲畜等)征收的税。我国的原农业税，一直以实物缴纳。从1985年起，在有的地区改为折征代金，向货币税过渡。2006年起停征。

货币税是指纳税人以货币形式缴纳各种税金（现金、支票、银行划拨转账等），这种方式是商品经济货币交换发展到一定阶段的必然结果，它不仅便利纳税人交纳税款，也便于国家财政的集中分配和管理使用。

3.按税收的课征方法分类

定率税是国家先在税法中明确规定每一课税对象单位应纳税款的比例，实行依率计征。由于税金相对稳定，征收简便，既可以保证国家财政收入，又利于促进经济发展，因此世界各国大都实行定率税。

配赋税也称摊派税，是国家只预先规定某税应征的税收总额，然后按纳税人或课税对象依一定标准进行分摊，以确定每一纳税人或某一课税对象应负担的税额。这是我国历史上曾实行过的一种课征制度。

4.按税收的计征依据分类

从价税是以应税产品的价格来计算税款。例如，各种流转税都属于从价税。其特点是商品价格的高低直接制约着税额的增减变化。

从量税是以应税产品的重量、件数、容积、面积等数量为依据来计算税额。例如资源税等，其税额只与课税对象数量的增减有直接联系，而同价格的升降无关。

5.按税收和价格的关系分类

凡税金包含在价格之内作为价格组成部分的属于价内税。我国对流转额的课税绝大部分属于价内税。

凡税金附在商品价格上随商品销售实现，作为价格以外附加的则属于价外税。我国仅有少量税种属于价外税。

6.按税负是否容易转嫁分类

直接税是指由纳税人直接负担的各种税收，纳税人即负税人。所得税、财产税和遗产税等都属于直接税。

间接税是指纳税人能将税负转嫁给他人负担的各种税收，纳税人不一定是负税人。增值税、营业税等属于间接税。

直接税一般不容易转嫁，间接税一般比较容易转嫁，这是相对而言的。税负的转嫁与否，必须结合一定的经济条件和价格运动的一般规律而定。如果仅凭直接税与间接税的划分为标志，就认为某些税绝对转嫁，某些税绝对不转嫁，那是不符合实际情况的。

7.按税收收入归属分类

凡划归中央财政的税种属于中央税（或称国家税），如中央国有企业的所得税，铁道部、银行总行、保险总公司的营业税，以及海关关税等。

凡划归地方财政的税种属于地方税，如地方国有企业的所得税，集体企业、个体工商业户所得税，农牧业税，城市房地产税，屠宰税，牲畜交易税等。

由中央和地方按一定比例分成的税种，属于中央地方共享税。如增值税等。

上述的各种分类方法，都是针对特定的要求划分的。其中最重要的是按课税对象的性质分类。这是因为税法的核心要素是课税对象，课税对象不同，对经济的调节作用也不同。通过分类，可以针对不同的课税对象制定体现国家政策的税收制度和具体的征管办法。

三、税率

税率是应纳税额占课税对象的比例，它决定单位课税对象所征收的税额。

纳税人的税收负担主要取决于税率的高低，国家财政收入的多寡也取决于税率，因此说它是税收制度的中心环节。

经济主体从事各种生产经营活动，他们在遵守国家法律和法规的前提下，所关心的主要是能够获取一定的利润和收入。如果投入多，产出少，必然会大大减弱或停止该项经营活动。这样，税率的高低就成为经济主体推测未来经济活动是否合算的主要依据，税率就成为影响企业和个人经济行为的一个极为重要的手段。因此，在税法中对税率的规定就显得特别重要。

我国现行税率有以下几种形式。

1.比例税率

比例税率是指同一课税对象不论数额大小都按同一比例征税。实行这种税率，其税额随课税对象等比例增加，是应用最广泛的一种税率。在具体运用时，比例税率可以采取不同的表现形式：

单一比例税率，即一个税种只规定一个比例税率。

差别比例税率，即一个税种分别采用不同的比率的比例税率。

差别比例税率按其作用范围又分为：

产品差别比例税率，即对同一产品采用同一税率，不同产品采用不同的税率。例如原产品税对自行车，不论哪家生产，不论价值高低，一律征 20%的税；凡白酒一律征 50%的税。

行业差别比例税率，即对同一行业采用同一税率，不同行业采用不同的税率。例如，营业税对建筑业、金融保险业、交通运输、服务性行业等行业采用各自不同的行业税率。

地区差别比例税率，即为了照顾不同的地区的生产水平和收益分配上的差别，区分富裕、贫穷、落后等不同情况制定高低不同的税率，如原农(牧)业税。

幅度比例税率，也称弹性比例税率，即由中央规定一个税率的幅度，在此幅度内由各地因地制宜地自行确定本地区适用的税率。例如，营业税中的“娱乐业”的税率规定为 5% ~ 20%，由各省、市、自治区人民政府根据本地区实际情况在规定的幅度内自行确定适用的税率。

比例税率除有计算比较简便的优点外，还有利于企业在大体相同的条件下展开竞争、努力提高经济效益。因为同种产品相应地承担同等纳税义务，就必须尽力设法降低成本，提高产品质量，才能在竞争中不至于失利。其主要缺点是，具有累退性与纳税人的负担能力不完全相适应，在调节企业利润水平方面有一定的局限性。

2.累进税率

累进税率是将课税对象按照数额的大小划分为若干个等级，每一等级分别设计不同的税率。随着课税对象数额的递增，税率逐级提高，课税对象的数额越多，适用税率越高，它把税率的变动与课税对象数额的变动联系起来。这种税率制度对调节纳税人的收入或利润有明显的作用，一般适用于对所得额的课税。由于累进税率有一个累进最高点，超过最高点的部分实际上又变成了比例税率。

累进税率按照累进依据的不同可分为两类：

第一类是按课税对象绝对数量（通常用数额表示，如利润、所得额等）为依据的累进税率，简称为额累。额累又可以按累进方式划分为对全部课税对象的累进和对超过部分课税对象的累进。前者称为全额累进，后者称为超额累进。全额累进税率是将课税对象的全部数额按照与之相适应的等级税率计税，计算简便。但累进程度急剧，特别是在两个级距临界点附近会出现税额的增加超过课税对象数额增加的不合理现象。超额累进税率则是按课税对象数额大小划分为若干等级，对每个等级分别规定相应的税率，分别计算税额，然后再加以汇总，于是课税对象数额越大，适用的等级越多，甚至适用全部等级的税率。它在计算上比较复杂，但累进的程度较为缓和，在实际工作中，为了解决超额累进税率计算税额的复杂性，常采用速算扣除数计税法解决。

另一类是以课税对象的相对数量（通常用比率表示，如销售利润率、资金利润率等）为依据的累进税率，简称为率累。率累又可以按累进方式划分为对全部课税对象比率的累进和对超过部分课税对象比率的累进。前者称为全率累进，后者称为超率累进。全率累进税率是按课税对象的全部销售利润率（或产值利润率、资金利润率）找出适用税率，再直接用全部销售收入额（或产值、资金额）来乘适用税率，即等于应纳税额。全率累进税率,至今只是在理论上存在,还没有哪个国家采用过。超率累进税率是对纳税人的销售利润率（或其他比率)划分为若干等级,每个等级规定一个税率,在课税对象比例增加而需要提高一级税率时,只对增加的部分按规定的等级税率计征。这种税率的累进级距是按课税对象的某一相对量分段，而不是按绝对量分段。因此,确定某一课税对象适用于哪个等级的税率无法直接判定,首先要计算出它的相对比率。这样,如果某一课税对象的绝对额大,而相对量小,则可能使课税对象处于免征额之内或适用较低的税率,反之,如果一课税对象的绝对额较小,但相对量较大而适用于较高税率的情况,这一特点一般对大企业较为有利。

总之,额累能使利润额大而利润率低的企业负担重,利润额小而利润率高的企业负担轻;率累使利润额小而利润率高的企业负担重,利润额大而利润率低的企业负担轻。

关于超倍累进税率,其原理与超额累进税率是一致的,所不同的是预先设计一下课税基数,然后就课税对象超过课税基数的倍数,设计不同的级距和税率,超过的倍数越多,税率越高。原个人收入调节税就是采用这种税率。

3.定额税率

按单位课税对象直接规定一定的税额，它是以绝对数表示的一种税率,是税率的一种特殊表现形式。定额税率可以具体分为以下几种形式。

(1)地区差别税额

即对不同的地区规定不同的税额。例如资源税中的盐税,一般来说,产自成本低、利润大的地区,税额订得高些;产自成本高,利润小的地区,税额订得低些。

(2)幅度税额

即中央只规定一个税额的幅度,由各地区根据本地实际情况,在幅度内确定一个执行税额。例如,车船使用税对车船或按净吨位或按载重吨位均规定了幅度税额。

(3)分类分级税额

即把课税对象划分为若干类别和等级，对各类分别规定不同的税额，等级高的税额高。例如，车船税中机动船的税额，就是按净吨位的多少来规定税额的。

定额税率的优点是，从量计征，计算简便，其税额不受产品成本和价格变动的影响，有利于鼓励企业提高产品质量，改进包装。但是，因应纳税额与课税对象价值的增减脱钩，所以不能使国家财政收入随着国民收入的增长而同步增长。

四、税目

税目是根据征税对象确定的具体征税项目和范围，它体现征税的广度。有些税的课税对象简单、明确，例如房地产税、屠宰税等，当然没有另行规定税目的必要。但从大多数税种来看，课税对象都比较复杂，在征税时，还需要对这些税的课税对象作进一步的划分，并作出具体的界限规定，这个规定的界限范围就是税目。

规定税目是税收技术上的需要。通过规定税目，可以划分各税征免的界限。凡属于税目之内的商品或经营项目就要征税，不属于这些税目的就免于征税。

规定税目也是贯彻政策的需要。对有些税目要制定较高的税率，有些税目可以制定一般的税率，有些税目则可以制定较低的税率，通过不同税率的制定，便于贯彻一定时期的经济政策和税收政策。

制定税目通常有两种方法：

第一种是列举法，即按照每一种商品或经营项目分别设计税目。列举法又有正列举法和反列举法之别。正列举法就是列举的征税，没有列举的不征税。反列举法就是列举的不征税，没有列举的都征税。列举法的优点是税目界限明确，便于掌握；缺点是税目繁杂，不便查找。

第二种是概括法,即按照商品大类和行业设计税目。其优点是税目较少,便于记忆;缺点是税目设置过粗,不便贯彻国家的经济政策。

这两种方法各有长短。在具体运用时,应当将它们有机地结合起来。如果单纯地强调某一种方法而否定另一种方法,都会给税目确定工作带来困难。

五、纳税环节

纳税环节是指在商品流转过程中应当缴纳税款的环节。社会产品从生产到消费是一个复杂的过程,往往要经过很多环节。例如,工业品要经过工业生产、商品批发、商业零售等环节;农业品要经过农业生产、商业采购、商业批发和商业零售等环节。纳税环节也就是对这些环节具体确定在哪个环节缴纳税款。一般来说,应当根据社会产品生产和流通的实际情况来确定。哪个环节创造和实现的盈利较多,就确定在哪个环节纳税。

在复杂的经济活动中,确定在什么环节纳税,关系到税制结构和整个税收体系的布局以及国家财政收入能否得到保证, 关系到税款能否及时足额入库和加强经济核算, 因而纳税环节是税制的构成要素。

按照纳税环节的多少,对商品流转额的课税,可以分为以下几种课征形式:

(1)同一种税,只在一个环节内征的,称为“一次课征制”。

(2)同一种税,规定在两个流转环节课征的,称为“两次课征制”。

工业品在出厂销售时,征一次工业环节的税;经过商业零售时,再征一次零售环节的税。这样确定纳税环节,符合工业品纯收入分布状况。同时,在工业环节征税,还能适应有些工业品直接由企业出售给消费者的情况,便于控制税源,有利于国家及时取得财政收入和简化征收手续。

(3)同一税种,在每个流转环节都要课征的,称为“多次课征制”。

我国现行的营业税就采用这种办法。

六、纳税期限

纳税期限是税法规定的纳税人应当缴纳税款的时间限制。各种税收都要明确规定交纳税款的期限，这是由税收的固定性、强制性特征所决定的，是税收的固定性、强制性在时间上的体现。

纳税期限是这样确定的。

（1）根据国民经济各部门生产经营的不同特点和不同课税对象确定。例如，原农业税由于农业生产的季节性，一般实行夏秋两季征收入库。

（2）根据纳税人应纳税款数额的多寡确定。对税收数额大的，纳税期限规定短一些；税收数额较小的，纳税期限规定长一些。

（3）根据应税行为发生的特殊情况，实行按次征收。例如，原屠宰税、契税等，每次行为发生后立即征税，以免发生偷漏税。

按期缴纳税款时，无论数额大小，均应在纳税期限内缴入国家金库。由于期限是表达一段时间的下限，超过了纳税期限规定的，则要处以滞纳金。

七、减税、免税

减税、免税是为了照顾某些人的特殊情况，解决在一般规定中所不能解决的实际问题而采取的一种特殊措施。它体现了税收的严肃性和必要的灵活性的结合。

作出减税、免税的特殊规定，是由于税种税率只能根据经济发展的一般情况和社会平均水平来确定，它可以适应广泛性、一般性的要求，而不能适应个别的、特殊的要求。在现实生活中，具体到不同的纳税单位，往往要受各种客观情况的影响，其负担能力是有很大差别的。因此，为了照顾个别的、特殊的要求，以及支持和鼓励某些行业、产品和经营项目的发展，就需要在统一税制的基础上，有一种对特殊情况实行特殊调节的手段加以补充，因而减税和免税就成为税制构成要素之一。

减税和免税一般分为政策减免、社会减免、灾情减免三种。其主要内容包括以下几方面。

(1)减税和免税

减税是对应纳税款少征一部分税款；免税是对应纳税款全部免征。一般减税和免税都属于定期减免性质，规定有具体的减免期限，到期就恢复征税。

(2)起征点

起征点是税法规定的可以征税的界限，低于起征点的免征，达到或超过起征点的就其数额征税。它是对那些收入较少的纳税人的一种照顾，收入所得不足规定的起征点的不交税。

(3)免征额

免征额是指在课税对象总额中预先规定免于征税的数额，免征额部分不征税，超过免征额的就超过的部分征税。它是考虑纳税人的收入所得应扣除一定数额费用而规定的。

减税、免税是直接通过减少国家财政收入，增加纳税人的经济利益发挥调节作用的，在一定的时期内对它的使用必须加以某种控制。在执行过程中，要依法进行减免，不可各行其是，随意减免，否则不但不能保证财政收入，而且会脱离客观经济决策的指导，影响国民经济的发展。

八、违章处理

违章处理是对纳税人不履行纳税义务，违反税法时所作的处理规定，也称为纳税纪律或罚则。它是维护国家税法严肃性的一种必要措施。

税收违章行为指漏税、欠税、偷税、抗税，以及违反其他有关税收征收管理规定的行为。

对纳税人的税收违章行为,可以根据情节轻重的不同,分别采用不同的处理方式,如批评教育、强行扣款、加收滞纳金、罚款、追究刑事责任。

1.对偷税的处罚

偷税罪具有四个构成要件:一是本罪的主体是特殊主体,即依法具有纳税义务的纳税人和扣缴义务人,包括单位和个人;二是纳税人和扣缴义务人在主观上有犯罪故意。即纳税人有逃避缴纳应纳税款获取非法利益的目的,扣缴义务人在主观上具有不缴或少缴已扣、已收税款的目的;三是纳税人和扣缴义务人在客观上实施了以欺骗、隐瞒等手段,不缴或少缴应纳税款或已扣、已收税款的行为;四是纳税人和扣缴义务人偷税数额要达到一定比例和额度或者具备法定情节的,才构成犯罪。

(1)偷税的行政处罚

偷税行为有下列三种情形之一的,依照税收征管法第 40 条的规定,由税务机关追缴所偷税款或不缴、少缴的税款,并处以所偷税款 5 倍以下的罚款:

纳税人偷税数额不满 1 万元的;

纳税人偷税数额占应纳税额不到 10%的;

扣缴义务人采取纳税人偷税手段,不缴或少缴已扣、已收税款,数额占应纳税款不满 1 万元的;数额不到 10%的。

(2)偷税的刑事处罚

纳税人偷税数额或者扣缴义务人不缴、少缴已扣、已收税款,数额占应纳、应缴税款数额的 10%以上并且数额在 1 万元以上,或者纳税人因偷税被税务机关给予二次行政处罚又偷税的, 处 3 年以下有期徒刑或者拘役,并处以偷税数额或不缴、少缴已扣、已收税款 5 倍以下的罚金;

纳税人偷税数额占应纳税额的 30%以上并且偷税数额在 10 万元以上的,处 3 年以上 7 年以下有期徒刑,并处偷税数额 5 倍以下的罚金。这对扣缴义务人也同样适用。

对纳税人、扣缴义务人多次犯有偷税行为或者不缴、少缴已扣、已收税款行为未经处罚的,其犯罪金额则按累计数额计算。

企事业单位犯有上述罪行的,其刑事处罚与对自然人有所不同。除按对纳税人的一般处罚标准处罚金外，对负有直接责任的主管人员和其他直接责任人员,处 3 年以下有期徒刑或者拘役。这样规定是因法人代表、主管人员、直接责任人员在法人意志支配下,以法人的名义,为了法人的利益而实施的犯罪,不同于单个自然人的犯罪,处罚比单个自然人略轻一些。

2.对逃税的处罚

按照情节的轻重,分为两刑罚档次:

(1)逃税数额在 1 万元以上不满 10 万元的,处 3 年以下有期徒刑或者拘役,并处逃缴税款 1 倍以上 5 倍以下的罚金。

(2)逃税数额在 10 万元以上的,处 3 年以上 7 年以下有期徒刑或者拘役,并处逃缴税款 1 倍以上 5 倍以下的罚金。

对犯有逃税罪的企事业单位的处罚同偷税。

至于漏税，是指纳税人和扣缴义务人由于过失而发生的漏缴或少缴税款的行为,主观上没有不缴或少缴的故意,客观上没有弄虚作假偷逃税款的行为。漏税作为一般违法行为,通常由税务机关党委收缴所漏税款并加收滞纳金。

3.对欠税的处罚

欠税罪具有三个构成要件：一是本罪的犯罪主体仅限于已经欠税的纳税人;二是欠税人在客观上采取转移或者隐匿财产的手段,致使税务机关无法追缴欠缴的税款。在这里,欠税人是否采取了转移、隐匿财产的手段,是否造成税务机关无法追缴的税款,是区分逃避追缴欠税罪与非罪的重要界限,如果欠税人没有采取转移、隐匿财产手段,而是由于经营管理不善,造成财力不支,对其资金、物品或其他财产予以追缴也抵缴不了所欠税款,则不构成犯罪,如果欠税人虽然实施了逃避追缴欠税的行为,但税务机关通过采取强制执行措施,依法追缴到了所欠税款,也不宜以犯罪论处;三是欠税人致使税务机关无法追缴欠缴税款,数额在一万元以上才构成犯罪。

根据税收征管法第 46 条的规定,从事生产经营的纳税人、扣缴义务人在规定期限内不缴或少缴应纳的税款,经税务机关责令限期缴纳,逾期仍未缴纳的,税务机关除依照税收征管法第 27 条的规定采取强制执行措施追缴其不缴或少缴的税款外,根据致使税务机关无法追缴欠缴税款的数额大小,刑法规定了两档处罚:

(1)数额在一万元以上不满十万元的,处三年以下有期徒刑或者拘役,并处以欠缴税款 1 倍以上 5 倍以下的罚款;

(2)数额在十万元以上的,处三年以上七年以下有期徒刑,并处欠缴税款一倍以上五倍以下罚金。

单位逃避追缴欠税罪的,对单位判处罚金,并对其直接负责的主管人员和其他直接责任人按照自然人犯本罪处理的规定处罚。

法定的强制执行措施分两种:一是书面通知纳税人,扣缴义务人的开户银行或其他金融机构从其存款中扣缴税款;二是扣押、查封、拍卖纳税人、扣缴义务人的价值相当于应纳税款的商品,货物或其他财产,以拍卖所得抵缴税款。

4.对抗税的处罚

抗税罪具有四个构成要件:一是抗税罪的主体系特殊主体,即依法负有纳税义务或扣缴义务的个人;二是行为人在主观上只能是故意犯罪,行为人对税务人员实施暴力或者进行威胁,是为了达到不缴或少缴税款的目的;三是行为人侵害客体是复杂客体,即侵害国家的税收管理制度,又侵害了他人(税务人员)的人身权利;四是行为人在客观上实施了“以暴力、威胁方法拒不缴纳税款”的行为。所谓“暴力”指行为人冲击、打砸税务机关,对依法执行税款征收的税务人员实施殴打或人身强制措施等行为。所谓“威胁方法”指行为人对税务人员以实施杀害、伤害以及殴打等行为相恐吓。

抗税犯罪的构成要件与偷税罪基本相同,有所区别的是,偷税是暗中进行的,而抗税则是以暴力、威胁方法公然对税务机关进行抗拒,因此抗税比偷税的危害性更严重。

抗税情节轻微,未构成犯罪的,由税务机关追缴其拒缴的税款,并处以拒缴税款 5 倍以下的罚款;情节严重的,处 3 年以上 7 年以下有期徒刑,并处抗缴税款 5 倍以下的罚款;以暴力方法致人重伤或死亡的,应根据行为人的主观故意或过失等因素分别按刑法 232 条(故意杀人罪),第 233 条(过失杀人罪)、第 234 条(故意伤害罪),第 235 条(过失伤害罪)的规定,处以拘役、有期徒刑、无期徒刑直至死刑的刑罚,并处拒缴税款 5 倍以下的罚金。

第二节　我国现行税制

一、我国税制的沿革

新中国的税收制度是 1950 年确定的,60 多年来,随着国家政治经济形势的发展变化,税制也经历了从建立、发展到逐步走向完善。大体经过了以下几个阶段。

(1)1950 年统一全国税收

1949 年 11 月 24 日至 12 月 9 日，中央人民政府召开首届全国税务会议,这次会议制定了《关于统一全国税政的决议》、《全国税政实施要则》和《全国各级税务机关暂行组织规程》三个税收文件,并于 1950 年 1 月由政务院公布施行。《全国税政实施要则》规定了统一全国税政和平衡城乡负担问题;规定了除农业税外在全国开征 14 种税收,即货物税、工商业税、盐税、关税、薪给报酬所得税、存款利息所得税、印花税、遗产税、交易税、屠宰税、房产税、地产税、特种消费行为税、使用牌照税;规定了各级政府的税收立法权限以及税务机关的任务和职权等项内容。到 1952 年底,由于我国完成了恢复国民经济的任务，政务院财经委员会颁布了《关于税制若干修正及实行日期的通告》，于 1953 年 1 月 1 日起实行。这次修订税制的主要内容有：试行商品流通税，把原货物税、营业税及附加、印花税合并为一种税，未试行商品流通税的商品依原办法征收；修订货物税和营业税；取消特种消费行为税。

(2)1958 年至 1978 年期间税制改革

1956 年我国基本上完成了对农业、手工业和资本主义工商业的社会主义改造，生产关系发生了具有重大历史意义的改变。经济结构和征纳关系的变化，使原税制明显变得不适应。1958 年 9 月，全国人大常委会讨论通过《工商统一税条例(草案)》，并由国务院公布试行。这次改革的主要内容是：实行工商统一税，取代原有的货物税、商品流通税、营业税和印花税；建立工商所得税。经过此次改革，我国仅保留了 11 个税种：工商统一税、工商所得税、盐税、关税、农(牧)业税、屠宰税、城市房地产税、车船使用牌照税、牲畜交易税、集市交易税、契税。1973 年根据“合并税种，简化征收方法”的原则，进行了税制改革。这次改革的主要内容是：合并税种，把工商统一税及其附加、城市房地产税、车船使用牌照税、盐税和屠宰税合并为工商税。合并后，对国有企业只征工商税，对集体企业只征工商税和工商所得税；简化税目税率，税目由原 108 个减为 44 个，税率由 141 个减为 82 个，大部分企业可以简化到只按一个税率缴税。

(3)1979 年至 1993 年期间的税制改革

1978 年党中央召开了十一届三中全会，提出了对外开放、对内搞活的指导方针，要求税制必须与其相适应。从 1979 年开始的税制改革主要内容是：陆续开征产品税、增值税、营业税、消费税；陆续开征国有企业所得税、集体企业所得税、城乡个体工商户所得税、私营企业所得税、个人收入调节税；陆续开征或恢复城市房产税、车船使用税、土地使用税、资源税和盐税；陆续开征了中外合资经营企业所得税、外国企业所得税和个人所得税；新开征了投资方向调节税、国有企业工资调节税、奖金税、筵席税、城市维护建设税等。使我国形成了一个包含30多种税的较为完整的税收体系。

二、现行税制的建立

党的十四大确立了我国经济体制改革的目标是“建立社会主义市场经济体制,以利于进一步解放和发展生产力”。市场经济的规则要求税制作进一步调整,主要表现为:市场经济的统一性要求税制统一,不仅不同所有制企业的税制要统一,而且内外资企业的税制也要统一;市场经济的开放性要求税制同国际惯例接轨,促进国内外市场自由地对接和交流;市场经济的竞争性要求建立公平的税收环境,税制应通过对资源、商品和收益课税,为企业在市场竞争中进行平等竞争创造条件;市场经济的有序性要求建立简明、高效的税制,以便于纳税人和税务机关征纳,从而节约双方的时间精力,通过依法治税,保证双方权利和义务的实现。

新税制改革的指导思想是:统一税法、公平税负、简化税制、合理分权、理顺分配关系,保证财政收入,建立符合社会主义市场经济要求的税制体系。

新税制改革遵循的基本原则:要有利于加强中央的调控能力。通过调整税制结构,合理划分税种和确定税率,理顺国家、企业和个人的分配关系,逐步提高财政收入占国民生产总值的比重,提高中央财政收入占整个财政收入的比重;要有利于体现公平税负,促进平等竞争,通过统一企业所得税,完善流转税,使各类企业之间税负大体公平,为企业在市场中实现平等竞争创造条件;要有利于发挥税收调节个人收入相差悬殊和地区间经济发展差距过大的作用, 促进协调发展,实现共同富裕;要有利于体现国民经济持续、快速、健康地发展。

新税制改革的基本内容是:

流转税制改革的目标是按照公平、中性、透明和普遍征收的原则,建立以增值税为主体,并实行增值税与消费税、营业税相配套的税制格局,取消对外商投资企业征收的工商统一税,统一实行新的流转税制。

所得税制改革的目标是统一企业所得税制度,理顺国家与企业的分配关系,促进企业转换经营机制。调节个人收入差距,缓解社会分配不公的矛盾。

调整、撤并和开征其他一些税种,如调整资源税、城市维护建设税和城镇土地使用税;开征土地增值税、证券交易税等;取消集市交易税、牲畜交易税、国有企业奖金税、集体企业奖金税、行政事业单位奖金税、国有企业工资调节税和烧油特别税;盐税并入资源税,特别消费税并入消费税等。

以上改革全部到位后,我国的税制由原30多种税减少到20种左右,初步达到了简制与高效的统一。

截至2012年底,我国共有增值税、消费税、营业税、企业所得税、个人所得税、资源税、土地使用税、房产税、城市维护建设税、耕地占用税、土地增值税、车辆购置税、车船税、印花税、契税、烟叶税、关税、船舶吨税、固定资产投资方向调节税等19个税种,其中,16个税种由税务部门负责征收。固定资产投资方向调节税由国务院决定从2000年起暂停征收。关税和船舶吨税由海关部门征收,另外,进口货物的增值税、消费税由海关部门代征。

第三节　税收征管体制

一、税收征管概述

1.税收征管

税收征收管理是国家行使征税权力,指导纳税人正确履行纳税义务,对日常税收活动进行组织、管理、监督、检查的基本措施。国家税法规定了征纳双方的权利义务,但是要实现这些权利义务,还需要在征管制度和征纳程序等方面提出措施和办法并贯彻执行。这就构成了征收管理的内容。征收管理的内容主要包括:税务登记、纳税鉴定、纳税申报、税款征收、账簿和票证管理、税务检查和违章处理等项。

税收征管包括管理、检查、征收三个环节。管理指的是税收组织的管理(包括驻厂管理、行业管理、分片管理、条块结合管理、巡回管理等形式),业务指导和日常的管理工作(包括纳税宣传和辅导、协助企业建账建制等),是检查和征收的前提条件;检查主要是发动企业自查和税务机关检查,检验征纳双方有无违反税法规定的行为,是实现征收的关键;征收是保证税款及时足额地交入国库,是管理、检查的归宿和终结。这三个环节各有其不同的作用和范围, 但又互相联系,共同构成一个有机的整体。只有通过管理、检查、征收三个方面的科学化、规范化、系统化、法律化,才能不断提高税收的征管工作水平,税收的职能作用才能全面地发挥出来。

2.税收征管法

《中华人民共和国税收征收管理法》已由七届全国人民代表大会常务委员会第二十七次会议于 1992 年 9 月 4 日审议通过, 并于 1993 年 1 月 1 日起施行。2001 年 4 月 28 日经第九届全国人民代表大会常务委员会第二十一次会议修订通过,于 5 月 1 日起施行。这是我国第一部对内税收和涉外税收统一的税收征管法律, 是税收征管法制建设的一个重要里程碑。

制定内外统一的《税收征管法》,是我国改革开放新形势对税收征管提出的迫切要求。我国税收法律、法规,是采取分税立法的原则,各种税的实体部分与程序部分都分别明文于每一种税的税法或法规之中。由于历史的原因,各项税法或法规规定的征纳程序、违章处罚标准等既不规范,也不统一。为了统一税收征管制度,国务院于 1986 年 4 月 21 日发布了《中华人民共和国税收征收管理暂行条件》,统一了国内税收的征管制度。但由于《征管条例》尚未完成立法程序,没有适用于涉外税收征管。涉外税收征管制度的建立与完善,都是以涉外税收法律、法规为依据的。这样,对内税收和涉外税收仍然实行两套征收管理制度,不仅存在着不规范,不统一的问题,而且也不适应经济形势发展的需要。因此,建立统一内外的《税收征管法》,既是我国深化经济体制改革的需要,也是使税收更好地服从于、服务于改革开放的重大实际步骤。

制定统一内外的《税收征管法》,是发展社会主义市场经济在税收征管立法上的重要举措。随着我国改革的不断深入,税收的地位和作用愈来愈重要。税收直接参与国民收入的分配和再分配,已广泛介入社会经济生活的各个方面,处于各种利益矛盾的焦点上。特别是我国开放 30 多年来,已经形成由经济特区、经济技术开发区、沿海开放区、沿边、沿江开发向内地推进的开放格局,吸引外资、引进技术的规模、渠道和方式都有了很大的发展,尤其是股份制企业的发展,使投资方式出现了新的变化。特别应该指出的是外商投资企业的发展,为我国经济发展注入了新的活力,取得了可喜的成绩。但是,不容忽视的是外商投资企业亏损面、亏损额还很大,偷税与反偷税、避税与反避税的斗争十分尖锐、复杂。而现行涉外税收法律、法规中,对一些外商投资企业和外籍个人偷税、避税行为,税务机关尚无直接行使强制执行措施的权利,造成执法不严、违法难究。《税收征管法》正是基于上述情况, 根据社会主义市场经济发展对税收工作的要求而制定颁布的。概括地说,《税收征管法》的主要特点有:第一,统一了对内税收和涉外税收征管制度;第二,强化了税务机关的行政执法权限,增强了税法的刚性;第三,完善了对税务机关的执法制约制度和对纳税人合法权益的保护制度;第四,确立了税务代理制度。

《税收征管法》是我国第一部统一的税收征收管理的法律,凡由税务部门主管的各种税的征收管理的基本内容都纳入这部基本法规之中,不论是现行税种还是今后新开征的税种,不论是外商投资企业和外国企业及华侨、外籍、港澳人员,还是国有、集体、私营企业等经济实体或是个体工商户及一切纳税个人，其缴纳的税，凡是由税务部门征收的，有关征收管理的事项，都依照《税收征管法》的规定执行。考虑到目前由财政部门负责征收的农业税、牧业税、耕地占用税、契税等税种，与税务机关负责组织征收的税种相比，在征收和管理上有一些差别，不宜完全套用《税收征管法》。另外，海关属国家特别授权可以征税的机关，其征收的关税和船舶吨税已按国际惯例单独立法或规定，也由其独立行使职权。

3.税法与税收制度

税法是由立法机关制定的调整税收分配关系的法律规范。

就名称来讲，税法包括经过立法程序批准的税法、税则、条例、规定、办法等。

就形式来讲，税法包括宪法、刑法、民法等国家基本法规中的税收条款和各个单行税法。

单行税法，就其内容来讲，包括单行税法本身和与之相关的实施细则，补充规定等。

税法是调整经济利益关系方面的一种特定法规，它除了具有一般法规的鲜明的阶级性、由国家制定和认可、靠国家强制力保证实施、具有普遍约束力等特征外，还有区别于其他法规的特征。

税法的主要特征有：

(1)税法以征纳双方为约束对象，是调整税收分配关系的法律规范。

(2)税法所规定的征纳主体的权利义务具有不对等性。国家、国家代表机关享有决定性权利，可以单方面决定产生，变更或终止征纳双方的权利义务关系。纳税人一方则没有这种权利。

(3)税法是实体法和程序法的结合体，每部单行税法基本上都既规定了对什么征税，由谁交税，交多少税，谁来组织征税等权利义务的实体部分，又规定了征纳双方履行权利义务的具体程序。

(4)税法实行高度原则性与灵活性相结合。税法作为法律体系，其原则性表现在：国家及其代表机关只能在法律允许的范围内行使职权，依照法律征税，不得任意变更征税范围、征税数量，负有纳税义务的法人和自然人必须依照法律按时足额缴纳税款，不得任意拖欠税款，更不容许偷漏税款。税法的灵活性表现在：国家根据政治经济情况的变化，适时修改税法的有关条款，以使税法能够适应变化了的情况，国家适时使用减免优惠条款或加成加倍条款，以体现国家从宏观上调节经济的要求。

税法与税收制度有着紧密的联系。这种联系表现在税法和税制都是国家为行使征税权而制定的，用于调整税收分配关系的规范，两者都属于上层建筑的范畴。税法是税收制度的核心。一般地讲，税收制度同时也就是税收法规，两者应该是统一的。因为征纳关系就其本质来说是凭借国家政治权力强制形成的。通过立法程序使税收制度成为税法，成为国家法律体系的组成部分，这是税收强制性的具体表现和前提条件。如果一个国家的征税权不是主要通过税法来具体体现，而是由一些行政规定、文件来体现，那么，国家征税就失去了法律的强制性，而若没有法律的强制性作保障，税收这种无偿性的分配就很难进行。

税法与税制也有区别。因为任何一种事物的产生，发展都需要有一个过程，税收制度之成为税法，也不例外。事实上，就世界各国的情况来看，几乎都是有些税收制度一开始即以税收法规的成熟形式出现，有些税收制度则先以行政规范出现，然后经过试行再向税收法规过渡，而后一种情况占多数。由此决定了税法和税收制度并不完全等同。两者的区别主要表现在：税法是经过立法程序确立的税收制度，是税收制度的主体和核心，也是国家法律体系中的重要组成部分。税制包括税法和围绕税法制定的一些行政规范，它是国家财经制度的重要组成部分。当然，税制中的一些行政规范虽没有经过立法程序批准，但这些行政规范，有些是经过立法机关核准的，有些是由立法机关授权后制定的。并且，这些行政规范都是依据税法的有关条款，围绕税法的基本精神制定的，因此也具有法律效力。只是相对于税法本身来说，具有变动性大的特点。

4.我国税务机关的设置

税务机关是国家为了实现税收职能而设立的专门从事税收管理工作的机构，它是国家的重要职能部门。

目前，我国税务机关设置的层次和结构是：国家税务局是中央税务机关，负责组织全国税务工作，为国务院直属正部级单位。局下设司、司下设处。共设 15 个司（局）：办公厅、政策法规司、流转税管理司、所得税管理司、地方税务司、农业税征收管理局、国际税务司、进出口税收管理司、计划统计司、征收管理司、稽查局、财务管理司司、人事司、机关党委、离退休干部办公室。此外，设 10 个直属事业单位：教育中心、机关服务中心、信息中心、注册税务师管理中心、税收科学研究所、中国税务杂志社、中国税务报社、中国税务出版社、中国税务学会、扬州税务进修学院。

各省、自治区、直辖市税务局是税收管理的地方组织机构，它在国家税务局的业务指导下，在同级政府的领导下，负责本地区的税收工作，其机构设置基本上与国家税务局对口，局下设处。地（市）和县（市）税务局的机构设置有两种情况：一是由上级税务局垂直管理；另一种是受上级和同级政府双重领导。其机构设置也大都与上一级税务机构对口。县以下税务所的设置，农村税务所，一般按经济区划设置，也有的按行政区划设置；城镇税务所，有的按纳税人的经济性质设置，有的按行业设置，有的按经济规模设置，也有的按税种设置。

目前，全国普遍推行了“征、管、查”三分离和“征管、检查”两分离征管模式，其机构也大都按此要求设置了征收、管理、检查三个机构。

5.税务机关的权利和义务

税务机关作为管理国家税收的职能机关和税务行政管理机关，承担着国家现有税制中除关税、船舶吨税（由海关征收）、农业税、耕地占用税（由财政部门征收）、契税（由房管部门代征）之外近 20 种税的征收管理。

依照现行法律、法规,税务机关的权利和义务主要如下:

(1)税务机关的权利

①税收法律、法规的建议权、解释权和拟定权。

②减税、免税审批权。根据税法规定和税收管理体制规定,处理减税、免税事项,并对减税、免税的使用情况实行监督管理。

③税收的征收管理权。2001 年 4 月 28 日九届人大常委会第 27 次会议通过的《中华人民共和国税收征收管理法》中,对税务机关在征管工作中享有的权利作了规定:有权办理税务登记;有权对纳税人的纳税事项和纳税申报表进行审核,并确定其应纳税额;有权向纳税人征收全部税款;有权对纳税人采取税收保全措施和强制执行措施;有权对纳税人的违章行为依法处理,如加收滞纳金、罚款、通知银行扣款、扣押、查封纳税人的商品、货物或其他财产等;有权对纳税人进行税务检查。检查纳税人的账簿、记账凭证和有关资料。检查纳税人应税产品、货物或其他财产。责成纳税人提供与纳税有关的文件、证明材料和有关资料。检查纳税人托运、邮寄应税商品、货物或其他财产的有关单据、凭证。查核纳税人的存款账户和储蓄存款;对未结清税款,又不提供担保的需要出境的纳税人,税务机关有权通知出境管理机关阻止其出境。

④税务复议权。当纳税人对税务机关在纳税或者违章处理等问题上发生争议时,有权根据复议人的请求进行税务行政复议,做出裁决。

(2)税务机关应承担的义务

①对税收法律、法规和税收政策进行必要的解释。

②必须依照税收法律、法规和税收管理权限依法治税,依率计征,不得违反法律、法规,擅自作出税收开征、停征以及减税、免税、退税、补税的决定。

③税务人员必须秉公执法,忠于职守,不得索贿受贿,徇私舞弊、

玩忽职守、不征或少征税款；不得滥用职权多征税款或者故意刁难纳税人。

④税务机关对纳税人采取强制执行措施和税收保全措施，须经县级以上税务局长批准。采取税收保全措施不当，或者纳税人在期限内已缴税，税务机关未立即解除税收保全措施，使纳税人的合法利益遭受损失的，税务机关应承担赔偿责任。

⑤税务机关收受税款、罚款、滞纳金和扣押商品、货物或其他财产时，必须开具收据；查封商品、货物或其他财产时，必须开具清单。

⑥税务机关进行税务检查时，应出示税务检查证件，并有责任为纳税人保密。

⑦纳税人同税务机关在纳税和违章处理上发生争议，纳税人在规定期限内（收到税务机关填发的缴款凭证之日起 60 日内）申请复议的，税务机关应在规定期限内（自收到复议申请之日起 60 日内）作出复议决定。

⑧税务机关及工作人员对依法征收的税款不得挪用、截留或侵占、更不得贪污窃用。违者，将受到法律制裁。

明确了税法与税制的关系，了解了税务机关的权利与义务，还要求尽快完成我国税收制度法律化的进程、根治税收征纳过程中的“人治”、“情治”，逐步走向名副其实的“法治”。做到有法可依、有法必依，执法必严，违法必究。

二、税务登记

1.税务登记及其范围

税务登记是税务机关根据税收法规，对纳税人经营活动进行登记管理的一项基础制度。从事生产经营的纳税人在开业、歇业和生产经营发生变化时，都必须按规定向税务机关办理书面登记。实行税务登记制度，便于税务机关了解纳税人的基本情况，掌握税源，加强税收征管，也有利于建立税务机关与纳税人之间的正常的工作联系，增强纳税人依法纳税的观念。

根据《中华人民共和国税收征收管理法》及其有关规定，我国税务登记的范围是企业、企业在外地设立的分支机构和从事生产、经营的场所，个体工商户和从事生产、经营的事业单位以及非从事生产、经营的纳税人。也就是说凡在中华人民共和国境内从事生产和经营并取得收入的单位和个人，不分国籍、经济性质、经营规模和经营方式，都属于进行税务登记的范围。具体包括：

(1)凡经工商行政管理部门批准开业，从事生产、经营的纳税人，不论是否享受免税照顾，也不论是否已达到起征点，都应当自领取营业执照之日起 30 天内，向当地税务机关申请办理税务登记。

(2)其他一些无工商部门批准发证，但已发生需要纳税的经济行为的单位和个人，也需要按照税收法规的规定，在发生经济行为之日起 30 天内，向当地税务机关申请办理税务登记。

(3)外国企业在中国境内从事生产、经营或提供其他劳务活动不满 30 日的，应当在生产、经营或劳务活动结束前向所在地税务机关办理税务登记。

(4)依照税法规定负有纳税义务的外籍或无国籍个人及港、澳、台人员，应自入境之日起在规定期限内，向所在地税务机关办理税务登记。

(5)缴纳投资方向调节税的纳税人，应在收到有权机关批准的年度固定资产投资计划或其他文件 30 日之内，向建设项目所在地税务机关办理税务登记。

(6)主办短期经营性业务活动或文化艺术活动的单位和个人，应在举办前在所在地税务机关办理税务登记。

(7)其他纳税人是否办理或如何办理税务登记，由各省、自治区、直辖市税务主管机关确定。

2.税务登记与工商登记的区别

目前我国税务登记与工商登记脱节，造成工商登记户远远大于税务登记户，其区别在于：

（1）两者登记依据的政策不同。根据国家工商行政管理法规有关规定，凡是符合国家现行政策的经营业户，无论是企业法人还是个体工商户都必须办理工商登记，领取营业执照。而根据国家现行税收政策法规，在这些经营业户中包括非税务部门征收的纳税人：不发生工商税应税行为的，不需要办理税务登记。

（2）登记而不经营形成工商部门单方登记。部分个体、私营业户办理工商登记后，由于种种原因，不经营也不到税务部门办理税务登记，形成工商部门单方登记。

（3）一户多证形成重复。有一部分纳税人虽然只有一个纳税主体，办理一个税务登记，因多门面、多摊位、多行业综合经营，税务部门只需办理一份税务登记。按工商部门有关规定，都必须办理工商登记并领取营业执照，从而形成工商登记多于税务登记户数。

（4）达不到起征点的经营户，不需办理税务登记。工商部门对季节性经营的农村小作坊和在集贸市场的小摊点，以及走街串巷，为城乡居民开展社会服务的小瓦匠、小木匠、小理发匠、小磨刀匠、小扎匠等“五小匠”，工商部门都办理了登记手续，但税务部门仅按次征税，不办理税务登记。

（5）对承包、租赁经营户的登记方法不一致。对企业内部实行个人承包经营、租赁经营的，工商部门逐户登记，而税务部门是以企业为纳税主体，统一收税。

3.税务登记的内容和基本要求

税务登记的内容要结合纳税人的具体情况确定。一般包括：纳税人名称、地址、法人代表及其居民身份证号码、经营地点、通讯地址、邮政编码、经济性质、隶属关系、经营范围、注册资金、投资总额、生产经营期限、从业人数、工商登记或其他营业登记字号及执照有效期限和发证日期、财会负责人、开户银行及账号、分支机构及其他有关事项。

外商投资企业和在中国境内设立机构的外国企业还应当登记记账本位币、结算方式、会计年度以及境外机构的名称、地址、业务范围及其他有关事项等。

办理税务登记的基本要求是:应由纳税人亲自办理、并如实填写税务登记表和提供有关证件。在填写税务登记表时，要做到字迹工整、清晰、不遗漏项目、不隐匿谎报。税务机关对纳税人填报税务登记表,做到事前有辅导,事后有检查,如发现遗漏等,立即退回原填报单位,重新进行填报。

4.税务登记的种类

(1)注册登记或开证登记

这是纳税人在开始生产经营时向当地税务机关办理的登记。申请开证人必须持有关证件向当地税务机关领取统一印刷的《税务登记表》一式三份,加盖印章后,连同有关证件一并报送基层税务机关。基层税务机关接表后,审核无误,则受理登记。将一式三份的《税务登记表》,一份上报市、县税务局,一份留存,一份连同由市、县税务机关填报的《税务登记证》发给纳税申报人。

(2)变更登记

纳税人在办理税务登记后,如果发生变更企业名称、迁移营业地址、转业、改组、分设、合并、联营、增减注册资本、改变银行账号等,要在有关部门批准或者宣告之日起三十日内，向主管税务机关申请办理变更登记,税务机关及时审核,对符合条件的,予以办理变更登记;对不符合条件的,也应在收到申请报告30日内予以答复。

(3)注销登记

纳税人发生歇业、破产、解散、撤销时,应到主管税务机关申请办理注销税务登记。办理工商登记的纳税人,应当于办理注销工商登记前向主管税务机关办理注销税务登记;未办理工商登记的纳税人,应当于有关部门批准宣告注销之日起15日内向主管税务机关申请办理注销税务登记。被工商行政管理机关吊销营业执照的纳税人,应当于被吊销之日起15日内向主管税务机关申请办理注销税务登记。纳税人在办理注销税务登记前,应当向主管税务机关结算清缴税款、滞纳金、罚款并缴销发票及有关税务文件。

5.税务登记证的使用与管理

税务登记证是纳税人履行了纳税登记义务的书面证明，只限于纳税人自己使用。纳税人应当按照有关规定使用税务登记证件,不得出借、转让、涂改、损毁、买卖或者伪造。税务登记证分为税务登记证及其副本和注册税务登记证及其副本。

纳税人凭税务登记证可办理下列税务事项：申报办理减税、免税、退税;申报办理印、购发票;申请办理外出经营税收管理证明;申报办理税务机关规定的其他有关事项。税务登记证若有遗失,应向主管税务机关提交书面报告,并公开声明作废,同时申请补发税务登记证件。

税务机关对税务登记证实行定期验证和换证制度，具体验证和换证时间,由国家税务总局规定。届时,纳税人应按规定期限,持税务登记证及有关证件到主管税务机关办理验证和换证手续。验证时间一般一年一次,税务机关验证后须在税务登记证(副本)及在税务登记表中注明验证时间,加盖验讫印章。此外,税务机关定期更换税务登记证,一般3~5年进行一次。

6.纳税鉴定

纳税鉴定是税务机关按照税法规定，对纳税单位有关纳税项目作出书面鉴定的一种制度，是税务机关把税收政策和规定落实到纳税人的具体形式,也是征纳双方应共同遵守的办税依据。

纳税鉴定的主要内容为:

(1)办理纳税鉴定的对象。应当办理纳税鉴定的,只限于办理税务登记的纳税人。

(2)办理纳税鉴定的程序。凡是办理了税务登记的纳税人,必须在纳税行为发生之前,到主管税务机关申报办理纳税鉴定。

①向主管税务机关领取《纳税鉴定申报表》,并按规定填写:所有制经营方式、经营范围、职工人数、人均标准工资、单位地址、所属应税项目等,一式三份报送税务机关审核、鉴定。

②税务机关接到纳税人的纳税鉴定申报表后,要依照税务法规作出明确的鉴定。确定其适用的税种、税目、税率、单位税额和纳税环节、计税依据、纳税期限、征收方式等,作出纳税鉴定书,经批准后执行。纳税鉴定一般每年进行一次,情况发生变化时,可随时调整。

③代征、代扣、代缴税款的鉴定。代征人除海关、金融部门和临时性代扣代缴委托加工税款的单位和个人,可暂不办理鉴定申报外,均应向税务机关办理代征、代扣、代缴款的鉴定申报手续。如实填写《纳税鉴定申报表》后,由税务机关核定代扣、代缴手续费等标准,交代征人依照执行。

④纳税鉴定的补充和修订。随着经济形势的变化,纳税人的经营活动和国家的税收规定也会发生变动,这时候就有必要根据实际情况,对纳税鉴定进行补充和修订。

三、纳税申报

1.纳税申报及其对象

纳税申报是纳税人按照税法规定,就纳税事项向税务机关提出书面申报、履行纳税义务的一种法定手续,也是税务机关核定应征税额和填开纳税凭证的主要依据。它是税收征管的一项基本制度,是整个纳税程序的关键环节。纳税人及时、全面、准确地进行纳税申报,对于纳税人依法纳税和税务机关依法征税都具有十分重要的作用。

办理纳税申报是纳税人必须履行的法定手续,通过纳税申报,有利于纳税人正确计算应纳税额,防止错缴、漏缴,也使基层税务机关便于掌握税源变化和纳税人的生产经营情况及纳税情况。它对控制纳税义务的发生,加强税务监督,保证税款及时、足额地征收入库是十分重要的。

凡有纳税义务的单位和个人，均应在发生纳税义务后，按税法规定的期限如实向主管税务机关办理纳税申报手续。

(1)纳税人必须按照税法规定的期限办理纳税申报，报送纳税申报表、财务会计报表以及需要报送的其他有关纳税资料。

(2)纳税人如按税法规定享有减免税，也应按规定申报减免税的理由、税种和减免税的数额。即使批准全部免税，纳税人当期不需要纳税，也应向主管税务机关办理纳税申报，并提供有关财务会计资料。

(3)纳税人经营收入当期不够起征点，或当期未发生纳税义务，也应按期办理纳税申报，并提供有关生产经营情况和财务会计资料。

(4)实行定期定额缴纳税款的纳税人，应按期主动向主管税务机关报送纳税申报表，提供实际经营情况及有关纳税资料。

(5)扣缴义务人应按期报送代扣代缴、代收代缴税款报告表。

2.纳税申报的内容

纳税申报一般包括纳税申报表、企业财务会计报表和有关的纳税资料。

纳税申报表按照不同税种可划分为三大类：

第一类是流转环节征收的流转税。申报的主要内容是应税产品或应税项目、销售收入、销售数量或营业收入、扣除项目金额、适用税目税率、应纳税额等。

第二类是所得税。申报的内容主要是本期收入总额、销售成本、销售税金、营业外收支额、利润总额、应纳税所得额，适用税率、应纳税额等。

第三类是财产和行为税。申报的内容要按各自规定的要求填报计税依据、适用税率和应纳税额。

企业财务会计报表包括：资产负债表、损益表、利润表、现金流量表及各种附表。

除了以上各种纳税申报表、财务会计报表以外，税务机关还要根据需要了解企业有关情况,需要企业提供会计账簿、原始凭证、有关批准文件等资料。

3.纳税申报的方法

凡有纳税义务的单位和个人,应当在发生纳税义务之后,按税务机关规定的期限如实向其主管税务机关进行纳税申报,其中:

(1)国有企业和财务制度比较健全的集体企业,经税务机关核定为自核自缴的单位,可采用征期内企业申报纳税,征后税务机关检查的办法。

(2)对不具备上述条件的纳税人,应采用企业申报,税务机关进行核实的征收方法。即纳税人按照规定的纳税期限向主管税务机关报送纳税申请表,经税务机关核实后,填开纳税缴款书,限期缴纳。

(3)纳税人、代征人因特殊情况不能按期办理纳税申报代征、代扣、代缴税款的,必须报告主管税务机关,酌情予以延期。主管税务机关对不能按期办理纳税申报的纳税人,应当根据情况,暂先核定税额,通知纳税人预交税款,待申报后结算。

(4)纳税人纳税申报期限和缴纳税款期限的最后一天,如遇国家规定的公休假日可以顺延。法定的公休假日是指元旦、春节、五一节、国庆节以及星期六、日。

(5)纳税人因遇有特殊情况申请减税、免税的,应向主管税务机关提出书面报告,减税、免税在未经批准之前,纳税人必须按照规定进行纳税申报,不得擅自不报。

(6)纳税人发生纳税义务超过30天或超过税务机关核定的纳税期限,未向税务机关申报纳税的,主管税务机关有权确定其应缴税款,并限期缴纳。

4.减税、免税的申报

减免税是国家根据税法规定对某些纳税人和纳税对象给予减轻或免除税费的一项调节经济的重要措施。根据税法规定,每个纳税人都有依法享受减税、免税的权利,但纳税人在申请减税、免税时,必须遵循一定的法定手续，即首先向其主管税务机关提出申请，然后由各级税务机关按照规定的审批权限，分级审批。任何单位和个人不得超越权限擅自减免税，在减免税未获准前，也不得以任何借口抗缴。办理减免的程序是：

（1）由纳税人提出减免税申请，在申请书中写明：目前的生产经营情况；为什么要申请减免税；提供与减免税的条件相配合的有关情况和数字；申请减、免税的税种、起止时间、申请减税或免税的数额；减、免税金额取得后的用途及减、免税后可能达到的经济效益和可行的措施；其他需要说明的问题。

（2）税务机关对纳税人的减、免税申请的核批：主管税务机关接到纳税人提出的减、免税申请书后，应立即组织人员深入实际，到纳税人的单位了解纳税人的真实情况。如果情况属实，主管税务机关就可根据国家税法中有关减、免税限定的条件和要求，提出具体的初审意见和报告，并转报上级税务机关。如果税务机关经过调查与核实，发现纳税人的减免税申请书中有故意弄虚作假和与事实不符的内容，主管税务机关应明确予以揭露，并进行批评教育；同时，对申请减、免税理由不充分或不符合减免税限定条件的，主管税务机关也应予以驳回。

上级税务机关接到下级主管税务机关报送的纳税人申请减、免税的有关材料及其初审意见后，也应先组织人员进行实地调查，进一步核实申请人申请减、免的理由是否充分，提供的情况和数字是否准确，该纳税人目前的经济状况和将来的发展趋势如何等。只有在此基础上，上级税务机关才能对下级主管税务机关的初审意见作出审批。未获审批的，审批机关将原申报材料退回；已获批准的，也由审批机关将批准通知下达给主管税务机关，再由主管税务机关转达给纳税人。

四、税款征收

税款征收是税务机关按照税法规定，通过一定的征收方式，将纳税人应纳的税款及时足额入库的活动。

1.征收方式

由于各个税种的征收对象特点不同，各纳税人的经营方式和管理办法不尽一样，财会会计制度的建立和健全差异也很大，为了保证税法的顺利执行，往往需要对不同的纳税人，采取不同的征收方式。

(1)查账征收

即税务机关按照纳税人提供的账表所反映的经营情况，依照适用税率计算缴纳税款的方法。这种办法一般适用于财务会计制度较为健全，能够认真履行纳税义务的纳税单位。这些单位经税务机关审定同意，可以进行"三自"征收，并按照税务机关的要求，每年进行一到两次纳税自查，税务机关根据企业纳税情况进行纳税检查，然后按照税务机关检查的结果，办理退税或补税手续。这种征收方法虽然手续简便，但也存在易于发生税务机关失察，造成偷税、漏税、欠税等不良现象。

(2)查定征收

一般对账册不够健全，但是能够控制原材料或进销货的纳税单位，采用查定征收。其具体做法是，由纳税单位向税务机关报送纳税申请表，经税务机关审查核实，计算应征税额，开具纳税缴款书，由纳税人凭以缴纳入库。主管税务机关对无账单位要定期调查资金额、营业额、所得额和资金周转率、毛利率、费用率、纯利率的情况，以便及时调整纳税金额。

(3)查验征收

查验征收是对经营品种比较单一，经营地点、时间和商品来源不固定的纳税人的一种征收方法。由纳税人在将其购进商品或自行加工的产品上市出售前，向主管税务机关报验，加盖验讫章后，方可上市。纳税人报验时,要填写查验登记表,登记报验时间、品种、数量、金额等,一式两份,一份由纳税人留存,一份交主管税务机关留存,在每月末,税务机关根据查验登记表上的记载,计算当月应交税额。

(4)定期定额征收

对一些无完整考核依据的纳税人,只得采用定期定额方式,由纳税人在季度或年度终了后规定时间内,向主管税务机关申报营业和利润情况。税务机关通过典型调查,掌握代表性资料,逐户确定按季分月营业额和所得额,进行征收。根据税收征管法规定,纳税人有下列情形之一的,税务机关有权核定其应纳税额:依照征管法规定可以不设置账簿的;依照征管法规定应当设置但未设置账簿的;虽设置账簿,但账目混乱或者成本资料、收入凭证、费用凭证残缺不全,难以查账的。纳税人申报的计税依据明显偏低,又无正当理由的。

(5)代征、代扣、代缴

代征是税务机关由于各种原因,对某些纳税单位不便直接征收税款,或由于征管力量不足,对边远地区、农村分散地区等,不直接派员征收,而委托某些单位代收、代征税款照提手续费。

代扣、代缴,一般是为了加强税收管理,减少偷税、漏税,保证各种经济形式的企业在平等条件下进行竞争。税务机关发给代扣代缴单位一定的手续费。如果确定的代扣代缴税款的单位,不扣或少扣税款,由代扣代缴单位补缴。

除上述主要征收方式外,还有委托征收、邮寄申报纳税等。

2.超缴税款的退还

纳税人超过应纳税额缴纳的税款,税务机关发现后应当立即退还;纳税人自结算缴纳税款之日起三年内发现的,可以向税务机关要求退还,税务机关查实后立即办理退还手续。一旦纳税人发现超缴税款,应及时提出退税申请,写明原缴税日期、税种、税额、缴款书或完税证号码、申请退税原因,税务机关审查批准后,也可抵顶下期本税种的应纳税款。

3.纳税争议的处理

纳税争议是围绕缴纳税款事宜所发生在税务机关和纳税人之间的争议与纠纷。当纳税人、扣缴义务人或其他当事人同税务机关在纳税或在违章处理上发生争议时，必须按照税收征管法规定的先缴税后复议的原则处理。

具体程序是：

(1)纳税人、扣缴义务人或其他当事人必须按照税务机关的决定先缴纳税款和滞纳金。

(2)纳税人、扣缴义务人或其他当事人在缴足税款和滞纳金后，可以在税务机关填发缴款凭证之日起 60 天内向上一级税务机关申请复议。

(3)上一级税务机关应在接到申诉人的申请之日起 60 天内作出答复。

(4)申诉人对上一级税务机关的答复不服的,可在接到答复之日起 15 日内向人民法院起诉。

纳税人、代征人或其他当事人如果在规定的复议期限内未申请复议,视为纳税人、代征人或其他当事人放弃起诉权利,税务机关按原处理决定执行。

上述处理程序既给纳税人规定了必须履行的义务，即不论在什么情况下都必须先依法缴税,同时又给纳税人规定了一定的权利,即纳税人有权申请复议和向人民法院起诉。因此,每个纳税人都应掌握这个要求,以便在遇到此类情形时依法办事,使自身权益不受损失。

4.减免税金的管理

减免税金管理是税务机关结合征管活动进行的一项重要工作。为使享受减免税优待的纳税人能合理、有效地使用减免部分的税金,国家税务总局对减免税金的使用作了如下规定。

(1)专款专用

凡是享受减免税的纳税人，必须单独设立账户对减免税金的使用进行核算,切实做到按税务机关批准减免税时规定的用途使用。如由于国家政策性调价和由于自然灾害等原因造成亏损而引起的减免税,一般应将减免税金用于弥补亏损,维持简单再生产;而由于为了支持产业结构、产品结构、进出口结构的调整以及为了开发新产品、新技术引起的减免税,其减免税金应用于扩大再生产。但如果确有特殊情况不能按规定用途使用的,也必须报经原批准的税务机关,并经同意后才能改变。

(2)有批准的使用

享受减免税的纳税人不仅要做到使减免税金专款专用,而且还必须做到有批准的使用,即纳税人每次在使用减免税金时,都必须事先报经主管税务机关批准,不经同意,不准动用。

(3)定期报审

凡是享受减免税的纳税人在享受减免税期内,为了便于税务机关对其实行检查、监督,必须定期向主管税务机关报审,报审时应向税务机关送交《纳税申报表》、《财务会计报表》等有关材料。

5.纳税担保与税收保全

税务机关有根据认为从事生产、经营的纳税人有逃避纳税义务行为的,可以在规定的纳税期前,责令限期缴纳应纳税款,在限期内发现纳税人有明显的转移,隐匿其应纳税的商品、货物以及其他财产或者应纳税的收入的迹象的,税务机关可以责成纳税人提供纳税担保。如果纳税人不能提供纳税担保,经县以上税务局局长批准,税务机关可以采取下列税收保全措施:

(1)书面通知纳税人开户银行或者其他金融机构暂停支付纳税人的金额相当于应纳税款的存款。

(2)扣押、查封纳税人的价值相当于应纳税款的商品、货物或其他财产。

纳税人在规定的限期内缴纳税款的,税务机关必须立即解除税收保全措施;限期期满仍未缴纳税款的,经县以上税务局局长批准,税务机关可以书面通知纳税人开户银行或者其他金融机构从其暂停支付的存款中扣缴税款，或者拍卖所扣押、查封的商品、货物或者其他财产，以拍卖所得抵缴税款。

个人及其所抚养家属维持生活必需的住房和用品，不在税收保全措施的范围内。

采取税收保全措施不当，或者纳税人在限期内已缴纳税款，税务机关未立即解除税收保全措施，使纳税人的合法利益遭受损失的，税务机关应当承担赔偿责任。

6.税收强制执行措施

从事生产经营的纳税人、扣缴义务人未按照规定的期限缴纳税款，纳税担保人未按照规定的期限缴纳所担保的税款，由税务机关责令限期缴纳，逾期仍未缴纳的，经县以上税务局局长批准，税务机关可以采取下列强制执行措施：

（1）书面通知其开户行或者其他金融机构从其存款中扣缴税款；

（2）扣押、查封、拍卖其价值相当于应纳税款的商品、货物或者其他财产，以拍卖所得抵缴税款。

税务机关采取强制执行措施时，对纳税义务人、扣缴义务人、纳税担保人未缴纳的滞纳金同时强制执行。

欠缴税款的纳税人需要出境的，应当在出境前向税务机关结清应纳税款或提供担保。未结清税款，又不提供担保的，税务机关可以通知出境管理机关阻止出境。

五、纳税检查

1.纳税检查及其内容

纳税检查又叫税务检查，是国家税务机关根据税法规定，检查纳税单位和个人是否履行纳税义务的一种有效的监督方法，是税收征收管理的一个重要环节，也是对纳税人经营活动、财务收支情况进行监督的一种手段。通过纳税检查，可以严肃税收法纪，增强纳税人依法纳税的自觉性,有利于正确贯彻执行税收政策,严肃财经纪律,纠正错漏,保证财政收入;可以促进企业改善经营管理,加强经济核算,厉行节约、降低成本,提高经济效益;可以检查发现税务机关在执行国家税收政策以及税收征收管理等方面的问题，以便于改善税收征管工作,完善征管制度。税务检查既是对企业单位的经济活动,财务状况和纳税情况的一种检查监督，也是对税务机关自身贯彻税收政策、执行征管制度的一种自我检查监督。检查工作是一项政策性强、涉及面广,而且比较细致复杂的工作。因此,检查人员必须具备财务会计知识,熟悉查账技术,切实做好检查前的各项准备工作,必要时首先发动企业自查,然后有重点地进行抽查,这样才能查得深、查得细、查得准,取得较好的效果。

纳税检查的主要内容一般包括:纳税人对国家税收政策、税收法规的遵守情况;纳税人对税收征管制度的遵守和执行情况;纳税人的经营管理和经济核算情况。由于不同的征税对象有各自经济活动的特点,税务检查的重点各不相同,但属于同一类征税对象的税种,其税收检查的内容则大致相似。

(1)流转税检查的主要内容

①检查征税范围——根据税法查验征纳双方对应纳税产品流转额的确定有无擅自扩大或缩小的情况;

②检查计税依据——查实按规定范围和计税价格计算的应税收入额是否符合规定,计算是否准确;

③检查适用税目税率;

④检查纳税环节;

⑤检查征免税界限。

(2)所得税检查的主要内容

①检查销售收入额是否真实;

②检查成本和费用是否按规定列支;

③检查营业外收入;

④检查税前扣除项目是否符合规定；

⑤检查应纳税所得额的计算是否正确。

(3)财产税和行为税检查的主要内容

这部分税种虽多，但多数计算税额的方法较为简单。检查时，着重检查征免范围的划分是否清楚，计税依据是否真实，适用税率是否正确，计税办法是否符合规定等。

2.纳税检查的形式

纳税检查的形式，可以根据检查的内容、目的和纳税人的具体情况灵活选择运用。

(1)从检查主体上可分为税务机关检查和纳税人自查互查

税务机关检查，是指由税务机关组织力量进行检查，可以由税务专管员对其所分工管理的纳税人进行检查，也可以集中一部分税务人员组成检查组，对某些纳税人进行定期检查或重点检查。

纳税人自查互查，指纳税人在税务机关的指导下，组织内部人员自己检查，或者由同行业、同类型的纳税人之间进行相互检查。

(2)按检查方式可分为税务查账、实地调查和税务稽查

税务查账，是对纳税人的会计账簿、凭证、报表等核算资料所反映的纳税情况的检查。

实地调查，是对纳税人账外情况进行现场调查，检查账实是否一致。

税务稽查，是对纳税人应税货物办理报验手续的情况进行检查。

(3)按检查时间分为经常检查和定期检查

经常检查一般由税务专管员对所管纳税人不定期的检查。

定期检查，按检查的内容和目的确定按季、按年进行检查。

3.纳税检查的基本方法

纳税检查是一项政策性、专业性和技术性比较强的工作，需要查阅大量的财务会计资料。为克服检查的盲目性，提高查账效率，在查账过程中，要根据检查的内容、范围、要求及被查纳税人的生产经营

特点,灵活地采取适当的科学的检查方法。税务检查的方法很多,主要介绍以下几种:

(1)静查法

这是一种对静态资料进行综合归纳,对比分析的方法,主要是对企业各种会计报表和纳税征管资料的核对分析。如对企业的上期、本期、历年同期的收入、成本、利润、税金等有关指标和数据进行对比分析,了解企业曾经发生过的错漏情况,以便掌握企业的全面情况,为下次查账做好准备。

(2)顺查法

这是一种按顺序进行检查的方法,大体分为三类:一是按会计核算程序审查核对，即从检查原始凭证开始，由原始凭证核对记账凭证,由记账凭证核对明细账,由明细账核对总账,再由总账核对报表。二是按记账时间顺序进行审查核对。三是按会计科目顺序和核算顺序进行审查。

(3)逆查法

这是与顺查法相反的一种方法,即从检查会计报表开始,由报表核对总账,由总账核对明细账,由明细账核对记账凭证,再由记账凭证核对原始凭证。

顺查和逆查是按会计核算程序,一环扣一环的审查方法,所不同的是,一个是顺核算程序推进,一个是逆核算程序反向推进。这两种方法都不排斥对被检查企业所有的会计凭证、账簿报表的全部内容和全部科目进行全面系统的检查。其优点,可以了解企业核算的全过程,漏掉问题的可能性小,但审查的目标不够明确,重点不突出,平均使用力量,比较费时费力。而且有时单纯地就账查账,也很难发现问题。

(4)抽查法

这是在掌握基本情况和线索的基础上，有针对性地检查企业的有关凭证、账簿、报表或重点科目而采取的一种查账方法。在具体运用时,可以顺序抽查,也可以逆序抽查。

(5)核对法

这是按照复式记账的原理,将会计科目的对应关系,经济业务的相互联系,以及账与账、账与表、账与单、账与物的相互制约关系等进行相互核对的一种方法。

(6)比较分析法

这是以企业的账表资料和同类型企业进行对比分析的一种查账方法。一般可从产量产值、劳动生产率、销售收入、材料消耗、成本、利润、资金等指标进行比较。

(7)推理法

是根据相关事物间的相互依存、内部联系的特点,将纳税人的账务资料、实物以及其他资料,进行综合推理、分析判断的一种检查方法。

(8)盘存法

通过纳税人的货币资金和库存商品、库存材料等实物的盘点和清查,与账面记录相比较,进而发现问题的一种检查方法。

(9)外查法

这是从企业外部有关人员和经济单位调查了解情况的一种方法。外查法通常采用函调和派员外调两种方法。实践证明,外调是内查的补充,内查是外调的基础。内查为外调提供线索,外调为内查证实问题。所以多结合运用。

六、账簿凭证管理

1.账簿管理

纳税人必须按照国家财务会计法规和税务机关的规定,设置账簿,根据合法、有效凭证记账,进行核算,设置人员办理纳税事项,并完整保存账簿、凭证、缴款书、免税证等纳税资料。个体工商户确无建账能力的,也要经主管税务机关审核,县(市)税务机关批准。

纳税人建立健全账簿管理制度，是税收管理中一项十分重要的工作。纳税人为了在市场竞争中不被淘汰,就必须降低成本,提高经济效益,为此,纳税人必须加强经济核算,而要加强经济核算,必须要建立健全一整套财务核算制度，即从生产经营的第一步到取得收入和完成各项支出,都要有一套严格的财务会计管理制度。那些借不建账或建假账,或在账簿处理上弄虚作假,进行偷税漏税等非法经营活动的纳税人,不仅侵犯了国家的利益,而且也侵犯了其他经营者或消费者的合法利益,同时也损害了自身的发展。因为对于建假账和弄虚作假的行为，税务部门或其他执法部门都有权给予严厉的经济制裁和行政处罚。

纳税人建账建制,一方面是为了加强自身的经济核算,另一方面是便于接受税务机关的检查监督,从而使自己做到正确纳税。因此,由纳税人向税务机关报送有关账表和资料,是征纳双方的共同要求。纳税人在开业和经营过程中，必须向税务机关申请办理税务登记和纳税鉴定，在缴纳各项应纳税款时，还必须向税务机关报送下列账表、资料:

(1)各税的纳税申报表

缴纳增值税、营业税、消费税的纳税人,必须按照规定的期限,向税务机关填报以上各税的申报表。缴纳所得税的纳税人应于期末终了后,按照规定的期限向税务机关填报所得税申报表等。

(2)会计报表

会计报表是综合反映纳税人在一定时期内生产经营成果和财务成本计划完成情况的报表。它一般包括:资产负债表、损益表、现金流量表、成本费用表、商品进销、盘存情况表等。纳税人在向税务机关报送以上报表时,对于以上报表中的重要情况,还需要附加文字说明。

(3)其他有关资料

如果纳税人除提供以上申报表和各项报表以外，税务机关还要求其提供其他有关的纳税资料,纳税人都必须如实提供,不得隐瞒。

从事生产、经营的纳税人的财务、会计制度或财务、会计处理办法与国务院或财政、税务主管部门有关税收的规定抵触的,依照国务院或财政,税务主管部门有关税收的规定计算纳税。

从事生产、经营的纳税人应当自领取营业执照之日起十五日内设置账簿(总账、明细账、日记账次及其他辅助性账簿)。

扣缴义务人应当自税收法律、行政法规规定的扣缴义务发生之日起十五日内,按照所代扣、代收的税种,分别设置代扣代缴、代收代缴税款账簿。

纳税人、扣缴义务人采用计算机记账的,应当在使用前将其记账软件、程序和使用说明书及有关资料报主管税务机关备案。

纳税人、扣缴义务人会计制度健全,能够通过计算机正确、完整计算其收入或者所得的,其计算机储存和输出的会计记录,可视同会计账簿,但是应当打印成书面记录并完整保存;会计制度不健全,不能通过电子计算机正确、完整计算其收入或所得的,应当建立总账和与纳税或者代扣代缴、代收代缴税款有关的其他账簿。

账簿、会计报表及其他有关纳税资料应当保存十年。但法律、行政法规另有规定的除外。

2.税收票证管理

税收票证,是税务机关征收税款使用的唯一合法凭证。各种税收票证在未填用前,是一种无价证券;填用后,对内成为进行会计核算的主要原始凭证和统计的主要原始资料,对外则成为核发给纳税人作为履行纳税义务的书面证明。

(1)税收票证管理的要求

为了加强税收票证管理,要求做到以下几点:

①统一性。为了在全国范围内行使税法权力,贯彻税收政策和税收制度,税收票证管理办法必须由国家税务总局统一制定,其中包括税收票证、账簿、报表格式的设计;税收票证的使用范围;税收票证戳记种类;税收票证的印制、领发、保管、缴销、审核、报送等。

②正确性。由于每一种税收票证、账簿、报表都有他特定的使用范围,不能随便混用、代用、更不能以单代票,以表代票。税收票证在填制内容上要准确。

③完整性。税收票证不但要求在未填用前应加强保管,防止丢失短损,而且在填用以后,无论是税务专管员、代征人员都应按期向税务机关办理票证缴销手续。税务机关通过对税收票证进行会计和统计核算后,应将原始凭证装订成册,专人妥善保管,并定期向上级税务机关报送税收会计、统计报表。还必须按规定的保管年限和手续进行销毁,不得擅自决定提前销毁。

(2)税收票证的种类

税收票证的种类、格式和印刷,由国家税务总局制定或由省、市、自治区税务局拟定。现行税务机关使用的税收票证主要有以下几种类型:

①专用完税证。由税务机关填发给纳税义务人,凭此到国家金库经收处按期缴纳应纳税款。这是为适应对外经济往来的发展单独设置的,包括外商投资企业和外国企业所得税完税证、工商统一税完税证。

②工商各税完税证。是税务机关自收或委托代征单位直接向纳税单位或个人征收税款使用的通用完税凭证，不许用以征收其他财政收入或地方规费,也不许用其他凭证代替完税证自征或代征税款。

③工商各税缴款书。是税务机关填发给纳税人凭以直接向国家金库经收处缴纳税款的税收票证。不能用它直接或委托代征单位征收现金,也不能用它征收其他财政收入或地方规费。此交款书除必须具备完税证的各项内容外,还必须盖有金库经收处的收款章,方具有合法完税凭证的效力。

④罚款书据。是纳税人违犯税法规定被处以罚款时使用的凭证。纳税人因不按期纳税而被税务机关按规定加收滞纳金时，不填开罚款书据，而是连同原应纳的税款在工商各税完税证或工商各税交款

书上填写。

⑤汇总交款书。是自收税款汇总缴入国家金库经收处使用的凭证。

⑥收入退还书。是税务机关在执行税收政策中发现多收、错收税款时所使用的退款凭证。

⑦税收票证戳记。是在税收征管中由会计员、征收员、专管员掌握对外使用的各种征收查验专用章。它包括征收专用章、税务查验戳和其他各种完税标志等。

(3)税收票证的审核

税收票证的审核,是税务机关及时发现纳税人是否有漏交、错交税收的情况,以及采取大头小尾、分联填写、地址不详和错填,涂改等手段进行贪污税款的一个重要环节。税收票证审核的重点是:

①审核税目、税率。看是否与征税对象、纳税数量一致;有无错用税率;有无不按期纳税;有无不属减免税项目而漏交税款的情况。

②审核应纳税额。主要看应税收入额与税率的乘积是否等于应纳税额;各项应纳税额的合计数是否正确;是否扣除了上期预征或预交数。

③审核填制项目的质量。主要看填写的项目是否逐一填写完整;有无漏填交款单位名称,经济性质、业别的情况;有无漏盖公章,有无漏填限交日期的情况等。

3.发票管理

发票是由税务机关统一管理财务收支的法定凭证, 是会计核算的原始凭据,是税务稽查的重要依据。

全国统一发票监制章是税务机关管理发票的法定标志,其形状、规格、内容、印色由国家税务总局确定。除经省、自治区、直辖市以上税务机关批准外,发票均应套印全国统一发票监制章。

发票的基本内容包括:发票的名称、字轨号码、联次及用途,客户名称、商品名称或经营项目、计量单位、数量、单价、大小写金额、开票人、开票日期,开票单位(个人)名称(章)等;增值税专用发票还应包括:购货人地址、购货人增值税登记号、增值税税率、税额、供货方名称、地址及增值税登记号。

(1)发票的印制

发票由省、自治区、直辖市税务局指定的企业印制。禁止私印、伪造、变造发票。

省、自治区、直辖市税务局应当按照集中印制、统一管理的原则,严格审查印制发票企业的资格,对指定为印制发票的企业发给发票准印证。

发票防伪专用品由国家税务总局指定的企业生产。发票应当套印全国统一发票监制章。

发票应当使用中文印制。民族自治地方可以加印当地一种通用的民族文字。需要使用外文的,也可以使用中外两种文字印制。

(2)发票的领购

凡需向税务机关申请填开发票的单位和个人,均应提供足以证明发生购销业务,提供服务以及其他经营业务活动的书面证明,提出购票申请。购票申请应载明单位和个人的名称,所属行业、经济类型、需要发票的种类、名称、数量等内容,并加盖单位公章和经办人印章。税务机关对用票单位和个人提供的财务印章和发票专用章的印模应留存备查。

税务机关在发售发票时,应按核准的收费标准收取工本管理费,并向购票单位和个人开具收据。工本管理费应专款专用,不得挪作他用。

(3)发票的开具和保管

填开发票的单位和个人必须在发生经营业务确认营业收入时开具发票。未发生经营业务一律不准开具发票。

开具发票后,发生销货退回的,在收回原发票或取得对方有效证明后,方可填开红字发票;发生销售折让的,在收回原发票后,重新开具销售发票。

单位和个人在开具发票时,必须做到按号码顺序填开,填写项目齐全,内容真实,字迹清楚,全份一次复写,全部联次内容完全一致。

使用电子计算机开具发票,应当报税务机关批准,并使用税务机关统一监制的机外发票,开具后存根联应当按顺序号装订成册。

发票只限领购单位和个人开具,不得转借、转让、代开;未经税务机关批准,不得拆本使用发票;不得自行扩大专用发票使用范围。

开具发票的单位和个人应当建立发票购、领、用、存制度,设置发票购、领、用、存登记簿,并定期向税务机关报告发票使用情况。

开具发票的单位和个人应当在办理变更或者注销税务登记的同时,办理发票和发票领购簿的变更、缴销手续。

开具发票的单位和个人应当按税务机关规定的年限存放和保管发票,不得擅自损毁。已开具的发票存根联和发票购、领、用、存登记簿应当保存五年。保存期满,报经税务机关查验后销毁。

(4)发票的检查

印制、使用发票的单位和个人,必须接受税务机关依法进行的检查,如实反映情况,提供有关资料,不得拒绝、隐瞒。

税务机关需要将已开具的发票调出查验时,应当向被查验的单位和个人开具发票换票证。发票换票证与所调出查验的发票有同等的效力。被调出查验发票的单位和个人不得拒绝接受。税务机关需要将空白发票调出查验时,应当开具收据。经查无问题的,应当及时发还。

单位和个人从中国境外取得的与纳税有关的发票或者凭证,税务机关在纳税审查时有疑义的,可以要求其提供境外公证机构或者注册会计师的确认证明,经税务机关审核认可后,方可作为计账核算的凭证。

税务机关在发票检查中如需核对发票存根联与发票联填写情况时,可向收执发票或者发票存根联的单位发出发票填写情况核对卡,收执发票或保管发票存根联的单位，接到税务机关发票填写情况核对卡后,应在十五日反馈有关核对情况。

(5)违规处罚

税务机关对违反发票管理法规的行为进行处罚，应将处理决定书面通知当事人。

违反发票管理法规的行为有以下几种：

①未按规定印制发票或者生产发票防伪专用品的，包括：未经省、自治区、直辖市税务局指定的企业私自印制发票；未经国家税务总局指定的企业私自生产发票防伪专用品；伪造私刻发票监制章；印制发票企业未按《发票印制通知书》印制发票、转借、转让发票监制章和发票防伪专用品；印制发票和生产发票防伪专用品的企业未按规定保管发票成品、发票防伪专用品、发票监制章、销毁废品而造成流失等。

②未按规定领购发票的,包括:向税务机关以外的单位和个人买取发票；未经批准的单位和个人买取发票或增值税专用发票；私售、倒卖发票；贩卖、窝藏假发票；借用他人发票；盗取(用)发票；私自向未经税务机关批准的单位和个人提供发票或增值税专用发票等。

③未按规定开具发票的,包括:应开具而未开具发票；单联填开或上下联金额、内容不一致；填写项目不齐全；涂改、伪造、变造发票；转借、转让、代开发票；未经批准拆本使用发票；虚构经济业务活动，虚开发票；为付款方虚开增值税和扣税额；开具票物不符发票；以其他票据或白条代替发票；未按规定填报发票领用存报告；未按规定设置发票购领存登记簿等。

④未按规定取得发票的,包括:应取得而未取得发票；取得不符合规定的发票；取得发票时,要求开票方或自行变更品名、金额；擅自填开、伪造发票入账等。

⑤未按规定保管发票的,包括:丢失发票、损毁发票；丢失或擅自销毁发票存根联以及发票购领用存登记簿；未按规定缴销发票；未按

规定建立保管制度等。

⑥未按规定接受税务机关检查的，包括：拒绝检查、隐瞒真实情况；刁难、阻挠税务人员检查；拒绝接受《发票换票证》；拒绝提供有关资料；拒绝提供境外公证机构或者注册会计师的确认证明；拒绝接受有关发票问题的询问等。

对有上述所列行为之一的单位和个人，由税务机关责令其限期改正，没收非法所得，并可处以一万元以下的罚款，有上述两种或两种以上行为的可以分别处罚。对私自印制、伪造变造、倒买倒卖发票、发票监制章或者发票防伪专用品的，由税务机关依法予以查封、扣押或者销毁，没收非法所得和作案工具，并处以 1 万元以上 5 万元以下的罚款。情节严重，构成犯罪的，依法追究刑事责任。

七、税收征管中的法律责任

1.纳税人和扣缴义务人的法律责任

(1)纳税人有下列行为之一的，由税务机关责令限期改正，逾期不改正的，可以处以 2000 元以下的罚款；情节严重的，处以 2000 元以上 10000 元以下的罚款：

第一，未按照规定的期限申报办理税务登记、变更或注销登记的；

第二，未按照规定设置账簿或保管账簿和记账凭证及有关资料的；

第三，未按照规定将财务、会计制度或者财务、会计处理办法报送税务机关备查的。

(2)扣缴义务人未按照规定设置、保管代扣代缴、代收代缴税款账簿、记账凭证及有关资料的，由税务机关责令限期改正，逾期不改正的，可以处以 2000 元以下的罚款；情节严重的，处以 2000 元以上 5000 元以下的罚款。

(3)纳税人未按照规定的期限办理纳税申报的，或者扣缴义务人未按照规定的期限向税务机关报送代扣代缴、代收代缴税款报告表的，由税务机关责令限期改正，同时可以处以2000元以下的罚款；逾期不改正的，可以处以2000元以上10000元以下的罚款。

(4)纳税人采取伪造、变造、隐匿、擅自销毁账簿、记账凭证、在账簿上多列支出或者不列、少列收入、或者进行虚假的纳税申报，不缴或者少缴税款的是偷税。偷税数额占应纳税额的10%以上并且偷税数额在10000元以上的，或者因偷税被税务机关给予两次行政处罚又偷税的，除由税务机关追缴其偷税款外，处3年以下有期徒刑或者拘役，并处偷税数额5倍以下的罚金；偷税数额占应纳税额的30%以上并且偷税数额在10万元以上的，处3年以上7年以下有期徒刑，并处偷税数额5倍以下的罚金。

扣缴义务人采取上述所列手段，不缴或者少缴已扣、已收税款，数额占应缴税额的10%以上并且数额在10000元以上的，依照上述规定处罚。

(5)纳税人欠缴应纳税款，采取转移或者隐匿财产的手段，致使税务机关无法追缴欠缴的税款，数额在10000元以上的，除由税务机关追缴欠缴的税款外，处3年以下有期徒刑或者拘役，并处欠缴税款5倍以下的罚金；数额在10万元以上的，处3年以上7年以下有期徒刑，并处欠缴税款5倍以下的罚金。

(6)纳税人向税务人员行贿，不缴或者少缴应纳税款的，按照行贿罪追究刑事责任，并处不缴或少缴的税款5倍以下的罚金。

(7)企事业单位采取对所生产或经营的商品假报出口等欺骗手段，骗取国家出口退税款，数额在10000元以上的，除由税务机关追缴其骗取的退税款外，处骗取税款5倍以下的罚金，并对负有直接责任的主管人员和其他直接责任人员处3年以下有期徒刑或者拘役。

(8)以暴力、威胁方法拒不缴纳税款的，是抗税，除由税务机关追缴其拒缴的税款外，处3年以下有期徒刑或者拘役，并处拒缴税款5倍以下的罚金；情节严重的，处3年以上7年以下有期徒刑，并处拒缴税款5倍以下的罚金。以暴力方法抗税,致人重伤或者死亡的,按照伤害罪、杀人罪从重处罚,并依照上述规定处以罚金。

2.税务人员的法律责任

(1)税务人员利用职务上的便利,收受或者索取纳税人、扣缴义务人财物、构成犯罪的,按照受贿罪追究刑事责任;未构成犯罪的,给予行政处分。

税务人员玩忽职守,不征或少征应征税款,致使国家税收遭受重大损失的,依法追究刑事责任;未构成犯罪的,给予行政处分。

税务人员滥用职权,故意刁难纳税人、扣缴义务人的,给予行政处分。

税务人员对控告、检举税收违法乱纪行为的纳税人、扣缴义务人以及其他检举人进行打击报复的,依法给予行政处分;构成犯罪的,依法追究刑事责任。

(2)税务人员违反法律、行政法规的规定,擅自决定税收的开征、停征或者减税、免税、退税、补税的、除撤销其擅自作出的决定外,补征应征未征税款,退还不应征收而征收的税款,并由上级机关追究直接责任人员的行政责任。

纳税人、扣缴义务人同税务机关在纳税上发生争议时,必须先依照法律、行政法规的规定缴纳税款及滞纳金,然后可以在收到税务机关填发的缴款凭证之日起60日内向上一级税务机关申请复议。上一级税务机关应当自收到复议申请之日起60日内作出复议决定,对复议决定不服的,可以在接到复议决定书之日起15日内向人民法院起诉。

当事人对税务机关的处罚决定、强制执行措施或者税收保全措施不服的,可以在接到处罚通知之日起或者税务机关采取强制执行措施、税收保全措施之日起15日内向作出处罚决定或采取强制措施、税收保全措施的机关的上一级机关申请复议;对复议决定不服的,可以在接到复议决定之日起15日内向人民法院起诉。当事人也可以在接到处罚通知之日起或者税务机关采取强制执行措施、税收保全措施之日起 15 日内直接向人民法院起诉。复议和诉讼期间，强制执行措施和税收保全措施不停止执行。

当事人对税务机关的处罚决定逾期不申请复议也不向人民法院起诉，又不履行的，作出处罚决定的税务机关可以申请人民法院强制执行。

第二章 税收筹划

第一节 税收筹划概念

一、什么是税收筹划

对于税收筹划的概念表述，目前尚难以从有关税收文献中找到非常权威的解释。由于人们理解问题的角度不同，得出的结论自然有所差异，但我们可以通过现有的一些专家的论述来加以概括。

美国 W·B·梅格斯博士在《会计学》中认为“人们合理而又合法地安排自己的经营活动，使之缴纳可能最低的税收。他们使用的方法可称之为税收筹划……少缴税和递延缴税是税收筹划的目标所在。”另外他还认为“在纳税发生之前，有系统地对企业经营或投资行为做出事先安排，以达到尽量地少缴纳所得税，这个过程就是税收筹划。”

荷兰国际财政文献局所编著的《国际税收辞汇》中认为“税收筹划是指纳税人通过经营活动或个人事务活动的安排，实现缴纳最低的税收。”

为了准确把握税收筹划概念，必须明确指出，税收筹划的手段是合法而不是违法；税收筹划的结果或目的是谋求节税，即税款的节省；税收筹划的时间必须在纳税义务发生之前操作，而不是事后操作。

二、税收筹划与避税和节税的联系及区别

1.税收筹划与避税

由于对两者的区别有难度,世界各国在法律界定上分歧较大。有的国家认为对税收不能以道德名义提出额外要求，只要合法一概是允许的,所以不必详细划分避税类型。有的国家主张避税有广义与狭义之分,把避税划分为“正当避税”和“不正当避税”,属于正当的避税通常称之为税收筹划。

避税是指纳税人利用合法的手段,在税收法规的许可范围内,采取一定的形式、方法或手段,通过经营和财务活动的安排,逃避纳税义务的行为。

避税概念在外延上有宽、狭之别。国际上有人将避税分为两大类,一类是可接受避税,另一类是不可接受避税,二者的划分以是否违背法律意图作为根据。可接受避税是指与法律意图相一致的避税即大概念下的避税。例如,当国家对咖啡课以重税,某君用喝茶替代了喝咖啡;当国家对烟酒课以重税,某君戒掉了烟酒。由于烟酒税的立法意图中包括抑制烟、酒消费的因素,所以戒掉烟、酒是与立法精神相一致的,这种逃避税负的行为不在反避税之列。不可接受避税是指与法律意图相悖的避税即小概念下的避税。例如,某人为了给其继承人留下尽可能多的财富,设法通过各种手段分割其产业,并将产业转化成不同类型的财产，以便在国家对其征收财产转移税之前达到避税目的。由于财产转移税的立法精神是以收入和控制资产转让等方面考虑的,所以这种避税行为违背法律意图,成为反避税的目标。需要特别指出的是,可接受避税与不可接受避税之间可以相互转化,甚至避税与偷漏税之间也可以相互转化,因为它们所引出的经济后果是一

致,都导致国家财政收入减少,歪曲经济活动公平,因而避税概念是一个具有相当弹性的相对概念。

具体来说,国际上判断避税的标准通常有五条。

(1)动机标准

即根据纳税人经济活动的安排的法律特征或其他特征,看其主要或部分目的是否在于减少或完全逃避纳税义务。纳税人的动机蕴含于纳税人的思想中,不易直接检验,但动机可以通过其行为、效果反映出来,可以通过分析纳税人对有关经济事务的处理来间接地推断其动机。

(2)人为状态标准

即通过纳税人使用一种在表面上遵守税法而在实质上背离立法机关对之征税的经济或社会实际状况来判定。也可以把人为状态标准表述为缺乏"合理"或有说服力的经营目的或其他非积极目的。运用这一标准,需要完全从特定条款或法规条款中的意图和目的来判定,尽管这些意图和目的并非总是表现得十分清晰,但它能在一定程度上表明纳税人使税法的目的和意识落空的企图。

(3)受益标准

即从实行某种安排而减少的纳税额或获得的其他税收上的好处来判定。在一项税收上的好处可能是一特定交易的唯一结果,与一项税收上的好处是某一交易的主要的或仅是一部分结果之间,必须作出区别。受益标准的最大优点是其客观性,便于观察,但要发现正确的因果关系,分清受益的主要原因和次要原因通常又是很困难的。

(4)规则标准

即依据税收法规中的特殊规则来判定。但通常情况下,判定是否避税的权力基本落在税务当局的手中,有时它们完全可以自由处置,而不依据什么准则,一个典型的例子是,在美国的 1970 年所得税和公司税法第 482 节中,包含了针对公司迁移出境的规则。法令中没有具体包含制定公司迁移出境的税收动因和非税收动因的标准,而是规定纳税人必须到财政部办理手续。财政部可以宣布什么是避避行为，由此可以拒绝公司迁出境的要求。

(5)排除法标准

即依据一种避税的行为是否具有普遍性来判定。如果一种避税方法在大多数纳税人中盛行,这种避税方法就变得为立法机关、财务当局、法院或其他方面所不容,避税就可以被确认为“不可接受”,甚至会在新的立法中宣布为偷漏税,然而,如果避税是由能够对选举施加重大影响的强大势力集团所实施，就会仍然被归类于可接受的避税。相反,如果避税是由没有重大政治影响的选民所为,则可能列入“不可接受”的范围。运用这一标准可能有三种方式:第一,立法机关可能考虑应通过一项新的反避税规定来堵塞漏洞;第二,一个税务法官可能使用某项原则作为证据,来支持判定纳税义务存在的裁决;第三,税务当局可以运用原则,对以前有关做法没有盛行时本不应被课征的纳税人,现在征税。

通过以上标准看出，尽管纳税人的行为在主观上是一种有意识的行为,“挖空心思,冥思苦想,千方百计地钻税法漏洞”,但一般来说并不违反税法规定,它与偷漏税有着本质的区别。主要区别表现为:

第一,在经济行为方面,避税是对某项应税经济行为的实现形式和过程进行某种人为的安排,使之变成非税行为。而偷漏税则是对一项已发生的应税经济行为全部或部分的否定。

第二,在税收负担方面,避税是有意减轻或解除税收负担,只是采取合法的手段对经济活动的方式进行安排。而偷漏税则是纳税人的实际纳税义务已发生的情况下，采取不正当的手段逃避其纳税义务。

第三.在在承担法律后果方面,避税是通过某种合法的形式实现其实际纳税义务,与法律规定的要求相吻合,因而当修改税法条件不成熟时一般受到政府的默许。而偷漏税行为则是公然践踏税法、与税法公开对抗的行为,因而一旦被有关当局查明属实,纳税人就要为此承担相应的法律责任。

第四.在对税法的影响方面,避税的成功,需要纳税人对税法非常熟悉和充分掌握,十分清楚合法与非法的临界点,在总体上确保自己经营活动和有关行为的合法性。而偷漏税是纳税人藐视税法的行为,他们根本不会去钻研税法,却绞尽脑汁去搜寻偷漏税成功的捷径,具有明显的欺诈性。

因为偷漏税是违法行为,当然要受到法律制裁。而避税恰恰是在遵守税法、依法纳税的前提下,百般努力地减轻自己的税收负担。如果政府对避税产生和发展采取无能为力的态度,或者采取近乎疲软的措施,往往加剧了纳税人对避税尝试的狂热追求。由此可见,避税现象的发生既与纳税人竭力增大自己利益的"经济人"的本性有关,也与现行税法的不完善和特有缺陷有关。

在我国,随着社会主义法律制度的不断健全和执法工作机关工作效率的提高,偷、漏、逃、抗税等违法现象将日趋减少,相当一部分纳税人已经清醒地认识到,由于违法遭受经济上的处罚和名誉上的损失是得不偿失的;届时避税就会成为纳税人最为关心的问题,并终将成为政府面临挑战的重要方面。

通过上述分析,可以看出二者的主要区别是,避税虽然不违法,但属于钻税法的漏洞,有悖于国家的税收政策导向;税收筹划则完全是合法的,甚至是国家税收政策予以引导和鼓励的。

2.税收筹划与节税

税收筹划和节税的目标都是获取税收利益,实质上很难加以区分,也没有必要把二者截然分开。节税通常指在税法规定的范围内,在符合立法精神的前提下,当存在着多种纳税方案可供选择时,纳税人以税收负担最低的方式来处理财务、经营及交易事项。可见节税是避税行为中的一种,是符合国家立法精神和政府导向的最正当的避税行为。

节税的主要特点表现为:一是不违反税收政策法规。它是在合法的条件下进行的,以国家制定的税法为研究对象,对不同的纳税方案进行精心比较后作出的纳税优化选择;二是符合政府的政策导向。税收是政府调节产业结构乃至生产经营者与消费者行为的一种有效经济杠杆,一般以税收优惠政策加以引导,作为企业当然要因势利导,用足用活优惠政策,采取符合政策导向的行为;三是形式的多样性。由于各国税法不同,会计制度差异,一定国情下产生的节税行为就会区别于其他国家。同样,一个国家的税收政策在不同产业、不同地区间的差异,也会导致节税的形式越来越多。

三、税收筹划的积极意义

1.有助于提高纳税人的纳税意识

税收筹划是企业纳税意识提高到一定阶段的表现，是与经济体制改革发展到一定水平相适应的。如果税法的绝对权威未能体现,企业纳税意识普遍淡薄,不用进行税收筹划也能取得较大税收利益。一旦税法能够严格执行,企业为减轻税收负担,当然会进行税收筹划,不过是在保证依法纳税的前提下操作。

2.有助于实现纳税人财务利益的最大化

税收筹划可以减少纳税人税收成本，还可以防止纳税人陷入税法陷阱。税法陷阱是税法漏洞的对称。税法漏洞的存在,给纳税人提供了避税机会:而税法陷阱的存在,又让纳税人不得不小心,否则会落入税务当局设置的看似漏洞,实为陷阱的圈套(这也是政府反避税的措施之一)。纳税人一旦落入税法陷阱,就要缴纳更多的税款,影响纳税人的正常收益。税收筹划可以防止落入税法陷阱,不缴不该缴纳的税款,实现财务利益最大化。

3.有助于优化经济结构

纳税人根据税法中税基与税率的差别和税收优惠政策，实施投资、融资和产品结构调整等决策,尽管在主观上是为了减轻自己的税收负担,但在客观上却是在国家税收杠杆的作用下,逐步走向了优化产业结构的道路,有利于资本的流动和资源的合理配置。

4.有可能增加国家财政收入总量

企业进行税收筹划,虽然降低了企业税负,但随着产业布局的逐步合理,可以促进生产的发展。企业规模扩大了,效益提高了,收入和利润增加了,从整体和发展上看,国家的财政收入也将同步增长。

第二节 税收筹划产生的条件

税收筹划之所以产生,主要是税法及有关法律方面的不完善、不健全。一般来说,税法本身具有原则性、稳定性和针对性的特征。从原则性来说,无论哪一种税收法律制度的内容,都以简练为原则,不能包罗一切,但税法所涉及的具体事物与税法的原则性之间往往出现某些不适应的问题;从稳定性来说,税收法律制度一经制定,就同其他法律制度一样,具有相对的稳定性。然而,社会经济生活的状况是瞬息万变的,由于情况的变化,要求税法作出相应的修改,但修改税法要有个过程,需要一定的时间;从针对性来说,税收法制中的具体规定虽然一般都有针对性,但在具体运用时,使针对性达到全部对号入座的程度是办不到的。原因是纳税人之间生产经营活动千差万别,有时会出现种种复杂的情况,这一切使避税成为可能。这也就是说,当税法等规定不够严密时,纳税人就有可能通过这些不足之处,实现自己避税的愿望。

具体来说,促使纳税人进行税收筹划的客观条件是:

(1)当纳税人处于不同经济发展水平条件下,税法规定有相应不同偏重和待遇的内容时,容易造成不同经济发展水平的企业、经济组织及纳税人利用税收内容的差异进行税收筹划。

譬如,对经济开发区或新技术产业园区作的税收优惠及减免照顾,常常使人们利用这些税收优惠及照顾实现少纳税或不纳税的目的。例如,某市有一服装厂原坐落在老城区,为了享受优惠税收待遇,更名××服装公司,在开发区注册,主要产品仍在原厂生产。

(2)分属不同纳税对象的联属企业税负轻重不同,联属企业就会根据本联属企业内部分属的纳税圈的税负轻重作为利润转移的导向,税负重者必然会想办法把利润转移到税负轻的兄弟企业去。

例如,一个生产、销售的工贸联合体以一个独立法人身份出现,当生产企业享受的税收待遇重于销售企业适用的税收待遇时，该联合体就必然会努力将生产利润转变为销售利润。反之,销售企业也会将它的利润转移到生产企业中去。

(3)税率过高。如果税率较低甚至很低,国家取走税款对纳税人来说无关痛痒,自然也就不会使纳税人绞尽脑汁去进行税收筹划。由于税率过高，使纳税人的收入中有较多的部分被政府以税收的形式拿走,才可能引起纳税人的反感和抵制。特别是当边际税率过高时,税收筹划现象更容易发生。边际税率高是指在实行累进税率制度下,税率随纳税收入级距的增高而以更快的速度增长，也就是说多收入的增长速度抵不上多纳税的增长速度。纳税人通常采取的措施:一是在收入达到一定水平后,不再工作或减少工作的努力程度,以免再增加工作获得的收入中有较高的部分被税收拿走，这一点当纳税人收入水平处在税率变化级距临界点时十分明显。二是进行收入或利润转移,降低自己的应税收入档次,减少纳税额,高税率往往成为导致纳税人避税的加速器,纳税人不堪重负,不得不保护自己的既得利益而开辟各种减轻税负的途径。

(4)税法细则在内容上的具体、详细,为纳税者进行税收筹划创造了条件。由于避税正在成为一种十分普遍的社会经济现象,任何一个国家的政府为了使纳税人少钻空子，税法细则的规定都越来越详细,越来越具体,致使一些发达国家的税法条例、细则多达上千条,洋洋数万言。然而,由于税法细则永远不会将与纳税有关的所有方面都十分全面而又详尽地予以规定和限定，它的完善及全面只能是相对的。政府制定详细的税法细则并不一定能把避税的通道全部堵死。政府只得根据变化了的新情况、新问题，再调整有关的法律和规定。

(5)课税对象的重叠和交叉，使纳税人可以左右逢源，寻找最佳课税对象。课税对象按其性质可以划分为：对流转额课税、对收益额课税、对行为课税、对财产课税。由于对课税对象确定口径的不同，纳税人最终承担的纳税额也就不同。对大多数纳税人来说，财产收益和经营利润收入在一定程度和范围内是可以相互转移的。如果国家对财产收益和经营收入采取不同的税率，就会成为促使纳税人利用这种转换躲避税负的依据。例如，国家规定财产税的税负过重，使财产所有人纳税后的收益达不到社会平均利润水平，就会促使财产所有人出售财产而转为租入财产，进而躲避过重的纳税义务。再如，纳税人对资本结构的选择。企业的经营资本通常由两部分组成：一部分是自有资本（权益），另一部分是借入资本（负债），税法规定股息支付不能作为费用列支，只能在缴纳所得税后的收益中分配，利息支付可作为费用列支，在计算应税所得中允许扣除。这时，纳税人就要认真考虑，是多用自有资本好，还是多利用外借资本好。假定有一家公司需要投资 100000 元，预计可获收益 20000 元（支付利息和所得税前），所得税率 25%，如果通过发行收益率 16%的优先股筹集自有资本，由于股息不能在税前列支，该公司税后所得 15000 元（即20000-20000×25%）不足以支付优先股 16000 元的股利（即 100000×16%），所以这一方案是不可能的。如果举债筹资，利息支付 16000 元（即 100000×16%的市场利率），税前列支后，税后所得还有 3000 元〔即（20000-16,000）×（1-25%）〕。后一方案当然优于前一方案，纳税人就会义无反顾地选择举债办法筹资，尽管向国家交了税，毕竟也减轻了自己的负担，可以视同为税收筹划。

(6)征收方法上的漏洞也为税收筹划开了绿灯。拿流转税来说，它主要是在商品的流转环节上课税，因此纳税人只要有效地减少或削减商品流转环节，便可以实现税收筹划的目的。假定某一服装公司是一联合企业，当羊毛收购进来后，对毛纺、染色、制衣全部进行内部控制，毛料服装的流转税率为20%，这样当服装公司出售它的最终产品时，只要在销售环节缴纳20%的流转税就可以了。假如毛纺厂、染色厂、制衣厂都是独立核算的企业，那么每经过一个流转环节，就缴纳一次流转税。显然，大而全、小而全的全能厂占据了税收筹划的优势，而专业协作厂却望尘莫及。

凡此种种，只要国家税法不健全、不完善(实际上任何一个国家也不可能健全和完善)，税收筹划就是不可避免的。国家只有承认它、正视它，才能争取在税法上少一点纰漏，不使避税者有机可乘。

第三节 企业税收筹划方式

企业税收筹划从法律角度来讲，可分为顺法性筹划和逆法性筹划。

顺法性筹划，也就是我们前面所描述的税收筹划，通常指纳税者的意向与税法作用的意向一致，它不影响或削弱税法的法律地位，也不影响或削弱税收各项功能。例如，我国原税收制度中设有奖金税，旨在控制消费基金的过快增长，如果应纳税义务人以使自己发放奖金数额控制在起征点以下来躲避纳税义务，则这种避税就是顺法性筹划。从本质上说，这种行为与税法设置的初衷相吻合。从严格意义上讲，顺法性筹划不属于真正的避税范围。因为顺法性筹划是对税法的承认和遵守，它没有显示和说明税法的缺陷与不足。

逆法性筹划是指与税法的意向相悖，利用税法不及的特点进行反制约、反控制的行为和活动，它不影响也不削弱税法的法律地位，但对国家税收收入及其作用的发挥有一定影响。例如，我国现行税收制度中对在经济特区、经济技术开发区、沿海经济开发区，在所得税等税收上订有许多优惠条款，目的在于促使高新技术和特定地区经济的更快发展。如果纳税义务人并不在这些地区经营可以享受优惠条款的行为或项目，而将其经营所得，体现为在这些地区的所得，这就是逆法性筹划。

当然，纳税人进行逆法性筹划不是随心所欲的，只能限定在法律许可的范围内。征纳关系是税收的基本关系，法律是处理征纳关系的共同准绳。纳税人要依法缴税，税务机关也要依法征税。如果纳税人违反法律规定，逃避税收负担，显然是要绳之以法的。不过在有多种纳税方案可供选择时，纳税人作出缴低税负的决策也是无可厚非的，征税人不应当加以反对。用道德的名义劝说纳税人选择高税负，不是税收法律的要求。如果政府靠行政命令或政策、纪律去抵消或缩小避税的影响，这在法制十分健全的国家是很难做到的。即使勉强去做，也有可能遭到抵制。因为这样做意味着政府用非法的形式矫正法律上的缺陷，这种矫正并不具有法律上的效力。目前在我国，由于人们法制观念比较淡薄，以权代法、以言代法，在一定程度上阻碍了税法的实施，全国各地违反税法的案件普遍存在，给税务司法部门带来很大压力。在这种压力之下，只能就一些大案、要案进行处理，如何完善法律上的反避税条款，暂时不列入议事日程，这不能不影响税收法制的建设和税收工作质量。因此，当务之急是要健全法律，贯彻执行法律。我们的注意力不应该放在否认避税、反对避税上，与其堵不如疏，在一定时期内，如能通过法律把税收筹划控制在极小的幅度内，不仅为国家增加了财政收入，更重要的是完善了国家税收法规。当然要做到这一点，首先需要认清税收筹划，从纷繁的税收筹划现象中找出税法不完善的症结所在，才能对症下药。为此，我们对企业常用税收筹划方式需要进行鉴别。

一、利用有伸缩性的税法条文来筹划

这是因为税法所规定的条文在实际执行时可宽可严，弹性较大，纳税人采用一些简单的手法，就能轻而易举地进行筹划。例如，原税法规定中有关于新办企业减免税的规定。有的企业为了减轻负担，在减免税到期后，就改头换面，申报停业或关闭另以新的名义再办开业等方法,继续享受新办企业的减免税待遇。再如,国家规定试制新产品可以免税,至于什么是“新产品”,财政部文件规定:在结构、性能、技术特征上比老产品有改进或提高,具有先进性、实用性,能提高经济效益,有推广价值。有些企业就利用这个空隙,把已经享受过试制免税的产品,采取改变型号、改变装潢或通过联合经营、扩散到外省市等办法,再次申请免税照顾。又如,原税法规定,对民政部门办的集体福利工厂,街道办的社会福利生产单位,安排盲、聋、哑、残人员占生产人员总数35%以上的,免征所得税;超过10%~35%的,减半征税。有的企业就可以和福利工厂联营,安排残疾人员刚好超过10%,就可以享受减半征税的照顾,即使给残疾人按月付工资,也是相当合算的,因为他们本身也创造着产值。更有甚者,还利用给残疾人挂空名的办法,不让其参加生产活动,不付给工资,每月仅给20元~30元补贴,以提高残疾人占全部生产人员的比重,同样也可以收到依法少缴所得税的效果。

二、利用税法条文不明晰来筹划

这是因为税法规定的条文不够确定或者不太完整，使人们对某个问题的认识存在多种理解,在实际执行中模棱两可,纳税人往往从自身利益的角度来理解，如果纳税人的这种理解得到了税务机关的默许,也就实现了税收筹划。

目前,我国房地产业飞速发展,在税收政策上,国家税务总局根据形势的需要,于1990年在营业税中增设了“土地使用权转让及出售建筑物”和“经济权益转让”两个重要税目。但由于涉及国家土地管理制度和土地两种所有制问题，而这些制度又正处于不断变革过程中,相当部分土地使用权的出让、转让性质难以划分,随之即来的是一些税收征免界限也难以掌握,从而使企业少缴税成为可能。

例:某乡政府先与有关管理区签订征地合同,再与用地单位签订供地合同,陆续征购下辖村委会800多亩丘陵、荒地和2.5平方公里海堤、滩涂，有偿转让销售给某市建设开发总公司等四家企业，兴办旅游开发区。兹后，乡政府陆续收到四家用地单位的购地款共1068万元。其中根据原定合同转付征地费932万元给各村委会、村民，余额136万元归乡政府所有。当地税务部门对该购地款作出全额征收“土地使用权转让”营业税的决定。但乡政府认为其行为属土地使用权出让性质，不该征税。情况反映到县、市税务局，因内部对此也有争议，故一直悬而未决。因为《民法通则》第71条规定“农民集体对所属土地享有占用、使用、收益和处分的权利”包括作价和自由对外出让、赠与、转让等，使其所有权在管理上、经济上得到实现，这是有一定法律依据的。但改革后的土地使用权制度规定，农村集体土地应由县以上地方政府征为国有后，才能有偿出让给其他单位使用。现实中，地方政府也随时需要征用集体土地，而且以政府标准对被征土地的补偿费及出让价单独作价。这样，集体所有的土地实质上在逐步发生质的变化。正是由于这一变革，使得《宪法》规定的两类土地所有权归属问题难以分辨，并使派生的土地使用权出让、转让不易划清，进而影响了土地市场纳税主体的确定，具体的征税与不征税也就难免各有依据。

又例：某乡镇企业主要从事锁的制造，相继开发出几种新产品，商标知名度不断提高。税务局核定该厂年缴税额1.2万元。该厂认为按小规模纳税人实行查定征收不合算，欲成为一般纳税人，故采取两种办法：一是委托税务师事务所代理建账，并主动补申报上年度销售额，以达到30万元标准；二是重新变更营业执照，作为新开企业力争被认定为一般纳税人。实际上，这两条路走起来都有困难。根据规定，从事货物生产或提供应税劳务的企业，年应税销售额在100万元以下、30万元以上的，如果财务核算健全，仍可认定为增值税一般纳税人。该制锁企业属于生产性企业，因此，要被认定为一般纳税人，年应税销售额必须在30万元以上，且财务核算健全。该企业上年度应税销售额不足30万元，这已成为事实，由于财务核算不健全才查定征收。要通过委托税务师事务所代理建账，企图通过补报不存在的销售额，达到获得增值税一般纳税人的目的，属于弄虚作假行为。重新变更营业执照，如企业名称、经营范围、法定代表人的事项的变化，会使企业无形资产受损，更重要的是并不能获得新开企业资格，除非通过合并、兼并、注销原企业，重新进行企业登记和税务登记。

三、利用收买亏损企业来进行筹划

一家盈利的大企业可以收买亏损的另一家企业，利用亏损企业的亏损来抵消盈利大企业的利润，以达到避税的目的。因为我国规定，企业的年度亏损可用下一纳税年度的所得弥补，不足弥补的可逐年延续弥补，但最终不得超过5年。

假设某公司2001年创办，10年内盈亏情况是：2002年到2006年度各亏损10万元，2007年盈利30万元，2008、2009年度各亏损10万元；2010、2011两个年度各盈利10万元。按照税法规定，2002～2004年度亏损可用30万元弥补；2005、2006年度共亏损20万元，分别从2010、2011年度实现的盈利20万元中弥补；至于2008、2009年度亏损可分别延续至2012、2013年度弥补。依照本规定，往往形成长期年年没完没了的亏损弥补，换句话说可能长期不缴所得税。一旦预计某年度可能盈利要缴税时，就可采取收买小型亏损企业的办法，冲减盈利，以减少缴纳所得税，甚至不缴纳所得税。

四、利用不同性质的企业之间所得税法的差异来筹划

由于我国的原所得税法是按不同企业的性质分别制定的，这就使等量的所得额因企业的性质不同其负担的税额也不同。某些企业设法以联营、租赁、承包等形式，改变纳税人的经济性质，以达到少缴所得税的目的。

一般常见的方式有：

(1)改变企业核算形式。主要由独立核算改变为非独立核算，利

用两个经济实体之间的结合部管理比较薄弱的环节，从中逃避税收。有部分下属承包单位，通过非独立核算形式，只向主管部门上缴利润、管理费，并以利、费代替税金。如某图片社年利润近百万元，但主管部门经营亏损，该社改为非独立核算后，不再缴所得税，搞所谓"肉烂在锅里"，造成国家税源流失。

(2)频繁改变经营方式。有些企业，特别是一些小集体企业或私营企业，一年数次倒换营业执照，从中谋取私利。如千方百计地挂靠某企业，使小集体变成大集体，老企业变成新企业，换上新名字，挂上新牌子，钻免税的空子。

(3)改变经营地点或间歇经营。频繁变更经营地点，在税务机关管辖地段之间的结合部，即所谓的"中英街""金三角"跳来跳去，乘税务管理之虚。一些纳税人(主要是自然人)为逃避检查，利用税务稽查的规律性间歇经营，一遇检查就停业。这种方式严格来说属于逃税，所冒风险较大，应该受到国家法律的制裁。当然，如果只是为了少缴税而变更经营地点，利用不同地区税率的差异增加自己的所得，国家政策是允许的。

(4)搞"假合资"。"假合资"最普遍的一种就是大陆驻外机构在当地办的公司又回大陆投资。它还有其他种种形式：在境外兜一圈取得护照的某大陆人，或自己筹资或亲友提供资金，以外商名义回大陆办公司，享受合资的优惠政策，等公司获得利润后，他就用种种手段把利润全部转移出境，有的甚至一天也没有出去的人，亦当起"外商"来。广东顺德有一企业，其外方老板其实是广州人，但身份却是"香港代理"。开始他投入一些外资，但后来就不再投入，而他的企业仍以"合资"的名义享受种种优惠。更有甚者，有些国内的集体企业本来经济效益颇佳，对财政的贡献也不小，但为了减少缴纳税款，故意把数以百万计的人民币换成美元，然后到境外找"老乡"，以"老乡"的名义回乡投资，联合办厂。集体企业"摇身一变"成为合资企业，损了国家，肥了自己。

五、通过企业合并进行筹划

企业合并中的税收筹划主要是指利润高的企业通过兼并有累计亏损的企业,可将原企业利润冲抵亏损企业的亏损额,此举表面上是冲抵亏损，实质上是以被兼并企业的亏损额来抵减其应缴纳的所得税,从而使合并后企业的税负降低。

例如,假定有甲、乙两个企业,甲企业 2011~2012 年度损益及纳税情况如下表:

甲企业 2011~2012 年损益及纳税情况表　单位:元

	2011 年	2012 年	合计
利润总额	100000	100000	200000
所得总额	25000	25000	50000
实际利润额	75000	75000	150000

注:企业所得税税率为 25%(下同)

乙企业在 2010 年年末有 15 万元的亏损额需递延至以后年度弥补,且其在资产结构、经营范围等方面与甲企业均有良好的互补性。如果甲企业于 2011 年兼并了乙企业,则甲、乙合并后的损益及纳税情况如下表:

甲、乙企业合并后损益及纳税情况表　单位:元

	2011 年	2012 年	合计
利润总额	100000	100000	200000
抵补亏损	100000	50000	150000
应税利润额	0	50000	50000
所得税额	100000	12500	12500
实际利润额	100000	87500	1875000

由上表可以看出,通过企业合并,使税负由原来的 50000 元降低到 12500 元,减少了 37500 元(150000×25%),归属所有者的利润也

增加了37500元。

六、通过企业分立进行筹划

企业分立中的筹划，主要体现在企业所得税制度对不同企业采取不同的税收负担待遇，通过分立来降低企业的整体税收负担。例如在企业所得税采用累进税率的前提下，一个因利润额较大适用较高税率的企业，可通过企业分立，分化成两个以上的企业，从而将利润总额分解，使分立后的各个企业均适用较低的税率，达到减轻税收负担的目的。

假设某企业年应纳税额为32万元，适用税率25%，应缴所得税额为80000元（320000×25%）。根据我国现行所得税法，尽管统一为比例税率，但为照顾一些利润低的或规模小的企业的实际负担能力，规定年应纳税所得额在30万元以下，从业人数不超过100人按20%的税率征收，这种税率结构实质上相当于累进税率，从而为我国企业通过分立避税提供了可能。该企业保持总体规模不变，可考虑分立为A、B两个企业，其中A企业所得额20万元，B企业所得额12万元，则两个企业的纳税金额为：A企业应纳所得税额40000元（200000×20%）；B企业应纳所得税额为24000元（120000×20%）。两企业合计纳税64000元（24000+40000），较分立前避税16000元（80000-64000）。

七、通过企业清算进行筹划

企业清算是企业宣告终止后，除因合并与分立外，了结终止后的企业法律关系，消灭其法人资格的法律行为。对于清算所得的课税，我国在企业和外商投资企业所得税法中明确规定：纳税人依法进行清算时，清算所得视作利润，应当按照规定缴纳企业所得税。外商投资企业进行清算时，其资产净额或剩余财产减除企业未分配利润、各项资金和清算费用后的余额，超过实缴资本的部分为清算所得，应当依法缴纳企业所得税。由于企业清算中的筹划十分复杂，在此仅就企业如何利用清算日期的选择进行筹划做一说明。

例如，某公司董事会于2012年7月20日向股东代表大会提交解散申请书,股东代表大会7月28日通过并作出决议,决定公司7月31日宣布解散,于8月1日开始正式清算。而后发现,当年1至7月公司累计盈利10万元,应纳所得税款2.5万元(10万元×25%)。于是在尚未公布的前提下，股东代表大会再次通过决议把公司解散日期更改为8月15日,于8月16日开始清算。公司在8月1日至8月14日共发生停产、停业费用15万元。如果按照原定的清算期,这15万元费用自然属于清算期间的费用。但因清算日期的改变,使其变为经营期间的费用,抵减了经营期的盈利额,导致该公司由原1月至7月盈利10万元变为1月至8月14日亏损5万元。清算后,假设该公司清算所得为10万元,将该公司清算日期变更前后纳税情况比较如下:

当清算开始日期定为8月1日时,2012年1月至7月应纳所得税额为2.5万元;清算所得亏损5万元(10万元-15万元)。

当清算开始日期变更为8月16日时,2012年1月至8月15日亏损5万元,该纳税年度不纳税,亏损额还可递延弥补:清算所得10万元,弥补经营期间亏损后的应纳税所得额为5万元,则清算所得税额为12500元[(10万元-5万元)×25%]。

两方案比较的结果,显然通过变更清算日期,使该企业减轻税收负担12500元(25000元-12500元)。

第四节　企业税收筹划方法

一、转让定价法

转让定价是指两个或两个以上有经济利益联系的经济实体为共同获得更多利润而在销售活动中进行的价格转让（即以高于或低于

市场正常交易价格进行的交易)。它普遍运用于母子公司、总公司与分公司及有经济利益联系的其他公司。这种价格的制定一般不决定于市场供求,而只服从于公司整体利润的要求。

转让定价的作用有以下四个方面。

(1)可以避免或者拖延缴纳公司所得税。转让定价使价格转出方和接受方在实际税负水平方面趋缓、消失。因为绝大多数国家公司所得税税率多实行超额累进制,收入越多,税负越重。而转让定价可以通过价格让渡,降低应税所得额,使公司收入降低到适用税率的档次上。

(2)减少从价计征的关税。当两个或两个以上有经济联系的实体有一方或多方发生进出口行为时,利用相互间特有的联系,通过分仓、拆装、增减批量等方式使实纳关税减少。

(3)集团公司通过转让定价实现税负最小。集团公司(特别是跨国集团公司)通过利用高税区与低税区的税收差异,躲避高税区国家或地区的税收压迫,在税收上避重就轻,达到税负最小。

(4)转让定价在一定条件下可以逃避外汇管制的束缚。在一些国家,外汇管制十分严格,转让定价在不同国度之间进行,外汇管制就会减效或失效。因为转让定价可以起到货币转让的效果。甲国企业向乙国企业转让产品或劳务时,意味着它将得到乙国的货币收入。如果甲国实行外汇管制,则甲国企业就可利用转让定价进行反控制。

转让定价主要方法包括以下几种。

(1)以内部成本为基础进行价格转让。

(2)以销售利润中心在制造购买利润中心所购产品的实际成本定价,简称为实体成本法。

(3)按预先规定的假设成本定价,简称为标准成本法。标准成本是当有效使用劳动和材料时,应当符合一种给定量的产品单位成本。它常常是通过确定在一个管理完善的工厂中投入产出比率的管理研究确定的。使用实际全部生产能力,并对维修和意外停工时间作出规定,这是制定标准成本的常见方法。

以成本为基础的转让定价必须使转让方和接受方明了转让价格的意图和利益关系所在。否则,以产品成本为基础的转让定价就会造成利润冲突,最终导致转让定价失效。

(4)以市场为基础转让定价

第一使用外部交易的市场价格,又称为外部以市场为基础的价格。

第二为包括间接费用和利润在完全成本上加一笔加价,又称为成本加价。

当一个买主能够选择卖主时,市场价格是可为双方接受的价格。在市场上,买卖双方都有权寻找最佳选择。当交易是由买卖双方协商解决时,价格不再由市场决定,而由买卖双方讨价还价确定。无论是前者还是后者,外部交易的市场价格总是作为基础发挥作用的。

当产品经销单位作为一个独立的实体时,代替使用外部交易价格作为确定转让定价基础的方法是在转让货物的成本上加上一笔加价,加价包括间接费用和利润。成本加价法通常在以下三种情况下采用:

第一,当交易的货物为市场上无法得到的特殊产品时;

第二,当销售利润中心不对外销售某种产品时(因为对外销售就会确定一种市场);

第三,当外界供应商虽有能力生产某种产品但却不生产时。

此时,当内部和外部交易特点之间的差异与产量和产品差异相关,而且差异大得使以市场为基础的转让定价成为不可能时,也可以使用成本加价法。

确定加价程序的常见方法是:

两个经济实体(利润中心)之间达到最终分享产品销售利润的某些协议;

规定一项固定的百分比;

像产品经销商对外销售同类产品那样，由一项加价产生相同的毛利润；

一项加价产生的毛利润相当于公司的毛利润平均水平。

从以上转让定价的两种基本方式中不难发现，它们都是在以市场为基础确定对内、对外交易的产品价格，这种方法在国际上被称为双重定价。双重定价可以有效地满足买卖双方的需要，它既能保护独立经济实体对外的经济利益，又能使有经济利益联系的经济实体之间互不损害相互利益，故为越来越多的公司所采用。

二、转让定价的运用

转让定价方法主要是通过关联企业不合营业常规的交易形式避税。关联企业（公司）主要是指具有直接或间接控制和被控制的法律关系的两个或两个以上的企业（公司）。这种控制与被控制的法律关系主要体现于参股，因为参股的比例决定参与管理与控制的程度。关联企业之间之所以广泛运用转让定价方法，是因为任何一个商品生产者和经营者及买卖双方均有权力根据自身的需要确定所生产和经营产品的价格标准，只要买卖双方是自愿的，别人就无权干涉，这是一种合法行为。

关联企业之间转让定价的手段很多，主要有以下几种形式：

（1）关联企业间商品交易采取压低定价的策略，使企业应纳的流转税变为利润而转移，进行避税。例如，某橡胶企业是执行高税率产品企业，为减轻产品的税负，将自制半成品以低价卖给了执行较低产品税的联营企业，虽然减少了本企业的销售收入，却使联营厂多得了利润，企业从中反而多得联营利润，从而实现了减轻税负的目的。

（2）关联企业间商品交易采取抬高定价的策略，转移收入，实现避税。有些实行高税率增值税的企业，在向其低税负的关联企业购进产品时，有意抬高进货价格，将利润转移给关联企业。这样既可以增加本企业增值税扣税额，减轻增值税负，又可以降低所得税负。然后，从低税负的关联企业多留的企业留利中多获一部分。

(3)关联企业间采取无偿借款或支付预付款的方式,转移利息负担,以实现避税目的。有些资金比较宽裕或货款来源较畅的企业,由于其税负相对较重,往往采用无偿借款或支付预付款的方式给其关联企业使用,这样,这部分资金所支付的利息全部由提供资金的企业负担,增加了成本,减少了所得税负。

(4)关联企业间劳务提供采取不计报酬或不合常规计报酬的方式,转移收入避税。例如,某些企业在向其关联企业提供销售、管理或其他劳务时,不按常规计收报酬,采取要么不收,要么多收、要么少收的策略相互转移收入进行避税,当对哪一方有利时就向哪一方转移。当前尤为突出的是某些国有企业的富余人员大量从事厂办经济或第三产业,但工资报酬仍由原企业支付,减轻了原企业所得税负,增加了新办企业的利润。

(5)关联企业间通过有形资产的转让或使用,采用不合常规的价格转移利润进行避税。有些企业(特别是国有大中型企业)将更新闲置的固定资产以不合常规的低价销售或处理给某些关联企业(主要是乡镇企业和个体、私营企业),其损失部分由企业成本负担,减轻了所得税负,然后,再从中获取个人和集体的好处。

(6)关联企业间通过无形资产的转移和使用,采用不计报酬或不合常规价格,转移收入,实现避税。有些国有企业将本企业的生产配方、生产工艺技术、商标和特许权无偿或低价提供给一些关联企业(主要是乡镇企业),其报酬不通过技术转让收入核算,而是从对方的企业留利中获取好处。这样既减少了税收,又可为企业解决福利及其他方面的需要。

总之,关联公司可采用各种办法,控制转让定价,转移利润,造成盈利的企业不一定盈利,亏损企业并不一定亏损的假象。

现在我国的许多外商投资企业都大范围地运用转让定价法,将利润转移出去,以达到躲避我国税收的目的。例如,中外合资发达电子塑工艺公司,它主要生产儿童玩具车,除产品包装用品外,其余材料如电子元器件,小马达等材料均为进口,产品97%外销,进口材料和产品外销均由外方香港宏远公司负责,生产的儿童玩具车平均单位成本21.50元,平均售价16.50元,单位成本高出售价5.0元,该公司开业投产以来年年亏损,而企业规模年年扩大,第三年公司注册资本的75万元增加了一倍。这样,该公司将所得移至香港,避免了我国税收。而香港又是一个天然避税港,它实行的税收管辖权为收入来源地管辖权,只对来自香港境内的所得征收,对来自中国的所得即可免除征税。八达公司采用这种手段达到了全面避税的目的。又例如,设在我国的某合资公司为了利用香港少征所得税,免征财产税,以及不征资本利得税等优惠,在香港设立了公司。母公司把成本1000万美元,原应按1400万美元作价的一批货物,压低按1100万美元作价,销售给香港子公司,子公司以1500万美元的价格出售该批货物。经比较可以发现,压价前后母子公司实际负担的税款不同。

母公司应承担的所得税:(1400-1000)×25% = 100(万美元)

子公司应承担的所得税(香港公司所得税率为大陆的一半):(1500-1400)×12.5% = 125(万美元)

母子公司总税款为:100+12.5 = 112.5(万美元)

压低转让定价后,母子公司实际负担的税款。

母公司应承担的所得税:(1100-1000)×25% = 25(万美元)

子公司应承担的所得税:(1500-1100)×12.5% = 50(万美元)

母子公司总税款为:25+50 = 75(万美元)

转让定价前后相比,总税负减少额为:112.5-75 = 37.5(万美元)

同时,只要香港子公司暂时不把母公司应得的股息汇出,母公司的避税目的就达到了。接着,香港子公司用该部分所得在香港购置房地产,供公司营业使用,又可免除财产税。将来等到这批财产卖出后,还能够避掉出售这些财产利益应缴纳的资本利得税。

我们在这里将有关利用税率、利润差异进行转让定价活动的一般范围作一归纳。这些范围是：

第一，利用原材料、零部件、产成品、机械设备等，如高价购买原材料和零部件，直接增加生产成本，造成利润减少；在以设备投资作价时，抬高作价，虚增投资资本，扩大折旧基数；追加投资或添置设备时，通过提高固定资产价格和缩短使用年限，增加成本开支，加大折旧费的提取和分摊，从而使成本上升，利润下降，或压低产品的销售价格，减少利润。

第二，利用专利、专有技术等无形资产的转让。如提高一次付清支付的额度，以受让人的产量、销量或利润额为基础，提高吸取特许权使用费的百分比，重复收费，将特许权使用费计入设备材料价款来逃避预提所得税。

第三，利用劳务、如企业集团内部提供劳务不收费或收费极其不合理等。

第四，利用贷款。如根据利润安排的需要，对贷款或预付款收取高额或低额利息等。

总之，在实行累进税率情况下，纳税者总是努力使其高利润向低利润部门、企业转移，以降低利润过高部分所承担的高税负；在实行固定税率的情况下，尽管形式上不存在避税问题，但是利润少所承受的税收压力小。

第五节　成本调整法

一、成本调整法的基本内容

成本调整法是通过对成本的合理调整，抵消收益，减少利润，以达到躲避纳税义务的避税方法。

在社会主义市场经济条件下，企业从事生产经营活动的要素是多方面的，因此，产品成本涉及的范围很广，包括的具体内容很多。为了划清企业各项资金的使用界限，保证产品成本的真实性，国家统一规定了产品成本的开支范围，各个企业都要遵照这一范围来进行成本核算。但各个企业的具体情况不同，而国家规定的范围是一定的，在这种情况下，企业就可灵活运用这一规定的范围，选择有利于扩大产品成本的计算方法，尽可能地扩大产品成本，从而减少利润，来减少所缴纳的公司所得税。这里需要指出的是，合理的成本调整是根据有关财务会计制度及规定进行的财务会计技术处理，绝非是违犯、践踏财务制度，更不是乱摊成本乱计费用，否则将会受到财经纪律的制裁。

成本调整法普遍适用于工矿企业、商业企业和各种经营实体。其内容主要有：材料计算法、折旧计算法、费用分摊法等。

1.材料计算法

企业的材料是物质资料生产过程的劳动对象，它在生产过程中被人们用来加工构成产品实体。材料与作为劳动资料的固定资产相比，具有明显的特点，即材料经过一个生产周期就要全部消耗掉，或者改变其原有的实物形态，或者作为生产产品的条件被消耗掉；同时它的价值也随着实物的消耗，一次全部地转移到产品价值中去，构成产品成本的一个重要组成部分；在产品销售以后，它的价值也是一次全部地得到补偿。

在企业中，材料资金是企业流动资金的重要组成部分，材料费用在产品成本中占有很大比率，而且材料种类繁多，变动频繁。在市场经济条件下，材料价格是不断变化的，它随着市场供求的变化，价格围绕价值做上下波动。企业购进材料也是分期分批的，材料价格的变动势必影响产品成本的变化，从而影响企业的利润，进而影响企业缴纳税款的多少。

把材料费用计入产品成本的方法有以下几种：

第一种，先进先出法。以购进的材料先发出为假定前提，每次发出材料的实际单价，要按库存材料中最先购进的那批材料的实际单价计价。采用这种方法要求分清所购每批材料的数量和单价。发出材料时，除逐笔登记发出数量外，还要登记金额，并结出结存的数量和金额。

第二种，全月一次加权平均法。以数量为权数计算每种材料的实际平均单价，作为日常发料凭证的计价依据。全月一次加权平均法是指在月末计算一次平均单价，即以月初库存材料数量与本月收入材料数量之和，求得材料的平均单价。用该单价乘以发出材料数量，即为发出材料的实际成本。

第三种，移动加权平均法。每收进一次材料就计算一次平均单价，作为日常发料统计的计价依据，其计算公式为：

材料平均单价＝(以前结余材料的实际成本＋本期收入材料实际成本)÷(以前结余材料的数量＋本批收入材料的数量)

发出材料的实际成本＝材料平均单价×发出材料数量

第四种，后进后出法，与先进先出法恰恰相反，把后购进材料的费用先计入产品成本。

不同的计算方法，为企业避税奠定了基础。

2.折旧计算法

固定资产的特点是可以连续多次参加生产过程，仍保持原有的实物形态。但是，由于它的长期使用以致发生损耗，并逐渐减少它的价值。固定资产由于损耗而转移到产品成本中去的价值称为“折旧”。这部分折旧费随着产品的销售而转化为货币资金。折旧提取出来之后是要加入当期生产成本的，这就关系到成本的大小，直接影响企业的利润水平，从而影响所纳税金。从表面上看，固定资产的价值是既定的，采用什么方法提取折旧，不论提取多长时间，其总的折旧额是固定的，似乎不会影响到企业总的利润水平及税金。其实，仔细分析一下就会发现，在采用累进税率的情况下，过高的利润额会引起过高部分对应税率的偏高，这样折旧便可作为一个调节剂，以避免企业的利润出现忽高忽低现象，减少企业的纳税。

折旧的计算方法主要有两种：

第一种，平均年限法。以固定资产应提的折旧总额除以预计使用年限，求得每年平均应提折旧额。也就是让固定资产在其使用时间内是逐步地、平均地把它的价值转移到产品成本中去，固定资产转移价值的大小，同使用年限成反比。其计算公式为：

固定资产年折旧额 =【固定资产原值 - 固定资产净残值(预计残值 - 预计清理费用)】÷ 固定资产预计使用年限

第二种，加速折旧法。为了适应科技发展的需要，加速设备的更新换代，不按固定资产的实际使用年限，而按比固定资产使用寿命短的年限提取折旧额。

采用不同的折旧方法，会对企业的纳税情况产生不同的影响。因为不同的折旧方法产生不同的固定资产价值补偿和实物补偿时间既有早晚之分，而且由于所提取的折旧额不同，直接关系到利润量的大小，在企业采用累进所得税税率的情况下，平均年限法企业承担的税负最轻。其原因就在于，平均年限法使折旧额摊入成本的数量平均，从而有效地遏制住某一年内利润过于集中，而适用较高税率，其他年份利润骤减，适用税率较低的现象。采用加速折旧法提取折旧额，在使用期早期提取较多，后期提取较少，利润主要集中在后几年，后几年承担的税负明显加重。但对于适用比例税率缴纳所得税的企业而言，由于使固定资产成本在使用期内得到加快补偿，企业前期利润少，但后期利润多，实际上起到了延期缴纳所得税的作用。

3.费用分摊法

企业费用开支有很多种内容，如劳务费用开支、管理费用开支、福利费用开支等。在所有费用开支方面，劳务费用和管理费用开支最为普遍，也是企业费用开支中两项最主要的内容。

通常所用的费用分摊方法主要有三种：

第一种，平均分摊法。把一定时间内发生的费用平均摊到每个产品的成本中，它使费用的发生比较稳定、平均，避免产品成本的忽高忽低，从而避免了利润过高而带来的高税率。

第二种，实际费用摊销法。根据实际发生的费用进行摊销，多则多摊，少则少摊，没有就不摊，任其自然，这样就达不到避税的目的。

第三种，不规则摊销法。根据经营者需要进行费用摊销，可能将一笔费用集中摊入某一产品成本中，也可能在另一批产品中一分钱费用也不摊。这种方法最为灵活。企业如果运用得好，可以达到事半功倍的效果。特别是当企业的经营不太稳定，造成利润额每月差别较大时，该方法可以起到平衡的作用，利高时多摊，利低时少摊，从而有效地避税。

企业选择不同的费用分摊办法，可以扩大或缩小企业成本，进而影响企业利润和应纳税款。如我国的生产性外商投资企业，经营期在10年以上，可以从获利的年度起享受“两免三减”的税收优惠。这类企业为了充分享受税收优惠，在开业之初，就采用扩大成本开支范围，多计成本费用的办法，使企业前几年不反映利润，甚至账面亏损，由此推迟获利年度。当企业产品销路已打通，生产经营走上正轨后，报表上反映有利润，抵补以前年度亏损后仍有利润才是获利年度，这时候开始计算两年免税，企业又采用减少费用开支的办法，将应摊入的费用后移，使免税期利润异常的大，企业在免税期内的利润完全归己所有。不仅如此，费用后移使以后年度应税所得额变小，相应地减少了国家应得的税款。

二、成本调整法的运用

1.材料计算法的运用

某一生产企业为保证其生产经营活动的正常进行，必须有可供一年生产用的库存材料。2012年，该企业共进货6次，在2012年底，该厂销售产品10000件，假定该产品市场销售价格为30元，除材料费用外，其他费用开支每件5元，我们分析一下采用哪种计算方法对企业最有利？

次数	进货数量	单价	总价
第一次	5000 件	15 元	75000 元
第二次	6000 件	16 元	96000 元
第三次	2500 件	20 元	50000 元
第四次	8500 件	21 元	178500 元
第五次	5000 件	18 元	90000 元
第六次	7000 件	20 元	140000 元

假定该厂本年年初无结存进货材料，当期生产领用数量与年度销售数量一致,则各种方法下的成本计算及税额计算如下：

采用先进先出法,有关计算为：

本期材料成本 = 15 × 5000+16 × 5000 = 155000(元)

其他费用 = 5 × 10000 = 50000(元)

本期生产成本 = 155000+50000 = 205000(元)

由于本期产品全部销售，故产品的生产成本与产品销售成本一致,即产品销售成本为 205000 元。

产品销售收入 = 30 × 10000 = 300000(元)

假如该厂无其他调整事项,则：

应纳税所得额 = 300000-205000 = 95000(元)

应纳所得税额 = 95000 × 25% = 23750(元)

采用后进先出法,有关计算为：

本期材料成本 = 20 × 7000+18 × 3000 = 194000(元)

其他生产费用 = 5 × 10000 = 50000(元)

本期生产成本 = 194000+50000 = 244000(元)

本期产品销售成本与本期生产成本一致。

产品销售收入 = 30 × 10000 = 300000(元)

假如该厂本期无其他调整事项,则：

应纳税所得额 = 300000-244000 = 56000(元)

应纳所得税额 = 56000 × 25% = 14000(元)

采用加权平均法,有关计算如下:

本期进货材料单价 =

(75000+96000+5000+178500+90000+140000)/

(5000+6000+25000+85000+5000+7000) = 18.51(元)

本期材料成本 = 18.51 × 10000 = 185100(元)

其他生产费用 = 5 × 10000 = 50000(元)

本期生产成本 = 185100+50000 = 235100(元)

由于本期产品全部对外销售,故产品销售成本数额与本期生产成本数额一致。

本期产品销售收入 = 30 × 10000 = 30000(元)

假如该厂本期无其他调整事项,则:

应纳税所得额 = 300000−235100 = 64900(元)

应纳所得税额 = 64900 × 25% = 16225(元)

显然,在这个例子中先进先出法计算材料成本使企业产品销售所承担的税负最重,纳税额最多,加权平均法次之,后进后出法税负最轻、最少。

当然,这个例子有其自身的局限性。先进先出法与后进后出法本身不一定哪个更好,这主要看企业如何运用,在这个例子中用后进后出法比用先进先出法的税负要低,主要是因为最后一批材料价格高于第一批价格。企业完全可以从自身需要出发,选择使自己受益最大的计算方法。

2.折旧计算法的运用

对于纳税企业来说,采用什么样的折旧方法在理论上并没有什么区别,因为在利润率不变的情况下,企业的固定资产总是要补偿的,只是不同的折旧方法所产生的补偿时间有早晚之分罢了。但是,实际生活中的情况并不是这样,由于不同折旧方法造成的年折旧提取额的不同直接关系到利润额受冲减的程度,因而造成累进税率制度下纳税的差异。

最常见的折旧方法有直线法和加速折旧法。

直线法,也称平均年限法,是最简单的折旧方法,它的显著特点为每年的折旧额相同。

年折旧额 =(固定资产原值 - 估计残值)÷ 估计使用年限

加速折旧的方法较多,常用的为双倍余额递减法。

双倍余额递减法,是在不考虑固定资产残值的情况下,用直线法的折旧率的双倍去乘以固定资产在每一会计期间的初期账面价值观,作为每一会计期的折旧额。

双倍直线折旧率 =2 × 1/ 估计使用年限 × 100%

年折旧额 = 期初固定资产账面余额 × 双倍直线折旧率

从下面的例子中可以看出这种差异。

例如,当企业固定资产原值为 110 万元时,使用期限为 10 年,预计残值为 15 万元,预计清理费用为 5 万元。该企业 10 年内未扣除折旧的年利润维持在 35 万元。假定税率分别为 20%和 25%。

当该企业采用平均年限法时:

年折旧额 = [110 万元 -(15 万元 -5 万元)] ÷ 10 年 = 10 万元

年折旧率 = 10 万元 ÷ 110 万元 = 9%

扣除折旧后的年利润为:

35 万元 -10 万元 = 25 万元

年应纳税额为:

25 万元 × 20% = 5 万元

税负水平为:

5 万元 ÷ 35 万元 × 100% = 14.28%

当采用快速折旧法提取折旧时, 比如前 3 年利润全部作为折旧提取。即前 3 年纳税额和税负均为零,那么后 7 年的年纳税额和税率完全相同,年利润额均为 35 万元,年应纳税额均为:

5 万元 × 25%+30 万元 × 20% = 7.25 万元

年税负为:

7.25 万元 ÷ 35 万元 × 100% = 20.71%

从计算结果可以看出，平均使用年限法使企业承担的税负比快速折旧法要轻一点。这是因为，平均使用年限法使折旧额摊入成本的数量平均，从而能有效地控制某一年内利润过于集中，而另外年份内利润骤减的现象出现，因此税负较轻。而快速折旧法，由于把利润收入集中在后 5 年，使后 5 年的利润收入与前 5 年形成较明显差距。因此，后 5 年实现的超过 10 年年平均利润的那部分收入必然要承担较重的税负，从而使企业纳税额增加，税负加重。

通过分析可以得出结论：无论是折旧还是利润，凡是大起大落的变化，其所承受的各类损失就重；凡均衡、稳定地发展，就可避免一些损失，特别避免不必要的损失。

3.费用分摊法的应用

例如，某生产加工企业由于不同季节对生产费用的要求标准不同，每个季度发生的各项费用不同。

该生产加工企业一年内销售收入分别为：

一季度 45000 元、二季度 32000 元。

三季度 48000 元、四季度 99000 元。

该生产加工企业一年内各项费用分别为：

一季度 27000 元、二季度 25500 元。

三季度 32500 元、四季度 22500 元。

该生产加工企业适用税率为：

每季利润收入在 75000 元以下，税率 20%

每季利润收入在 75000 元以上，税率 25%

①企业采用实际费用分摊时，第一季度利润收入为：

（45000–27000）= 18000（元）

应纳税额：

18000 × 20% = 3600（元）

税负为：

3600 元 /18000 元 × 100% = 20%

二季度利润收入为：

32000-25500 = 6500(元)

应纳税额为：

6500 × 20% = 1300(元)

税负为：

13000 元 /6500 元 × 100% = 20%

三季度利润收入为：

(48000-32500) = 15500(元)

应纳税额为：15500 × 20% = 3110(元)

税负为：

3110 元 /15500 元 × 100% = 20%

四季度利润收入为：

99000 元 -22500 元 = 76500 元

应纳税额：

76500 × 25% = 19125(元)

税负为：

19125 元 /76500 元 × 100% = 25%

该年内该企业的利润总收入为：

18000+6500+15500+76500 = 116500(元)

纳税总额为：3600+1300+3110+19125 = 27125(元)

总税负为 27125 元 /116500 元 × 100% = 23.26%

②不规则摊销法。这是指生产者根据自己需要进行的费用摊销，因而它无什么共同规律可言，但更加灵活。当企业获利过高时，为降低所适用的税率，往往使成本中所含费用过高，以冲减利润；当企业利润低的时候则少摊，以达到避税的目的。当然这种情况是较少见的，因为企业所得税是按年征收的。

从上述分析可以看出，平均费用分摊法是抵消利润、减少纳税的最佳选择，只要生产经营者不是短期经营，而是长期从事某一种经营活动，那么将一段时期内（如1年）发生各项费用进行最大限度地平均，那么就可以将这段时期获得的利润进行最大限度地平均，这样就不会出现某个阶段利润额及纳税额过高的现象，从而实现有效地避税。.

三、筹资的税收筹划

1.筹资法的形式

筹资法是指利用一定的筹资技术使企业达到最大获利水平和税负最轻的方法。对任何一个企业来说，筹资是进行一系列经营活动的先决条件。如果没有资金，任何一项经营活动都无法进行，与经营相关的盈利和税收更无从谈起。然而怎样筹资，怎样才能使筹资达到效益最大，这是一个比较复杂的问题。这里先讨论企业筹资的方式。

(1)企业自我积累，即通过企业自身经营活动的不断扩大，增加盈利，增加积累，扩大、增加投资。这是目前我国国有企业的突出弱点。从企业未来的改革方向看，企业要真正有生命力，必须依靠企业自身来提高经济效益，这应该成为筹资的主要渠道，基本上是通过税后利润形成。企业税后留利是劳动者在生产中创造价值的一部分，这部分数额大小取决于两方面的因素。一方面是国家有关规定，另一方面是企业经营水平。国家的规定是确定国家、企业和个人三者利益关系的具体准则，企业不能置国家利益于不顾。从长远来看，企业的真正活力就在于自我积累和自我发展的能力，长期靠大量贷款度日，负债经营，甚至还发生亏损，时时存在倒闭的危险，使筹资更加困难。

(2)银行贷款，即向银行申请贷款，用贷款作为投资奖金。实行独立核算的有还款能力的企业进行基本建设所需要的资金，由中国人民建设银行根据国家批准的基建计划，给予贷款。贷款自支用之日起，按年、按实际支用数计收利息。

(3)企业之间或者有关系的经济组织之间的拆借，即企业之间、经济组织之间凭借良好的信誉进行相互融资。它也包括企业间在众多的业务往来中形成在结算上临时占用对方的资金，结算中形成的资金虽不是企业筹资的主要形式，但有时对企业来说，这种筹资方式往往有"意外"的好处。

(4)在社会上或在本企业及经济组织内部集资，如发行债券、股票等形式。

所有这些筹资方法基本上可以满足企业从事生产经营活动对资金的需要。然而，从纳税的角度来说，这些筹资方法产生的税收后果却有很大的差异。

从税收角度考察，发行债券特别是发行股票，可以使企业税收负担最轻。这是因为，当企业发行股票后，企业的股东是很多的，它涉及许多公司和个人，这样有利于企业利润的平均分摊，以负利润的过分集中而带来相应的较高税率。

向金融机构贷款的筹资方式只涉及企业与银行两个部门。如果企业与银行是有关联的，尚可减轻税收负担，但事实上大多数企业是与银行无关联的，也就是说不能通过利润平均分摊，所以，这样筹资方式在税收负担上比发股票集资的方式要差，但要好于企业自身积累方式。

企业自身积累这种筹资方式，是企业需要很长时间才能完成的。对企业来说，是企业实力的表现，但从税收负担上看却不尽如人意，因为这一筹资方式只涉及企业自身，由这笔投资所带来的利润，没有任何办法去加以平均，故企业只能承受这笔利润所带来的相应的税收负担，在上面所介绍的四种筹资方式中，它所带来的税收负担是最重的。

企业之间相互拆借以及结算中形成的资金，从税收负担看，要次于发股票方式，但要好于其他两种。这是因为采用企业之间的相互融资及结算中形成这种筹资方式的企业，一般相互间是有一定关联的，这时双方必然要从各自利益角度出发，来分摊投资而带来的利润，使税负达到最小。

除上述四种主要筹资方式外，还有一种筹资方式——租赁。租赁从字义上讲，“租”是指将某项物资借给他人而获取报酬；“赁”是指借用他人的物件而付出费用。所谓“租赁”就是由物件的所有者（出租人）按照合同的规定，在一定期限内将物价出租给使用者（承租人）使用；承租人按合同向出租人交纳一定的租金。在这种方式中，尽管出租人在租赁期间将物件交由承租人使用，但物件的所有权仍属出租人自己，所以租赁也称为“动产或不动产使用权的借贷关系”。

现代租赁主要有两种类型：一是融资性租赁，也称金融租赁，是指出租人将租赁物件出租给承租人，按期收取租金。回收的租金总额相当于租赁物件价款、价款利息、手续费的总和。租赁期满时，承租人可以支付象征性货价以取得租赁物件的所有权。融资性租赁具有可自由选择租赁物件，租赁时间长、不得中途退约的特点。二是经营性租赁，也称服务租赁或操作性租赁。它是一种以提供租赁物价的短期使用权为特征的租赁形式，通常用于一些需要专门技术进行维修保养，技术更新较快的设备。它具有租赁物件由出租人根据市场需要选购，实行高度专业化，租赁期较短的特点。

这种筹资方式，对承租单位来讲，租金的支付过程是比较平稳的，与用其他方式筹集来的资金购买企业所需的机器设备相比，具有很大的均衡性。因为企业购买机器设备时，贷款一般为一次性支出，即使是用分期付款的方式，资金的支付时间仍是比较集中的。而租赁过程中所支付资金的方式，可在签订合同时由双方共同商定。这样，承租单位就可以减少税负的角度出发，通过租金的平稳支付，来减少企业的利润水平，使利润在各个年度均摊，以达到避税的目的。对出租人来讲，不需要过分关心机器设备的使用情况，就可以取得数额相高的租金收入。特别是当两个企业有关联时，关联企业完全可以通过固定资产的出租来进行固定资产的转移，并可以通过租金的支付来平衡两个关联企业的利润水平，从而实现有效地避税。

2.筹资的税收筹划

(1)依靠有限公司进行税收筹划

现行税法对股份企业中的国家股和集体股给予减免税优惠。投资于集体股仅就以关联企业取得的投资分配利润征收企业所得税。从企业纳税后的利润分配来讲,50%~60%利润将用于企业扩大再生产,其余部分将用于职工福利和股东分红。集体股投资的好处是将企业资产份额扩大,而又能够取得一定的优先利润分配额。企业所得税由于有税收优惠的规定,合并各项所得的结果会使企业收益增加。如果企业经理在税收优惠的条件下,为了取得对投资企业更大的发言权,就可以借股份公司名义借款或发行内部债券,通过较高的利息使得职工获得较大的收益。企业以集资收益增设集体股,从而使企业职工有收益上较之直接购买股票所带来的收益多。这是因为,股份制企业的资产一部分是股东的原始收入,另一部分是企业发展的增值。前者属于股东所有,合理合法。后者包括企业享受的政策优惠收入和企业税后留利中用于扩大再生产的提留。提留是对股东投入产生经济效益的提取理应归股东所有。而国家政策带来的额外收入,本来属于国家所有,由于集体股享受免税待遇而使之成为企业所有。

例如,一个由企业员工出资组建的股份制企业,股份额为1000万股(原始股)。一年以后企业取得税后利润200万元。如果采取1元金额配股方式全部发给股东个人,那么股票持有者将为新增股票每股支付0.2元税收,发放红利、股息也将如此。如果现在企业改接四六开配股,60%为集体股,40%为个人股,虽然个人股每股仍要交纳0.2元的税收,但集体股可以享受免税24万元的优惠(200万×60%×20%),其财产性质并未改变。企业由于有24万元税收优惠,较之全部配发给股东省税16万元(200万×20%-200万×60%×20%),企业再通过公共设施租金优惠、职工福利待遇改善,把好处落实到职工身上。一方面企业资金得扩充,另一方面职工也可以得到实惠,无疑是一个较好的筹资方法。

(2)运用银行贷款进行税收筹划

与企业自我积累资金相比，自我积累资金一般需要很长时间才能完成，而且企业投入生产和经营活动后产生的全部税收金由企业自负。而利用贷款则不同,贷款不需要很长时间就可以筹集到资金。而且投资产生收益后,出资机构事实上也要承担一定税收,即企业归还利息后，企业利润的数量有所降低，实际税负比未支付利息时要小,因此说利用贷款从事生产经营活动是减轻税负的一个有效途径。

(3)利用企业与经济组织之间资金拆借进行税收筹划

企业与经济之间在拆借资金的利息计算上和资金回收期限方面具有较大弹性和回旋余地，这种弹性和回旋余地常常表现为提高利息支付,冲减企业利润,抵消纳税金额。

企业之间相互拆借资金效果好于完全靠自我积累进投资，它不仅使企业的税负相对值减少，也使企业缴纳税款的绝对额减少,因此,用该法进行税收筹划是成功的。

(4)利用租赁法进行税收筹划

当出租人和承租人属于同一利益集团时，租赁可以使他们之间直接、公开地将资产从一个企业转给另一个企业,也就是说,同一利益集团中的某企业，可以将十分盈利的生产项目连同设备一道以租赁形式转租给另一个企业,并按有关规定收取足够高的租金,最终使该利益集团所享受的税收待遇最为优惠,税负最低。租赁除可使承租者马上进行正常生产经营活动并获取收益外，更重要的是还能获得税收上的好处。

通过上述分析,我们可以得出结论,企业在筹集资金过程中,所涉及的单位及个人越多,进行税收筹划就越容易。

四、税收优惠的利用

我国为加快经济发展，鼓励国内外投资者投资及经营各种经济业务。从 1980 年开始,先后开办了一些经济特区和经济技术开发区,从税收上给予优惠,其主要内容是降低税率,减少纳税环节,给纳税人带来了巨大的好处,同时在客观上也造成了国内不同地区间的税收差距,因此也为纳税人利用这种差距进行避税尝试创造了条件。

1.我国有关税收优惠政策

(1)经济特区的税收优惠

第一,设在深圳、珠海、汕头,厦门经济特区的外商投资企业,在经济特区设立机构的外国企业,从事生产所得和其他所得,减按15%的税率征收所得税。

第二,特区企业从事工业、交通运输业、农业、林业、牧业等生产性行业,经营期在10年以上的,从开始获利的年度起,第1年和第2年免征所得税,第3至第5年减半征收所得税。

第三,特区企业从事服务性行业,外商投资超过500万美元,经营期在10年以上的,从开始获利的年度起,第1年免征所得税,第2年和第3年减半征收所得税。

第四,特区外商投资企业的外国合作者,从企业分得的利润汇出中国境外时,免征所得税。

第五,特区的产品出口企业按照国家规定减免企业所得税期满后,凡当年企业出口产品产值达到当年企业产品产值70%以上的,减按10%的税率征收所得税。

第六,特区的先进技术企业按照国家规定减免企业所得税期满后,还可以延长3年减按10%的税率征收所得税。

第七,外商在中国境内没有设立机构但有来源于特区的股息、利息、租金、特许权使用费和其他所得,除依法免征所得税的以外,都减按10%征收所得税。

第八,特区企业生产的出口产品,除了原油、成品油和国家另有规定的以外,都免征工商统一税。

第九,特区企业进口的货物,属于生产必需的机器设备,原材料、零配件、交通工具和其他生产资料,免征工商统一税、进口各种矿物油、烟、酒和其他各种生活用品，按照税法规定的税率的减半征收工商统一税。

第十，设在经济特区的香港、澳门和外国银行分行的营业收入，可给予一定期限的免征工商统一税。

(2)经济技术开发区的税收优惠

第一，设在经济技术开发区的外商投资企业和外国企业中的生产性企业，从事生产，经营的所得和其他所得，减按15%的税率征收所得税。其中经营期在10年以上的，从开始获利的年度起，第1年和第2年免征所得税，第3~5年减半征收所得税。

第二，开发区外商投资企业的外国合营者，从企业分得的利润汇出中国国境时，免征所得税。

第三，开发区的产品出口企业按照国家规定减免企业所得税期满后，凡当年企业出口产品产值达到当年企业产品产值20%以上的，减按10%的税率征收所得税。

第四，开发区的先进技术企业按照国家规定减免所得税期满后，还可以延长3年减按10%的税率征收所得税。

第五，外商在中国境内没有设立机构而有来源于开发区的股息、利息、租金、特许权使用费和其他所得，除依法免征所得税外，都减按10%的税率征收所得税。

第六，开发区企业进口自用的建筑材料、生产设备、原材料，零配件、元器件、交通工具、办公用品、免征工商统一税。

第七，开发区企业生产的出口产品，除了原油、成品油和国家另有规定的以外，都免征工商统一税。

(3)沿海14个港口城市老市区和三角洲地区的税收优惠

第一，在大连等沿海港口城市老市区和三个三角洲的城镇开办生产性的外商投资企业，凡是属于技术密集型、知识密集型的项目，或者外商投资额在3000万美元以上、回收时间长的项目，或者属于能源、交通、港口建设的项目、经财政部批准，可以减按15%的税率征收所得税。

第二,对不具备上述减征条件,但是属于下列行为的,经财政部批准,可以按照税法规定的企业所得税税率 8 折计算征税;机械制造、电子工业;冶金、化学、建材工业、轻工、纺织、包装工业;医疗器械、制造工业;农业、林业、牧业、养殖业以及这些行为的加工工业;建筑业。

第三,外商在中国境内没有设立机构而有来源于老市区、经济开放区的股息、利息、租金、特许权使用费和其他所得,除依据法规免征所得税的以外,都减按 10%征收所得税。

第四,老市区和经济开放区企业作为投资进口,追加投资进口的本企业生产用设备、营业用设备、建筑用材料,以及企业自用交通工具和办公用品,免征工商统一税。

第五,老市区和经济开放区企业为生产出口产品而从国外进口的原材料、零配件、元器件、包装物料等,免征进口的工商统一税。

第六,老市区和经济开放区生产的出口产品,除了原油、成品油和国家另有规定的以外,都免征工商统一税。

(4)海南岛的税收优惠

第一,在海南岛举办的企业,从事生产所得和其他所得,均按15%的税率征收企业所得税,另按应纳税额征 10%的地方所得税,其中:

从事港口、码头、机场、公路、铁路、电站、煤矿、水利等基础设施开发经营的企业和从事农业开发经营的企业,经营期在 15 年以上的,从开始获利的年度起,第 1 ~ 5 年免征所得税,第 6 ~ 10 年减半征收所得税。

从事工业、交通运输业等生产性行业的企业,经营期限在 10 年以上的,从开始获利的年度起,第一年和第二年免征所得税,第 3 ~ 5 年减半征收所得税,其中被海南省人民政府确认为先进技术企业的,第 6 ~ 8 年减半征收所得税。

从事工业、农业等生产性行业的企业,在按照规定减免企业所得税期满后，凡当年企业出口产品产值达到当年企业产品产值70%以上的，当年可以减按10%的税率缴纳企业所得税。

从事服务性行业的企业，投资总额超过500万美元，或者2000万人民币，经营期限在10年以上的，从开始获利的年度起，第一年免征所得税，第二年和第三年减半征收所得税。

第二，境外投资者在海南省内没有设立机构而有来源于海南岛的股息、利息、租金、特许权使用费和其他所得，除依法免征所得税外，均按10%的税率征收所得税。

第三，海南岛内的企业进口本企业建设和生产所必需的机器设备、原材料、零配件、交通运输工具和其他材料，以及办公用品，均免征关税、产品税和增值税。

第四，海南岛内的企业生产的产品在岛内市场销售的，除矿物油、烟、酒和海南省人民政府规定的其他少数产品减半征收产品税和增值税外，其余免征产品税或增值税。

第五，境外投资者从海南岛投资举办的企业获得的利润，在境内再投资，期限不少于5年的，退还其再投资部分已缴纳所得税款的40%，如果投资用于海南岛内的基础设施建设和农业开发企业、产品出口企业和先进技术企业，全部退还其再投资部分已缴纳的所得税税款。

(5)上海浦东地区的税收优惠

第一，在上海浦东新区开办的生产性外商投资企业以及带项目在成片土地上从事基础设施建设的外商投资企业，减按15%的税率征收企业所得税。

第二，在浦东新区设立的从事机场、港口、铁路等能源、交通建设项目的外商投资企业，经营期在15年以上的，从开始获利年度起，第一至第五年免征企业所得税，第六至第十年减半征收企业所得税。

第三，外资银行、中外合资银行及财务公司等金融机构，外国投资者投入资本或分行由总行拨入营运资金超过1000万美元、经营期在10年以上的，经营业务收入减按15%的税率征收企业所得税，并从开始获利年度起，第1年免征，第2至第3年减半征收企业所得税。上述金融机构从事贷款业务取得的收入，按3%的税率征收营业税。

第四，外商在中国境内没有设立机构、场所而有来源于上海浦东新区的股息、利息、租金、特许权使用费等，除依法免税的外，减按10%的税率征收企业所得税。

第五，外商从外商投资企业所分得的利润汇出境外时，免征所得税。

(6)中西部地区的税收优惠

对设在中西部地区的国家鼓励类外商投资企业，在现行税收优惠政策执行期满后的三年内，可以减按15%的税率征收企业所得税。

所谓鼓励类项目指高浓度化肥、不锈钢冶炼、新材料、微电子技术、煤炭综合利用等。

在现行税收优惠政策执行期满后的三年指享受税法规定的减免税期满后的三年。在此期间，企业同时被确认为先进技术企业或产品出口企业且当年出口产值达到总产值70%以上的，可再减半征收企业所得税，但减半后的税率不得低于10%。

从以上介绍的经济特区及经济技术开发区的税收优惠中可以看出，税收优惠绝不是盲目的优惠，而是国家或地区为了鼓励某一行业及地区的发展而进行的有目的优惠，它主要是针对生产性的、而且经营期较长、投资额较大的企业。值得指出的是，经济特区及有关税收优惠政策所产生的影响决非仅限于那些位于这一区域的纳税人，非特区区域内的纳税人也可以利用有关的税收优惠政策，进行合法的避税尝试和减轻税负的努力。

2.对经济特区及税收优惠政策的运用

(1)选择不同的企业类型和产业

目前，我国企业按投资来源分，可分为内资企业和外商投资企业。内、外资企业的税收区别在于:所得税的优惠政策不同。内资企业的减免税优惠政策适用范围较窄,仅是对第三产业企业、利用“三废”企业以及校办工厂、福利生产企业等;而外商投资企业的减免税优惠适用范围较宽,面对生产性企业、产品出口企业、先进技术企业以及从事能源、交通、港口、码头建设的企业等。

生产性和非生产性企业间的差别主要体现在外商投资企业所得税上。生产性外商投资企业,经营期 10 年以上的,从开始获利年度起,享受“两免三减”的所得税优惠。对农、林、牧、能源、交通、港口等规定了更优惠的政策,而对非生产性外商投资企业则没有相应的优惠。

由于选择不同产业进行投资可以享受到很多的税收优惠，这就需要投资者结合自身的技术特点和发展战略，选择最有利的投资行业,以实现利润最大化。

例如,某投资者欲投资 6000 万元开办一家中外合资企业,预测资本利润率为 10%,如果投资对象为一座码头,经营期 15 年,所得税率 25%,根据规定,可以享受“五免五减半”的税收优惠,计算该企业在经营期内应缴纳多少所得税。

第 1 年至第 5 年免征企业所得税,第 6 年至第 10 年减半征收所得税,应纳税额 =600 × 5 × 12.5%=375(万元)

第 11 年至第 15 年应全额纳税，应纳税额 =600 × 5 × 25%=750(万元)

15 年累计缴纳所得税 375+750=1125(万元)

假设该中外合资企业的投资对象为一座宾馆,投资额仍为 6000 万元,经营期 15 年,适用所得税税率 25%,无减免税规定,资本利润率仍为 10%,应纳税额 =600 × 15 × 25%=2250(万元)

经过计算可以看出,相同的投资额,相同的资本利润率,两者的税收负担大不一样,前者比后者少缴纳所得税款 1125 万元。

当然,这里只是从税收角度考虑,实际决策还需要考虑不同的资本利润率、不同的资金回收期等,只有从各种角度进行综合分析、比较,才能作出科学的决策。

(2)选择不同的投资期限和再投资决策

外商投资企业的经营期限必须达到一定的年限，方可享受某些税收优惠,这是为了克服外商投资企业的短期行为,促进我国产业结构的合理调整。国家为了鼓励外商的长期投资,还对于投资者的资本利得再投资行为规定了可以享受退回所纳税款40%的优惠。

例如,某外商与中方共同注册一个投资企业,注册资本为500万元人民币,其中中方占70%,外方占30%,该企业一期工程投资4000万元人民币,资金不足部分由银行贷款解决,外方节省了自有资本,而巨额利息却由合资企业共同承担,致使企业利润率下降,并减少了企业所得税。但外方在分配利润时却按注册资本比例进行,外商获得了极大的好处。

又如,某合资企业,合作期为15年,合同规定外方注册资本100万美元,合资企业在头5年归还外方本息150万美元,后10年每年固定向外方支付利润10万美元。实质上前5年外方已把股本抽回,但外方分得的利润仍可免税,该合资企业仍享受税收优惠政策。

(3)虚设常设机构营业

常设机构是指企业进行全部或部分经营活动的一个固定经营场所。某些投资经营企业利用特区的各项优惠政策,在名义上将企业设在特区,实际其业务活动则不在特区或不主要在特区进行。这样该企业在非特区获得的经营收入或业务收入，就可享受特区的税收减免照顾，特区境外的利润所得就可以通过向境内企业总部转移而减少纳税。

例如,有一个企业集团的A公司在深圳登记注册,因此而享受深圳各项有关优惠政策。根据有关规定,该公司在其盈利后的前两年不纳一分钱税收,并在第3至5年减半征收所得税。然而该公司自成立之日起,深圳公司总部就成了一个虚设机构,除了几个人留守外,其经营活动都在区外进行。因此除收了大量收入,也躲避了大量税收。

因为A公司获得的利润在头两年可以免税，而在区外按规定要缴25%所得税，后3年仅纳7.5%的所得税（因深圳所得税税率为15%）。假定A公司每年应纳税所得额为20万元,那么5年盈利期间实际交纳税款为：

60万元×7.5%＝4.5万元

实际税负(7.5%×3÷5)×100%＝4.5%

比该公司设在区外少纳税款为：

100万元×25%-4.5万＝20.5(万元)

减少税负为(25%-4.5%)÷25%×100%＝82%

很明显,将经济特区作为企业的登记注册地有非常大的税收好处。

(4)虚设中转销售公司

商业企业是专门从事商品买卖的企业，商品的进出差价便是它的利润。商业企业可以通过压低商品进价、提高商品售价的方式增加利润,也可以抬高商品进价,压低商品售价的方式减少利润。商业企业对特区的利用在很大程度上是采取后一种方式。与特区商业企业有关系的非特区企业,或者在特区设置分支机构的非特区企业,可以抬高从特区的进货价格，把更多的利润留在特区或享受税收优惠待遇的企业,以达到一批商品所得的利润的总税负减轻,纳税额减少的目的。这种方法与转让定价法相似,即通过特区或享受税收优惠的企业提高其定价,将利润更多地留在特区或有关企业账面上。

例如,某B公司为了利用深圳特区少征所得税的税收优惠,在深圳特区设立一子公司,现B公司把成本定为1000万元,原应按1400万元作价的一批货物,压低按1100万元作价,销售给深圳特区子公司,深圳特区子公司最后以1500万元的价格售出这批货物。

B公司原应承担的所得税款：

(1400-1000)×25%＝100(万元)

深圳特区子公司所得应负担的税款(假定该子公司为新设、已是第3年盈利)

(1500-1400)×12.5%=12.5(万元)

B公司与深圳特区子公司的总税款为:

100万元+12.5万元=112.5万元

但压低转让定价后,就把这批货物的部分所得甚至全部所得转移到深圳地区,并全部体现在深圳特区子公司的账上。这样,B公司只取得了小额利润,只需缴少量的税款。

压低转让定价后B公司实际负担的税款。

(1100-1000)×25%=25(万元)

深圳公司仍按正常价格把货物再出售给消费者,并取得巨额利润,所有利润只需按较低税率纳税,其实际负担的税款为:

(1500-1100)×12.5%=50(万元)

B公司及其子公司的总税款为:

25万元+50万元=75万元

从上面对压价前后各公司的纳税情况的比较中看出,B公司及其子公司通过利用转让定价,总税款减少的数额为:

112.5万元-75万元=37.5万元

只要深圳特区的子公司暂时不把B公司应得的股息汇出,B公司避税的目的就实现了。

不过这种避税方法并非适合于所有商品的转让。一般来说,利用这种方法保留利润仅限于价高利大的工业品和稀有商品。因为这些商品的利润率较高。保留利润所得远远大于保留利润所费。

(5)虚设信托财产

纳税人可以通过在特区建立信托财产出口各种信托关系进行避税。

所谓信托,就是指某人(委托人)将其财产或权利(信托财产)托付给另一个(受托人),并由受托人按照委托人的要求加以管理和利用,以利于受益人的行为。这个受益人既可以是委托人自己,也可以是委托人指定的第三者。在特区建立信托可以免除或降低财产或所得的税收负担,因此,纳税人都乐于利用信托方式从事避税活动。

虚设信托财产的基本途径，就是纳税人通常在特区设立一个受控信托公司,通过契约或合同使委托人按其意旨行事,形成委托人与信托财产的分离,但信托财产的经营所得却归在特区公司的名下,以达到逃避纳税义务的目的。

利用特区实行避税的方法除上述所介绍的几种以外，还有其他一些方法,鉴于这些方法的内容与跨国纳税人利用国际避税地、低税区实行避税的方法相似,这里恕不赘言。

第三章

流转税的缴纳与税收筹划

对流转额的征税是一种与商品生产、流通紧密联系的税收体系。凡是以发生在流通领域内的商品流转额和非商品流转额为征税对象的税种都属于对流转额的征税。商品流转额一般是指商品交换过程中,因销售或购进商品而发生的货币金额。非商品流转额,一般是指不从事商品生产和商品交换的流转额,通常都是以提供劳务发生的营业额为课税的对象。

对流转额征税的特点是:

(1)与商品生产和商品流通具有密切的联系。商品生产与商品流通决定着对商品流转额征税的主要内容。由于流转额只能在商品交换和提供劳务过程中形成,对什么商品征税,对什么商品交易行为征税,自然与商品生产和商品流通密切相关。在自然经济为主的国家,流转税不可能成为国家的主要税种。

(2)与商品价格有密切的联系。流转税既是价格的组成部分,同时也是企业盈利的组成部分。因此,在企业成本、费用、价格不变的条件下,国家征收流转税的数额会直接影响企业利润水平。在社会主义市场经济条件下,为了正确利用价值规律,要求税收配合价格杠杆来限制或鼓励某些产品的生产和消费,引导地方、行业、企业朝着国家所要求的方向发展。

(3)可以促进企业加强经济核算。由于对流转额征税是商品价格的有机组成部分,同一产品在不同企业之间的税率基本一致,税负大体相同,这就使经营管理先进的企业在交税后得到较多的利润,经营管理落后的企业在征税后利润较少。企业获利多少,不仅关系其本身的发展,而且同职工的经济利益直接挂钩,这样按产品承担同样的税负,便能对企业产生一定的压力和动力。因为各种流转税负都是国家以法令的形式规定的,具有法律的强制性,企业无法选择和变更。企业要获得更多的经济效益,除努力设法提高产品质量、降低成本外,别无他路。

第一节　增值税的缴纳

一、增值税的概念及特点

增值税是以商品流转额中的增值额为课税对象征收的一种税。

增值额在理论与实践中具有不同的含义。从理论上讲,增值额是企业在生产经营过程中新创造的那部分价值,即产品价值中 v+m 部分。在现实经济生活中,实行增值税的国家在制定税法时,往往根据各自政治、经济状况和财政政策的要求,对增值额作了具体规定,这种法定的作为计税依据的增值额,也称:"法定增值额"。法定增值额与理论增值额在量上常常不一致。从商品生产、销售的全过程来看,一项商品在所经各个生产、流通环节中产生的流转额之和,等于该商品进入最终消费环节的流转税全值。这也是将增值税归属于流转税的根本原因。

增值税与其他流转额课税的税种相比较,具有以下几个特点:

1.以增值额为课税对象。增值税仅就产品销售额中的一部分尚未征收的销售额征税,排除了重复课税。

2.普遍征税、道道征税。从征收广度看,增值税不仅可以在生产领域,也可以延伸到商品流通、劳务服务等各个领域征收;从征收深度看,一个商品有一道生产、经营环节就征一道税,但只对未课税的增值部分征收。

3.税负稳定合理。由于增值税实行的是"税款抵扣制",上一环节已课税部分给予扣除,同一产品只要其售价相同,不论生产经营环节多少,税负始终保持一致。为生产经营者在客观条件下提供了平等的竞争条件。

二、纳税人

在中华人民共和国境内销售货物或者提供加工、修理修配劳务以及进口货物的单位和个人,都是增值税的纳税人。

1.单位,包括企业性单位和非企业性单位,无论其所有制性质或隶属关系如何,只要发生生产或进口应税增值税产品的行为,都应缴纳增值税,具体说来,这些单位是国有企业、集体企业、私营企业、外商投资企业、外国企业、股份制企业、其他企业和行政单位、事业单位、军事单位、社会团体及其他单位。

2.个人,指个体经营者和其他个人,包括中国公民和外国公民。

三、征收范围

在中华人民共和国境内销售货物或加工、修理修配劳务及进口货物。

1.货物。是指除土地、房屋和其他建筑物等不动产之外的有形动产、包括水、电力、热力和气体。

2.加工。是指接受来料承做货物、加工后的货物所有权仍归属委托者的业务。

3.修理修配。是指对损伤和丧失功能的货物进行修复,使其恢复原状和功能的业务。

4.进口货物。是指报关进口的货物。

5.单位或个体经营者,有下列行为之一者,视同销售货物:

(1)委托他人代销货物;

(2)销售代销货物;

(3)代购货物交付委托人;

(4)设有两个以上机构的纳税人,将货物从一个机构移送其他机构,但机构在同一县(市)内除外;

(5)将自产货物用于不征增值税的项目或固定资产建设项目;

(6)将自产货物用于集体福利或个人消费;

(7)将自产、进口或购买的货物无偿转让给其他企业或个人,但纳税人为推销货物，将少量货物作为商业样品提供给其他纳税人作为展览、试用的除外;

(8)将自产、进口或购买的货物作为投资,提供给其他单位或个体经营者;

(9)因停产、破产、解散等原因,将余存货物抵偿债务,分配给股东或投资者。

四、税率

改革后的增值税率,根据中性和简便原则,尽量做到简化,只设基本税率、低税率和零税率三档税率。由于通过消费税来承担特殊调节任务,所以无需设高税率。

基本税率和低税率的适用范围按货物品种划定。条例所列低税率货物，无论在生产环节还是在批发零售环节，均适用13%的低税率,适用于以下三个方面共五类货物。

第一,人民生活必需品。其中包括粮食(原粮和米、面等成品粮,不包括挂面、切面等粮食复制品)、食用植物油、自来水、暖气、冷气、热水、煤气、石油液化气、天然气和居民用煤炭制品。这些货物虽然不仅家庭而且单位也使用,有些还属于工业原料,但鉴于主要是生活所用，同时也为了避免划分上的麻烦，所以不分使用对象均适用低税率。

第二,图书、报纸、杂志。这三类货物适用低税率,是为了支持宣传、文化、教育事业。

第三,为了照顾农民和支持农业发展,饲料、化肥、农药、农机、农膜也实行低税率。

零税率是税收优惠,只限于出口货物。出口货物包括两类:一是报关出境货物,一是输往海关管理的保税工厂、保税仓库和保税区的货物。

除适用于低税率、零税率的货物之外,一律适用基本税率,即按17%征收。

纳税人兼营不同税率的货物或者应税劳务，应当分别核算不同税率货物或者应税劳务的销售额。未分别核算销售额的,从高适用税率。

2011 年 11 月 17 日,财政部、国税总局公布《营业税改征增值税试点方案》及上海试点的相关政策,确定了增值税扩围的交通运输业和部分现代服务业增值税税率。根据方案,在现行增值税 17%标准税率和 13%低税率基础上,新增 11%和 6%两档低税率。其中,租赁有形动产等适用 17%税率,交通运输业、建筑业等适用 11%税率,其他技术研发、文化创意、物流等部分现代服务业适用 6%税率。在计税方式上,交通运输业、建筑业、邮电通信业、现代服务业、文化体育业、销售不动产和转让无形资产等原则上适用增值税一般计税方法。而金融保险业和生活性服务业,原则上适用增值税简易计税方法,即金融保险业在按销售额计算增值税额时还是不得抵扣进项税额。

五、增值税的起征点

根据财政部 2011 年 10 月 31 日关于修改《中华人民共和国增值税暂行条例实施细则》的决定,增值税起征点的幅度调整为:销售货物的，为月销售额5000元至20000元；销售应税劳务的，为月销售额5000元至20000元;按次纳税的,为每次(日)销售额300元至500元。

六、增值税的计算

1.一般纳税人销售货物或者提供应税劳务

应纳税额 = 当期销项税额 – 当期进项税额

(1)销项税额

销项税额是按税率计算并向购买方收取的增值税税额。其计算公式为:

销项税额 = 销售额 × 税率

(2)销售额

销售额是纳税人销售货物和应税劳务从购买方收取的全部价款,但收取的增值税额不包括在内,这充分体现了增值税的价外税性质。

销售额以人民币计算。纳税人以外汇结算销售额的,应当按外汇市场价格折合人民币计算。

纳税人销售货物或者应税劳务的价格明显偏低并无正当理由的,税务机关按下列顺序确定销售额。

首先按纳税人当月同类货物的平均销售价格确定。

其次按纳税人最近时期同类货物的平均销售价格确定。

最后按组成计税价格确定,计算公式为:

计税价格 = 成本 ×(1+ 成本利润率)

公式中的成本利润率一律为10%。

对属于应同时征收消费税的货物,定额征收消费税的,销售额为上述组成计税价格加消费税税额;定率征收消费税的,销售额为消费税的计税价格。

委托加工的应征收消费税的货物，销售额为加工费收入加代扣的消费税税额。

纳税人按有关规定不开具增值税专用发票，而发生价款和增值税额混合收取的,按下列公式确定销售额：

不含税销售额 = 含税销售额 ÷（1+ 增值税税率）

纳税人进口货物，按照组成计税价格和增值税条例第二条规定的税率计算应纳税额。组成计税价格和应纳税额计算公式：

组成计税价格 = 关税完税价格 + 关税 + 消费税

应纳税额 = 组成计税价格 × 税率

（3）进项税额

进项税额是指当期购进货物或应税劳务缴纳的增值税额。这里有两层内容,一是增值税额的缴纳是通过销售方,因此实际上是支付给销售方;二是进项税额是发票上注明的,而不是计算的,但购进免税产品除外。

准予从销项税额中抵扣的进项税额,除购进免税农产品,按照买价和 10%的扣除率计算外，限于从销售方取得的增值税专用发票上和从海关取得的完税凭证上注明的增值税额。

纳税人购进货物或应税劳务，未按照规定取得并保存增值税扣税凭证，或者增值税扣税凭证上未按照规定注明增值税额及其他有关事项的,其进项税额不得从销项税额中抵扣。

2.小规模纳税人应纳税额的计算

应纳税额 = 销售额 × 征收率

目前确定的征收率为 3%。

小规模纳税人会计核算健全,能够提供准确税务资料的,可以向主管税务机关申请资格认定,不作为小规模纳税人,依照有关规定计算应纳税额。

七、增值税纳税义务发生时间、缴纳期限

1.销售货物或者应税劳务,为收讫销售款项或者取得索取销售款项凭据的当天;先开具发票的,为开具发票的当天。

2.进口货物，为报关进口的当天。

增值税扣缴义务发生时间为纳税人增值税纳税义务发生的当天。

增值税的纳税期限分别为1日、3日、5日、10日、15日、1个月或者1个季度。纳税人的具体纳税期限，由主管税务机关根据纳税人应纳税额的大小分别核定；不能按照固定期限纳税的，可以按次纳税。

纳税人以1个月或者1个季度为1个纳税期的，自期满之日起15日内申报纳税；以1日、3日、5日、10日或者15日为1个纳税期的，自期满之日起5日内预缴税款，于次月1日起15日内申报纳税并结清上月应纳税款。

八、增值税纳税地点

1.固定业户应当向其机构所在地的主管税务机关申报纳税。总机构和分支机构不在同一县（市）的，应当分别向各自所在地的主管税务机关申报纳税；经国务院财政、税务主管部门或者其授权的财政、税务机关批准，可以由总机构汇总向总机构所在地的主管税务机关申报纳税。

2.固定业户到外县（市）销售货物或者应税劳务，应当向其机构所在地的主管税务机关申请开具外出经营活动税收管理证明，并向其机构所在地的主管税务机关申报纳税；未开具证明的，应当向销售地或者劳务发生地的主管税务机关申报纳税；未向销售地或者劳务发生地的主管税务机关申报纳税的，由其机构所在地的主管税务机关补征税款。

3.非固定业户销售货物或者应税劳务，应当向销售地或者劳务发生地的主管税务机关申报纳税；未向销售地或者劳务发生地的主管税务机关申报纳税的，由其机构所在地或者居住地的主管税务机关补征税款。

4.进口货物,应当向报关地海关申报纳税。

扣缴义务人应当向其机构所在地或者居住地的主管税务机关申报缴纳其扣缴的税款。

九、增值税计算示范

例 1. 乙企业向甲企业购进商品,增值税专用发票上注明货款 1200 万元,增值税额为 204 万元,货款已付。乙企业将商品出售给丙企业,销售收入为 2000 万元(不含税款),该企业增值税率为 17%,计算乙企业应纳增值税。

应纳税额 = 2000 × 17% - 204 = 136(万元)

会计分录如下:

①购进商品时

借:商品采购 1200(万元)

应交税金——应交增值税(进项税额)204(万元)

贷:银行存款 1404(万元)

②销售商品时

借:银行存款 2340(万元)

贷:主营业务收入 2000(万元)

应交税金——应交增值税(销项税额)340(万元)

③缴纳当期应交税金时

借:应交税金——应交增值税 136(万元)

贷:银行存款 136(万元)

注意:

因为增值税是价外税,纳税人的销售额中不含增值税,所以销货方向购买方取得的收入由两部分组成:一部分是转嫁给购买者的销项税额,一部分是不含税的销售额。

如果把销售方向购买方取得的收入称为含税销售额,则有:

含税销售额 = 销售额 + 销项税额

=销售额+销售额×增值税率

=销售额×(1+增值税率)

销售额=含税销售额÷(1+增值税率)

由于小规模纳税人不得使用增值税专用发票，其向购买者收取的销售额(发票上的金额是含税的,于是比照一般纳税人销售额的确定)在计算其应纳税额时,也要将含税销售额换算成不含税销售额。

销售额=含税销售额÷(1+征收率)

例2.某小规模纳税人,企业当期购入原材料,取得增值税发票上注明的原材料货款为20万元,增值税额为3.4万元。该企业当期销售产品,向购货方开出普通发票,注明产品销售收入35万元,货款尚未收到,计算该企业应纳增值税。

不含税销售额:35÷(1+3%)=33.98(万元)

应纳税额:33.98万元×3%=1.02(万元)

会计分录如下:

①支付材料采购款时

借:材料采购23.4(万元)

贷:银行存款23.4(万元)

②计提税金时

借:应收账款35(万元)

贷:主营业务收入33.98(万元)

应交税金——应交增值税1.02(万元)

例3.某商业零售企业当期购进商品的进货原价为6500万元,按照增值税专用发票上注明的增值税额为1105万元，商品已验收入库。该批购进商品的售价为10000万元,当期销售商品取得的收入为8000万元,该企业增值税率为17%,计算该企业当期应纳增值税。

销售额=8000÷(1+17%)=6838(万元)

销项税额=6838×17%=1162(万元)

应纳税额=1162-1105=57(万元)

会计分录如下：

①购进商品时

借：商品采购 6500(万元)

应交税金——应交增值税(进项税额)1105(万元)

贷：银行存款 7605(万元)

②销售商品时

借：银行存款 8000(万元)

贷：主营业务收入 6838(万元)

应交税金——应交增值税(销项税额)1162(万元)

③缴纳当期税金时

借：应交税金——应交增值税 57(万元)

贷：银行存款 57(万元)

当下期再销售另外 2000 万元商品时：

销售额 = 2000 ÷ (1 + 17%) = 1709(万元)

应纳税额 = 1709 × 17% = 291(万元)

本批商品共纳税 57 + 291 = 348(万元)

会计分录如下：

①销售商品时

借：银行存款 2000(万元)

贷：商品销售收入 1709(万元)

应交税金——应交增值税(销项税额)291(万元)

②缴纳当期税金时

借：应交税金——应交增值税 291(万元)

贷：银行存款 291(万元)

如果本批商品仍分两期销售，本期销售 6000 万元，下期销售 4000 万元，分别计算其应纳增值税。

当销售 6000 万元时，

销售额 = 6000 ÷ (1 + 17%) = 5128(万元)

销项税额 = 5128 × 17% = 872(万元)

应纳税额 = 872 − 1105 = −233(万元)

计算结果若出现负数,表明税务局退库数,但实际上不退,允许在下期抵扣。

当销售 4000 万元时,

销售额 = 4000 ÷ (1 + 17%) = 3419(万元)

销项税额 = 3419 × 17% = 581(万元)

应纳税额 = 581 − 233 = 348(万元)

如果本批商品一次性销售 10000 万元

销售额 = 10000 ÷ (1 + 17%) = 8547(万元)

销项税额 = 8547 × 17% = 1453(万元)

应纳税额 = 1453 − 1105 = 348(万元)

由此可见,该批商品不论分几期销售,也不管每批销量大小,最终税收负担均是 348 万元,说明增值税负担非常合理。

例 4.①工业环节。假设某工业企业 2012 年 1 月,将生产出来的小设备及各种小配件销售给某批发企业，取得销售收入 8000 元,其中农膜的销售额为 2000 元,其他货物销售额为 6000 元,在已取得的增值税专用发票中注明的进项税额为 800 元。

销项税额 = 6000 × 17% + 2000 × 13% = 1280(元)

由于农膜的销售和其他货物的销售分别核算，因此可按各自适用的税率计算销项税,如果两者没有单独核算,则要从高适用税率,即用 17%来计算销项税。

应纳税额 = 1280 − 800 = 480(元)

含税销售额 = 8000 + 480 = 8480(元)

销售商品时的会计分录:

借:银行存款 8480(元)

　贷:主营业务收入 8000(元)

　　应交税金——应交增值税(销项税额)480(元)

缴纳当期应交税金时的会计分录：

借：应交税金——应交增值税 480(元)

贷：银行存款 480(元)

②批发环节。假设某批发企业 2012 年 1 月，又将从上述工业企业购入的货物在当期全部卖给了零售企业，进价 8000 元，进项税额 1280 元(增值税专用发票中注明)，农膜销售额 3000 元，其他货物销售额 8000 元。

销项税额 = 3000 × 13% + 8000 × 17% = 1750(元)

应纳税额 = 1750 − 1280 = 470(元)

含税销售额 = 11000 + 470 = 11470(元)

购进商品时的会计分录：

借：商品采购 8000(元)

应交税金——应交增值税(进项税额)1280(元)

贷：银行存款 9280(元)

销售商品时的会计分录：

借：银行存款 12750(元)

贷：主营业务收入 11000(元)

应交税金——应交增值税(销项税额)1750(元)

缴纳当期应交税金时的会计分录：

借：应交税金——应交增值税 470(元)

贷：银行存款 470(元)

③零售环节。假设零售企业又把从上述批发企业购入的货物在当期全部卖给了消费者。进价 11000 元，进项税额 1750 元(专用发票中注明)，农膜在卖给消费者时一共收取 4520 元，其他货物卖给消费者时一共收取 11700 元。

农膜的销售额 =4520 ÷ (1 + 13%) = 4000(元)

其他货物销售额 =11700 ÷ (1 + 17%) = 10000(元)

销项税额 =4000 × 13% + 10000 × 17% = 2220(元)

应纳税额 =2220 - 1750 = 470(元)

购进商品时的会计分录:

借:商品采购 11000(元)

　应交税金——应交增值税(进项税额)1750(元)

　贷:银行存款 12750(元)

销售商品时的会计分录:

借:银行存款 16220(元)

　贷:主营业务收入 14000(元)

　　应交税金——应交增值税(销项税额)2220(元)

缴纳当期应交税金时的会计分录:

借:应交税金——应交增值税 470(元)

　贷:银行存款 470(元)

例 5.某企业当期发现部分原材料不符合规格,向客户退回原材料 50000 元,原材料所含税金 8500 元,根据对方开出的红字增值税专用发票,作如下会计分录:

借:银行存款 58500(元)

　贷:材料采购 50000(元)

　　应交税金——应交增值税(进项税额)8500(元)

第二节　增值税的税收筹划

一、选择两种纳税人的纳税筹划

就一般纳税人与小规模纳税人的税收负担而言各有利弊：从进项税额看,一般纳税人可以抵扣。小规模纳税人不能抵扣,进项税额只能列入成本;从销售看,一般纳税人除了向买方收取货款外,还要收取一笔增值税款,其税额要高于向小规模纳税人收取的税额。虽然收取的销项税额可以开出专用发票供购货方抵扣，但对一些不需专用发票或不能抵扣进项税额的卖方来说，就宁愿从小规模纳税人那里进货，在商品零售环节尤其如此。从税负上看，如果企业被准予从销项税额中抵扣的进项税额较少，而增值额较大，就可能使一般纳税人的税负重于小规模纳税人。

增值税中一般纳税人与小规模纳税人的差别待遇，为两种纳税人进行税收筹划提供了可能性。

1.增值率筹划法

所谓“增值率”，是指增值额与应税销售额的比例，而增值额则为销项税额减去进项税额。

增值率 =（销项税额 - 进项税额）÷ 销项税额

一般纳税人应纳税额 = 销售额 × 增值率 × 税率

小规模纳税人应纳税额 = 销售额 × 征收率

如果两种纳税人的税负相同，且一般纳税人的税率为 17%，则有

销售额 × 增值率 × 税率 = 销售额 × 征收率

增值率 = 征收率 ÷ 税率 =6% ÷ 17% × 100%=35.3%

或 4% ÷ 17% × 100%=23.5%

对于工业企业来说，当增值率为 35.3%时，两者税负相同；当增值率低于 35.3%时，小规模纳税人的税负重于一般纳税人；当增值率高于 35.3%时，则一般纳税人的税负重于小规模纳税人。

对于商业企业来说，当增值率为 23.5%时，两者税负相同；当增值率低于 23.5%时，小规模纳税人的税负重于一般纳税人；当增值率高于 23.5%时，则一般纳税人的税负重于小规模纳税人。

总体来说，在增值率较低的情况下，一般纳税人比小规模纳税人有优势，但随着增值率的上升，一般纳税人的优势越来越少。在非零售环节，一些毛利率较大的企业，如经营奢侈品或富有弹性的商品时，小规模纳税人很容易通过降价来达到尽可能高的利润，而又少纳税。在零售环节，一般纳税人的优势地位更差，由于小规模纳税人按 4%征收率纳税，其不含税收入较高，当进销差率达到一定程度时，小

规模纳税人的利润有可能超过一般纳税人。

2.抵扣率筹划法

与增值率相对应，抵扣率就是进项税额占销项税额的比率。由增值率计算公式演化而来：

增值率 =（销项税额 – 进项税额）÷ 销项税额

=1– 进项税额 ÷ 销项税额

=1– 抵扣率

抵扣率 =1– 增值率 =1–35.3%=64.7%

或 =1–23.5%=76.5%

当工业企业可抵扣的进项税额占销项税额的比例为 64.7%时，两种纳税人税收负担完全相同；当可抵扣的进项税额占销项税额的比例大于 64.7%时，一般纳税人税负轻于小规模纳税人；当可抵扣的进项税额占销项税额的比例小于 64.7%时，一纳税人税负重于小规模纳税人。

当商业企业可抵扣的进项税额占销项税额的比例为 76.5%时，两种纳税人税收负担完全相同；当可抵扣的进项税额占销项税额的比例大于 76.5%时，一般纳税人税负轻于小规模纳税人；当可抵扣的进项税额占销项税额的比例小于 76.5%时，一纳税人税负重于小规模纳税人。

例如，某物资批发企业，下设两个二级企业，预计年应税销售额分别为 150 万元和 100 万元，准予从销项税额中抵扣的进项税额约占 30%。在主管税务机关对该企业资格审核时，税务师进行了税收筹划：

如果下设的两个二级企业实行非独立核算，由总部统一核算，年应税销售额为 250 万元，适用税率 17%，应纳增值税 =250 × 17% – 250 × 30% × 17%=29.75（万元）

如果下设的两个二级企业分别为独立核算单位，符合小规模商业企业 4%的征收标准，应纳增值税额 =150 × 4% + 100 × 4%=10（万元）

显然，由于该商业企业进项税额抵扣比例占销项税额的30%，即增值率高于23.5%，抵扣率又低于76.5%，因此划小核算单位后，作为小规模纳税人比一般纳税人减轻税收负担19.75万元。

二、选择销售方式的税收筹划

在企业的销售活动中，为了达到促销的目的，往往采取多种多样的销售方式。不同的销售方式，销售者取得的销售额会有所不同。现行税法规定，如果销售额和折扣额在同一张发票上分别注明，可按折扣后的余额作为销售额计算增值税；如果将折扣额另开发票，不论其在财务上如何处理，均不得从销售额中减除折扣额。这一规定，无形中为企业税收筹划提供了空间。

例如，某商场是增值税的一般纳税人，为促销采取三种方式：一是商品七折销售；二是购物满200元赠送价值60元的商品（成本为50元，均为含税价）；三是购物满200元返回60元现金。假定该商场销售利润率为40%，销售额200元的商品成本为120元，消费者同样购买200元的商品，分析商场采取何种方式销售有利？

①商品七折销售，价值200元的商品售价140元，应纳增值税：

$\{140\div(1+17\%)\times17\%\}-\{120\div(1+17\%)\times17\%\}=2.91$（元）

②购物满200元，应纳增值税：

$\{200\div(1+17\%)\times17\%\}-\{120\div(1+17\%)\times17\%\}=11.62$（元）

赠送商品60元视同销售，应纳增值税：

$\{60\div(1+17\%)\times17\%\}-\{50\div(1+17\%)\times17\%\}=1.46$（元）

合计应纳增值税额 $11.62+1.46=13.08$（元）

③销售200元商品返回现金60元，应纳增值税：

$\{200\div(1+17\%)\times17\%\}-\{120\div(1+17\%)\times17\%\}=11.62$（元）

上述三种方案中，方案一最优，方案三次之，方案二税收负担过重。

三、选择抵扣时间的税收筹划

现行增值税的计算方法是购进扣税法，也就是说只有当期购进货物的进项税额，才允许从当期销项税额中抵扣。当期进项税额不足抵扣的部分，可以结转到下期继续抵扣。这里的“当期”是重要的时间界定，企业应严格把握好当期进项税额的时间限定，在此范围内，通过各种方式延缓纳税，以获取资金的时间价值。

例如，某工业企业为一般纳税人，一月份购进原材料取得增值税专用发票，发票注明价款200万元，进项税额34万元。假定每月销售收入30万元，增值税率为17%，则各月销项税额为5.1万元。1～6月份累计销项税额30.6(5.1×6)万元，不足抵扣进项税额34万元，在此期间不纳增值税。7～8月份分别交纳增值税额1.7万元（35.7－34)和5.1万元，共计6.8万元。这样尽管纳税的账面金额是相同的，但该企业获得了相当于6个月的无息流动资金贷款，企业还是有利可图的。

四、出口货物退(免)税的税收筹划

1.出口退税额的计算

(1)免抵退办法，指在出口环节免征增值税，出口货物的进项税额先抵缴该出口企业的增值税应纳税义务，抵缴后仍有进项税余额的，再予以退税的一种办法。其办理出口退税的程序是：

第一步“免”，即免征本环节的增值税。

第二步“抵”，即抵减内销货物产生的纳税义务。按该货物适用的增值税率与所适用的退税率之差乘以出口货物的离岸价格折合人民币的金额，计算出口货物不予抵扣或退税的税额，从当期(一个季度）全部进项税额中剔除，记入产品成本。剔除后的余额，抵减内销货物的销项税额。

第三步“退”，即未抵扣进项税额的退税。如果当期应纳税额为负数，且该企业出口货物占当期全部货物销售额50%以上，则对当期未抵扣完的进项税额计算应退税额；如果该企业出口货物占当期全部货物销售额50%以下，则对当期未抵扣完的进项税额结转下期继续抵扣，不予办理退税。

计算公式为：

当期不予抵扣或退税的税额

= 当期出口货物离岸价 × 外汇人民币牌价 ×（适用增值税率 - 出口货物退税率）

当期应纳税额

= 当期内销货物的销项税额 -（当期全部进项税额 - 当期不予抵扣或退税的税额）

退税额 = 未抵扣完的当期进项税额

或：退税额 = 出口货物离岸价 × 外汇人民币牌价 × 退税率

结转下期的进项税额 = 当期未抵扣完的进项税额 - 应退税额

（2）先征后退办法，指对出口货物先按正常规定计算交纳出口环节增值税，然后再将出口环节已纳税款和以前环节已纳税款全部退还给出口企业的一种办法。

当期应纳税款

= 当期内销货物销项税额 + 当期出口货物离岸价格 × 外汇人民币牌价 × 征收率 - 当期全部进项税额

当期应退税额 = 当期出口货物离岸价格 × 外汇人民币牌价 × 退税率

2.选择退免办法的税收筹划

例如，某企业生产销售适用于17%税率的货物。某年一季度委托某外贸企业出口该货物5000件，离岸价格200美元/件（汇率1：8.3）。该企业一季度内销货物1300万元人民币，当期购进原材料等支付货款850万元人民币，出口货物退税率也为17%。

①采用“先征后退”办法，当期应纳税额：

1300×17%＋200×8.3×5000×17%－850×17%=217.6(万元)

当期应退税额＝200×8.3×5000×17%=141.1(万元)

②采用“免抵退”办法，当期应退税额＝200×8.3×5000×(17%-17%)=0

当季度应纳税额＝1300×17%－(850×17%-0)=76.5(万元)

由于该季度应纳税款为正数，因此不能享受退税。

再例如，某企业某年二季度出口一批货物，离岸价为400万元，进项税额为38万元，假定该企业生产的货物全部出口，征税税率为17%，退税率为15%。

①采用“先征后退”办法，出口企业应纳增值税：

400×17%－38=30(万元)

货物出口后可申请退税税额为：400×15%=60(万元)

出口企业实际应纳增值税为：30－60=-30(万元)

可见，出口企业不但没有纳税，反而得到30万元退税。

②采用“免抵退”办法，当期出口货物不予抵扣或退税的税额为：

400×(17%－15%)=8(万元)

应纳税额为：8-38=-30(万元)

由于该企业本季度出口额达到100%(超过全部货物销售额50%)，且当期应退税额大于应纳税额，也不用再交税。

究竟选择那种办法，要根据企业不同情况来定。如果进项税额较大、内销数量较小，出口企业应采取“先征后退”办法，反之，就应采取“免抵退”办法。因为前者计算方法简单，易于操作，虽从表面上看要先缴全部税款，是占用了较多资金，但由于按月操作，退税时间短，退税所得的利息收入能够弥补缴纳税款占用资金的利息；而后者可以用出口免税后的出口货物进项税额来抵顶内销部分的销项税额，从而使内销部分应纳税额减少，保证了资金很少被占用。

第三节　消费税的缴纳

一、消费税的立法宗旨和原则

消费税的立法宗旨是调节我国消费结构，正确引导消费方向，抑制超前消费需求，确保国家的财政收入。因此，消费税的立法主要集中体现了国家的产业政策和消费政策，以及消费税作为国家对经济进行宏观调控手段的特征，按照我国流转税改革以增值税作为普通调节税种对生产经营活动实行普遍征收，辅之以消费税作为特殊调节税种选择部分消费品实行交叉征收的双层调节构想，于 1994 年 1 月 1 日起开征。

二、消费税的纳税人

在中华人民共和国境内生产、委托加工和进口应税消费品的单位和个人，为消费税的纳税人。包括从事生产和进口应税消费品的国有企业、集体企业、私有企业、股份制企业、合资企业、合作企业、合伙企业、外商投资企业、香港、澳门、台湾地区的企业和其他经济组织或者华侨、港澳台同胞投资兴办的企业、行政单位、事业单位、军事单位、社会团体、国际组织的机构、外国机构、香港、澳门、台湾地区的机构等一切单位以及个体经营者和其他个人。也就是说，按照"统一税法、公平税负、促进竞争"的税制改革目标，凡在我国境内从事生产和进口应税消费品的单位和个人，不分经济性质和所具有的国籍，也不分所处地区，均按照消费税条例的统一规定缴纳消费税。

三、消费税征收范围

消费税征税范围主要是根据我国目前的经济发展现状和消费政策、人民群众的消费水平和消费结构，以及财政需要，并借鉴国外的成功经验和通行作法确定。考虑到目前我国工业领域中的流转税收入主要集中在卷烟、石化、冶金等几个工业部门(占50%),加之现行流转税税率设计极不规范,税率档次多,税负相差悬殊,实行规范化的增值税以后,必然有一些高税率的产品税负下降,为了确保改革以后财政收入不减少,需要通过消费税拿回一部分。

应税消费品的范围包括:

1.纳税人生产销售的应税消费品,还包括用于换取生产资料和消费资料,支付代购手续或者消费回扣,以及在销售数量之外另付给购货方或中间人作为奖励和报酬的应税消费品。

2.纳税人自产自用的应税消费品,用于连续生产应税消费品的,是指直接用于连续生产产品,并构成产品生产成本的应税消费品不纳税;用于其他方面的,是指纳税人用于生活福利设施、专项工程、基本建设和其他非生产机构,用于销售产品或者提供劳务,以及用于馈赠、赞助、集资、职工福利、奖励等方面的应税消费品。于移送使用时纳税。

3.委托加工的应税消费品,是指由委托方提供原料和主要材料,受托方只收取加工费和代垫部分辅助材料加工的应税消费品,对于受托方提供原材料生产的应税消费品,或者受托方先将原材料卖给委托方,然后再接受加工的应税消费品,以及受托方以委托方名义购进原材料的应税消费品,不论纳税人在财务上是否作销售处理,都不得作为委托加工应税消费品,而应当按照销售自制应税消费品缴纳消费税。

4.进口的应税消费品,于报关进口时纳税。

四、消费税额的计算

消费税实行从价定率或者从量定额的办法计算应纳税额。计算公式为:

1.实行从价定率办法计算的应纳税额 = 销售额 × 比例税率

销售额系指纳税人销售应税消费品向购买方收取的全部价款和价外费用。但不包括交纳的增值税税款。如果企业应税消费品的销售额中未扣除或不允许扣除增值税税款的，在计算消费税时，应当换算为不含增值税的计税销售额。其换算公式为：

应税消费品消费税的计税销售额 = 应税消费品销售额 ÷（1+ 增值税税率或征收率）

纳税人自产自用的应税消费品，按照纳税人生产的同类消费品的销售价格计算纳税；没有同类消费品销售价格的，按照组成计税价格计算纳税，组成计税价格公式为：

组成计税价格 =（成本 + 利润）÷（1—比例税率）

委托加工的应税消费品，按照受托方的同类消费品的销售价格计算纳税；没有同类消费品销售价格的，按照组成计税价格计算纳税。组成计税价格计算公式为：

组成计税价格 =（材料成本 + 加工费）÷（1—比例税率）

进口的应税消费品，实行从价定率办法计算应纳税额的，按照组成计税价格计算纳税。组成计税价格计算公式为：

组成计税价格 =（关税完税价格 + 关税）÷（1—比例税率）

实行从价定率办法的应税消费品连同包装销售的，无论包装是否单独计价，在财务上如何核算，均应并入应税消费品的销售额中征收消费税。如果包装物不作价随同产品销售，而是收取押金，以便收回周转使用，此项押金则不应并入应税消费品的销售额中征税。但是纳税人应按规定的期限，对包装物押金及时进行清理，将不予退还的押金转作应税消费品的销售额，按照应税消费品的适用税率征收消费税。

所谓同类消费品的销售价格，是指纳税人或代收代缴义务人当月销售的同类消费品的销售价格，如果当月同类消费各期销售价格高低不同，应按销售数量加权平均计算。但销售的应税消费品有下列情况之一者，不得列入加权平均计算，销售价格明显偏低又无正当理由者;无销售价格者。如果当月无销售或当月未完结,应按照同类消费品上月或最近月份的销售价格计算纳税。

纳税人销售的应税消费品,以外汇结算销售价格的,应当按照当月第一天的外汇牌价折合成人民币计算应纳税额。

2.实行从量定额办法计算的应纳税额 = 销售数量 × 定额税率

五、消费税计算示范

例 1 某日用化工厂 2012 年 1 月销售化妆品一批,计税销售数量 3000 套,每套单价 50 元,实现销售收入 150000 元,在其实现的销售额中已扣除增值税款,货款已收,计算其应纳消费税款。

应纳消费税款 = 150000 × 30% = 45000(元)

会计分录如下:

借:银行存款 150000(元)

　贷:主营业务收入 150000(元)

借:应交税金——应交消费税 45000(元)

　贷:银行存款 45000(元)

例 2 假定例 1 中某日用化工厂 2012 年 1 月实现的销售额中未扣除增值税税款,计算其应纳消费税(该纳税人为一般纳税人)。

不含增值税的销售额为:

150000 ÷ (1 + 17%) = 128205.13(元)

应向购买方收取的增值税额:128205.13 × 17%=21794.87(元)

应纳消费税额 = 128205.13 × 30%=38461.54(元)

会计分录如下:

借:银行存款 150000(元)

　贷:主营业务收入 128205.13(元)

　　应交税金——应交增值税(销项税额)21794.87

借:应交税金——应交消费税 38461.54(元)

　贷:银行存款 38461.54(元)

例 3　某国有甲企业委托乙企业加工汽车轮胎 20 个,发出材料的实际总成本为 4000 元,加工费为 800 元,乙企业同类轮胎的单位售价为 400 元,2 月 15 日甲企业将轮胎提回厂后当即投入汽车生产,生产的 5 辆汽车于 3 月 10 日全部售出,售价为每辆 40000 元,计算甲企业委托加工轮胎和销售汽车的消费税。

根据条例规定,委托加工的应税消费品,应按受托方同类消费品的销售价格计算纳税。

轮胎的消费税 = 400 × 20 × 10% = 800(元)

汽车的消费税 = 40000 × 5 × 8%−800 = 15200(元)

①甲企业收回汽车轮胎时的会计分录:

委托方甲企业,借:委托加工材料 800(元)

贷:应付账款 800(元)

受托方乙企业,借:应收账款 800(元)

贷:应交税金——应交消费税 800(元)

②甲、乙企业结清委托加工的轮胎应纳消费税时的会计分录:

甲企业,借:应付账款 800(元)

贷:银行存款 800(元)

乙企业,借:银行存款 800(元)

贷:应收账款 800(元)

③乙企业缴纳代交的税款时的会计分录:

借:应交税金——应交消费税 800(元)

贷:银行存款 800(元)

①甲企业销售汽车时,扣除已税原材料缴纳的消费税 800 元后再交消费税。

借:应交税金——应交消费税 15200(元)

贷:银行存款 15200(元)

例 4　2012 年 3 月 10 日某外贸企业 A 公司,购入某生产企业 1000 瓶化妆品用于出口,购入价每瓶 10 元(含消费税),A 公司出口

800 瓶，每瓶售价 5 美元，按当月 1 日汇率 US $ 1 = 8.246 折合人民币记账。3 月 30 日 A 公司报关后向税务局申请退税，并在 9 月 20 日收到税务机关的出口退税。另 200 瓶因质量原因退货给某生产企业，9月 25 日向税务机关补交该批退货的消费税，计算其应纳(退)消费税。

应收出口退税$(10 \times 800) \times 30\% = 2400$(元)

外贸企业采购商品成本中含生产企业已交纳的消费税，退税时再冲减商品销售成本。

生产企业出口应税消费品，免征消费税或先交税后申请退税。

会计分录如下：

①收购化妆品时

借：商品采购 10000(元)

　贷：银行存款 10000(元)

借：库存商品 10000(元)

　贷：商品采购 10000(元)

②出口化妆品时

借：应收账款 41230(元)

　贷：主营业务收入 41230(元)

借：主营业务成本 41230(元)

　贷：库存商品 41230(元)

③计提出口退税款

借：应收出口退税 3000(元)

　贷：主营业务成本 3000(元)

④收到出口退税款时

借：银行存款 3000(元)

　贷：应收出口退税 3000(元)

⑤发生退货应补交消费税时

借：主营业务收入 82460(元)

　贷：应收账款 82460(元)

借:库存商品 2000(元)

　贷:主营业务成本 2000(元)

借:主营业务成本 600(元)

　贷:应收出口退税 600(元)

借:应收出口退税 600(元)

　贷:银行存款 600(元)

消费税税目税率(税额)表 3-1

税　目	征收范围	计税单位	税率(额)
一、烟			
1.甲类卷烟	包括各种进口烟		56%
2.乙类卷烟	(每条调拨价 70 元以下)		36%
3.雪茄烟			36%
二、酒及酒精			
1.粮食、薯类白酒			20%
2.黄　酒		吨	240 元
3.啤　酒		吨	220 元
4.其他酒			10%
5.酒　精			5%
三、化妆品	包括成套化妆品		30%
四、贵重首饰	包括各种金银珠宝		10%
五、鞭炮、焰火			15%
六、汽油、	包括石脑油。溶剂油、润滑油	升	0.2 元
七、柴油	包括航空煤油、燃料油	升	0.1 元
八、木制一次性筷子			5%
九、实木地板			5%
十、汽车轮胎			3%
十一、摩托车			
1.排量 250 毫升以下			3%
2 .排量 250 毫升以上			10%
十二、小汽车			
1.小轿车			
排气量在 2.2 升以上的(含)			8%
排气量在 1.0~2.2 升(含 1.0 升)			5%
排气量在 1.0 升以下的			1%

续表

税　目	征收范围	计税单位	税率(额)
2.越野汽车(四轮驱动)			
排气量在 2.4 升以上的(含)			5%
排气量在 2.4 升以下的			3%
3.小客车(22 座以下面包车)			
排气量在 2.0 升以上的(含)			5%
排气量在 2.0 升以下的			3%
1 乘用车			
排气量在 4.0 升以上的(含)			40%
排气量在 3.0 升至 4.0 升			25%
排气量在 2.5 升至 3.0 升			12%
排气量在 2.0 升至 2.5 升			9%
排气量在 1.5 升至 2.0 升			5%
排气量在 1.5 升以下(含)			3%
十三、游艇			10%
十四、高尔夫球及球具			10%
十五、高档手表			20%

第四节　消费税的税收筹划

一、避免成为纳税人

我国现行消费税征税范围较窄,只限定 15 消费品征税。当企业在投资决策时,应尽量避开上述消费品,而选择其他符合国家产业政策,在流转税及所得税方面有优惠政策的产品进行投资。

二、选择适当的税率

由于应税消费品所适用的税率是固定的，只有在出现兼营不同税率应税消费品的情况下，纳税人才能选择合适的销售方式和核算方式,达到适用较低税率的目的。

例如,某酒厂同时生产粮食白酒、药酒和两类酒的礼品套装。某年 1 月份，该厂对外销售白酒 12000 瓶，单价 28 元 / 瓶；礼品酒 600 套，90 元 / 套，其中白酒两瓶，药酒两瓶，均为半斤装，单价分别为 15 元 / 瓶和 30 元 / 瓶。

如果三类酒单独核算，应纳消费税额：

白酒：28 × 12000 × 20%=67200（元）

礼品酒：90 × 600 × 20%=10800（元）

合计应纳消费税额 67200 + 10800=7800 元）

如果该企业不将两类酒组成套装酒，能够减少纳税：

（15 × 2 × 600 × 20% + 30 × 2 × 600 × 10%）=7200（元）

因此，当企业兼营不同税率应税消费品时，能单独核算的尽量单独核算，没有必要成套销售的最好单独销售，以减轻企业税收负担。

三、选择包装物的形式

企业如果想在包装物上节省消费税，关键是包装物不能作价随同产品销售，而应采取收取“押金”的形式，且押金必须在规定的时间内收回，就可以不并入销售额计算缴纳消费税。

例如，某属于增值税一般纳税人的汽车轮胎厂，某月销售汽车轮胎 500 个，单价 5000 元 / 个（不含增值税），需使用包装盒 500 只，单价 20 元 / 只（不含增值税），轮胎的消费税率 3%。

如果企业将包装盒作价连同轮胎一并销售，包装盒也应交纳消费税。

应纳消费税额：（5000 × 500 + 20 × 500）× 3%=75300（元）

如果将包装盒不作价销售而是收取押金，每只 20 元，该押金可不计征消费税。

应纳消费税额：5000 × 500 × 3%=75000（元）

如果押金在规定期限内（一般为一年）未收回，应将押金作为销售额纳税。由于押金属于价外费用，应把其换算为不含税收入计征税款。

应纳消费税款:$5000\times500\times3\%+20\times500\div(1+17\%)\times3\%$ =75256(元)

由此可见,只有当包装物收取押金,且在规定期限内收回时,才可最大限度地减轻税收负担。

第五节 营业税的缴纳

一、营业税的概念及特点

营业税是对我国境内从事交通运输、建筑、服务业等的单位和个人,就其经营业务收入征收的一种税。

营业税与增值税、消费税等其他流转税相比,有其自身的特点:

1.征收面广,税负低。它涉及整个第三产业,税率一般为3%和5%。

2.按行业设计税目税率。营业税的调节对象主要是第三产业的各个行业,这就决定了营业税税目税率只能按行业设计,同一行业,不论经营方式和经营性质如何,不论在甲地还是在乙地,均按同一税率征税,这也便于同一行业的纳税人在平等的条件下开展竞争。

二、营业税的纳税人

在中华人民共和国境内提供应税劳务、转让无形资产或者销售不动产的单位和个人,为营业税的纳税义务人。

这里所称"应税劳务"指交通运输业、建筑业、金融保险业、邮电通讯业、文化体育业、娱乐业、服务业、转让无形资产。

这里所称"单位",指国有企业、集体企业、私有企业、外商投资企业、外国企业、股份制企业、其他企业、行政单位、事业单位、军事单位、社会团体、其他单位;所称"个人",指个体经营者及其他个人,包括中华人民共和国公民和外国公民。

三、营业税征收范围

根据流转税改革方案,除不动产外,所有销售货物行为均要征收增值税,加工和修理修配也要征收增值税。现行营业税征税范围剔除改征增值税的项目后,即为改革后的营业税征税范围。改革后的营业税的征收范围原则上可以概括为销售劳务和销售不动产两种经营行为。

四、营业税的税率

根据基本保持原税负和中性、简便原则,改革后的营业税设置两档税率,大部分税目为5%,小部分税目为3%,对原营业税有关税目的税率作了调整:

1.中央铁路运营税率由5%降为3%,管道运输税率由15%降为3%。

2.娱乐业税目除保留舞厅、歌舞厅、台球、音乐茶座外增列了游艺、保龄球、高尔夫球三项,税率为5%~20%的弹性税率。

3.服务业中的代理业由10%的税率调减为5%,其他服务的税率由3%调为5%。

五、营业税起征点

营业税起征点的适用范围限于个人。

营业税起征点的幅度根据财政部2011年10月31日66号令规定如下:

1.按期纳税的,为月营业额5000~20000元;

2.按次纳税的,为每次(日)营业额300元至500元。

省、自治区、直辖市财政厅(局)、税务局应当在规定的幅度内,根据实际情况确定本地区适用的起征点,并报财政部、国家税务总局备案。

六、营业税改征试点

2011年11月17日，财政部、国税总局公布《营业税改征增值税试点方案》及上海试点的相关政策，确定了增值税扩围的交通运输业和部分现代服务业增值税税率。根据方案，在现行增值税17%标准税率和13%低税率基础上，新增11%和6%两档低税率。其中，租赁有形动产等适用17%税率，交通运输业、建筑业等适用11%税率，其他技术研发、文化创意、物流等部分现代服务业适用6%税率。在计税方式上，交通运输业、建筑业、邮电通信业、现代服务业、文化体育业、销售不动产和转让无形资产等原则上适用增值税一般计税方法。而金融保险业和生活性服务业，原则上适用增值税简易计税方法，即金融保险业在按销售额计算增值税额时还是不得抵扣进项税额。

根据对试点行业营业税实际税负测算发现，目前交通运输业转换的增值税税率水平基本在11%～15%之间，而信息技术、文化创意等现代服务业基本在6%～10%之间。因此这次改革试点选择11%和6%两档低税率，对交通运输业和部分现代服务业减税作用较大。原先未列入试点范围的建筑业，这次也进入了改征增值税范围。建筑业纳入增值税征收范围有利于增值税的进一步转型，即未来企业外购不动产支出有望进入增值税进项抵扣范围。对于增值税改革试点后对相关行业的影响，交通运输业和建筑业由于改征增值税后可消除重复征税问题，因此减税作用较为明显，而文化创意、会展等行业由于自身可抵扣项较少，其税负水平受影响程度也较小。财政部、国税总局表示，将密切跟踪上海市试点运行情况，逐步扩大试点范围，力争在“十二五”期间将改革逐步推广到全国范围。经税务专家测算，未来若增值税改革向全国推广后，全社会GDP能够相应提高4个百分点。

七、营业税的计算与计算示范

应纳税额＝营业收入×税率

例 1　某饭店是集住宿、饮食、商业、旅游为一体的服务行业。2012 年 1 月份的营业收入分别为客房收入 578 万元，饮食收入 145 万元，出售纪念品收入 82 万元，旅行社已确认收入 285 万元，预收的旅游费用 66 万元。组织出国旅游支付境外旅行社接团费用 36 万元。该饭店 1 月 20 日出售一处附属建筑物，原价 500 万元，已使用 8 年，已提折旧 80 万元。清理该建筑物费用 2 万元，出售价格为 460 万元。该饭店 1 月 24 日将某食品专利出售，该专利原是饭店以 50 万元购买，现以 60 万元出售给另一企业。计算该饭店 1 月份的营业税。

①住宿、饮食、商业、旅游营业税：

(578+145+82+285+66−36)×5%=56(万元)

计提、缴纳营业税时的会计分录：

借：主营业务税金及附加 56(万元)

　贷：应交税金——应交营业税 56(万元)

借：应交税金——应交营业税 56(万元)

　贷：银行存款 56(万元)

②出售建筑物营业税：

460×5%＝23(万元)

清理减少固定资产时的会计分录：

借：固定资产清理 420(万元)

　　累计折旧 80(万元)

　贷：固定资产 500(万元)

销售固定资产时的会计分录：

借：银行存款 460(万元)

　贷：固定资产清理 460(万元)

发生固定资产清理费用时的会计分录：

借:固定资产清理 2(万元)

　贷:银行存款 2(万元)

计提、缴纳营业税时的会计分录:

借:固定资产清理 23(万元)

贷:应交税金——应交营业税 23(万元)

借:应交税金——应交营业税 23(万元)

　贷:银行存款 23(万元)

销售固定资产的净收益入账时的会计分录:

借:固定资产清理 15(万元)

　贷:营业外收入——处理固定资产净收益 15(万元)

　　(净收益 =460-420-2-23=15 万元)

③销售专利营业税:

$60 \times 5\% = 3$(万元)

该饭店共计缴纳营业税 56+23+3 = 82(万元)

取得销售收入时的会计分录:

借:银行存款 60(万元)

　贷:其他业务收入 60(万元)

结转无形资产成本时的会计分录:

借:其他业务支出 50(万元)

　贷:无形资产 50(万元)

计提、缴纳营业税时的会计分录:

借:其他业务支出 3(万元)

　贷:应交税金——应交营业税 3(万元)

借:应交税金——应交营业税 3(万元)

　贷:银行存款 3(万元)

例 2　某建筑工程公司 2012 年 1 月承包某高速公路工程,其中两处加油站工程分别包给某外国公司。12 月 15 日完工结算价款,总收入 4 亿元,两处加油站工程价款 800 万元。计算某建筑工程公司应交纳的营业税以及代扣代缴的税金。

应缴纳营业税：

(40000 - 800) × 3% = 1176(万元)

代扣代缴营业税：

800 × 3% = 24(万元)

①某建筑工程公司收到承包款项时的会计分录：

借:银行存款 40000(万元)

贷:工程结算收入 39200(万元)

应付账款——应付分包款 800(万元)

②计算应交及代扣营业税时的会计分录：

借:工程结算税金及附加 1176(万元)

应付分包款 24(万元)

贷:应交税金——应交营业税 1200(万元)

③缴纳营业税时的会计分录：

借:应交税金——应交营业税 1200(万元)

贷:银行存款 1200(万元)

例 3　某金融机构以月利 2.88%吸收储蓄存款 100 万元,以月利 4.38%全部贷出,计算该金融机构应交纳的营业税。

应缴营业税额 = (100 × 4.38%-100 × 2.88%) × 5% = 750(元)

缴纳时的会计分录：

借:应交税金——应交营业税 750(元)

贷:银行存款 750(元)

例 4　甲单位采用预收款方式转让土地使用权给乙单位，转让收入 100 万元,2012 年 7 月 12 日,甲单位收到乙单位支付的预收款 40 万元,2011 年 10 月 18 日，甲单位又收到乙单位的预收款 20 万元,2011 年 11 月 21 日，甲单位与乙单位结算，甲单位开具销售发票,共计价款 100 万元,但乙单位由于特殊情况欠款 20 万元尚未支付给甲单位，问甲单位的纳税义务发生时间及各月应纳营业税额的计算。

第一笔收入的纳税义务发生时间为第一次收到预收款的当天，即2012年7月12日。

7月份应纳营业税：40×5%=2（万元）

第二笔收入的纳税义务发生时间为2011年10月18日。

10月份应纳营业税：20×5%=1（万元）

第三笔收入的纳税义务发生时间为2011年11月21日。

11月份应纳营业税：（100–40–20）×5%=2（万元）

甲乙双方结算后，尽管甲方尚有20万元价款未收到，但此项收入已结算，并取得了营业收入的凭证，纳税义务业已产生，计税时，不能将20万元从营业额中剔除。

例5 甲乙企业双方协议，甲企业出租设备一台供乙企业租赁使用，租赁时间3年，租赁设备时一次交清3年的租赁费。计算其应纳营业税及账务处理。

①收到租赁费的账务处理——甲乙企业双方履行租赁协议，移交租赁设备时支付租赁费。甲企业收到租赁收入 3 0000元，按合同约定时间使用3年，其中10000元应是第一年的收入，记入"其他业务收入"科目.其余20000元是第二年和第三年的收入，记入"其他应付款"科目暂存。

会计分录：

借：银行存款30000（元）

贷：其他业务收入10000（元）

其他应付款20000（元）

②营业税金的提取。

甲企业收到租赁费30000元的当天，就应当全额计算营业税金，把第一年应负担的营业税金记入“其他业务支出”科目。把第二年、第三年应负担的营业税金记入“递延税款”科目，待以后年度摊销。

会计分录：

借:其他业务支出 500(元)

递延税款 1000(元)

贷:银行存款 500(元)

应交税金 1000(元)

③第二年的账务处理——年初，按合同约定第二年应实现租赁收入 10000 元。这里要把挂在“其他应付款”科目的租赁收入转出 10000 元,记入“其他业务收入”科目,还要把应支出的营业税金从“递延税款”科目转出,记入“其他业务支出”科目。

会计分录:

借:其他应付款 10000(元)

贷:其他业务收入 10000(元)

借:其他业务支出 500(元)

贷:递延税款 500(元)

④第三年的账务处理与第二年账务处理相同。

八、营业税的纳税地点

(1)纳税人提供应税劳务,应当向应税劳务发生地主管税务机关申报纳税。纳税人从事运输业务,应当向其机构所在地主管税务机关申报纳税。

(2)纳税人转让土地使用权,应当向土地所在地主管税务机关申报纳税。纳税人转让其他无形资产,应当向其机构所在地主管税务机关申报纳税。

(3)纳税人销售不动产、应当向不动产所在地主管税务机关申报纳税。

(4)纳税人提供的应税劳务发生在外县(市),应向劳务发生地主管税务机关申报纳税而未申报纳税的，由其机构所在地或者居住地主管税务机关补征税款。

(5)纳税人承包的工程跨省、自治区、直辖市的,向其机构所在地主管税务机关申报纳税。

(6)纳税人在本省、自治区、直辖市范围内发生应税行为，其纳税地点需要调整的，由省、自治区、直辖市人民政府所属税务机关确定。

(7)扣缴义务人应向其机构所在地的主管税务机关申报缴纳其扣缴的营业税款。

九、营业税的纳税期限

纳税人的具体纳税期限，由主管税务机关根据纳税人应纳税额的大小分别核定为5日、10日、15日或者1个月；不能按照固定期限纳税的，可以按次纳税。

纳税人以1个月为一期纳税的，自期满之日起10日内申报纳税；以5日、10日或者15日为一期的，自期满之日起5日内预缴税款，于次月1日起10日内申报纳税并结清上月应纳税款。

金融业(不包括典当业)的纳税期限为一个季度。

保险业的纳税期限为一个月。

扣缴义务人的解缴税款期限，比照上述规定期限。

表3-2　营业税税目税率表

税　目	征收范围	税率
一、交通运输业	陆路运输、水陆运输、航空运输、管道运输、装缸搬运	3%
二、建筑业	建筑、安装，修缮装饰及其他工程作业	3%
三、金融保险业		5%
四、邮电通信业		3%
五、文化体育业		3%
六、娱乐业	歌厅、舞厅、卡拉OK歌舞厅、音乐茶座、台球、高尔夫球、保龄球、游艺	5%~20%
七、服务业	代理业、旅店业、饮食业、旅游业，仓库租赁、广告等	5%
八、转让无形资产	转让土地使用权、专利权、非专利技术、商标权、著作权	5%
九、销售不动产	销售建筑物及其他土地附着物	5%
十、交通运输业	陆路运输、水陆运输、航空运输、管道运输、装缸搬运	3%

续表

税　目	征收范围	税率
十一、建筑业	建筑、安装，修缮装饰及其他工程作业	3%
十二、金融保险业		5%
十三、邮电通信业		3%
十四、文化体育业		3%
十五、娱乐业	歌厅、舞厅、卡拉OK歌舞厅、音乐茶座、台球、高尔夫球、保龄球、游艺	5%~20%
十六、服务业	代理业、旅店业、饮食业、旅游业，仓库租赁、广告等	5%
十七、转让无形资产	转让土地使用权、专利权、非专利技术、商标权、著作权	5%
十八、销售不动产	销售建筑物及其他土地附着物	5%

第六节　营业税的税收筹划

一、避免成为纳税人

按照现行规定，只有发生在中华人民共和国境内的应税行为，才属于营业税的征税范围。所谓“应税行为”这里指应税劳务的使用环节和使用地在境内，而不论该项应税劳务的提供环节发生地是否在境内。换言之，境内纳税人在境内提供劳务，境外单位和个人提供应税劳务在境内使用的，均属于营业税纳税范围；而境内纳税人提供劳务在在境外使用的，不属于营业税纳税范围。如国内某施工单位到伊拉克安装机器设备所取得的收入，就不缴营业税。

二、选择税种

1.兼营销售行为

兼营是指企业从事两个或两个以上税目的应税项目。如某宾馆既从事服务业，经营餐厅、客房，又从事娱乐业，经营卡拉OK歌舞厅。现行税法规定，对兼营不同税目的应税行为，应分别核算不同税目的营业额,对未按不同税目分别核算营业额的,从高适用税率。

例如,某宾馆某月客房收入 80 万元,餐厅收入 20 万元,保龄球项目收入 50 万元。娱乐业适用税率 20%,服务业适用税率 5%。

如果该宾馆不分别核算兼营项目，则所有营业项目中均按税率最高标准计税。

应纳税额:(80 + 20 + 50) × 20%=30(万元)

如果该宾馆分别核算,则按不同税率计征。

应纳税额:(80 + 20) × 5% + 50 × 20%=15(万元)

可以看出，如果将营业项目分别核算，能够使该宾馆少纳税款15 万元。

2.混合销售行为

混合销售行为是指一项销售行为,既涉及应税劳务(纳营业税)又涉及货物或非应税劳务(纳增值税)。

如某企业为增值税一般纳税人，某月将 1000 平方米办公楼出租,出租房屋属于营业税应税行为,另外还涉及水电费用处理问题。有两种方案可供选择。

一是双方签订房屋租赁合同,租金每平方米 180 元,含水电费,每月租金 180000 元,每月供电 6000 度,水 2000 吨,水购进价格 2.00 元,电购进价 0.40 元,均取得增值税专用发票。

该企业房屋租赁行为应纳营业税:180000 × 5%=9000(元)

由于该企业提供的水电费是用于非应税项目的购进货物，其进项税额不能从销项税额中抵扣。因此,对企业购进的水电进项税金应做相应的转出,即相当于交纳增值税。

6000 × 0.40 × 17% + 2000 × 2.00 × 13%=928(元)

该企业最终负担营业税和增值税 9000 + 928=9928(元)

二是该企业与公司分别签订转售水电合同、房屋租赁合同,转售水电的价格参照同期市场上价格确定。水每吨 2.50 元,电每度 0.50 元,房屋租赁价格每平方米 170 元,当月取得租金收入 170000 元,水费收入5000元,电费收入3000元。分别作账务处理。

应纳营业税:170000×5%=8500元

应纳增值税:(5000×13%+3000×17%)-928=232(元)

该企业最终交纳营业税和增值税:8500+232=8732(元)

可见,选择两种不同的方案,税收负担大不一样,后者比前者减轻负担1196元(9928-8732)。

第七节 关税的缴纳

一、关税的概念与作用

关税,是由设在边境、沿海口岸或国家指定的其他水、陆、空国际交往通道的海关机关,依法对进出关境的货物和物品征收一种税。

国境是一个主权国家的领土范围,关境是执行统一的关税税则法令的关税领域。在一般情况下,国境的范围同关境的领域大小是一致的,货物进出国境也就是进出关境,要征收关税。但是两者的大小也有不一致的情况,当国境内设有免征关税的自由港或自由贸易区时,关境就小于国境。当几个国家组成关税同盟,在成员国之间,对内取消关税,对外实行共同的关税税则,就各成员国来说,关境就大于国境,关税是在出入关境时征收,而不是在出入国境时征收。

关税同其他流转税相比,具有以下几个特点:一是统一在关境征税;二是对进出关境的物品和货物征税;三是由专设的海关机构负责征收。

设置关税,不仅可以维护国家主权,保护民族工商业的发展,而且也是增加国家财政收入,贯彻对外经济贸易统治政策的辅助手段。其作用主要表现在:

1.维护了国家主权和经济利益

根据平等互利的对等原则,国家通过两种税率(优惠税率和普通税率)的运用等方式,取得国际间的关税互惠。优惠税率适用于与我国有贸易协定的国家和地区，普通税率适用于与我国没有贸易协定的国家和地区。同一种进口商品,由于税率高低不同,使用优惠税率国家的商人对我国出口同样的商品比使用普通税率国家的商人获利就多,促使使用普通税率国家的商人与本国政府作斗争,与我国迅速订立贸易协定,就会有利于我国对外经济往来和合作。

2.保护生产、调节经济

通过对进口的不同货物,规定差别较大的税率,可以贯彻国家的奖限政策。因为对某种进口产品征收高额关税,就提高了进口货物的成本，削弱其同我国同类产品的竞争能力，保护本国同类产品的发展;对某种出口货物征收关税,可以抑制某些商品的输出,防止我国资源廉价外流。当然,对一般产品为了加强其在国际市场上的竞争能力,也可以免征关税。

利用关税税率的高低和减免,调节进出口商品的结构和流量,保持国内市场供求平衡;利用税率的高低,还可以影响市场物价,使奢侈品保持高价,必需品保持低价,引导人们合理消费。

当然,在发挥关税保护作用时,也要注意防止其消极作用。因为某些不适当的长期保护,往往会养成国内某些企业的依赖性,不努力改善经营管理,不努力提高技术水平,保护了落后,在国际市场上缺乏竞争能力。

3.增加财政收入

关税作为国家税收体系的一个税种，组织财政收入同样是它的基本职能之一。不论在我国还是其他国家,关税产生初期的基本目的就是取得财政收入。新中国成立以来,通过关税为国家积累了大量的资金。特别是近二十年来,随着改革开放和加强关税征管,关税积累资金大幅度增长,目前占整个财政收入的5%以上。

二、关税的分类

根据不同的标准，关税有多种分类方法，主要有以下几种。

1.按货物的不同流向分

进口税，是对从国外运入的货物所征收的一种关税。一般是在货物进入国境或关境时征收，或在货物从海关保税仓库中转出，投入国内市场时征收。

出口税，是对从本国出口的货物或物品征收的一种关税。但有些国家主要是发展中国家，或是限制本国某些产品和自然资源出口，或是增加财政收入，仍对某些货物征出口税。

过境税，是对运经本国国境或关境，销往第三国的外国货物征收的一种关税。由于过境货物对本国市场和国内生产没有影响，而且还可以从交通运输，港口使用，仓库保管等方面取得一定收入，所以随着国际交通的发达，国际经济往来的频繁，目前世界各国一般已不再征收过境税，只是在外国货物过境时，征收少量的允许费、印花费、鉴证费、统计费等。现在征收过境税的，只有伊朗，委内瑞拉等极少数国家。

2.按征税的计税标准分

从价关税，是以货物的价格为计征标准而计算征收的关税。我国的进、出口税分别以货物的到岸价格、离岸价格为完税价格计算征税。

从量关税，是以货物的计量单位(重量、数量、长度、体积等)为计征标准而计征的一种税。

复合关税，是对同一种货物同时采用从价与从量两种标准课征的一种税。课征时，或以从价税为主，加征从量税；或以从量税为主，加征从价税。这种关税，计征手续较繁，但在物价上下波动时，可以减少对税负和财政收入的影响。

选择关税，是对同一种进口货物，同时规定从价税和从量税两种税率，征税时选择其中的一种进行课征的关税。为避免因物价下跌，影响财政收入，或为了鼓励某种货物出口，有些国家如英国、日本、澳大利亚等国对某些货物就采取这种关税。

滑动关税，是对某种进口货物规定其价格的上下限，按国内货价涨落情况，分别采用几种高低不同税率的一种关税。当进口货物价格高于上限时，减低税率；低于下限时，提高税率；在幅度以内的，按原定税率征收。英国和马来半岛的一些国家曾实行滑动关税，目的是保护国内生产免受国外物价波动影响，保持国内有关货物价格的稳定。

3.按对不同国家货物或货物不同输入情况差别征税分类

加重关税，包括三种。

第一，反倾销关税。

这是对外国向本国倾销的商品，在一般进口税之外，于商品进口时再加征的一种进口附加税。目的在于抵制他国商品倾销，保护本国商品和国内市场。现在许多国家都开征此税，但征收办法不尽一致。例如日本规定，若低价进口货物损害或可能损害日本工业生产或影响新工业建立，必要时得征收反倾销关税，英国规定，外国商品出口价格低于该商品生产国或出口国的平均市场价格而危害英国工农业生产时征收反倾销关税。

第二，反补贴税。

这是对在其本国接受各种出口补贴的进口外国货物，征收的一种进口附加税。一般是按进口商品所接受的补贴数额征收。凡进口商品在生产、制造、加工、买卖、输出过程中所接受的直接，间接补贴，都算在补贴之内，但不包括出口货物的退、免国内税。现在发达国家多开征此税，把外国货物所享受的补贴金额冲销，从而阻止外国货物凭借其出口补贴的优势，影响本国经济。

第三，报复关税。

这是对歧视本国货物、船舶或企业的国家，在其货物进口时，加征的一种关税。它可以适用于从该国进口的全部商品或部分商品，发达国家多有采用。

优惠关税，主要包括以下四种。

第一,互惠关税。

这是两国相互间在关税方面给予对方优惠税率的一种协定关税。我国进口关税对同种货物设置普通税率和最低税率两种,后者的税率一般低于前者的1/3或1/2,它适用于与我国签订有关税互惠条款协定国家的产制货货物进口。

第二,特惠关税。

这是对有特殊关系的国家,单方面或相互间按协定采用特别低的进税率甚至负税的一种关税。历史上多适用于帝国主义宗主国与它的殖民地或它的附属国之间,现已废止。

第三,最惠国待遇。

缔约国一方现在和将来给予任何第三国的一切特权,优惠和豁免,也同样给予对方的一种优惠待遇。这通常是国际贸易协定中的一项内容。

第四,普遍优惠制。这是经济发达国家对发展中国家出口货物普遍给予的一种关税优惠制度。它的原则:一是普遍的,即经济发达国家对发展中国家出口的制成品或半制成品,给予普遍的优惠待遇;二是非歧视性的,即应使所有发展中国家都不受歧视,无例外地享受着普惠的待遇;三是非互惠的,经济发达国家应单方面给予发展中国家关税的优惠,而不要求发展中国家长期争取,为1970年第25届联合国大会所采纳,并在18个经济发达国家实施。普惠制对打破发达国家的关税壁垒,扩大发展中国家货物进入给惠国市场,推动本国经济发展,有积极作用。但在实施过程中,一些给惠国为了维护本国垄断资本的利益,通过了一系列保护限制措施,受惠商品范围较小,减免幅度微乎其微,距发展中国家的要求差距较大。

三、关税的纳税人与征税对象

《中华人民共和国进出口关税条例》和《中华人民共和国海关进出口税则》是我国关税制度的两个最基本法规。根据这两个税收法规

的规定，

关税的纳税人:凡从事进口货物的收货人、出口货物的发货人，不论其国籍,也不论其是企业、单位还是个人,都是关税的纳税人。具体指：进出口货物的收发人或代理人。由外贸企业代理进出口业务的,应以委托企业为纳税人,外贸企业为扣缴义务人;进口行李物品和邮递物品的,为物品的所有人,收件人或者他们的代理人。

关税的征税对象，指进出关境的货物和应税的行李物品及邮递物品。

四、关税税目税率

关税税率是根据我国关税的基本原则制定的。关税税率分为进口税率和出口税率。进口税率又分为优惠税率和普通税率两种。对产自与我国未订有关税互惠协定的国家的进口货物，按照普通税率征税;对产自与我国订有关税互惠协定的国家的进口货物,按照优惠税率征税。

1951 年 5 月 16 日,国家公布的进出口税则,将进出口货物分为 17 类 939 个税号。规定进口优惠税率为从价计征的 5%至 150%,共分为 20 个税级。

1998 年,国务院又修订了中华人民共和国海关进出口税则。其中进口税率分为优惠税率和普通税率两类,最低为 3%,最高 270%;出口税率涉及 36 个货品，税率 20%~50%，其中 20%的有 16 种，25%的 1 种,30%的 12 种,40%的 6 种,50%的 1 种。

自 2013 年 1 月起我国对进出口商品关税将调整。包括对 780 多种进口商品实施低于最惠国税率的暂定税率。其中,新增和进一步降低税率的产品主要分为五大类，一是调味品、特殊配方婴幼儿奶粉(供婴幼儿食用的零售包装食品进口税率由 15%降至 5%。乳蛋白部分水解配方、乳蛋白深度水解配方、氨基酸配方特殊婴幼儿奶粉由 20%降至 5%。)、心脏起搏器、血管支架等促进消费和改善民生,与人民群众密切相关的生活和医疗用品;二是汽车生产线机器人、宽幅喷墨打印机、有机发光二极管显示屏、电动汽车用逆变器模块、锂电子蓄电池、无级变速箱用钢带等促进装备制造业和战略性新兴产业发展的设备、零部件和原材料;三是高岭土、云母片、钨铁、锑等能源资源性产品,以及船舶压载水处理设备用过滤器、动车组用胶囊等有利于节能减排的环保产品;四是紫苜蓿、奶衬、自走式饲料搅拌投喂车等支农惠农产品;五是羽绒、亚麻短纤、全自动转杯纺纱机等支持纺织行业发展的产品。

2013 年继续对小麦等 7 种农产品和尿素等 3 种化肥的进口实施关税配额管理,并对尿素等 3 种化肥实施 1%的暂定配额税率。对关税配额外进口一定数量的棉花继续实施滑准税,并适当调整税率,主要是当棉花进口价格过低时,适用税率有所提高。对冻鸡等 47 种产品实施从量税或复合税，部分感光胶片进口关税的征收方式由从量计征改为从价计征。

2013 年我国继续以暂定税率的形式对煤炭、原油、化肥、铁合金等产品征收出口关税。适当延长化肥淡季税率适用时间并降低淡季出口关税税率，部分化肥产品出口关税的征收方式由从价计征改为从量计征。

依据我国与有关国家或地区签署的自由贸易协定或关税优惠协定,2013 年我国继续对原产于东盟各国、智利、巴基斯坦、新西兰、秘鲁、哥斯达黎加、韩国、印度、斯里兰卡、孟加拉等国家的部分进口产品实施协定税率,部分税率水平进一步降低。在内地与香港、澳门更紧密经贸关系安排框架下，对原产于港澳地区且已制定优惠原产地标准的产品实施零关税。根据海峡两岸经济合作框架协议,对原产于台湾地区的部分产品实施零关税。继续对原产于老挝、苏丹、也门等 40 个最不发达国家的部分产品实施特惠税率。

对进出口税则中部分税目进行调整,增列硒化氢、垃圾焚烧炉、生物杀虫剂、混凝土泵车等税目。调整后,我国 2013 年进出口税目总数由2012年的8194个增至8238个。

五、关税的计算

1.进口货物应纳税额＝到岸价格×进口关税率

到岸价格以进口货物经海关审定的正常成交价格为基础计算，包括货价、包装费、运输费、保险费和其他劳务费用。

成交价格不能确定时，应以相同或相似进口货物在国内市场批发价为依据计算。

完税价格=1+进口关税率+20%

2.出口货物应纳税额＝完税价格×出口品税率

出口货物应以海关审定的离岸价格扣除关税后作为完税价格。

完税价格＝离岸价格÷（1+出口税率）

六、关税计算示范

例1 某进出口公司，2012年4月，从某与中华人民共和国有关税互惠协定的国家进口某批发物，某采购地正常批发价格为356200元，国外已付出口税额为35620元，运抵我国输入地点的包装费5000元，运费25180元，保险费4400元，手续费2100元。该进口货物的关税适用最低税率为50%，计算该公司4月份应纳关税。

完税价格＝356200+35620+5000+25180+4400+2100＝428500（元）

应纳关税＝428500×50%＝214250（元）

会计分录为：

借：应交税金——应交关税 214250（元）

贷：银行存款 214250（元）

例2 某外贸公司，2012年4月，进口某国货物5000件，到岸价格未能确定。其国内市场同类产品的批发价格为每件1800元，该国与中华人民共和国未有贸易条约，其关税税率为60%，计算该公司5

月份进口货物应纳税额。

完税价格 = 1800 ÷（1+60%+20%）= 1000(元)

应纳关税 = 1000 × 5000 × 60% = 3000000(元)

会计分录为：

借：应交税金——应交关税 3000000(元)

贷：银行存款 3000000(元)

七、关税的减免和退补

1.关税的减免

(1)下列货物，经海关检查无讹，可免税：

一张票据上应税货物的关税税额在人民币 10 元以下的；

无商业价值的广告品及货样；

国际组织、外国政府无偿赠送的物资；

进出境运输工具装载的途中必需的燃料、物料和饮食用品。

(2)有下列情况之一的进口货物，海关可以酌情免税：

在境外运输途中或在起卸时，遭到损坏或损失的；

起卸后海关放行前，因不可抗力遭受损坏或损失的；

海关检查时已经破漏、损坏或者腐烂、经证明不属保管不慎造成的。

(3)中华人民共和国缔结或者参加的国际条约规定减征，免征关税的货物、物品、海关应当予以减、免关税。

(4)为境外厂商加工、装配成品和为制造外销产品而进口的原材料、辅料、零件，部件、配套件和包装材料，海关按照实际加工出口的数量免征进口税。

(5) 经海关核准暂时进境或暂时出境并在 6 个月内复运出境或者复运进境的货样、展览品、施工机械、工程车辆、工程船舶、供安装设备时使用的仪器和工具、电视或者电影摄制器械、盛装货物的容器以及剧团服装道具，在货物收发货人向海关缴纳相当于税款的保证金或者提供担保后，准予暂时免纳关税。

2.关税的退补

当纳税人发生多纳或者少纳税款时，可在规定的期限内由纳税人向海关申请退还多纳的税款，或者是海关向纳税人追回少缴的税款。发生以下情况时，可退还已纳的税款：因海关误征，多纳税款的；海关核准免验进口的货物，在纳关税后又发现有短卸货物情况，并经海关审定认可的；已征出口税的货物，因故未装运出口申报退关，经海关查验属实的。纳税人凡发生上述情况，均可自缴纳税款之日起一年内，书面申请理由，连同纳税收据向海关申请退税，逾期不予受理。海关应自接受退税申请之日起 30 日内作出书面答复并通知退税申请人。

八、关税的征收管理

进出口货物的收发货人或者他们的代理人，应当向海关填报纳税缴纳证次日起 7 日（星期日和节假日除外），向指定银行缴纳税款。逾期不缴纳，除追缴税款外，由海关自到期日起至缴纳税款日止，按日征收欠缴税款 1‰的滞纳金。

关税纳税义务人确有暂时经济困难而不能按期缴纳关税的，可以申请缓税。缓税是海关批准纳税人将其部分或全部应缴税款的缴纳期限延长的一种制度。这项制度是针对纳税人缺乏纳税资金或由于其他原因而造成的缴纳关税困难，不能在关税缴纳期限内履行纳税义务等情况下实施的。

申请缓税的纳税人应于有关货物申报进口前或于申报进口之日起 7 日内，向主管海关提出书面申请，并递交关税缴纳计划和由其开户银行或其上级主管机关出具的纳税担保函件。经海关审核批准，关税缓缴的义务人应按海关批准的关税缴纳计划如期缴纳关税，并按月支付 10‰的利息。逾期不缴纳关税即构成关税滞纳，除依法追缴外，由海关按关税滞纳的规定征收滞纳金。

关税滞纳金的计算,自缴纳期限期满之日的次日起,至缴清税款之日止,按日征收所欠税款的1‰,其计算公式为:

关税滞纳金=应纳税额×1‰×滞纳天数。

目前,我国关税的缴纳方式分为集中缴纳和分散缴纳两种。集中缴纳指由北京海关负责计征,通过中国银行营业部集中缴入中央总金库,作为中央财政收入。适用于对外经济贸易部所属各外贸进出口总公司向国外订购并负责对外承付货款的进口货物。分散缴纳指进出口货物在当地海关就地征收。适用于地方外贸公司自行订购或代其他单位订购的进口货物,以及其他各单位自行定购的进口货物等。对于出口货物,一律实行分散纳税方式,由出口货物申报人或代理人向出口地海关办理申报和纳税手续。

第八节　关税的税收筹划

一、尽可能选择优惠税率

我国关税条例规定,对于原产地是与中华人民共和国未签有关税互惠协议的国家或地区的进口货物,按普通税率征税;对于原产地是与中华人民共和国签有关税互惠协议的国家或地区的进口货物,按优惠税率征税。这里的关键是选择合适的原产地,即选择与我国签有关税互惠协议的国家或地区。关于原产地的确认,我国海关总署设定了两条标准:一是全部产地标准,即完全在一个国家内生产或制造的进口货物,其生产或制造国就是该货物的原产国;二是实质加工标准,指经过几个国家加工、制造的进口货物,以最后一个对货物进行经济上可以视为实质性加工的国家作为有关货物原产国。所谓“实质性加工”,指产品经过加工后,在《海关税则》中已不按原有的税目税率征税,而归入另外的税率征税,或者其加工增值部分所占新产品总值的比例已超过30%以上。两个条件具备其一即可。

实际上大有文章可做的实质性加工，除选择与我国订有关税互惠协议的国家外，应充分利用加工增值部分占新产品总值超30%的比例,如果达不到30%的标准,可以通过转让定价的方法,降低其他地区的零部件生产价格,从而加大总厂增值部分的比重。就能够享受税率上的优惠。

二、选择法定节假日顺延

按照现行税法规定，纳税人应在填发税款缴纳证的次日起7日内向银行交税,但法定节假日顺延。

例如,某公司进口一批货物,假定海关从接受申报、查验到填发税款证共需两天,如果纳税人选择星期一报关,则星期三海关填发税款交纳证,纳税人最迟应于第二个星期五交纳税款,累计占用税款时间为9天;如果纳税人能推迟一天报关(星期二),星期四海关填发税款交纳证,纳税人可于下下周的星期一(包括星期一)交纳税款,累计占用税款11天。后者比前者多占用两天。

三、利用退货机会

现行税法规定:出口的应税消费品办理退税后如发生退关,经所在地主管税务机关批准后可暂不办理补税,待其转为国内销售时,再向税务机关申报补缴消费税。

利用这一规定可操作资金的时间价格。在货物出口到退货及退款之间,一方面能无偿占有这笔退货款的利息;另一方面在退税和补税的间隔中又占有了税款的利息收益。这里的关键是首先要获得所在地税务机关的批准而暂不办理补税，其次是尽量延长转为国内销售时交纳税款的时间。

第四章

企业所得税的缴纳与税收筹划

所得课税，亦称收益课税，它是以各种所得额为课税对象的各税的统称。

所谓所得额，概括地说，就是纳税人由于劳动、营业、投资等获得的收入扣除为取得收入所需费用后的余额。对于企业来说，它是指销售收入额扣除成本、费用和缴纳流转税金后的生产经营所得和其他所得。对于个人来说，它是指国家规定应税的各种个人所得。

所得课税不同于流转课税。在所得税率既定的前提下，所得税额的多少，决定于纳税人所得的多少，而不是像流转额课税那样，取决于商品或劳务的流转额。同时，所得课税是对各类纳税人的各种所得进行征收，直接涉及纳税人的切身利益。

对所得课税，概括起来有以下一些特点。

第一，以负担能力作为税收立法的一项重要原则。

各种所得税在立法时适用的一项普遍原则是："所得多的多征，所得少的少征，无所得的不征"。也就是按照纳税人能力的大小和有无，来确定税收负担。有所得，也就是有负担能力的才征税；无所得，也就是没有负担能力的，就不征税。而在有所得，有负担能力的纳税人中，所得多、负担能力大的多征税；所得少、负担能力小的少征税。

农业税也是按农业收入的大小或农业产量的高低不同的常年产量计征。这同对流转额的各种征税，只要有商品或非商品流转，不问有无利润，有无负担能力都要一律按同等税率征税的情况是不同的。

第二，多采用累进税率，也有采用比例税率的。

现在世界各国大多数国家征收各种所得税都采用超额累进税制，或超倍累进税制，以适应纳税人的税收负担能力，也便于贯彻国家的某项税收政策。例如，我国曾按照不同的经济性质，采用全额累进税率、超额累进税率、比例税率三种。个体经济采用全额累进税率、集体经济采用超额累进税率，这主要考虑当时是限制个体经济的发展，因为全额累进税对一个等级的课税金额都采用一个税率计算。这种办法在所得额增加需要提高一级税率时，全部所得额都要提高一级税率征收，特别是课征金额接近级距分界时，有跳跃性，甚至增加的税可能超过增加的所得额。这对个体经济起了很大的限制作用。1978 年以后，国家为了促进集体经济和个体经济的更快发展，对个体经济取消了全额累进税率征收，对集体经济也取消了加成征收，一律采用超额累进税率制。这同按流转额征收，普遍采用比例税率的情况也不一样。

第三，要按照法令细致计算和确定应纳税所得额。

各种所得税虽都以所得额为征收对象，但并不是以所得额直接乘以税率计算征税，而是在各种所得税立法时，就规定了一个专门用作计算应纳税款的“应纳税所得额”。这个“应纳税所得额”是依据财务制度规定计算出来的所得额，再加减某些项目得出。这些加减的项目，在各个不同的税种是不尽相同的。应纳税所得额的计算手续较为复杂，又有较强的政策性。而按流转额征税，一般只是直接依据销售收入金额或营业收入金额计算征税，没有那么复杂的计算程序。

第四，一般就全年的所得额征收，采取分期预征，年终汇算清缴的办法。

一般来说，对各类企业都是就全年所得额计算征收。采取分期

(月、季)预缴,年终再汇算清缴,多退少补。对个人所得税采用按月缴纳的办法。农业税分夏秋两季征收。这与按流转额征税,一般以几天为一缴税期,就其流转收入总金额依率计征的情况,也是不同的。

总之,按所得课税是国家对各类纳税人的所得进行的直接调节。能够依据国家在各个时期的任务要求,对同一征税对象,区别各类不同行业、企业和个人的具体情况,区别各种不同所得和收益的情况,就其所得水平进行不同的调节,或是实行累进征收,或是采取不同的减免税优待和不同的计算征收方法,以贯彻区别对待、合理负担的原则,进而实施国家的各项政策。国家通过对企业、个人收入征税,可以调节企业、个人的收入水平,避免企业、个人收入的过分悬殊,兼顾国家、企业和个人三者利益。随着社会主义市场经济的建立与不断完善,对所得课税在我国税制结构中,将发挥越来越重要的作用。

第一节 企业所得税的缴纳

一、企业所得税立法原则

我国原来的企业所得税制，除外商投资企业和外国企业所得税外,内资企业所得税又分国有企业所得税、集体企业所得税等税种。其中国有企业所得税是1983年、1984年两步利改税时设立的,它突破对国有企业不征所得税的禁区，是国家与企业分配关系的重大改革;集体企业所得税适应集体经济的不断发展壮大,由工商税演变而来的;私营企业所得税是为了适应私营经济的出现和发展而于1988年建立的。这三个税种在调节经济、加强监督管理、组织财政收入等方面都发挥了应有的作用。但是随着国民经济的发展和经济体制改革的深化,该税制的不适应性越来越突出,产生和积累的矛盾与问题也越来越多,主要是按不同所有制分别设置税种,税率不一、优惠各异,造成税负失平,不利于企业公平竞争;名义税率高,但由于实行税前还贷、承包制和各种减免优惠，其实际税负低，影响税收功能的发挥，税利不分，国有大中型企业的所得税，调节税，总体负担偏重，企业缺乏自我改造、自我发展的能力等，这些问题都亟须得到解决。为简化税制、便于征管，2007 年，全国人大审议通过了新的《中华人民共和国企业所得税法》，并于 2008 年实施，从而实现了内外资企业所得税的统一。

二、征税范围

在中华人民共和国境内的企业，其生产经营所得和其他所得，都必须缴纳企业所得税。

依法在中国境内成立的企业，包括依照中国法律、行政法规在中国境内成立的企业、事业单位、社会团体以及其他取得收入的组织。

三、纳税人

实行独立经济核算的企业为所得税的纳税义务人。个人独资企业、合伙企业不适用于企业所得税，而是征收个人所得税。

我国企业所得税以法人为纳税主体，非法人企业不作为独立纳税人，而由法人汇总纳税。

四、计税依据

企业所得税的计税依据为应纳税所得额。

纳税人在计算应纳税所得额时，其财务、会计处理方法同国家税收规定不一致的，税务机关可以进行调整。

应纳税所得额 = 利润总额 ± 税收调整项目金额

利润总额 = 收入总额—成本、费用和损失

应纳税所得额分制造业、商业和服务业等不同情况分别计算。其计算公式如下：

1.制造业

(1) 应纳税所得额 = 产品销售利润 + 其他业务利润 ± 营业外收支

(2) 产品销售利润 = 产品销售净额—产品销售成本—产品销售税金—(销售费用 + 管理费用 + 财务费用)

(3)产品销售净额 = 产品销售总额—(销售退回 + 销货折让)

(4) 产品销售成本 = 本期产品成本 + 期初产品盘存—期末产品盘存

(5)本期产品成本 = 本期生产成本 + 期初半成品、在产品盘存—期末半成品、在产品盘存

(6)本期生产成本 = 本期生产耗用的直接材料 + 直接工资 + 制造费用

2.商业

(1)应纳税所得额 = 销售利润 + 其他业务利润 ± 营业外收支

(2)销货利润 = 销货净额—销货成本—销货税金—(销货费用 + 管理费用 + 财务费用)

(3)销货净额 = 销售总额—(销货退回 + 销货折让)

(4)销货成本 = 期初商品盘存 +[本期进货 -(进货退出 + 进货折让)+ 进货费用]- 期末商品盘存

3.服务业

(1)应纳税所得额 = 业务收入净额 ± 营业外收支

(2)业务收入净额 = 业务收入总额 -(业务收入税金 + 业务支出 + 管理费用 + 财务费用)

五、税率

企业所得税率分为基本税率、小型微利企业税率和预提所得税税率。

基本税率是指居民企业以及在中国设有机构场所，取得与该机

构场所有实际联系的所得按25%比例征税。

为了照顾众多小型企业和微利企业的实际困难，对小型微利企业采用20%的比例税率。其基本条件为：制造业一年度应纳税所得额不超过30万元，从业人数不超过100人，资产总额不超过3000万元；非制造业一年度应纳税所得额不超过30万元，从业人数不超过80人，资产总额不超过1000万元。

预提所得税率为20%，但实际按10%操作。主要适用于非居民企业在我国境内未设立机构、场所而取得的来源于我国境内的所得，或者虽设有机构、场所，但取得的所得与该机构、场所没有实际联系的所得。

六、企业所得税的计算

企业应纳税所得额的计算，以权责发生制为原则，属于当期的收入和费用，不论款项是否收付，均作为当期的收入和费用；不属于当期的收入和费用，即使款项已经在当期收付，均不作为当期的收入和费用。

企业所得税按年计算，按月或季预缴，年终汇算清缴，多退少补。分月或者分季预缴企业所得税时，应当按照月度或者季度的实际利润额预缴；按照月度或者季度的实际利润额预缴有困难的，可以按照上一纳税年度应纳税所得额的月度或者季度平均额预缴，或者按照经税务机关认可的其他方法预缴。预缴方法一经确定，该纳税年度内不得随意变更。

应纳税额＝应纳税所得额×适用税率－减免税额－抵免税额

公式中的减免税额和抵免税额，是指依照企业所得税法和国务院的税收优惠规定减征、免征和抵免的应纳税额。已在境外缴纳的所得税税额，是指企业来源于中国境外的所得依照中国境外税收法律以及相关规定应当缴纳并已经实际缴纳的企业所得税性质的税款。抵免限额，是指企业来源于中国境外的所得，依照企业所得税法和本条例的规定计算的应纳税额。除国务院财政、税务主管部门另有规定外，该抵免限额应当分国（地区）不分项计算，计算公式如下：

抵免限额 = 中国境内、境外所得依照企业所得税法和本条例的规定计算的应纳税总额 × 来源于某国（地区）的应纳税所得额 ÷ 中国境内、境外应纳税所得总额

本期累计应纳所得税额 = 本期累计应纳税所得额 × 25%

本期应纳所得税额 = 本期累计应纳所得税额—至上期已纳所得税

企业在纳税年度内无论盈利或者亏损，都应当依照企业所得税法第五十四条规定的期限，向税务机关报送预缴企业所得税纳税申报表、年度企业所得税纳税申报表、财务会计报告和税务机关规定应当报送的其他有关资料。

外商投资者再投资退税的税额的计算：

退税额 =[再投资额 ÷（1– 原实际适用的企业所得税税率与地方所得税税率之和）] × 原实际适用的企业所得税税率 × 退税率（40%）

外商投资企业来源于中国境外的所得。其境外所得税税款扣除限额，应当分国不分项计算，其计算公式为：

境外所得税税款扣除限额 = 境内、境外所得按税法计算的应纳税总额 × 来源于某外国的所得额 ÷ 境内、境外所得总额

或：= 来源于某外国的所得额 × 中国税法适用税率

外商投资企业和外国企业预提所得税应纳税额的计算公式：

应纳税额 = 每次支付的款额 × 税率（20%）

企业所得以人民币以外的货币计算的，预缴企业所得税时，应当按照月度或者季度最后一日的人民币汇率中间价，折合成人民币计算应纳税所得额。年度终了汇算清缴时，对已经按照月度或者季度预缴税款的，不再重新折合计算，只就该纳税年度内未缴纳企业所得税的部分，按照纳税年度最后一日的人民币汇率中间价，折合成人民币计算应纳税所得额。

经税务机关检查确认，企业少计或者多计前款规定的所得的，应当按照检查确认补税或者退税时的上一个月最后一日的人民币汇率中间价，将少计或者多计的所得折合成人民币计算应纳税所得额，再计算应补缴或者应退的税款。

七、企业所得税的优惠

1.企业从事下列项目的所得，免征企业所得税

(1)蔬菜、谷物、薯类、油料、豆类、棉花、麻类、糖料、水果、坚果的种植；

(2)农作物新品种的选育；

(3)中药材的种植；

(4)林木的培育和种植；

(5)牲畜、家禽的饲养；

(6)林产品的采集；

(7)灌溉、农产品初加工、兽医、农技推广、农机作业和维修等农、林、牧、渔服务业项目；

(8)远洋捕捞。

2.企业从事下列项目的所得，减半征收企业所得税

(1)花卉、茶以及其他饮料作物和香料作物的种植；

(2)海水养殖、内陆养殖。

企业从事国家限制和禁止发展的项目，不得享受本条规定的企业所得税优惠。

八、企业所得税纳税地点与期限

企业所得税由纳税人就地向主管税务机关缴纳，企业登记注册地与实际经营管理地不一致时，以实际经营管理地为纳税所在地。目的是实际源泉控制，加强征管、堵塞漏洞、但银行、保险、铁路运营、航空、邮电企业，由其负责经营管理与控制的总机构缴纳。

纳税人应于月份或季度终了后15日内,年度终了后45日内,向当地主管税务机关报送会计决算报表和纳税申报表。

企业进行清算时,应当在办理工商注销登记之前,向当地税务机关办理所得税申报。并就其清算终了后的清算所得，缴纳企业所得税。

企业在年度中间合并、分立、终止时,应当在停止生产、经营之日起60日内,向当地税务机关办理当期所得税汇算清缴。

企业所得税按年计算,分季或月预缴。月份或季度终了后15日预缴,年度终了后4个月内汇算清缴,多退少补。

九、企业所得税计算示范

例1　某企业2012年度收入总额为4200万元，其中营业性收入3960万元，已销产品生产耗用原材料2800万元，燃料及动力158.882万元，支付工资总额600万元（该地区规定年销售收入在4000万元以下者,企业计税工资总额不得超过520万元),同期付银行借款利息为1.2万元,利率为6%,向丙企业付息(因拖欠贷款)0.8万元,利率为8%,本年内向外投资100万元,因违反环保规定被罚9万元,税收滞纳金0.88万元,本年内付出招待费16万元,上交养老保险金和待业保险金12万元,支付财产保险和运输保险费10万元,本年为开发新产品支付设备购置费8万元，科研人员调研费2.8万元,从某金融租赁公司租入一台价值为15万元设备,承租期15年,该台设备年综合折旧率10%,租金1.2万元,办理租入设备付手续费0.02万元,约定年底缴租金,利息以6%计算,企业向其主管部门上交1万元管理费(与生产经营无关)。经济上,本年度企业固定资产原值为1000万元,采用平均年限法折旧,折旧期限15年,残值估价50万元,企业接受厂方以专利技术投入的无形资产100万元,协定摊销20年。计算该企业利润总额。

①折旧额(1000－50)÷15＝63.3(万元)

②无形资产摊销 100÷20=5(万元)

③融资租赁租金 1.2 万元不许扣除，但手续费和利息可扣除，0.02+1.2×6%=0.092(万元)

④可扣除计税工资 520 万元

虽实际支付工资 600 万元,但超过地区计税工资标准部分 80 万元不得扣除。

⑤可扣除招待费限额 1500×5‰+(3960−1500)×3‰=14.88(万元)

超过 14.88 万元部分不得扣除。

⑥合法利息包括:

银行利息 1.2 万元;

对丙企业付息 0.8 万元,因利息率 8%>银行利息率 6%,所以合理付息为 0.8 万÷8%×6%=0.6(万元);

两项相加为 1.8 万元。

⑦不允许扣除项目金额。

对外投资 100 万元,环保罚款 9 万元,税收滞纳金 0.88 万元,设备购置费为 8 万元,上交主管部门管理费 1 万元。

经计算全部成本、费用、损失额为:

2800+158.882+520+1.8+63.3+5+14.88+12+10+2.8+0.092=3588.754(万元)

利润总额:

4200−3588.754=611.246(万元)

例 2　例 1 中该企业本年度内固定资产盘亏、流动资产损毁计 2 万元,该年无保险赔款受到保险公司优待奖励,返还保险费 3 万元,上年亏损 20 万未抵补,今年是第二年。销售收入中有 250 万元以美元结算,结算期与付款期相差 3 个月,人民币官方汇率下调了 0.1 元/$,美元汇价上升促使其销售收入变大,上年企业已作坏账列支的销货款 80 万元由于清理得力全部收回，计算该企业 2012 年度应纳税所得额。

611.246 - 2 + 3 + 250 × 0.1 + 80 - 20 = 697.246(万元)

例3　上例中该企业在日本设有分支机构，实现总利润额中有100万元来自日本,应向日本政府纳税35万元(税率35%),中、日两国政府签有税收饶让协定,日本政府给予该企业减半征收的优惠,问该企业实际应向我国政府缴纳多少所得税?

名义应纳税总额:

697.246 × 25% = 174.1315(万元)

境外所得税扣除限额:

174.1315 × 100 ÷ 697.246 = 25(万元)

境外所得实纳税款:

35 × 50% = 17.5(万元)

由于我国与日本签有税收饶让协定，则应视为已纳国外所得税35万元,因35万元大于扣除限额25万元,所以超过限额的10万元不得扣除。

该企业应向我国政府缴纳所得税:

174.1315 - 25 = 149.1315(万元)

企业计算应纳所得税额的会计分录:

借:所得税 149.1315(万元)

　贷:应交税金——应交所得税 149.1315(万元)

实际上缴所得税时的会计分录:

借:应交税金——应交所得税 149.1315(万元)

　贷:银行存款 149.1315(万元)

例4　某企业向法院申请破产，法院委派有关机构拍卖该企业剩余财产,得款190万元,该年度企业未分配利润为40万元,应提各项基金为18万元,全部清算费用为2万元。该企业尚未偿还的债务、费用以及实缴资本等为106万元。计算该企业应向当地税务机关申报的应纳所得税额。

清算后应纳税所得额为:190–40–18–2–106=24(万元)

应纳所得税额为:24×25%=6(万元)

会计分录为:

借:所得税 6(万元)

贷:应交税金——应交所得税 6(万元)

借:应交税金——应交所得税 6(万元)

贷:银行存款 6(万元)

例 5 某企业 2012 年国家核定的年计税工资总额为 20 万元,实际发放的工资总额为 25 万元;固定资产折旧采用双倍余额递减法,本年折旧额为 12 万元,按税法规定应采用直线法计提折旧,年折旧额 9 万元。该企业 2009 年损益表上反映的税前会计利润为 30 万元,所得税税率为 25%,采用应付税款法计算该企业本期应缴纳的所得税。

本期应纳税所得额 = 税前会计利润 + 永久性差异 + 时间性差异 =30+5+3=38(万元)

本期应纳所得税额 =38×25%=9.5(万元)

借:所得税 9.5(万元)

贷:应交税金——应交所得税 9.5(万元)

借:本年利润 9.5(万元)

贷:所得税 9.5(万元)

实际缴纳所得税时

借:应交税金——应交所得税 9.5(万元)

贷:银行存款 9.5(万元)

例 6 有关资料同上,采用跨期所得分摊的递延法计算企业本期应缴纳的所得税和本期所得税费用。

本期应交所得税 =9.5(万元)

可抵减时间性差异的所得税影响余额 =3×25%=0.75(万元)

本期所得税费用 =9.5–0.75=8.75(万元)

借:所得税 8.75(万元)

递延税款 0.75(万元)

贷:应交税金——应交所得税 9.5(万元)

实际缴纳所得税时

借:应交税金——应交所得税 9.5(万元)

贷:银行存款 9.5(万元)

例 7 某企业 2012 年度损益表中利润总额为 600000 元，所得税额 178000 元，调增利 180000 元，其中年终多结转在产品成本 45000 元,多提短期借款利息 66000 元,固定资产清理净收益 25000 元未转为营业外收入,职工福利支出在管理费用中列支 44000 元。调减利润 90000 元,其中少摊待摊费用 10000 元,少提福利费 9000 元,补交营业税 39000 元，生产费用误计在建工程 30000 元，少提折旧 2000 元。其他还有业务招待费超支 50000 元,工资超支 60000 元,赞助费支出 20000 元。对其进行账务处理。

①少计损益、多计费用,调增利润的会计处理。

借:生产成本 45000(元)

预提费用 66000(元)

固定资产清理 25000(元)

应付福利费 44000(元)

贷:以前年度损益调整 180000(元)

②多计收益、少计费用,调减利润的会计处理。

借:以前年度损益调整 90000(元)

贷:待摊费用 10000(元)

应付福利费 9000(元)

应交税金——应交营业税 39000(元)

在建工程 30000(元)

累计折旧 2000(元)

对于本例中的业务招待费超支、工资超支和赞助费支出都属于永久性差异,一般是在所得税汇算清缴时,将调整的差异额与会计利润合并后计算应纳税所得额,只做纳税调整,而在账务上不做调整。

例8 某企业2012年末“利润分配——未分配利润”账户借方余额120万元,企业申报亏损120万元,经税务机关检查发现:第一,企业少计收入40万元存入小金库,税务机关要求其调减亏损,并处以视同所偷税款一倍的罚款10万元(40×25%);第二,超过计税工资标准部分的工资未做纳税调整135万元,扣除账面亏损额120万元,实际盈利15万元,税务机关除令其补交所得税外,并处以视同所偷税款一倍的罚款33.75万元(135×25%).企业应做如下账务处理:

①调减亏损后仍为亏损。

借:银行存款400000(元)

　贷:以前年度损益调整400000(元)

借:营业外支出——税收罚款100000(元)

　贷:银行存款100000(元)

②调减亏损后为盈利。由于工资超支属于永久性差异,不需做账务调整,但该盈利确属应纳税所得额,应补交所得税款3.75万元(15×25%);罚款33.75万元。

借:所得税37500(元)

　贷:应交税金——所得税37500(元)

借:应交税金——所得税37500(元)

　贷:银行存款37500(元)

借:营业外支出——税收罚款337500(元)

　贷:银行存款337500(元)

例9 某外商投资企业2012年度全年销货净额为3000万元,年终结算账面利润360万元,经审计,发现在会计处理上与税收规定不符的有以下几项:

①缴纳滞纳金400元、列入营业外支出;

②销售商品价外收入10万元,直接转作职工奖励基金;

③购入固定资产货运汽车一辆,原价 8 万元,已投入使用,在减除残值 10%后,按使用 3 年计提折旧,当年提取 2.4 万元;

④补缴房产税 1.6 万元,在未分配利润中支付;

⑤交际应酬费全年支出 17.5 万元,在管理费用中列支;

⑥企业在中国境内投资于某中外合资经营企业，从接受投资的企业取得的股息 6 万元,列入营业外收入;

⑦因火灾损失 20 万元,在营业外支出处理,得到保险公司赔偿 15 万元,作其他应付款处理。

中国税法规定、企业的财务会计处理办法同有关税收的法规相抵触的,应当按有关税收的法规定将账面利润调整为应纳税所得额。上述七项业务应做如下调整:

①各项滞纳金和罚款不得列支,应增加应纳税所得额 400 元;

②随同商品销售而取得的价外收入，应当并入商品销售收入计税,调增应纳税所得 10 万元;

③除火车、轮船以外的运输工具,计算折旧的最短年限为 5 年,当年只能提取折旧额 1.44 万元[(8 万 - 8 万 × 10%) ÷ 5],调增应纳税所得额 0.96 万元;

④企业所纳房产税可作费用列支，应调减应纳税所得额 1.6 万元;

⑤交际应酬费列支限额为:

1500 × 5‰ + 1510 × 3‰ = 12.03(万元),虽支 17.5 万元,但只能扣减 12.03 万元,调整应纳税所得 5.47 万元;

⑥从接受投资的企业取得的利润(股息)可以不计入本企业应纳税所得额,调减应纳税所得额 6 万元。

⑦自然灾害和意外事故有赔偿的部分,不得列为费用和损失,应冲减营业外支出,调增应纳税所得额 15 万元。

上述业务一共调增应纳税所得额 31.47 万元，调减应纳税所得额 7.6 万元,则差异调整额为增加应纳税所得额 23.87 万元,而原账面利润为360万元,经调整,实际应纳税所得额为383.87万元。

例10　A企业是设在经济特区的一家外商投资企业,B是A企业的外国投资者,B从A企业取得利润82万元,直接再投资于A企业,增加注册资本。经营期不少于5年。如果A企业实际缴纳企业所得税适用税率15%,地方所得税率3%,计算B再投资的退税额。

退税额 = 82 ÷ [1 - (15% + 3%)] × 15% × 40% = 6(万元)

退回已缴所得税时的会计分录为:

借:银行存款6(万元)

　贷:应交税金——应交所得税6(万元)

如果A企业享受企业所得税减半缴纳并免纳地方所得税,B再投资的退税额为:

82 ÷ (1 - 7.5%) × 7.5% × 40% = 2.6596(万元)

会计分录同上。

例11　某合资企业在2010年境内应纳税所得额为500万元,在A国的分公司获利100万元,已在A国缴纳所得税33万元(税率33%),计算该合资企业抵扣限额和应纳所得税额。

抵扣限额为:

(500 + 100) × 25% × [100 ÷ (500 + 100)] = 25(万元)

应纳所得税额 = (500 + 100) × 25% - 25 = 125(万元)

当某企业在境外实际缴纳的税额大于抵扣限额时,其在境外实际缴纳的税款不可以全部扣除。

会计分录为:

借:所得税125(万元)

　贷:应交税金——应交所得税125(万元)

借:应交税金——应交所得税125(万元)

　贷:银行存款125(万元)

例12　某合资企业2012年度境内应纳税所得额为200万元,并在A、B两国设有分支机构。A国分支机构所得120万元,其中生产经营所得 100 万元，税率为 40%；利息所得额和特权使用费所得 20 万元，税率为 20%。B 国分支机构所得 80 万元，其中生产经营所得 60 万元，税率 30%；租金所得和专利转让所得 20 万元，税率为 10%，计算该企业在 A、B 两国的抵扣限额，实纳税额和应向我国政府缴纳的所得税。

在 A 国实纳税额：

100 × 40% + 20 × 20% = 44(万元)

在 B 国实纳税额：

60 × 30% + 20 × 10% = 20(万元)

A 国分支机构抵扣限额：

120 × (120 ÷ 400) = 36(万元)

B 国分支机构抵扣限额：

80 × (80 ÷ 400) = 16(万元)

该企业名义应纳所得税：

(200 + 120 + 80) × 25% = 100(万元)

实际应纳所得税：

100 − 36 − 16 = 48(万元)

缴纳所得税时的会计分录：

借：所得税 48(万元)

　贷：应交税金——应交所得税 48(万元)

借：应交税金——应交所得税 48(万元)

　贷：银行存款 48(万元)

十、企业所得税会计科目的设置

企业进行所得税核算时，一般需要设置“所得税”科目或“递延税款”科目。

“所得税”科目，核算企业从本期损益中扣除的所得税费用。其借方发生额，反映本期企业计入损益的所得税费用；其贷方发生额，反映转入“本年利润”科目的所得税费用。期末结转本年利润后,该科目无余额。

“递延税款”科目,核算企业由于时间性差异产生的影响所得税的金额,以及以后各期转回的金额。其贷方发生额,反映企业本期时间性差异所产生的未来应交所得税金额;其借方发生额,反映企业本期时间性差异所产生的未来可抵减的所得税金额。期末借方(或贷方)余额,反映已确认但尚未转回的时间性差异对未来所得税的影响金额。

对于一个企业而言,只能选择一种方法进行核算。当选择应付税款法(将本期税前会计利润与应税所得之间的差异均在当期确认所得税费用,直接计入当期损益。在这种方法下,本期所得税费用等于本期应交的所得税。时间性差异产生的影响所得税的金额,在会计报表中不反映为一项负债或资产)进行所得税会计处理时,由于不核算时间性差异对所得税的影响,只需设置“所得税”科目,不需设置“递延税款”科目。期末按计算出的应交所得税,借记“所得税”科目,贷记“应交税金——应交所得税”科目。

当企业选择纳税影响会计法(也称跨期所得分摊,是将本期时间性差异的所得税影响金额,递延和分配到以后各期。采用该方法,所得税被认为是企业在获得收益时发生的一种费用,应随同有关的收入和费用计入同一期内,以达到收入和费用的配比。)需设置“所得税”和“递延资产”两个科目。按本期应计入损益的所得税费用,借记“所得税”科目,按本期计算应交所得税,贷记“应交税金——应交所得税”科目;按本期发生的时间性差异和现行所得税税率计算的所得税的影响金额,借记或贷记“递延税款”科目。本期发生的递延税款待以后时间转回时,如为借方余额,则借记“所得税”科目,贷记“递延税款”科目,如为贷方余额,则借记“递延税款”科目,贷记“所得税”科目。

这里需要特别指出的是:为了维护国家利益,防止税款无端的流失，国家制定了企业所得税法，对应纳税所得额的计算做了具体规定,但企业在实际财务处理过程中,由于计算口径不同,所计算的会计利润与纳税所得之间必然出现差异,即永久性差异和时间性差异,此类差异不需要进行会计调整,只需进行纳税调整。

所谓永久性差异,是指在某一会计期间,由于会计准则和税法在计算收益、费用和损失时的口径不同,所产生的税前会计利润与应税所得之间的差异。这种差异在本期发生,不会在以后各期转回。

所谓时间性差异,是指税法和会计准则在确认收益、费用或损失时因时间不同而产生的税前会计利润与应税所得之间的差异。时间性差异发生于某一会计期间,但在以后一期或若干期内能够转回。

至于会计人员在会计核算时,由于对财务制度、政策法规在理解上的偏差,或因确认、计量、记录等方面的错误造成的错计、漏计等,必须进行账目调整。所有差错按其所处时期可划分为本期差错和和以前年度差错。对于本期差错,不影响全年应纳税所得额,可以在发现差错的当月进行补计、冲账和调整。对于发现以前年度差错,调账则较为复杂。但必须进行调账,否则会产生一系列不良后果:通过所得税汇算清缴,该年度的企业财务状况已得到税务机关的确认,如不进行调账,会使企业财务状况和反映的会计信息失真;企业以前年度若是将应计收入少计或漏计，将不应计入成本费用的支出多计或虚计,会增加下年度或以后年度利润,将会对已作纳税调整的已税利润在以后年度重复征收，从而增加企业税收负担。如多提短期借款利息，采用下年度冲减财务费用办法会增加利润，造成所得税重复征收;企业若是以前年度多计或虚计收入,少计或漏计成本费用或以其他方式有意虚报利润,会减少下年度或以后年度利润,使企业所得税流失。如把少摊的待摊费用转到下年度摊入成本费用,会减少下年度利润,造成国家税款流失。

第二节　企业所得税的税收筹划

一、选择适当的纳税人

按照现行税法规定，不同的组织形式，构成不同的纳税人。作为公司，营业利润除了缴纳企业所得税外，当税后利润以股息分配给投资者，投资者还要缴纳一次个人所得税；作为合伙企业，营业利润不缴企业所得税，只征收各个合伙人分得收益的个人所得税；作为分公司，不构成独立的纳税人，与母公司合并报表后交纳所得税；子公司则构成独立的企业所得税的纳税人。因此，在设立企业时，应充分考虑各种组织形式的利弊得失。

例如，纳税人甲、乙共同经营一家企业，年盈利 20 万元。如果按合伙企业征收个人所得税（假定两者分配比例相同）。

每人应纳税额：100000 × 35% – 14750=20250（元）

甲乙应纳税额：20250 × 2=40500（元）

如果按公司征收所得税，税率为 25%。

应纳税额：200000 × 25%=50000（元）

税后利润 150000 元全部作为股息分配给甲乙，甲乙应纳个人所得税：

150000 × 35% – 14750=37750（元）

共纳税 87750 元（50000+37750），比合伙企业多纳 47250 元。

二、选择不同的资本结构

现行税法规定，股息支付不得作为费用列支，只能在交纳所得税后的收益中分配；利息支付可作为费用列支，在计算应税所得额中扣除。

例如,某企业计划筹资 1000 万元,假定有两种方案可供选择,甲方案为 1000 万元全部以发行股票方式筹集(每股 1 元,发行 1000 万股),乙方案为发行股票筹集 600 万元(每股 1 元,发行 600 万股)、借款 400 万元(年利率 5%,年利息 20 万元)。预计实现税前利润 200 万元。

甲方案税前利润 200 万元,应纳税额为 50 万元(200×25%),税后利润 150 万元,每股收益 0.15 元;

乙方案税前利润 180 万元(200-20),应纳税额为 45 万元(180×25%),税后利润 135 万元,每股收益 0.225 元。

经比较，乙方案不仅少纳税 5 万元，而且每股收益比甲方案多 0.75 元。

三、选择恰当的税率

由于现行企业所得税在实行 25%基本税率的基础上，还实行 20%优惠税率,企业可以在适用税率临界点附近,以合法手段降低税率档次。

例如,某企业在 2012 年 12 月概算一年的利润额度,如果预计年应纳税所得额为 32 万元,该企业当即作出决定,将原计划次年购买的小型设备改为本年度购买,支付费用 2.5 万元,这样就使本年度的应纳税所得额由原来的 8 万元(32×25%)降低为 5.9 万元(29.5×20%),减少纳税 2.1 万元。

如果企业能准确预测本身的年度应纳税所得额，特别是当应纳税所得额刚刚超过 30 万元时,就可以用下述办法减少企业应纳税所得额。

①增加 12 月份的相关费用。到了 12 月份,企业当年生产经营状况已经基本确定,企业可以预计当年的应纳税所得额,这时企业可以为管理部门采购一些办公用品,以增加当年的管理费用。或及早确认企业的一些损失项目,如流动资产盘亏损失等。均可调减企业应纳税

所得额。

②充分利用技术开发费的扣除。我国有关法规规定，股份制企业、联营企业发生的技术开发费比上年实际发生额增长达10%(含10%),其当年实际发生的费用除据实列支外,经批准还可以按实际发生额的50%,直接抵扣当年应纳税所得额。

四、合理利用捐赠

根据我国现行法规，民营企业通过非盈利的社会团体和国家机关对公益性的捐赠,在缴纳所得税前准许全额扣除。因此,如果一个企业在扣除现额内进行了一笔捐赠，那么在企业实际适用的所得税税率为t的情况下,企业实际负担的只是其中(1-t)的部分,其余部分将由国家通过免税的方式予以补贴。

例如,某民营企业2012年1月通过国家教育部门向边远山区小学捐赠了5万元，按规定该5万元可以全部从企业应纳税所得额中扣除的,换句话说这5万元不必交纳企业所得税。如果该企业没有进行上述捐赠,就需要交纳1.25万元的企业所得税(按一般税率25%计算),税后收益仅为3.75万元.这样,企业可以用1-t(即3.75万元)的资金,实现了(1-t)+t(即5万元)的作用。

不过如果单纯从捐赠行为本身考虑，即使企业的捐赠支出全部允许在所得税前扣除，企业因此减少的所得税也只是捐赠支出中的一部分(即捐赠为1时,可以减少t的所得税),捐赠成本高于捐赠收益。

五、利用企业利润分配环节

我国企业所得税法规定，对于联营企业投资方从联营企业分回的税后利润,如果投资方企业的所得税税率低于联营企业,不退回已经交纳所得税;如果投资方企业的所得税税率高于联营企业,投资方分回的税后利润应按规定还原后并入企业收入总额计算交纳所得税。

例如,某企业以联营形式投资于开发区内的企业乙,企业甲和企业乙分别适用25%和12.5%的企业所得税税率。2012年,乙企业欲向联营分配利润,其中甲企业分得10万元。甲企业应补交企业所得税:10÷(1-12.5%)×(25%-12.5%)=3.57万元,最终甲企业在10万元的收益中仅能得到6.43万元。

甲企业若想减轻税收负担,只有建议乙企业修改利润分配方案,将该部分利润继续留在乙企业,作为甲企业对乙企业的追加投资。将来通过退股来实现现金流入。

六、利用缩短固定资产折旧期限

如果企业可以在制度允许的前提下,将100万元固定资产的折旧期限从20年缩短为10年,可以近似地认定该企业将50万元的折旧费用提前列支了10年,导致该企业的所得税相应的向后顺延了10年。换言之,该企业获得了与50万元应纳税所得额有关的所得税的10年的时间价值。

例如,假设当前市场利率10%,固定资产残值为零,按照平均年限法提取折旧。

当折旧年限为20年时,每年提取的折旧为5万元,其全部折旧的现值为:

5×8.514(当年利率10%时,20年的年金现值系数)=42.57万元

当折旧年限为10年时,每年提取的折旧费为10万元,其全部折旧的现值为:

10×6.145(当年利率10%时,20年的年金现值系数)=61.45万元

两者比较,折旧的现值在折旧期限为10年时,比折旧期限为20年时多18.88万元。因为折旧是应纳税额的扣减项目,当折旧的现值多时,就意味着应纳税所得额的现值减少。

因此,当企业所得税税率为25%时,对于一项价值100万元的固定资产来说,缩短10年的折旧期限,可以为企业实现节税4.72万元。

七、利用技术开发费抵扣

现行税法规定，国有、集体工业企业企业及国有。集体企业控股并从事工业生产经营的股份制企业、联营企业，发生的技术开发费比上年实际发生额增长达到10%(含10%)以上，其当年实际发生的费用除据实列支外，经批准还可以再按实际发生额的50%，直接抵扣当年应纳税所得额。因此，当盈利企业当年实际发生的技术开发费比上年增长接近10%时，可以考虑通过增加技术开发费支出，减少应纳税款。

例如，某国有工业企业2012年度盈利2000万元，上年度技术开发费为100万元，本年度实际发生的技术开发费为105万元，增长5%，未达到10%。企业应缴所得税500万元。

如果考虑将企业实际发生的技术开发费再增加5万元，实现10%的增长。这时，企业就可以又增加55万元【即(105+5)×50%】的费用扣除，该企业的实际税负变为：

(2000−5−55)×25%=485万元

通过这一税收筹划，企业虽然多支出5万元的技术开发费，但实际税负却降低了15万元(500万元−485万元)。

需要注意的是，盈利企业的研究开发费用比上年增长达到10%以上的，其实际发生额的50%，如大于企业当年应纳税所得额，可以就其不超过应纳税所得额的部分予以抵扣；超过部分，当年和以后年度均不得抵扣。因此，企业通过多支出技术开发费实现税收筹划的数量是有限的，最大只能达到费用发生年度的全部应纳税额。

八、充分利用税收优惠政策

现行税法规定的优惠政策较多，常见的有：国务院批准的高新技术产业开发区内的高新技术企业，可减按15%的税率征收所得税；企业利用废水、废气、废渣等废弃物为主要原料进行生产的，可在5年内减征或免征所得税；企事业单位进行技术转让，以及在技术转让过程中发生的与技术转让有关的技术咨询、技术服务、技术培训的所得，年净收入在30万元以下的，暂免征收所得税；对生产性外商投资企业经营期限在10年以上的，从开始获利年度起，第一年和第二年免征企业所得税，第三年至第五年减半征收企业所得税。但各省、市、自治区还另有不同的优惠政策，如有的地方规定，在国家免征和减征期间，同时免征地方所得税。凡当年企业出口产品产值达到当年企业产值50%以上的，免征地方所得税等。企业为减轻纳税负担，应该予以考虑。

九、利用再投资退还税款

目前有关再投资退税的两个优惠层次为：一是外商或外国投资者将资金再投资于一般企业，可以享受40%的税收退回优惠；二是外商将资金再投资于先进技术企业或在我国的海南省有关企业的，，可以享受100%的退税优惠。

例如，某外国公司为我国国务院确定的高新技术企业，从事药品生产，该公司的外方投资者用第六、七、八三年取得的利润在我国境内又建立一家食品公司，经营期10年。三年投入的金额分别为人民币200万元、200万元和250万元。实际适用的企业所得税率分别为7.5%、10%和10%，地方所得税免征。

该外国公司可持有关证明向原纳税地的税务机关申请退税，三年退税额分别为：

第六年的退税额 $2000000 \div (1-7.5\%) \times 7.5\% \times 40\% = 64865$（元）

第七年的退税额 $2000000 \div (1-10\%) \times 10\% \times 40\% = 88889$（元）

第八年的退税额 $2500000 \div (1-10\%) \times 10\% \times 40\% = 111111$（元）

三年累计退税额264865元。

第三节　个人所得税的缴纳

一、特点

1.对工资、薪金所得和其他所得分类课征。

2.税率较低。对工资、薪金所得实行3%～45%的超额累进税率，按月征收；其他各项所得，实行20%的比例税率，按次征收。

3.扣除额宽。在个人收入中扣除本人和赡养家属的生计费用和其他必要的费用，仅就扣除费用后的余额征税。

4.征收简便。征收方法基本上实行由支付单位扣缴税款的源泉控制，既方便纳税人，又便于征收管理。

二、征税对象

1.工资、薪金所得；

2.个体工商户的生产、经营所得；

3.对企事业单位的承包、承租经营所得；

4.劳务报酬所得；

5.稿酬所得；

6.特许权使用费所得；

7.利息、股息、红利所得；

8.财产租赁所得；

9.财产转让所得；

10.偶然所得；

11.经国务院财政部门确定征税的其他所得。

三、个人所得税的纳税人与征收范围

税法规定，凡在中国境内有住所，或者无住所而在境内居住满一年的个人,从中国境内和境外取得的所得,必须缴纳个人所得税;凡在中国境内无住所又不居住或者无住所而在境内居住不满一年的个人,只就从中国境内取得的所得,缴纳个人所得税。

根据国际惯例,个人所得税对居民(公民)和非居民(非公民)实行不同的征收范围。居民和非居民一般根据居住时间的长短来划分。我国参照多数国家按居住时间长短划分的先例, 以是否居住满一年为划分标准。所谓居住满一年,是指一个纳税年度(公历每年 1 月 1 日起至 12 月 31 日)内,在我国境内居住满 365 日。在纳税年度内临时离境的,不扣除日数。临时离境是指来我国的外籍人员已取得我国公安部门发给的居留证,在批准日期内,离开我国而又返回的;或者虽未取得居留证,但在护照上签证的入出境有效期内,离开我国而又返回的。外籍人员签证期满离境,随后又另办签证入境的,原则上应重新计算在我国居住的日数。但出境与重新入境之间, 间隔不超过 30 天的,应视为临时离境。

在我国境内居住满一年以上的个人,不论属于哪国国籍,就其来源于我国境内和境外的上述所得缴纳个人所得税。其中,在我国境内居住满一年,但未超过五年的个人,就其在我国境内取得的所得和从我国境外取得的所得汇入我国的部分缴纳个人所得税; 在我国境内居住满五年的个人,从第六年起,就其在我国境内、境外取得的全部所得缴纳个人所得税。

不在我国境内居住或居住不满一年的个人, 只就从我国境内取得的所得,缴纳个人所得税。从我国境内取得的所得,是指该项所得来源于我国境内,而不论其支付地点是否在我国境内。个人所得的来源地和支付地是不同的概念,两者有时一致,有时是不一致的。有些个人所得,虽然来源于我国,但不一定都在我国境内支付。例如在我国境内工作的外籍人员,其工资、薪金所得,可能由其雇主在本国支付。因此,税法实施细则规定,不在我国境内居住或居住不满一年的个人来源于我国的所得,不论是否在我国境内支付,都要征收个人所得税。但在纳税年度中连续或累计居住不超过90天的个人,因为他们在我国只是暂时停留,对其从中国境外雇主取得的工资、薪金所得,免于征税。

四、税率

1.工资、薪金所得,适用超额累进税率,税率为3%~45%。

2.个体工商户的生产、经营所得和对企事业单位的承包经营、承租经营所得,适用5%~35%的超额累进税率。

3.稿酬所得,适用比例税率,税率为20%,并按应纳税减征30%。

4.劳务报酬所得,适用比例税率,税率为20%。对劳务费报酬所得一次收入畸高的,可以实行加成征收,具体办法由国务院规定。

5.特许权使用费所得,利息、股息、红利所得,财产租赁所得,财产转让所得,偶然所得和其他所得,适用比例税率,税率为20%。

五、个人所得税的计算

1.工资、薪金所得,以每月收入额减除费用3500元的余额,为应纳税所得额。再按速算扣除法计算应纳所得税额,其计算公式为:

应纳所得税额=应纳税所得额×适用税率-速算扣除数

应纳所得税额=应纳税所得额×20%

每月收入额可减除:①法定费用3500元;②不属于工资、薪金性质的津贴、补贴和福利费,如副食品补贴、独生子女补贴和托儿补助费等;③按规定缴纳的住房公积金、基本养老保险金和医疗保险金等。但对在中国境内的外商投资企业和外国企业工作的外籍人员、在中国境内工作的外籍专家、在中国境内有住所而在中国境外任职或者受雇取得工资、薪金所得的个人以及财政部确定的其他人员,原税法实施条例规定的附加减除费用标准是每月2800元,即涉外人员每月在减除2000元费用的基础上,再减除2800元的费用,减除费用的总额为4800元。考虑到现行涉外人员工资、薪金所得总的减除费用标准高于境内中国公民,从税收公平的原则出发,应逐步统一内、外人员工薪所得减除费用标准。“这次在涉外人员的工资、薪金所得减除费用标准由2000元每月提高到3500元每月的同时,将其附加减除费用标准由2800元每月调整为1300元每月,这样,涉外人员总的减除费用标准保持现行4800元每月不变。”可在减除3000元费用的基础上,附加减除3200元,仅就超过部分作为应纳税所得额。

年终奖计税方式将延续既有办法,即2005年出台的《国家税务总局关于调整个人取得全年一次性奖金等计算征收个人所得税方法问题的通知》,但在税率和扣除数方面适用新个税法。

该通知规定,雇员取得全年一次性奖金,要单独作为一个月工资、薪金所得计算纳税:先将其当月内取得的全年一次性奖金,除以12个月,按其商数确定适用税率和速算扣除数。

如果在发放一次性年终奖金的当月,雇员当月工资薪金所得低于税法规定的费用扣除额,应将全年一次性奖金减除“雇员当月工资薪金所得与费用扣除额的差额”后的余额,按上述办法确定全年一次性奖金的适用税率和速算扣除数。在计算方法不变的情况下,按照新个税法规定的税率和扣除数进行计算。

该算法与过去年终奖的算法存在一定差别。按照过去算法,应先将年终奖除以12,以得出的商确定税率和速算扣除数。新算法与过去算法最大区别在于,用年终奖乘以税率时,是否需要“补足差额”。

2.个体工商户的生产、经营所得,以每一纳税年度的收入总额,减除成本、费用以及损失后的余额,为应纳税所得额;对企事业单位的承包经营、承租经营所得,以每一纳税年度的收入总额,减除必要费用的余额,为应纳税所得额,再按速算扣除法计算应纳所得额,其计算公式为:

应纳所得税额=应纳税所得额×适用税率-速算扣除数

应纳税所得额=收入总额-成本、费用及损失

个体工商户的收入总额是指个体户从事生产经营以及与生产经

营有关的活动所取得的各项收入,包括商品销售收入、营运收入、劳务服务收入、工程价款收入、财产出租或转让收入、利息收入、其他业务收入和营业外收入。个体户的各项收入应当按权责发生制原则确定。

成本、费用是指个体户从事生产经营所发生的各项直接支出和分配计入成本的间接费用及销售费用、管理费用、财务费用;损失是指个体户在在生产经营过程中发生的各项营业外支出。

直接支出和分配计入成本的间接费用是指个体户在生产经营过程中实际消耗的各种原材料、辅助材料、配件、外购半成品、燃料、动力、包装物等直接材料和发生的商品进价成本、运输费、装卸费、包装费、折旧费、修理费、水电费、差旅费、租赁费、低值易耗品等、支付给生产经营从业人员的工资。

销售费用是指个体户在销售产品、自制半成品和提供劳务过程中发生的各项费用,包括运输费、装卸费、广告费、展览费、销售服务费及其他销售费用。

管理费用是指个体户为管理和组织生产经营活动而发生的各项费用,包括劳动保险费、咨询费、诉讼费、审计费、土地使用费、低值易耗品摊销、无形资产摊销、开办费摊销、无法收回的账款、业务招待费、缴纳的税金及其他管理费用。

财务费用是指个体户为筹集生产资金而发生的各项费用，包括利息净支出、汇兑净损失、金融机构手续费及筹资中的其他财务费用。

个体户营业外支出包括固定资产盘亏、报废、毁损和出售的净损失、自然灾害损失、公益救济性捐赠、赔偿金、违约金等。

个体户的下列支出不得扣除:为建造和购置固定资产、无形资产以及其他资产的支出，对外投资的支出；被没收的财物和支付的罚款;缴纳的个人所得税及各种税收的滞纳金;各种赞助支出;自然灾害或意外事故有赔偿的部分;分配给投资者的股利;用于个人和家庭的支出;与生产经营无关的其他支出;国家税务总局规定不准扣除的其他支出。

个体户在生产经营过程中使用的期限超过一年且单位价值在1000 元以上的房屋、建筑物、机器、设备、运输工具及其他与生产经营有关的设备、工具等为固定资产。它的计价方式为:购入的,按实际支付的买价、包装费、运杂费和安装费等计价;自行建造的,按建造过程中实际发生的全部支出计价;实物投资的,按按评估价或合同价计算;在原有固定资产基础上进行改扩建的,按账面原值减去改扩建工程中发生的变价收入加上改扩建增加的支出计价;盘盈的,按同类固定资产的重估价值计价;融资租入的,按租赁协议或合同确定的租赁费加运输费、保险费和安装调试费等计价。

允许计提折旧的固定资产为:房屋和建筑物、在用机械设备、仪器仪表、各种工器具、季节性停用和修理停用的设备等。固定资产在计算折旧前,应当估计残值,从固定资产原价中扣除,残值按固定资产原价的 5%确定。

个体户按规定计提的固定资产折旧允许扣除。固定资产折旧年限在不短于以下规定年限内,可根据不同情况,经税务机关审核后执行。房屋、建筑物为 20 年;轮船、机器、机械和其他生产设备为 10 年;电子设备和轮船以外的运输工具及与生产经营有关的器具、工具、家具等为 5 年。由于特殊原因需要缩短折旧年限的,如受酸、碱等强烈腐蚀的机器设备或常年处于震撼、颤动状态的房屋和建筑物,以及技术更新变化快等,可由个体户提出申请,报省级税务机关审核批准后执行。

3.劳务报酬所得、稿酬所得、特许权使用费所得、财产租赁所得适用比例税率、按次征收个人所得税,由于其费用扣除分别采用定额扣除和定率扣除两种方法, 所以应纳所得税额也有两个不同的计算公式。

每次收入额在 4000 元以上的,实行定率扣除费用,计算公式为:

应纳所得税额 = 每次收入额 ×（1 - 扣除率）× 20%

每次收入不满 4000 元的，实行定额扣除费用，计算公式为：

应纳所得税额 =（每次收入额 - 扣除额）× 20%

劳务报酬所得，属于一次性收入的，以取得该项收入为一次；属于同一项目连续性收入的，以一个月内取得的收入为一次。

稿酬所得，以每次出版、发表取得的收入为一次。

特许权使用费所得，以一项特许权的一次许可使用所取得的收入为一次。

财产租赁所得，以一个月内取得的收入为一次。

对于劳务报酬所得一次收入畸高，（一次取得的劳务报酬超过 20000 元的部分），采取加成征收，即超过 20000 元至 50000 元的部分，除依照税法规定计算应纳税额后再按照应纳税额加征五成；超过 50000 元以上部分，加征十成。

4.财产转让所得，以转让财产的收入额减除财产原值和合理费用后的余额，为应纳税所得额，再乘以税率即可求出应纳所得税额。计算公式为：

应纳所得税额 = 应纳税所得额 × 20%

这里的财产原值是指有价证券的买入价及买入时缴纳的有关费用；建筑物的建造费或者购进价格及其他有关费用；为取得土地使用权所支付的金额和开发土地的费用及其他费用；机器、设备、车船的购进价格、运输费、安装费及其他有关费用。

5.利息、股息、红利所得、偶然所得和其他所得，以每次收入额为应纳税所得额，不扣除任何费用。其应纳所得税额的计算公式为：

应纳所得税额 = 应纳税所得额 × 20%

六、个人所得税的减免规定

下列各项个人所得，免纳个人所得税：

省级人民政府、国务院部委和中国人民解放军军以上单位，以及外国组织、国际组织颁发的科学、教育、技术、文化、卫生、体育、环境保护等方面的奖金；

国债和国家发行的金融债券利息；

按照国家统一规定发给的补贴、津贴(包括特聘教授津贴)；

福利费、抚恤金、救济金；

保险赔款；

军人的转业费、复员费;医疗保险金;基本养老保险金;失业保险金。

按照国家统一规定发给干部、职工的安家费、退职费、退休工资、离休工资、离休生活补助费;住房公积金;

依照我国有关法律规定应予免税的各国驻华使馆、领事馆的外交代表、领事官员和其他人员的所得；

中国政府参加的国际公约,签订的协议中规定的免税所得；

经国务院财政部门批准免税的所得。

有下列情形之一的,经批准可以减征个人所得税：

残疾、孤老人员和烈属的所得；

因严重自然灾害造成重大损失的；

其他经国务院财政部门批准减税的。

七、个人所得税的征收管理

个人所得税税源分散,为了便于征收管理,实行源泉控制的征收方法。纳税人取得的各项所得,凡有支付单位的,均以支付单位为扣缴义务人，由支付单位向纳税人支付款项时，依照税法代扣代缴税款。没有支付单位的,由纳税义务人申报缴纳税款。

个人所得税以人民币为计算单位,所得为外国货币的,按照国家外汇管理机关规定的外汇牌价折合成人民币缴纳税款。

个人所得税的扣缴义务人和自行申报纳税人，必须按税法规定的期限向税务机关进行纳税申报和缴纳税款。每日应纳的税款,都应当在次月 15 日内缴入国库,并向税务机关报送纳税申报表。

工资、薪金所得应纳的税款，按日计征，由扣缴义务人或者纳税义务人在次月15日内缴入国库，并向税务机关报送纳税申报表。特定行业的工资、薪金所得应纳的税款，可以实行按年计算，分月预缴的方式计征，具体办法由国务院规定。

个体工商户的生产、经营所得应纳的税款，按年计算，分月预缴，由纳税义务人在次月15日内预缴，年度终了后3个月内汇算清缴，多退少补。

对企事业单位的承包经营、承租经营所得应纳的税款，按年计算，由纳税义务人在年度终了后30日内缴入国库，并向税务机关报送纳税申报表。纳税义务人在一年内分次取得承包经营、承租经营所得的，应当在取得每次所得后的15日内预缴，年度终了后3个月内汇算清缴，多退少补。

从中国境外取得所得的纳税义务人，应当在年度终了后30日内，将应纳的税款缴入国库，并向税务机关报送纳税申报表。

税务机关对个人所得税的纳税情况有权进行检查。税务机关派人员对扣缴义务人和自行申报纳税人进行检查时，应当出示证件，并负责保密。扣缴义务人和自行申报人必须据实报告情况，提供有关资料，不得拒绝或者隐瞒。

对扣缴义务人按照所扣缴的税款，付给2%的手续费。

个人所得税的扣缴义务人和自行申报纳税人都负有按时扣缴和缴纳税款的法定义务，如果违反税法规定，都要受到惩罚和制裁。

扣缴义务人和自行申报纳税人逾期不缴纳税款的，税务机关除限期缴纳税款外，从滞纳之日起，按日加收滞纳税款5‰的滞纳金。

在税务机关派人员检查时，扣缴义务人和自行申报纳税人如不据实报告情况，拒绝提供或隐瞒有关资料，税务机关可以根据情节轻重，处以2000元以上10000元以下的罚金。

扣缴义务人不按规定代扣税款，扣缴义务人与自行申报纳税人不按规定期限送纳税申报表的，税务机关可处以2000元以下的罚款。逾期不改正的,处以2000元以上10000元以下罚款。

扣缴义务人和自行申报纳税人匿报所得额、偷税、抗税,税务机关除追缴税款外,可根据情节轻重,处以应补税款5倍以下的罚款,情节严重的,由当地人民法院依法处理。

申报地点一般为收入来源地的主管税务机关。纳税人从两处或两处以上取得工资、薪金所得的,可选择并固定在其中一地税务机关申报纳税;从境外取得所得的,应向境内户籍所在地或经常居住地税务机关申报纳税。纳税人要求变更纳税地点的,须经原主管税务机关批准。

八、个人所得税计算示范

例1 某个体工商户2012年1~4月累计实现应纳税所得额为8000元,1~3月已预缴所得税额为500元,问4月份应纳个人所得税多少?

由于税法中税率表是根据全年应纳税所得额设计的,这就需要在计算本期预缴所得税额时,先将本期应纳税所得额换算成全年应纳税所得额,乘以适用税率进行计算,再换算本期应纳所得税额。

全年应纳税所得额为:

$8000\times 12/4=24000$(元)

全年应纳所得税额为:

$24000\times 10\%-750=1650$(元)

当月累计应纳所得税额为:

$1650\times 4/12=550$(元)

本月应纳所得税额为:

$550-500=50$(元)

例2 某作家撰写一本著作,于2012年5月出版,2012年2月出版社预付稿酬3000元,5月份出版时一次支付5000元,后来由于作品加印,6月份又支付稿酬2000元,计算其应纳个人所得税。

2 月份应纳税款：(3000 − 800) × 20% × (1 − 30%) = 308(元)

5 月份应纳税款：[(3000+5000)− (3000+5000) × 20%] × 20% × (1−30%)−308=588(元)

6 月份应纳税款：[(3000+5000+2000)− (3000+5000+2000) × 20%] × 20% × (1−30%)−308−588=224(元)

共计应纳税款：0+896+224=1120(元)

如果各月均未纳税，则 6 月份一次缴纳税款：[(3000+5000+2000)−(3000+5000+2000) × 20%] × 20% × (1−30%)=1120(元)

例 3　某工程师一次取得设计收入 50000 元，计算其应纳所得税额。

根据个人所得税法规定，即一次取得劳务报酬在 2 万 ~ 5 万的，依照税法规定计算应纳税额后，再按照应纳税额加征五成，适用税率为30%，超过 5 万元的部分，加征十成，适用税率为 40%。

50000 × (1 − 20%) × 30% − 2000 = 10000(元)

例 4　A 李女士在 2012 年 12 月得到 36400 元的全年一次性奖金，而李女士在 12 月的工资收入为 3100 元，低于新个税法调整的 3500 元的减除费用标准，应先将其奖金补足差额部分 400 元，剩余 36000 元除以 12 个月，得到月均收入 3000 元，其对应的税率和速算扣除数分别是 10%和 105。

李女士的应纳税额为：(36400+3100−3500)10%−105=3495。

B 韩先生在某一公司工作，2012 年 12 月 3 日取得工资收入 3500 元，当月又一次取得年终奖金 24000 元。可用其取得的奖金收入 24000 元除以 12 个月，得出月均收入 2000 元，其对应的税率和速算扣除数分别为 10%和 105 元。

韩先生的应纳税额 = 24000 × 10% − 105 = 2295 元。

例 5　某科研所 3 人取得专利转让收入 1 万元，甲分得 6000 元，乙分得 3200 元，丙分得 800 元，3 人各应纳多少所得税？

甲应纳税额：6000 × (1 − 20%) × 20% = 960(元)

乙应纳税额:(3200 - 800) × 20% = 480(元)

丙免征。

例 6　某小型个体工商户 2012 年第一季度产品销售收入累计为 20000 元,成本费用损失为 8500 元,税务机关核定工资支出 5000 元,已纳增值税 500 元,1 ~ 2 月份已纳个人所得税 270 元,计算该个体户 3 月份应纳个人所得税?假设该个体工商户全年应纳税所得额为 35000 元,至第三季度已纳个人所得税 2200 元,计算其年底还应纳个人所得税多少?如果该个体工商户前述条件不变,至第三季度已纳个人所得税 3500 元,计算其年底应交个人所得税额。

第一季度累计应纳税所得额:

20000 - 8500 - 5000 - 500 = 6000(元)

全年应纳税所得额:6000 × 12/3 = 24000(元)

全年应纳所得税额:24000 × 10%-750 = 1650(元)

第一季度累计应纳所得税额:

1650 × 3/12 = 412.5(元)

3 月份应纳所得税额:412.5 - 270 = 142.5(元)

12 月末应纳所得税额:35000 × 20%-3750-2200=1050(元)

35000 × 20%-3750-3500=-250(元)

预交所得税时的会计分录:

借:应交税金——应交所得税 412.5(元)

　贷:银行存款 412.5(元)

①年末结算全年应交所得税时的会计分录:

借:所得税 1650(元)

　贷:应交税金——应交所得税 1650(元)

②补交所得税时的会计分录:

借:应交税金——应交所得税 1050(元)

　贷:银行存款 1050(元)

③退回多交所得税时的会计分录:

借:银行存款 250(元)

贷:应交税金——应交所得税 250(元)

例 7　卡特是美国某公司的业务代理人,在中国居住期为 3 年,某月薪收入 10200 元,另在美国出租房屋收入折算人民币 1000 元。假定:①全部汇到中国;或者②收入全部存入美国银行。分别计算卡特应纳个人所得税。

假定卡特将收入全部汇到中国。

工资所得应纳税额为:

(10200－3000－3200)×10%－105＝295(元)

房屋租金收入应纳税额为:

(1000－800)×20%＝40(元)

假定卡特将收入全部存入美国银行,则应纳所得税额仅为 295 元。因为根据税法,卡特在中国境内未住满 5 年,只就其在中国境内取得的收入及汇入中国境内的收入征税。

例 8　某纳税人在我国境内居住 6 年以上,某月取得境内劳务所得 8000 元,境外特许权使用费税后所得 3825 元,已在外国缴纳个人所得税,境外税率为 15%,计算其在我国境内应纳税额。

劳务所得应纳税额:

8000×(1－20%)×20%＝1280(元)

境外特许权使用费税前所得额:

3825/(1－15%)＝4500(元)

境外特许权使用费所得应纳税额(抵免限额):

4500×(1－20%)×20%＝720(元)

在我国境内应补交税额:720－4500×15%＝45(元)

共计纳个人所得税:1280＋45＝1325(元)

如果境外个人所得税率为 25%,换算的境外税前所得为 5100 元[3825/(1－25%)],抵免限额为 816 元[5100×(1－20%)×20%],而在境外实际缴纳 1275 元(5100×25%),超过抵免限额部分 459 元不得抵免。

例9某单位作为扣缴义务人，假设其代扣纳税义务人的税款分别为:工资所得税额50元,承租经营所得税额2400元;劳务报酬所得税额120元;特许权使用费所得税额80元;股息所得税额360元,作账务处理。

①扣缴义务人代扣税款时的会计分录:

借:应付工资50(元)

贷:应交税金——应交个人所得税50(元)

借:应付利润(其他应付款)2400(元)

贷:应交税金——应交个人所得税2400(元)

借:制造费用(管理费用)120(元)

贷:应交税金——应交所得税120(元)

借:管理费用80(元)

贷:应交税金——应交个人所得税80(元)

借:应付利润(应付股利)360(元)

贷:应交税金——应叫个人所得税360(元)

②扣缴义务人缴纳税金时的账务处理

借:应交税金——应交个人所得税3010(元)

(共代扣税款50+2400+120+80+360=3010元)

贷:银行存款3010(元)

例10　某二人系合伙企业的业主,某年商品销售收入50万元,销售成本35万元,销售费用5万元,销售税金4000元。按两种方法分别计算其应纳个人所得税。

(1)按查账征收方式计算征收

应纳税所得额=(500000-350000-50000-4000)=96000

应纳所得税额=(96000÷2×30%-2725)×2=23350(元)

(2)按税务局核定方式征收

应纳税所得额=500000×20%=100000

应纳所得税额 =（100000 ÷ 2 × 30%−2725）× 2=24550（元）

表 4–1 个人所得税税率表（工资、薪金所得适用）

级数	全月应纳税所得额	税率(%)	速算扣除数(元)
1	不超过 1500 元的	3	0
2	超过 1500 ~ 4500 元的	10	105
3	超过 4500 ~ 9000 元	20	555
4	超过 9000 ~ 35000 元	25	1005
5	超过 35000 ~ 55000 元	30	2755
6	超过 55000 ~ 80000 元	35	5505
7	超过 80000 元	45	13505

注：本表所称全月应纳税所得额是指以每月收入额减除 3500 元费用后的余额。

表 4–2 个人所得税税率表（个体工商户的生产、经营所得和对企事业单位的承包经营、承租经营所得适用）

级数	全年应纳税所得额	税率(%)	速算扣除数(元)
1	不超过 15000 元的	5	0
2	超过 15000 ~ 30000 元的	10	750
3	超过 30000 ~ 60000 元的	20	3750
4	超过 60000 ~ 100000 元的	30	9750
5	超过 100000 元的	35	14750

表 4–3 税改后各阶段收入人群税负变化（单位：元）

月收入（不含险金）	免征额 2000 应税	免征额 3500 应税	税改后缴税
3500	125	0	− 125
4000	175	15	− 160
5000	325	45	− 280
6000	475	145	− 330
7000	625	245	− 380
8000	825	345	− 480
9000	1025	545	− 480
10000	1225	745	− 480
20000	3225	3120	− 105
38600	7775	7775	0
50000	11025	11195	+ 170
100000	28825	29920	+ 1095

九、我国个人所得税进一步改革趋势

由于我国居民收入差距越来越大,两极分化现象日趋严重,为避免引起新的社会震荡,必须当机立断对居民收入分配进行有效调节。征收个人所得税不失为最佳选择之一，但我国第一部《个人所得税法》于1980年颁布实施,当时的立法宗旨主要是为了适应对外开放的需要,所规定的费用扣除额相对较高,我国公民基本上达不到纳税标准。伴随居民收入的逐年提高，越来越多的公民跨入纳税人的行列,1993年和1999年虽两经修正,但总体条文只有15条,抽象得难于操作。与此形成鲜明反差的是,除国务院经由立法授权发布的《个人所得税法实施条例》有47条具体规定外,财政部、国家税务总局经年累月地发布的各种《通知》、《暂行办法》、《批复》等已不计其数,地方政府、税收征管部门发布的各种变通性规定更是难于统计。这些规定、办法不仅立法层次低、主观随意性大、透明度差,而且其中有些规定已明显超越了授权立法的范围，如此法律环境已使我国个人所得税丧失了公平的基础,如不从根本上加以改变,我国个人所得税的完善就无从谈起。

1.继续提高免征额

1993年我国修订《个人所得税法》的立法精神是在确保财政收入稳定增长的前提下,加大对高收入的调节,为国民经济发展创造一个良好的社会环境。当时职工工资收入年平均不足3000元,月均工资不足250元,绝大部分中低收入者都与个人所得税无缘。因此,当时把免征额确定在800元,确实能起到调节过高收入的作用。但时至今日,很难与当前居民收入相匹配。虽然经全国人大批准,从2006年1月1日起将免征额调至1600元,2008年3月1日又上调至2000元。2011年9月1日再上调至3500元。然而事实上,在城市生活的两个职工带一个孩子的三口之家,如全部收入在1600、2000、3500元以下,勉强维持日常生活支出尚可,遇到子女上学、购房、医疗等特定开支，难免会捉襟见肘。从征收数额看，来自中低收入者的个人所得税在全部税额中所占比例较低，这从居民储蓄的统计资料可以间接证明。目前我国20%的高收入者储蓄额占全部居民储蓄的80%以上，仍然按照3500元的免征额，对减轻工薪阶层的税收负担意义不大，从长远看不利于社会的稳定。鉴于此，若参照1994年免征额与职工工资收入之比（大约1:3），我认为至少应把免征额调高为5000元以上。

2.改变费用扣除方法

目前生计费定额扣除方法，除造成我国个人所得税免征额偏低外，还存在着扣除内容笼统、扣除标准缺乏弹性等缺陷，既不考虑家庭因素，也不考虑通货膨胀因素，难以体现公平税负原则。公平原则要求国家在征税时，应使每个人的税收负担水平保持均衡，即所谓“横向公平”和“纵向公平”。横向公平的核心是经济能力处于同一水平的纳税人，应缴纳数额相等的税款：而纵向公平则要求经济能力不同的人应缴纳不同的税款，纳税能力强的多纳，纳税能力差的少纳。我国现行税法把所有应扣除的费用都包含在3000元的基数中，表面上达到了横向公平，实际上，由于每一个纳税人所负担的赡养人口不一样，纳税能力不同却实行同样的扣除生计费用后缴纳同等的税款。这样操作的结果虽然简便易行，但很容易造成税收负担不平衡。特别是在我国大力倡导赡养老人传统美德的条件下，由于种种原因导致子女在城市工作，而父母却生活在农村，当他们已丧失劳动能力时，居住在市区的子女理所当然地要承担赡养老人的义务。因此应根据家庭结构重新设计生计费用扣除标准，并允许夫妻合并申报纳税。

人力资本的积累和投入，是现代科技进步和科技成果转化的重要因素。发达国家在个人所得税的设计中，都普遍考虑了促进人力资本投入问题，把劳动者接受教育、培训费用作为个人所得税抵扣因素，以鼓励对个人人力资本的投入。我国当前基于财政收入的压力，在个人所得税税基中根本未涉及个人的人力资本投资问题，对科技人员的有关税收优惠也仅限于省级以上政府发放的“科技奖金”和“政府特殊津贴”。我们应该按照国际惯例,把人力资本投入尽快纳入议事日程,并体现在税制改革方案中。

现行费用扣除方法以固定数额为依据,不与物价指数挂钩,使税制缺乏应有的弹性。一旦通货膨胀出现,纳税人的名义货币收入虽然有所增加,但实际收入并非相应增长甚至会有所减少,如果费用扣除未作及时调整,使个人所得税产生“档次爬升”,必然会加重纳税人的税收负担。我认为,只要货币流通量超过货币需要量,过多的货币必然追逐过少的商品,如果不采取得力的措施,未来的通货膨胀势不可免。回顾我国 30 多年改革的历程,通货膨胀始终是困扰我国经济生活的主要因素。因此,为规范我国个人所得税制度,消除物价指数变动对税负的影响,应该实行费用扣除标准“指数化”,所谓“指数化”就是将个人所得税的扣除费用与物价指数挂钩,根据物价变动状况,定期调整扣除数额,从而消除物价指数变动对纳税人税收负担的影响,保证税收负担水平相对稳定。

3.调整税率和级距

税率设计是个人所得税发挥调节功能的核心，累进税率最能体现量力负担原则。目前我国对“工资薪金所得”、“个体工商户经营所得”、“对企事业单位承包经营、承租经营所得”三个税目都实行超额累进税率。前者采用七档,最高税率为 45%,后两者采用五档,最高税率为 35%。相比较而言,前者的级距过多,一些边际税率形同虚设。这种作法与国际上流行的“宽税基、低税率、少级距”的个人所得税改革方向背道而驰。

为使我国个人所得税与国际惯例相衔接，应把工资薪金所得适用的七级超额累进税率和个体工商户的生产经营所得、对企事业单位承包经营、承租经营所得适用的五级超额累进税率合并,各项综合所得按统一的超额累进税率纳税。废除工资薪金所得按月计征办法,一律改为按年计征、按月预缴、年终汇算清缴办法。具体设想是:

表 4—4 未来个人所得税税率表

级数	全月应纳税所得额	税率(%)	速算扣除数(元)
1	不超过 10000 元的	5	0
2	超过 10000~20000 元的	10	500
3	超过 20000~40000 元的	20	2500
4	超过 40000~60000 元的	30	6500
5	超过 60000 元的	35	9500

本表所称全月应纳税所得额是指以每月收入额扣除免征额或有关费用后的余额。

这样计算出的最高档应纳所得税额为 60000×35%-9500=11500(元);个人所得税税收负担率为 11500/60000×100%=19.67%。它与特许权使用费所得、劳务报酬所得适用 20%的税率基本一致,也与个体工商户的税收负担接近,体现了对劳动所得征税的平等性。至于对过高收入者还有较多剩余,一般都作为个人财产沉淀下来,如拥有汽车、房屋等,我们可以通过征收遗产税再做第二次调节,也可以实行加成征收,以缩小贫富差距,促进公平分配。

4.探索新的征管措施

我国现行个人所得税实行个人申报和代扣代缴相结合,并以代扣代缴为主的征收办法。由于没有明确规定对不按规定履行扣缴义务的单位和个人应负那些法律责任,致使其制约机制软化。扣缴义务人普遍缺乏自觉履行扣缴义务,有的甚至帮助纳税人逃税,导致税款流失。特别是我国现阶段现金管理制度松弛,原制定的现金管理办法名存实亡,对现金的提取几乎起不到任何限制作用。在经济生活中,大量存在着现金交易,有的单位干脆将部分现金不记现金账,给税款的追缴带来极大困难。

因此,首先要抓紧源泉扣缴制度的落实。在税法中明确规定代扣代缴义务人应负的法律责任,税务机关可采取多种形式进行抽查,如发现其未履行应负的法律责任,必须给予从重处罚。当然,为了调动代扣代缴单位的积极性,可适当提高代扣代缴手续费标准,以资鼓励。

其次是借鉴发达国家成功经验,建立个人所得税税号制度。每个纳税人的税号编码像身份证一样将伴随其终生。通过税号,健全个人税务档案,所有的纳税情况均列入其中,有关税款的资料一目了然。

第三是积极创造条件实行金融资产实名制、个人支票制、官员任职期间个人财产变动公示制。个人与金融机构进行业务往来时,必须出示有效身份件,使用真实姓名。个人的一切收入都要经过银行账户,减少现金在金融机构的体外循环,使银行账户真正成为税务部门了解个人当期收入的主渠道,进而判断其收入是否完整。

第四是加大对偷逃个人所得税的打击力度,不断优化纳税环境。要使纳税人自觉纳税,必须有相应的利益约束机制,严管重罚是促使纳税人自觉纳税的重要保证。所以要求税务部门"有法必依,执法必严,违法必究",必要时,税务机关有权依法冻结纳税人的账户,封存、拍卖纳税人的财产等,以提高纳税人偷逃税款的风险成本。

通过改革完善个人所得税制,既能有效地防止财产过多地向高收入者集聚,又能减轻工薪阶层的税收负担,大大地缩小贫富差距,有利于社会安定。更重要的是能刺激一部分中高收入者的消费需求,启动我国的消费品市场,使国民经济步入良性循环的轨道。

注:关于税改趋势一文发表在《纳税方法研究》2004 年第七期,本处略作修改。

第四节 个人所得税的税收筹划

一、工资、薪金所得的税收筹划

随着经济的发展,工资水平的提高,越来越多的人的工资、薪金所得达到了应纳个人所得税的标准,因而,对其筹划也就具有了一定的现实意义。尤其是在现代经济中人们的收入形式多样化，为个人所得税的筹划也提供了更大的空间。

根据我国现行的个人所得税法，工资、薪金所得适用的是 3%～45%的七级超额累进税率；劳务报酬所得适用的是 20%的比例税率，而且对于一次收入畸高的，可以加成征收。根据《个人所得税法实施条例》的解释，劳务报酬实际上相当于适用 20%、30%、40%的超额累进税率。

由此可见，相同数额的工资、薪金所得与劳务报酬所得所适用的税率不同，同时，工资、薪金所得和劳务报酬所得又都实行超额累进税率。在某些情况下将工资、薪金所得与劳务报酬所得分开，而在有些时候将这两种收入合并就会节约个人所得税，因而对其进行合理的筹划就具有一定的可能性。要想对工资、薪金所得和劳务报酬所得进行筹划，首先就得弄懂其各自的含义及相互的区别。

工资、薪金所得，指的是个人在机关、团体、学校、部队、企事业单位及其他组织中任职或者被雇佣而取得的各项报酬，是个人从事非独立性劳务活动的收入；而劳务报酬是指个人独立地从事各种技艺、提供各项劳务所取得的报酬。工资、薪金所得和劳务报酬所得的具体范围，《个人所得税法实施条例》有较为明确的界定。两者的区别在于：前者提供所得的单位与个人之间存在着稳定的雇佣与被雇佣的关系，而后者不存在这种关系。

例 1　A 先生 2012 年 6 月从单位获得工资 3500 元，养家糊口困难，遂与甲企业签订了一份兼职协议，每月收入 2500 元。

如果 A 先生与甲企业没有固定的雇佣关系，按照税法规定，工资、薪金所得与劳务报酬所得分开计算征收。由于工资收入未超过 3500 元，可不纳税。当月劳务报酬所得应纳税额为：(1500−800)×20%=140(元)。

如果 A 先生与甲企业有固定的雇佣关系，则原单位支付的工资和兼职单位的劳务报酬应合并交纳个人所得税。当月应纳税额为：

(3500＋1500−3500)×3%−25=20(元)

通过建立固定的雇佣关系，一年可减少纳税240元[(140−20)×12]。

这种节税方法原理在于应纳税所得额较少时，工资、薪金所得适用的税率比劳务报酬所得适用的税率低，因此，可以在可能的时候将劳务报酬所得转化为工资、薪金所得。关键在于取得的收入必须属于工资、薪金收入，而划分的标准一般是个人和单位之间是否有稳定的雇佣关系，是否签订有劳动合同。

例2　B先生是一高级工程师，2012年4月获得某公司的工资类收入62500元。

如果B先生和该公司存在稳定的雇佣与被雇佣的关系，则应按工资、薪金所得缴税，其应缴纳所得税额为：

(62500−3500)×30%−2755=14945(元)。

如果B先生和该公司不存在稳定的雇佣与被雇佣关系，则该项所得应按劳务报酬所得缴纳个人所得税，税额为：

[62500×(1−20%)]×30%−2000=13000(元)。

因此，如果B先生与该公司不存在稳定的雇佣关系，则他可以节省税收1945元。

两项收入分别计算。在两项收入都较大的情况下，将工资、薪金所得和劳务报酬所得分开计算能节税。

例3　C小姐2012年6月从公司获得工资20000元，另外还获得某单位的劳务报酬10000元。工资应纳税额：(20000−3500)×20%−555=2745(元)；劳务报酬应纳税额：10000×(1−20%)×20%=1600(元)，当月合计纳税4345元。

如果C小姐对两项收入合并纳税，则当月应纳税额为：(20000+10000−3500)×20%−555=4745(元)

可见，分开纳税比合并纳税减轻负担400元(4745−4345)。

上述案例说明，当两项收入中有一项较低甚至低于免征额时，最好选择合并纳税。当两项收入都较高时，最好选择分开纳税。

个人所得如果涉及这两项收入的话，需要纳税人自行计算，考虑何种方式有利于合法减轻税负。但应注意，收入性质的转化必须是真实、合法的；同时，因为个人所得税一般是支付单位代扣代缴，只有在两个以上单位取得收入情况下才自行申报缴纳，因此要考虑是否有可自行选择的空间。

个人所得税的税收筹划总体思路是注意收入量的标准、支付的方式和均衡收入，降低名义收入，保持实得收入不变，进而降低税率档次。常见的做法主要有以下几种方式：将工资发放量尽量安排在允许税前扣除额以下；提高职工的福利水平，降低名义收入；可以采取推延或提前的方式，将各月的工资收入大致拉平；纳税人通过在尽可能长的时间内分期领取劳务报酬收入。

例 4　F 先生某月给几家公司提供劳务，同时取得多项收入，包括设计费收入 2.5 万元，翻译收入 2.8 万元。如果 E 先生不懂税法，将各项所得汇总交纳所得税款，则应纳税所得额为：[(25000+28000)×(1-20%)]=42400(元)，应纳税额为：(42400×30%-2775)=9965(元)

如果分项计算，设计费应纳税额：[25000×(1-20%)×20%]=4000(元)

翻译费应纳税额：[28000×(1-20%)×20%]=4480(元)

两项合计纳税 8480 元（4000+4480），比汇总纳税节省 1485 元(9965-8480)。

例 5　G 先生为某企业职工，具有注册会计师资格，与某会计师事务所商定每年年终到该事务所兼职三个月，事务所支付劳务费每月 20000 元。

如果 G 先生与该事务所按实际情况签约，则每月应纳税额：20000×(1-20%)×30%=4800(元)，总纳税额：4800×3=14400(元)

如果 G 先生与会计师事务所商定，年终的劳务费在以后的一年中分月支付，则每月约支付 5000 元。月应纳税额：5000×(1-20%)×

20%=800(元),总纳税额:800×12=9600 元,节省交纳税款 4800 元。

例 6 H 先生为具有中国国籍的居民纳税义务人,2011 年 10 月在中国境内获得工资收入 8000 元,同时从加拿大获得收入折合人民币 9000 元。

如果 C 先生能够提供证明文件，证明其在境内外任职及工资标准,境内外收入可以分别减除费用,应纳税额为:

境内应纳税所得额:8000–3500=4500(元)

境内应纳所得税额:4500×10%–105=345(元)

境外应纳税所得额:9000–4000=5000(元)

境外应纳所得税额:5000×15%–125=625(元)

境内外合并纳税 970 元(345+625)

如果 C 先生不能提供有效证明文件，则来源于境内外的工资类所得应合并纳税。

境内外应纳税所得额:(8000+9000–3500)=13500(元)

境内外应纳所得税额:13500×20%–555=2145(元)

显然，合并纳税使 C 先生加重了税收负担过重 1175 元(2145–970)。

例 7 J 先生为美国工程师受雇于美国总公司,2012 年底到中国境内的分公司帮助筹建一项工程。2012 年度内,曾几次离境累计 75 天向总公司述职,每次都未超过 30 天,离境期间,从总公司取得薪金 80000 元。由于 G 先生累计出境时间不超过 90 天,且每次未超过 30 天,确定为我国居民,应就境内外所得交纳个人所得税。

如果 J 先生将某次离境时间延长为 30 天以上,或使累计离境天数超过 90 天,就可以避免成为我国居民纳税义务人,来源于美国的所得 80000 元，则不用交纳个人所得税，从而节省税款[(80000÷12–4800)×10%–105]×12=980(元)。

例 8 A 是年终当月工资超 3500 元，即用全年奖金除以 12 个月,得到的数额若在 1500 元内,适应税率是 3%;若是 4500 元内适应税率是10%，依此类推，数额落在哪一档，全年奖金就按对应的税率以及速算扣除数计算。

B是年终月工资不到3500元。例如韩先生在某一公司工作，2012年12月3日取得工资收入3400元，当月又一次取得年终奖金24100元。那么，韩先生因当月工资不足3500元，可用其取得的奖金收入24100元补足其差额部分100元，剩余24000元除以12个月，得出月均收入2000元，其对应的税率和速算扣除数分别为10%和105元。具体计算公式为：应纳税额=(24100+3400−3500)×10%−105=2295元。

在计算应该适用的税率时会出现一个临界点，只要超过临界点，不管超过多少所对应的税率就会发生变化。2011年9月起新的个人所得税法实施，相比去年，这些临界点发生了变化。企业在发放年终奖时应尽量避开"盲区"，否则会"得不偿税"，甚至还会遇到"要为多发的1元年终奖多缴纳百元、千元甚至万元的税"这种极端情况。据计算，发18001元比18000元多纳税1154.1元；54001元比54000元多纳4950.2元；发108001元比108000元多纳4950.25元……所谓年终奖征税"盲区"一直都存在，分级税制是"盲区"产生的根本原因，因为只要有不同的税率，就会有相应的临界点，低于临界点的年终奖金额适用于低税率征收个税，而高过临界点则会用高一级的税率计算征税额。事实上，2011年新修订的个人所得税法，将原有的9级税制修改为7级税制，并且调整了相应税率。由于新个税法扩大了个税每档的级距，使得当年的年终奖少交税已经成为既定事实。按年终奖12000元计算，2010年应交税1175元，2011年只需要交360元，少交税815元。现行个税制度下，年终奖"多发少得"最极端的案例，即可能出现"多发一元少得数万元"的情况：如甲的年终奖为960000元，按照对应税率计算，其应纳税额为330495元；乙的年终奖为960001元，由于对应税率提高，其应纳税额激增至418495.45元，与甲相比，其需多支出88000.45元个税。

有两种方式可以“提高”员工净收入，一是企业与个人做好工资与年终奖之间的调节，提高平时薪资而相应降低年终奖金。二是发放年薪的企业可以通过平时预发薪水，降低年终发放一次性奖金的数额，从而提高员工净收入。例如平时发放70%，而年终发放剩下的30%薪金。“原则就是工资和年终奖哪块适用的税率高，就相应减少哪块的收入。”据计算，以年收入12万元的员工为例，按照原来每月发放工资5000元，年终奖发放60000元，全年收入应交税6435元。如果方案调整为每月发放工资6000元，年终奖发放48000元，应交税能降到3180元，员工净收入将增加3255元。

二、劳务报酬的税收筹划

虽然劳务报酬适用20%的比例税率，但由于对于一次性收入畸高的实行加成征收，实际相当于适用三级超额累进税率。因此一次收入数额越大，其适用的税率就越高。所以劳务报酬所得筹划方法的一般思路就是，通过增加费用开支尽量减少应纳税所得额，或者通过延迟收入、平分收入等方法，将每一次的劳务报酬所得安排在较低税率的范围内。

1.劳务报酬分项计算筹划法

劳务报酬所得以每次收入额减除一定的费用后的余额为应纳税所得额。《个人所得税法实施条例》中总共列举了28种形式的劳务报酬所得，对于这些所得属于一次性收入的以取得该项收入为一次；属于同一项目连续性收入的，以一个月内取得的收入为一次。这里的同一项目是指劳务报酬所得列举具体劳务项目中某一单项。个人兼有不同的劳务报酬所得，应当分别减除费用，计算缴纳个人所得税。个人在缴纳所得税时应明白并充分利用这一点。

例如某纳税人某月给几家公司提供劳务，同时取得多项收入：给某设计院设计了一套工程图纸，获得设计费2万元；给某外资企业当了10天兼职翻译，获得1.5万元的翻译报酬；给某民营企业提供技术帮助,获得该公司的3万元报酬。

如果将各项所得加总缴纳个人所得税款，则应纳税所得额＝（20000＋15000+30000）×（1–20%）＝52000元，应纳税额＝52000×25%–1005元＝11995元。

其实,他的收入不是一项所得,而且不是连续取得收入。完全可以分项计算，可节省大量税款，计算如下：设计费应纳税额＝20000×（1–20%）×20%＝3200元；翻译费应纳税额＝15000×（1–20%）×20%＝2400元;技术服务费应纳税额＝30000×（1–20%）×30%–2000＝5200元。总共应纳税额＝3200+2400+5200＝10800元,稍稍安排一下就可以少缴1195元税款。

2.劳务报酬支付次数筹划法

《个人所得税法》规定,对于同一项目连续性收入的,以每一月的收入为一次。但在现实生活中,由于种种原因,某些行业收入的获得具有一定的阶段性,即在某个时期收入可能较多,而在另一些时期收入可能会很少甚至没有收入。这样就有可能在收入较多时适用较高的税率,而在收入较少时适用较低税率,甚至可能连基本的抵扣费也不够,造成总体税收较高。

这时,纳税人只要进行一些很简单的筹划活动,就可能会获取较高的回报。即纳税人和支付劳务报酬的业主商议,把本应该三个月支付的劳务费在一年内支付,使该劳务报酬的支付每月比较平均,从而使得该项所得适用较低的税率。同时,这种支付方式也使得业主用不着一次性支付较高费用,减轻了其经济负担。另一方面,业主也会比较乐意接受。

例　张某为某企业职工,通过考试获得了注册会计师资格,和某会计师事务所商定每年年终到该事务所兼职三个月。由于会计业务的特殊性,到年底会计业务特别多,平时则很少。年底三个月每月可能会支付30000元劳务报酬。如果张某和该事务所按实际情况签约,则张某应纳税额的计算如下：月应纳税额＝30000×（1–20%）×30%

-2000=5200 元，总共应纳税额 =5200 元 × 3=15600 元。如果张某和该会计师事务所商定，年终的劳务费在以后的一年中分月支付，具体形式不限，每月大约支付 7500 元，则月应纳税额 =7500 ×（1-20%）× 20% =1200 元，总共应纳税额 =1200 元 × 12=14400 元，少缴税款 1200 元。

3.费用转移筹划法

为他人提供劳务以取得报酬的个人，可以考虑由对方提供一定的福利，将本应由自己承担的费用改由对方提供，以达到规避个人所得税的目的。下列方式可以考虑，即由对方提供餐饮服务，报销交通开销，提供住宿，提供办公用具，安排实验设备等。这样就等于扩大了费用开支，相应地降低了自己的劳务报酬总额，从而使得该项劳务报酬所得适用较低的税率，或扣除超过 20%的费用(一次劳务报酬少于 4000 元时）。这些日常开支是不可避免的，如果由个人负担就不能在应纳税所得额中扣除，而由对方提供则能够扣除，虽减少了名义报酬额，但实际收益却有所增加。

4.董事费的筹划

国税发[1994]089 号文件规定，个人担任董事职务所取得的董事费收入，属于劳务报酬所得性质，按照劳务报酬所得项目征收个人所得税。

一般而言，董事费的收入是一次性支付，而且数额较大，如果按照劳务报酬所得征收个人所得税，将适用较高的税率，这样，董事费的很大一块将作为个人所得税款上缴国库。

对于董事费的纳税筹划一般有以下两种：一是将一部分董事费作为工资、薪金在平时就支付给担任董事职务的个人，使得董事费尽量适用较低税率。由于对收入进行了分摊，工资、薪金所得适用的税率也不会增大多少，但董事费适用的税率却发生了很大变化。二是将董事费分次发放，比如每年发放 2 次或 3 次等。

通过上述两方面的分析，我们的目的是要正确确立个人身份进行税收筹划。

从个人所得税的角度看，用劳动换取的收入不外乎两种性质—工资、薪金所得或劳务报酬所得，两种收入所得在计算缴纳个人所得税时大不相同：一是纳税方式不同。工资、薪金所得按月缴纳，而劳务报酬所得按次缴纳。二是计算应纳税所得额不同。工资、薪金所得以每月收入减除费用 1600 元后的余额为应纳税所得额，而劳务报酬所得每次收入在 4000 元以下的减除费用 800 元后为应纳税所得额，4000 元以上的减除 20%费用为应纳税所得额，这就意味着可以扣除更多的费用。三是适用税率级次不同。工资、薪金所得适用5%~45%的九级超额累进税率，而劳务报酬所得适用 20%的比例税率，但一次收入畸高的，实行加成征收，加五成或加十成，实际上可以看成是 20%~40%的三级超额累进税率。

工资、薪金与劳务报酬的纳税筹划，概括起来主要有两种情况：即一种收入的筹划和多处收入的筹划。

首先分析一种收入的纳税筹划：

工资、薪金所得尽量平均实现，以避免高收入适用高税率。如 1 月工资、薪金为 4000 元，2 月工资、薪金为 20000 元，则 1 月纳税 (4000-3500)×3%=15 元，2 月纳税（20000-3500）×20%-555=2745 元，合计 2760 元。若平均工资、薪金为 11000 元，则纳税 [(11000-3500)×20%-555]×2=1890 元。节税 870(2760-1890)元。

劳务报酬所得宜分次计算，避免收入畸高被加成征收。《个人所得税法实施条例》第二十一条规定："劳务报酬所得属于一次性收入的，以取得该项收入为一次；属于同一项目连续性收入的，以一个月内取得的收入为一次。"因此，若某项劳务用时数月，可设法把按次纳税转化为按月纳税。如某项劳务需用时 3 个月，报酬为 60000 元，若一次性取得收入，则应纳税 60000×(1-20%)×40%=19200 元，若分 3 个月领取收入，每次领取 20000 元，则应纳税[20000×(1-20%)×20%]×3=9600 元，节税 9600(19200-9600)元。

其次分析多处收入的纳税筹划：

如今,一些人同时干两份甚至三份工作,从多处取得收入。这时怎样进行税收筹划呢?

如果两处收入都较少,则可以考虑都使其为工资薪金所得。但是当收入较高时,要具体分析。比如某人从两处取得收入,一处收入为10000元,一处收入为20000元。

若这两处收入都为工资薪金,则纳税4340(10000×10%−105+20000×20%−555)元;

若这两处收入都为劳务报酬,则纳税4800〔(10000+20000)×(1−20%)×20%〕元;

若10000为工资薪金,20000为劳务报酬,则工资薪金部分纳税895元,劳务报酬部分纳税3200元,合计4095元;

若20000为工资薪金,10000为劳务报酬,则工资薪金部分纳税3445元,劳务报酬部分纳税1600元,合计5045元。

所以,怎么达到最佳筹划节税效果,还应仔细计算。

另外,收入性质究竟是工资、薪金所得还是劳务报酬所得,不是纳税人自己说了算。《个人所得税法实施条例》对工资薪金所得与劳务报酬所得的范围作了规定,《征收个人所得税若干问题的规定》(国税发[1994]89号)进一步明确了其中的区别:"工资、薪金所得是属于非独立个人劳务活动,即在机关、团体、学校、部队、企事业单位及其他组织中任职、受雇而得到的报酬;劳务报酬所得则是个人独立从事各种技艺、提供各项劳务取得的报酬。两者的主要区别在于,前者存在雇佣与被雇佣关系,后者则不存在这种关系。"因此,筹划的一个关键问题就是:应当根据具体情况决定是否签订劳动用工合同,构成雇佣与被雇佣关系。

三、稿酬的税收筹划

1.系列丛书筹划法

我国个人所得税法规定,个人以图书、报刊方式出版、发表同一作品(文字作品、书画作品、摄影作品以及其他作品),不论出版单位是预付还是分笔支付稿酬,或者加印该作品再付稿酬,均应合并其稿酬所得按一次计征个人所得税。但对于不同的作品却是分开计税,这就给纳税人的筹划创造了条件。如果一本书可以分成几个部分,以系列丛书的形式出现,则该作品将被认定为几个单独的作品,单独计算纳税,这在某些情况下可以节省纳税人不少税款。

使用这种方法应该注意到:第一,该著作可以被分解成一套系列著作,而且该种发行方式不会对发行量有太大的影响,当然最好能够促进发行。如果该种分解导致著作的销量或者学术价值大受影响,则这种方式将得不偿失。第二,该种发行方式应保证每本书的人均稿酬小于4000元。因为该种筹划法利用的是抵扣费用的临界点,即在稿酬所得小于4000元时,实际抵扣标准大于20%。

例如,A教授准备出版一本著作,预计将获得稿酬所得12000元。试问应如何筹划?

(1)如果以1本书的形式出版该著作,则:

应纳税额=10500元×(1-20%)×20%×(1-30%)=1176元

(2)如果在可能的情况下,以3本一套的形式出版一套系列丛书,则该纳税人的纳税情况如下:

每本稿酬=10500元÷3=3500元

每本应纳税额=(3500-800)元×20%×(1-30%)=378元

总共应纳税额=378元×3=1134元

由此可见,在这种情况下,如果A教授采用系列丛书筹划法可以节省税款42(1176-1134)元,他可以考虑选择这种筹划法。

2.著作组筹划法

如果一项稿酬所得预计数额较大,还可以考虑使用著作组筹划法,即改一本书由一个人写作为多个人合作。与上一种方法一样,该种筹划方法利用的是低于4000元稿酬的800元费用抵扣,这项抵扣的效果是大于20%抵扣标准的。

著作组筹划法，除了可以使纳税人少缴税款外，不仅它可以加快创作的速度，使得一些社会急需的书籍早日面市，使各种新观点以最快的方式传播，从而促进社会的知识进步。而且能集思广益，一本书在几个作者的共同努力下，其水平一般会比一个人单独创作更高，但这要求各创作人具有一定的水平，而且各自尽自己最大努力写各人擅长的部分。

但运用这种筹划方法应当注意，由于成立著作组，各人的收入可能会比单独创作时少，虽然少缴了税款，但对于个人来说最终收益减少了。因此，这种筹划方法一般用在著作任务较多，比如有一套书要出，或者成立长期合作的著作组。而且由于长期的合作，节省税款的数额也会由少积多。

例如，B 教授准备写一本教材，出版社初步同意该书出版之后支付稿费 25000 元。

如果 B 教授单独著作，则可能的纳税情况为：

应纳税额 = 25000 元 ×（1–20%）× 20%（1–30%）= 2800 元

如果 B 教授采取著作组筹划法，并假定该著作组共 10 人，则可能的纳税情况为：

应纳税额 =（2500–800）元 × 20% ×（1–30%）× 10 = 2380 元

这样就可以少纳税 420（2800–2380）元。

3.费用转移筹划法

根据税法规定，个人取得的稿酬所得只能在一定限额内扣除费用。众所周知，应纳税款的计算是用应纳税所得额乘以税率而得，税率是固定不变的，应纳税所得额越大，应纳税额就越大。如果能在现有扣除标准下，再多扣除一定的费用，或想办法将应纳税所得额减少，就可以减少应纳税额。

一般的做法是和出版社商量，让其提供尽可能多的设备或服务，这样就将费用转移给出版社，自己基本上不负担费用，使自己的稿酬所得相当于享受到两次费用抵扣，从而减少应纳税额。可以考虑由出版社负担的费用有:资料费、稿纸、绘画工具、作图工具、书写工具、其他材料、交通费、住宿费、实验费、用餐、实践费等,有些行业甚至可以要求提供办公室以及电脑等办公设备。

现在普遍对收入明晰化的呼声较大，而且由出版社提供条件容易造成不必要的浪费,出版社可以考虑采用限额报销制,问题就好解决了。

例如，某经济学家欲创作一本关于中国经济发展状况与趋势的专业书籍,需要到广东某地区进行实地考察研究,由于该经济学家学术水平很高,预计这本书的销路看好。出版社与他达成协议,全部稿费 10 万元,预计到广东考察费用支出 3 万元。他应该如何筹划呢?

如果该经济学家自已负担费用,则

应纳税额 = 100000 元 ×(1–20%)× 20% ×(1–30%)= 11200 元

实际收入 = 100000 元 –11200 元 –30000 元 = 58800 元

如果改由出版社支出费用,限额为 30000 元,则实际支付给该经济学家的稿费为 7 万元。

应纳税额 = 70000 元 ×(1–20%)× 20% ×(1–30%)= 7840 元

实际收入 = 70000 元 –7840 元 = 62160 元

因此,后一种方法可以节省税收 3360(11200–7840)元。

四、避免成为居民的税收筹划

汤姆为避免成为任何一国的居民，便根据各国在居民身份判定方面的标准不同来避税。A 国规定在该国居住满 1 年的为该国居民,B 国规定在该国居住满半年的为该国居民,C 国规定在该国居住满半年为该国居民。汤姆就选择在 A 国居住 7 个月,B 国居住 3 个月,C 国居住 2 个月,从而避免三国居民身份的认定,不负担各该国的税负。

可见,由于对自然人居民身份判定的标准不同,在同样实行居民管辖权的国家里,其居住时间长短规定不一。有的人可以通过多国间旅行,甚至长期居住在船上或游艇上的方式,来避免纳税,从而成为

"税收难民"。

卡特是英国一名发明家，他将该项发明转让给卡塔尔一家公司，并以专利持有者的身份获得50000美元的技术转让费。而技术转让费获得者非卡塔尔政府规定的纳税人。与此同时，他又将英国的住所出卖，来到香港，英国政府无法向其征税。而香港，亦实行单一的所得来源地管辖权，对卡特的收入无能为力。

五、用个人所得为小孩买房的税收筹划

M先生是公务员，妻子则在外企做高级白领，俩人"一家两制"，收入颇丰厚，家里除了拥有高档住宅、小车外，还有一大笔现金。

M先生认为，现在买不动产能增值，因此与其把钱存在银行，不如买房子，但房子将来继承的时候，办理过户手续要缴纳税费，不如现在就把购房人直接写成儿子。最近，他就以儿子的名义订购了一套住宅。因为做生意有风险，也给孩子和老两口留条后路。那么，子女是否可以独立购房，还是需父母代为购房？这取决于子女的民事行为能力。

依据有关规定，18周岁(含)以上且精神健康的自然人是完全民事行为能力人，以自己的劳动收入为主要生活来源的16周岁以上不满18周岁且精神健康的自然人，视为完全民事行为能力人，完全民事行为能力人可以独立进行民事行为；10周岁(含)以上未成年人和不能完全辨认自己行为的精神病人，是限制民事行为能力人，只可以自己的名义独立从事与自己的年龄、智力、精神健康状况相适应的民事活动，其他的民事活动必须由他去法定代理人，或事前征得他的法定代理人的同意，或事后由他的法定代理人追认；不满10周岁的未成年人和不能完全辨认自己行为的精神病人，是无民事行为能力人，需由他的法定代理人代理进行民事活动。如果子女已经是完全民事行为能力人，则可直接由子女购房，因购房产生的一切法律权利义务均由子女自己享有和承担。如果子女是限制民事行为能力人，或无民

事行为能力人,购房时须由父母代理。在签订《商品房买卖合同》时,买受人一栏和签字的地方写子女的名字,在法定代理人签字的地方签上自己的名字。这样,一个有效的房屋买卖合同就成立了。

六、利息税的税收筹划

日前,国家税务总局下发通知,不属于财政部发行的债券和不属于经国务院批准发行的金融债券,应按规定缴纳利息税,企业债券利息个人所得税应统一由各兑付机构负责代扣代缴,就地入库。债券发行人应在发行公告中向投资人说明有关纳税事项。通知还强调,个人投资者在购买企业债券时应关注企业发行的债券是否获得了国家规定的免征利息税的待遇。

早在 1999 年 11 月 1 日,我国就开始对个人储蓄存款利息征收个人所得税。利息税开征后,不少市民一改原来的投资方式,纷纷到风险较大的股市和收藏市场去寻觅良机。其实,作为在资金、时间、专业技能上均有不足的工薪族,不妨重点关注免征利息税的投资品种。也许下面几种方法既可使投资者规避利息税,还能享有收益。

首先应选择将存款转入股票账户。按照有关政策规定,个人股票账户的保证金统一由证券公司集中管理,由银行以证券公司的名义开具专户,不作为个人的一般储蓄账户,因此证券保证金的利息(按活期储蓄存款利率计息)不用交纳个人所得税。居民将手中的活期存款转入到股票保证金账户中,不但可照常获取利息,而且不用缴纳20%的利息税。如此一来,存款不用投入到风险较大的股票二级市场,又可赚取不低于银行活期利息收入,还不必缴纳 20%的利息税,何乐而不为。

其次可以考虑教育储蓄。利息税征收办法规定,教育储蓄的利息所得将免征个人所得税,成为"免税"储蓄。教育储蓄是指个人按照国家有关规定,在指定银行开户、存入规定数额资金、用于教育目的的专项储蓄。教育储蓄的对象是在校中小学生,其存期分 3 年期和 6 年期两种，为零存整取定期储蓄，每户最低起存金额50元。教育储蓄定向使用，是一种专门为学生支付非义务教育所需的教育金的专项储蓄。教育储蓄的利率享受两大优惠政策，除免征利息税外，其作为零存整取储蓄，将享受整存整取利息，利率优惠幅度在25%以上。

另外，由于利息税只对个人储蓄存款征收，如果将个人存款合理合法地转为对公存款便可规避利息税。若你是个体工商户，且持有工商行政机关颁发的《营业执照》，可到银行办个对公结算户，把个人储蓄存款转入对公结算户。

当然，还可以投资"金边债券"。国债属于风险几乎为零的投资品种，而且国债的利率高于同期的银行存款，利率不用缴纳利息税。因此，国债凭借其安全性、流通性、收益性俱佳而被誉为"金边债券"，深受投资者的青睐。国债的投资方式可以分两大类：一类是购买不上市的凭证式国债，另一类是购买已上市交易的二手国债。如目前在证交所挂牌交易的几只国债，年收益率均在3%至4%之间，大大高于同期储蓄存款的实际利率。若将较长一段时期不用的存款转而购买国债还是比较合算的。

根据《个人所得税法》第四条规定，保险赔款可免交个人所得税，因为保险公司不是银行，保险业务不是储蓄业务。这类免息的钱包括各种保险赔款、生存金等方面的收益。如果自己平时的经济收入不错，建议拿出部分存款为自己及家人买上一些保险，既可为退休后的生活提供保障，也可在意外发生时抵御风险，因此获得的收益和赔偿还可规避利息税。

虽然日前国家税务局下发了关于企业债券利息税的通知，但是货比三家，购买企业债券仍不失为一种规避利息税的好办法。有些企业债券也属免征利息税的投资品种，且利率要比同期的银行利率高出1至2个百分点。现在市场上发行的企业债券较多，工薪族可选择资信度在AA级以上、有大集团大公司作担保的、知名度较高、最好还能上市的品种作为自己投资组合的品种。

第五节　个体工商户所得的税收筹划

一、个体工商户组织形式的税收筹划

1.利用个人独资组织形式进行税收筹划

现行税收政策规定，从2000年1月1日起，对个人独资企业投资者的投资所得比照个体工商业户的生产、经营所得征收个人所得税。即和合伙企业的合伙人分回红利纳同样的税，最高边际税率35%。对个人独资企业的纳税人来说，减轻纳税的主要筹划方法就是分拆利润所得，适用比较低的边际税率，减轻纳税。

例如：天津的王女士原来在一纺织厂工作，随着纺织行业的不景气2010年她下岗了。独资企业法出台以后，她到当地的工商行政管理部门注册了一个经营建材的企业，王女士丈夫在工余时间也协助她做一些与经营有关的修理业务。一年下来，他们核算了一下，其经销业务获利4万元，修理业务也有2万的利润，这样，该独资企业共有6万元的利润，按五级超额累进税率应该缴纳的个人所得税为：

60000×30%-3750＝14250(元)

企业实际获利为：

60000-14250＝45750(元)

企业的税收负担为：

14250÷60000×100%＝23.75%

充分考虑到税收的因素，夫妇两人决定把业务分开组成两个独资企业经营，王女士的企业依旧经营建材，其丈夫到工商局申请注册一个从事修理业务的独资企业，经营地点两个企业还在一起。假定其收入、利润与前述一样，看其税收负担如何变化。

经营建材的企业应纳所得税为：

40000×20%-3750＝4250(元)

经营修理的企业应纳所得税为：

20000×10%-750=1250(元)

两个企业合计缴纳所得税为：

4250+1250=5500(元)

分拆成两个企业经营后的税收负担率为：

5500÷60000=9.16%

通过以上简单的分拆筹划，分散了所得，税收负担率下降了14.59个百分点，取得了很好的筹划效果。

2.利用个人独资企业出租或转让财产的税收筹划

根据财税字(2000)91号文件规定，从2000年1月1日起，对个人独资企业按"生产、经营"所得征收个人所得税，不再征收企业所得税。《通知》第四条规定："个人独资企业以每一纳税年度的收入总额减除成本、费用以及损失后的余额为生产经营所得。其中，纳税人的收入总额，是指企业从事生产经营以及与生产经营有关的活动所取的各项收入，包括商品(产品)销售收入、营运收入、劳动服务收入、工程价款收入、财产出租或转让收入、利息收入、其他业务收入和营业外收入。"根据此项规定，如果个人独资企业将账面的固定资产对外出租或转让，其取得的收益不再按"财产租赁所得"或"财产转让所得"项目征税，而是并入企业的应纳税所得额统一按"生产经营所得"项目征税。但如果投资者将个人拥有的与企业生产经营无关的固定资产用于对外出租或转让，则对其取得的收益，应按"财产租赁所得"或"财产转让所得"项目单独征收个人所得税。因此，如果投资者将可用于经营的财产投入企业(增资)，或将其所有的财产从企业账面中抽出(减资)，就可以改变其财产出租、转让收益的应税项目和适用税率，从而达到减轻税负的目的。现分别举例说明财产租赁、转让收益的筹划方案。

(1)财产租赁收益的筹划

某个人独资企业2012年度实现内部生产经营所得60000元，另外,固定资产出租取得收益19000元(年租赁收入20000元,与之相关的税费1000元)。

方案一:该财产作为企业财产,租赁收益并入生产经营所得统一纳税。

应纳税额=(60000+19000)×30%-9750=13950(元)

方案二:该财产作为投资者个人的其他财产,租赁收益按"财产租赁所得"单独纳税。

"财产租赁所得" 应纳税额=[20000×(1-20%)-1000]×20%=3000(元)

"生产、经营所得"应纳税额=60000×30%-9750=8250(元)

投资者合计应纳税额=8250+3000=11250(元)

方案二比方案一减轻税负:13950-11250=2700(元)

在实际操作中,如果该财产已作为企业财产,则投资者可通过减资的形式将企业财产变成投资者个人的其他财产(下同)。

(2)财产转让收益的筹划

某个人独资企业2012年度实现内部生产经营所得100000元,另外,取得财产转让收益42000元(不动产原值30万元,已提折旧20万元,转让价15万元,转让过程中发生的税费8000元)。

方案一:该财产作为企业财产,转让收益并入生产、经营所得统一纳税。

应纳税额=142000×30%-9750=32850(元)

方案二:该财产作为投资者个人的其他财产,转让收益按"财产转让所得"单独纳税。

"财产转让所得"应纳税额=42000×20%=8400(元)

"生产、经营"所得应纳税额=100000×30%-9750=20250(元)

投资者合计应纳税额=20250+8400=28650(元)

方案二比方案一减轻税负:32850-28650=4200(元)

上例中,如果财产转让收入为60000元,转让税费应为4000元,

则转让收益 =60000-(300000-200000)-4000=-44000(元)。两种方案计算的应纳税额如下:

方案一:应纳税额 =(100000-44000)×30%-9750=7050(元)

方案二:"财产转让所得"应纳税额为零;

"生产、经营所得"应纳税额 =100000×30%-9750=20250(元)

投资者应纳税额合计 =20250+0=20250(元)

方案二比方案一增加税负:20250-7050=13200(元)

从以上计算结果可以看出,纳税人根据需要通过增资或减资,将企业财产与个人财产进行相互转化,可以改变适用税目、税率,从而改变税负。

应当指出,由于生产、经营所得适用 5%~35%的五级超额累进税率,如果上例中企业实现的内部生产、经营所得金额不同,则会产生不同的结果。以上计算只是说明一个问题:分开或合并计算的税负不同,纳税人可根据预期所得实现情况,通过对两种方案的测算,以选择一个较轻税负的方案,从而达到减轻税负的目的。

应该注意的是,国税函[2001]84 号《通知》明确,个人独资企业和合伙企业经营所得金额不同,则会产生不同的结果。以上计算只是说明一个问题:分开或合并计算的税负不同,纳税人可根据预期所得实现情况,通过对两种方案的测算,以选择一个较轻税负的方案,从而达到减轻税负的目的。

(3)利用合伙制组织形式的税收筹划

所谓合伙制企业,是指依照我国《合伙企业法》在我国境内设立的,由合伙人订立合伙协议,共同出资、共担风险,并对合伙企业债务承担无限连带责任的营利性组织。合伙企业的最大特点是其合伙损益由合伙人依照合伙协议约定的比例进行分配和分担。由于合伙企业从整体而言组织相对松散,在现实中不能算是一个独立核算企业,所以,根据我国的具体情况,国家税务机关决定从 2000 年 1 月 1 日起,对合伙企业停止征收企业所得税,各合伙人的投资所得,比照个体工商业户的生产、经营所得征收个人所得税。

比如,某合伙企业是由五个合伙人出资组建的,各人的出资比例均为20%,经营了一年以后获得了20万元的税前利润。根据现行税法,不对这部分所得征收企业所得税,而仅在分配利润时征收一道个人所得税。当合伙企业分红时,各合伙人应按个体工商户的生产经营所得缴纳的个人所得税,适用的税率为五级超额累进税率,应纳税额为:

200000 ÷ 5 × 20%-3750 = 4250(元)

纳税后,各合伙人所取得的净收益为:

40000-4250 = 35750(元)

合伙企业中每个合伙人的实际税收负担率为:

4250 ÷ 40000 × 100% = 10.62%

合伙企业的合伙人税收负担的高低取决于分回红利的金额大小,金额大,在五级超额累进税率中适用的税率档次就高,但实际负担率的最高限是五级超额累进税率的最高边际税率35%。

(4)利用公司制组织形式的税收筹划

根据我国有关法律规定,目前个人投资设立企业的主要方式是组建有限责任公司。

所谓有限责任公司是由2个以上、50个以下股东共同出资,每个股东以其出资额为限对公司承担有限责任,公司以其全部资产对其债务承担责任的一种企业组织形式。

作为投资者的个人股东,以其所出资金占公司的资本的比例获取相应的回报。从税收的角度讲,公司作为企业法人,应该缴纳企业所得税,而当投资者个人从公司获取现金股利时,还应该按股息、红利所得缴纳20%的个人所得税。这样就投资者投资的总过程而言,实际上承担了两道税。

例如,有甲、乙两个个人投资者共同出资组建了一个有限责任公司,当年获得税前利润100万,根据我国《企业所得税法》规定,该公司应该缴纳企业所得税为:

$1000000 \times 25\% = 250000$(元)

公司实际取得税后净利润为:

$1000000-250000 = 750000$(元)

如果公司按《公司法》规定,提取税后利润的10%作为法定公积金,剩余的全部分给投资者,则每个股东可分得投资利润为:

$(750000-75000) \div 2 = 337500$(元)

但是,当投资者在取得这笔投资收益时,还应该缴纳一道20%的个人所得税:

$337500 \times 20\% = 67500$(元)

投资者实际获得的投资净收益是:

$337500-67500 = 270000$(元)

作为个人投资者的税收负担率为:

$(250000 + 67500 \times 2) \div 1000000 \times 100\% = 38.5\%$

如果公司制企业的个人投资者把利润保留在公司内部，就可以避免缴纳股息、红利的个人所得税。但个人投资建立企业的目的是得到回报,分回红利是早晚的事情,因此,公司制企业的投资者就要承担两道税。

二、个体工商户利用生产经营形式的税收筹划

生产经营的形式可以多种多样,同样是个体经营者,各自的生产经营形式却可能有着天壤之别。不同的生产经营形式,所引发的纳税负担也是大不一样的。对于个体经营者来说,根据其经营形式进行纳税筹划，改变现有的生产经营形式，以实现生产经营净利润的最大化,是每个个体经营者十分关心的问题。

税收是一种重要的经济杠杆，税收政策本身包含着国家的政策导向。国家为了优化产业结构,往往利用税收政策进行产业引导和地区引导,以促进经济的良性发展,对不同地区和不同行业的政策倾向迥异。但是,这些优惠政策一般只适用于企业,而不适用于个体经营

者,因此在必要的时候,个体经营者可以考虑注册为企业,以利用各种优惠政策。

1.尽量选择靠近国家鼓励政策进行税收筹划

就地区来说,大多数的经济特区、沿海开放城市、沿海经济开放区、经济技术开发区等都有一定的优惠政策。比如,在经济特区设立的企业,尤其是高新技术企业和生产性企业,其税率一般都在15%以下。

就行业而言，国务院批准的高新技术产业开发区的高新技术企业,农村为农业生产产前、产中、产后服务的行业,民政部门举办的福利生产企业等也有一定的税收优惠。而且,国家为了鼓励创业,对于新办企业一般都有不同的优惠政策，因此对于个体经营者来说这种筹划法很具前景。

如果有机会,或正好就处于这样的地区或行业,那么,个体经营者就可以考虑将自身的性质改变为企业,以便于获得税收优惠。而且当个体经营者业绩发展到一定程度的时候，如果要想获得进一步的发展,也应该注册为企业,以便以一种全新的姿态迎接挑战。

当然,对于拥有一定资金而想在某领域内组建企业的个人来说,在某些时候先干个体待时机成熟时再改建企业也是一种很不错的筹划方法。因为虽然新建企业在某些领域和地区能够享受优惠政策,但是由于一般企业在成立初期营业利润都较小，实际享受到的优惠不多,待到营业利润增大时,可能优惠期已经过去。因此,在成立之初,可以考虑先进行个体经营,待到营业比较稳定时,再改建企业,这时再享受税收优惠政策就比较合算了。

个体经营者可以通过将自己的生产经营挂靠在科研单位而享受一定的免税优惠。当然,这种筹划法需要一定的前提,这就是该单位或企业获得高新技术企业的称号；获得税务机关和海关的批文和认可;掌握国家的优惠政策等。

个体经营者也可以通过挂靠民政福利企业或者其他能够享受税

收优惠待遇的企业进行必要的纳税筹划。国家为了扶持民政福利企业，让更多的残疾人能够自食其力，对民政福利企业实行了减免税优惠。

根据我国《个人所得税法》及其相关制度的规定，个体经营者以其全年的应纳税所得额适用五级超额累进税率，当应纳税所得额较大时，其适用的税率也就相应较大。因此运用各种手段，包括合法的和非违法的手段，将经营所得或提供劳务所得分开计算，就可以使得其所得适用较低的税率，从而达到减轻税负的目的。

2.通过机构分设或联合进行税收筹划

个体经营者可以将经营项目分设为两个或两个以上的机构，自己负责其中的一个，将其余机构的所有权或经营权虚设为其他人，一般为自己的亲人或比较亲密的朋友，然后通过这些机构的联合经营，互相提供有利的条件，以达到减轻税负的目的。

通常来说，这种方法有如下好处：第一，通过机构分设，可以使得所得分散，从而排除了档次爬升所带来的税负急剧增长，使总体税负相对较轻。第二，机构之间可以通过转让定价等方法平均分配各机构之间的利润，也可以起到"削山头"的作用，其总体税负下降便成为可能。第三，如果这些机构之间属于提供材料与进行加工或其他类似流水线的关系时，这种筹划方法还可以通过转让定价，使得原来由提供材料机构缴纳的税款移后到由生产最后产品的机构缴纳，从而延缓了税款的缴纳时间，相当于从银行获得了无息贷款。

个体经营者还可以通过信托进行筹划，即将其资产或盈利交由另一经济主体，让该受托人成为该项财产的占有者，并按照委托人的要求负责管理和使用这笔财产，以利于委托人的一种行为，受益人既可以是委托人自己，也可以是委托人所指定的第三者。信托筹划法是利用某一特别税收优惠地区，通过在该地区设立信托机构或者和某信托机构达成协议，让原本不在优惠区的财产挂在优惠地区信托机构名下，利用税收优惠达到节省税收的一种筹划方法。

在税收优惠区设置信托机构，是实行财产信托筹划的一种常见方式。所谓财产信托是指个体经营者将其拥有的机器、设备、厂房等财产挂在某享有特别税收优惠政策的信托公司的名下或者挂在享有税收优惠的公司名下，这样，这些财产所产生的经营所得、利润收入就变成了该信托公司的所得和收入。

财产信托筹划法具有以下好处：一是可以使得这些财产产生的所得和收入享受优惠政策，从而少缴部分税款。二是对于个体经营者来说，由于其适用的是五级超额累进税率，收入越高，其适用的税率就越高。信托筹划法使得部分收入或所得从经营收入中分出，收入的分散也使得其经营收入适用较低的税率，从而少缴部分个人所得税款。

常为纳税人乐意接受的一种行为是通过一个投资控股公司来持有信托资产，资产以公司发行的股票和借贷资产的形式存在，公司按照就其所得无需缴纳当地税收的方式来注册和进行管理。

3.利用转让定价进行税收筹划

转让定价也是个体经营者在生产经营中应该注意的。转让定价又叫互惠定价、转移定价、划拨定价，是指在经济活动中，有经济联系的企业或经济机构各方为平摊利润或转移利润而在产品交换或买卖过程中，不依照市场的买卖规则和市场价格进行交易，而根据他们之间的共同利益或为了最大限度地维护他们之间的收入进行的产品或非产品转让。在这种转让中，产品的转让价格根据双方的意愿，可低于或高于市场上供求关系决定的价格，以达到少缴税款甚至不缴税款的目的。也就是说，在经济生活中，凡是发生业务关系、财务关系或行政关系的各经济主体，为了躲避按照市场价格交易所承担的税收负担，实行某种类似经济组织内部核算的价格方式转让相互间的产品，达到转让利润，减少纳税的目的。比如，甲乙两地区的税率不一样，甲地区的税率较高，乙地区的税率较低，个体经营者就可以采取在甲乙两地分设机构或建立关联企业的办法，各关联方通过一定的契约，增加乙地区机构的利润，减少甲地区机构的利润，使得他们共同承担的税负及他们各自所承担的税负达到最少。

个体经营者可以利用的转让定价手法很多，主要是通过调整影响各机构产品成本的各种费用和因素来转移各关联方的利润，主要表现为：

(1)通过合理安排原材料、零部件、产成品等的价格，平均各关联机构的利润。

(2)通过固定资产的购置价格与相互租赁来影响各关联方的产品价格和利润。

(3)通过专利技术、专有技术、商标、厂商名称等无形资产转让收取特许权使用费的高低相互影响各关联方的产品成本和利润。

(4)通过提供贷款的利息费用、管理、广告、技术咨询费等劳务费用以及租金等影响各关联方的产品成本和利润。

(5)通过相互间提供运输服务收取费用的高低来影响各自的利润。

总之，各关联方总是可以通过各种办法转让定价，转移相互间的利润。转让定价掩盖了价格、成本、利润间的正常关系。盈利的机构不一定真正盈利，而亏损的机构也不一定真正亏损。减轻税负，是运用转让定价手段转移利润的主要目的之一。

这种筹划法在一定的限度内是合法的，但超过了一定限度的转让定价是要受到政府有关部门管制的，因此，个体经营者在进行类似的筹划时需要注意国家关于转让定价的有关规定，不要超过一定的限度。

三、个体工商户利用征管形式的税收筹划

根据现行个人所得税法规定，个体工商业户的生产经营所得和个人对企、事业单位的承租、承包所得，适用5%-35%的五级超额累进税率，纳税人根据其生产经营情况按应纳税所得额的级距计算应纳所得税额。但是，在个人所得税的实际征收管理过程中，征收机关又根据纳税人建账建制的情况将对纳税人的征收所得税的方法分为查账征收和依据销售额附征两种。在这两种征收方法下，纳税人的税

收负担水平是不一样的。

例如，某个体工商业户王某2012年度取得销售收入20万元，王某按照要求建立了一套核算体系，本年实际发生的成本、费用为15万元，其应税所得额为5万元。因为王某建了账，实行查账征收，其应纳所得税为：

$50000\times20\%-3750=6250$（元）

个体工商户王某税款的实际负担率为：

$6250\div50000\times100\%=12.5\%$

如果实行附征的办法，收入和费用的情况不变，当地税务机关核定王某所从事的行业的销售收入利润率是10%，则该个体户当年应税所得额为：

$200000\times10\%=20000$（元）

该个体户当年应纳所得税额为：

$20000\times10\%-750=1250$（元）

王某的实际税收负担率为：

$1250\div50000\times100\%=2.5\%$

由此可见，税收负担相差很大。例子中是在假定个体户的实际销售利润率远远高于税务机关核定的利润率的前提下，申请采用附征的办法对纳税人有利。如果情况相反，纳税人的实际销售利润率低于核定的利润率或者发生了亏损，则用查账征收的办法反映实际经营状况更为有利。纳税人应该清楚两种纳税办法的优劣，应尽量争取对已有利的课征办法。当然，具体的纳税方法也不是纳税人自己就能完全决定的。

个人投资设立的企业形式所产生的税收负担效果有很大不同，故在投资之前应慎重考虑抉择。当然，个人投资者在决定具体的投资方式、企业形式的时候，还有其他许多因素需要考虑，比如企业的经营行业、经营期限、经营的目标等，只是纳税方式的选择与个人利益的关系更为直接而已。

四、充分利用税收优惠进行税收筹划

个人无论投资于建筑业、金融业、文化体育业还是服务业等，都可以通过享受经营项目的税收优惠达到合理降低税负的目的。比如：

1.流转税优惠

《营业税暂行条例》规定，托儿所、幼儿园、养老院、残疾人福利机构提供的育养、婚介等服务；残疾人员个人提供的劳务；医院、诊所和其他医疗机构提供的医疗服务；学校和其他教育机构提供的教育劳务以及从事科技研究取得的技术转让收入等等，不缴营业税。此外，符合国家规定的民政福利企业和废旧物资回收企业，符合国家规定的高新技术企业，符合条件的第三产业企业，以废渣、废水、废气为主要原料生产的企业，在国家确定的老、少、边、穷地区新办的企业，新办的劳务服务就业企业，教育部门所属的学校办的工厂、农场、民政部门所属的福利生产企业，乡镇企业等等。也可享受一定的增值税免税、减税待遇。

2.企业所得税优惠

现行的个人所得税规定了一系列的税收优惠政策，包括一些减税、免税政策及额外的扣除标准。是否有效地利用这些政策，关系到个人缴纳税收的多少。我们拟在这一部分对个人所得税中的各种优惠政策进行分析，使得纳税人熟悉国家税法，熟练地掌握和运用这些政策，达到节省税收的效果。

这些优惠政策包括：

（1）按照国务院规定发给的政府特殊津贴和国务院规定免纳个人所得税的补贴、津贴免税。这里的政府特殊津贴是指国家对为社会各项事业作出突出贡献的人员颁发的一项特定律贴，并非泛指国务院批准发放的其他各项补贴、津贴。这里规定免税的补贴、津贴，包含中国科学院院士每人每月 200 元的津贴。

（2）某些福利费、抚恤金、救济金免税。根据国家有关规定，从企业、事业单位、国家机关、社会团体提留的福利费或者工会经费中支付给个人的生活补助费;军人、国家机关工作人员及其他单位性质的职工因病、因公、因战负伤或死亡,由国家或本单位按规定发给的一次性或定期的抚慰性的经济补偿; 国家民政部门支付给个人的生活困难补助费。

(3)高级专家延长离休、退休,期间的工资、薪金所得免税。

此外,还有一些补贴、津贴免税,如:独生子女补贴;执行公务员工资制度未纳入基本工资总额的补贴、津贴差额和家属成员的副食品补贴;托儿补助费;差旅费津贴;误餐补助。军队干部的某些补贴、津贴免税。如:政府特殊津贴;福利补助;夫妻分居补助费;随军家属无工作生活困难补助;独生子女保健费;子女保教补助费;机关在职军以上干部的公勤费(保姆费);军粮差价补贴等。

个人投资创业时,完全可以考虑和利用这些优惠政策,根据自身的实际情况合理灵活地加以运用,以取得享受减免税的优惠待遇。

五、利用工资化福利的税收筹划

工资、薪金所得适用九级超额累进税率,其最低税率为 5%、最高税率为 45%,当收入达到某一档次时,就按该档次的适用税率计算纳税。但是,工资、薪金所得税是按个人月实际收入来计税的,这就为税务筹划创造了条件。

增加薪金能增加个人的收入满足其消费的需求,但由于工资、薪金个人所得税的税率是超额累进税率,当累进到一定程度,新增薪金带给个人的可支配现金将会逐步减少。把个人现金性工资转为提供必需的福利待遇,照样可以达到其消费需求,却可少缴个人所得税。

1.由企业提供员工住宿。即员工的住房由企业免费提供,并少发员工相应数额的工资,这是减少交纳个人所得税的有效办法。

例如:王先生每月工资收入 9000 元,每月支付房租 3000 元,除去房租,王先生可用的收入为 6000 元。这时,王先生应纳的个人所得税是：

应纳个人所得税额 =（9000−3500）× 20%−555 = 545（元）

如果公司为王先生提供免费住房，每月工资下调为3000元，则王先生应纳个人所得税为：应纳个人所得税额 =（6000−3500）× 10%−105 = 145（元）

如此筹划后，对王先生一方来说，可节税400元（545−145）；对公司来说，不仅没增加支出，并且可以增加在税前列支的费用1000元（政策规定：企业税前列支的工资是限额的，超过部分必须在税后列支。将工资转化为房租后，其支付不列入工资考核，故全额在税前列支）。

2.企业提供假期旅游津贴。企业员工利用假期到外地旅游，将旅游发生的费用单据，以公务出差的名义带回来企业报销，企业则根据员工报销额度降低其工资。这样，对企业来讲，并没多增加支出，而对个人来讲则是增加了收入。

3.企业提供员工福利设施。如果员工正常生活必需的福利设施，尽可能由企业给予提供，并通过合理计算后，适当降低员工的工资，这样，从企业一方，既达到不增加企业费用支出，又能全额费用在税前扣除，并且企业为员工提供充分的福利设施，对外能提高企业的形象；从员工一方，既享受了企业提供的完善的福利设施，又少交了个人所得税，实现真正意义的企业和员工双赢局面。一般情况企业可为员工提供下列福利：

（1）企业提供免费膳食。

（2）由企业提供车辆供职工使用。

（3）企业为员工提供必须家具及住宅设备。

六、个体工商户利用分散所得的税收筹划

纳税人还可以通过延期获得收入进行筹划。一般的经济主体都希望尽早获得收益，但是对于按照五级累进税率缴纳个人所得税的个体经营者来说，在某些场合下却希望延期获得收入，以减轻当期收

益,使得其经营所得适用较低的税率,以实现少缴税款的目的。

这种筹划方法在纳税人的生产经营所得超过最高税率档次时常被用到,尤其是当纳税人的每年应纳税所得额不一定时,或者说每年的收入情况急剧变化时。在这种情况下,纳税人某一年的收入可能很少,相应地其应纳税额也就会很少,但是另一年的收入却可能很多,以至于要适用最高税率。如果纳税人能通过一定的手段将每年的收入额平均,则其应纳税额将会发生很大的变化。

一般延期获得收入的方法有如下几种:第一,和客户达成协议,让客户暂缓支付货款或劳务费用;第二,改一次性付款为分期付款;第三,通过转让定价,让某些关联客户获益,在自己经营惨淡时让该关联客户通过转让定价将利润转让过来等。

在累进税制下,所得分散筹划法显得十分重要,因为在这种情况下,所得税款的缴纳随着所得的集中而增长,档次爬升现象会使得其税负急剧增加。因此,对于个体经营者来说,将其所得分散具有很强的现实意义。如何合理、合法地使得所得分散,则是该筹划的核心所在。

一般来说, 所得分散主要有以下几种类型: 一是给雇员支付工资。由于个人的工资、薪金所得也要缴纳个人所得税,因此这种纳税筹划需要经过缜密的计划, 尽可能将所得分散而又不需要缴纳个人所得税。比如,为职工购买国债,将国债支付给职工;再比如发放实物、提供福利等。二是通过其分设机构进行转让定价,将所得转移到低税地,以减轻税负。三是通过信托的方法将集中的所得分散到信托公司的名下。四是通过联营,将免税企业或减税企业作为联合的合作伙伴,从而分散所得。

七、个体工商户商户利用固定资产的税收筹划

根据我国会计制度的规定, 用于固定资产的投资不能抵扣经营利润,而只能按期提取折旧。这样,投资者不仅要在前期投入较大数额的资金,而且在生产中只能按规定抵扣。从纳税筹划的角度来看,

承租人可以在经营活动中,以支付租金的方式冲减其经营利润,减少税基,从而减少应纳税额,并为其今后继续从事其他各种经营活动奠定基础。与此同时,对出租人来说,他不必为如何使用或利用这些设备及如何从事经营活动而操心,可以轻而易举地获取租金收入,此外,它的租金收入要比一般经营利润收入享受更多的税收优惠待遇。因此,承租人与出租人便有了共同的利益,这便是两者合作的经济基础,当然更为个体经营者的纳税筹划创造了较好的客观条件。租赁产生的税收效应,并非仅仅因为存在相同的利益才得以实现。即使在专门租赁公司提供租赁设备的情况下,承租人仍然可以获得税收上的好处,因为租赁可以使承租人马上进行正常的生产经营活动,并很快获得收益。

租赁对承租单位来讲,租金的支付过程是比较平稳的,与自筹资金购买设备相比,同样是取得该项设备的使用权,但租赁方式的支出则比较轻松。租赁过程中的支付资金的方式,在签订合同时由双方共同商定,这样,承租人就可以从减少税负的角度出发,通过租金的平稳支付,使各个年度利润稳定缩减,从而使得经营所得适用较低税率,以达到减轻税负的目的。

当出租方和承租方同属于一个大的利益集团时,为了共同利益,他们可以通过租赁方式直接、公开地将资产从一个主体转移到另一个主体,使得更多的所得适用较低的税率,或享受到优惠政策,从而使得整个集团的利益最大化。

租赁从承租人筹资的角度来看,大致可以分为两大类,即融资性租赁和经营性租赁。融资租赁是指当经济主体需要某项生产设备时,租赁公司按照其要求购入所需生产设备并租赁给该经济主体,承租人支付的租金中包括了设备的价款、租赁费和贷款利息,一般期限较长。经营性租赁是指租赁公司购入经济主体临时需要的设备,提供给不确定的多个承租者使用的租赁方式,采用这种租赁方式时,承租人不需负担维修、保养的费用。不同的情况下对两种租赁方式进行比较,选择出更加适用的租赁方式,可能也会对不同类型的经济主体的纳税筹划工作有所帮助。

这里应注意的一点,就是租赁设备的折旧问题。从表面上看,经营租赁的纳税筹划是承租人通过支付一部分租金来降低其利润所得,从而实现降低税负的目的。但事实上,折旧额的多少也会直接冲减利润收入或租金收入。一般的做法是:折旧费由承租者提取,然后由承租者缴纳给出租者(以租金的形式缴纳)或者出租者只收取租金,折旧的提取由承租者负责。无论折旧以什么形式提取,折旧期限的确定都是十分重要的,因为它是与纳税筹划息息相关的。

固定资产的特点就是可以连续多次参加生产过程,仍然保持原有的实物形态,但由于长期使用,必然发生损耗,并逐渐减少它的价值。固定资产折旧是指固定资产在使用过程中逐渐损耗而消失的那部分价值。固定资产损耗的这部分价值,应当在固定资产有效使用年限内进行分摊,形成折旧费用,计入各期成本。折旧提取出来后要计入当期生产成本的,因此折旧关系到成本的大小,直接影响到企业的利润水平,从而影响到所要缴纳的税金。

固定资产计提折旧的方法很多,包括直线法、工作量法、双倍余额递减法、年数总和法等。采用不同的折旧方法对于纳税主体来说会产生不同的税收影响。首先,不同的折旧方法产生不同的固定资产价值补偿时间和实物补偿时间有早晚之分。其次,不同的折旧方法造成的年折旧提取额的不同直接关系到利润额受冲减的程度,因而造成累进税率制度下纳税的差异。个体经营者要在国家有关这方面规定范围内选择不同的折旧方法,尽量减少税收维护企业利益,这是众多个体经营者的共同目标。

我国财务制度规定,个体经营者自申请营业执照之日起至开始生产经营之日止所发生的费用,除为取得固定资产、无形资产的支出以及应计入资产价值的汇兑损益、利息支出外,可作为开办费,并自开始生产经营之日起于不短于五年的期限内分期均额扣除。个体经营者用于与取得固定资产、无形资产有关的利息支出,在资产尚未交付使用之前发生的,应计入购建资产的价值,不得作为费用扣除。除此之外,个体经营者在筹建期间发生的筹资利息支出,不论其在会计上如何处理,均应计入开办费,按照不短于五年的期限分期摊销,而在生产经营期间发生的筹资利息支出,应计入财务费用。

众所周知,开办费和固定资产及无形资产的价值必须分期进行摊销,不能作为财务费用进行扣除,从而不能冲减当期的利润,以达到节省税收的目的,但财务费用却是可以直接冲抵当期损益的。因此,个体经营者应尽可能地将开办费、购建固定资产和无形资产所发生的筹资利息支出计入财务费用。

虽然从长远来看,将开办费、固定资产、无形资产的价值分期进行摊销和将其作为财务费用直接冲减当期损益的最终结果是一样的,但是由于货币具有时间价值,将这部分利息支出作为财务费用,会直接减少经营所得,从而少缴个人所得税款,相当于从国家获得了部分无息贷款。

八、个体工商户利用费用成本的税收筹划

个体工商户可以按照国家税法及财务会计的有关规定,选择合理的费用成本计算方法、计算程序、费用分摊等一系列有利于自身利益的内部核算方法,使得费用、成本和利润达到最佳值,以达到少缴税款甚至不缴税款的目的。

费用成本的筹划首先是存货计价的筹划,即经济主体,在这里是指个体经营者,为使成本值最大所采取的最有利于自己的成本计算法。这里的存货是指个体经营者在生产经营过程中为销售或者耗用而储备的各种资产,这些资产包括库存商品、产成品、原材料、辅助材料、包装物、低值易耗品等。在市场价格处于变动的情况下,存货的成本如何计算,直接影响实现利润的大小,进而影响其应缴纳的个人所得税款。

存货是不断流转的，有流入也有流出，流入与流出相抵后的余额就为期末存货。存货流转有实物流转和成本流转两方面，在理论上存货的成本流转和实物流转应当是一致的，也就是说，购置存货确定的成本应当随着该项存货的销售或耗用而结转。但在实际中，这种一致的情况是非常少见的，因此必须采用某种存货成本流转的假设，在期末存货与发出存货之间分配成本，也就是采取某种存货计价方法。

不同的存货计算方法对经营者获利多少、纳税多少的影响是不同的，这也是纳税筹划者从事纳税筹划所必须研究和实践的一项重要内容。一般来说，由于社会上通货膨胀因素不断增加，因此，存货的成本总是不断上涨的。采用后进先出法计算存货成本，其期末存货价格一般来说最接近于期初存货价格，发出存货价格最符合市场价格，其发出存货打入生产成本的价格就较高，从而冲减的利润部分就较多，对于个体经营者来说相应缴纳的税款就较少。相反，同样的存货，先进先出法一般会使发出存货打入生产成本的价格较低，当期应缴纳的税款就较多。但同时也要注意，个体经营者适用的是五级超额累进税率，如果前期消耗材料的价值计价过多，后期相对就较少，处理不好很容易造成后期的应纳税所得额猛增，从而使得应纳税额增多。

成本费用被剔除是很痛苦的事情，每年在所得税的查账中，不论规模大小，费用及损失被稽查机关剔除的比率相当高，这些费用损失被剔除后不仅要求补缴，而且还会按照其金额处以一定的罚款。当然这说明稽查人员工作认真负责，但同时也反映了一个问题，经济主体关于这些方面的筹划工作做得太少。

到底应该如何策划才可以避免被剔除呢？我们认为有如下几种方法：

1.注意取得合法凭证。要求凭证的取得应符合税法规定，这是个体经营者寻求节税策略最起码的条件，因此费用及损失的认定，取得合法凭证，最为重要。一般在操作中常犯的错误有：取得虚设行号发票；取得非交易对象所开立的发票；未依时限取得凭证等。所以，纳税人未取得合法凭证时,应督促总务及财务部门,确实注意交易事实,认清交易对象,取得交易对象的统一发票,如此才能避免被税务机关处以罚款。

2.合法报告备案。税法规定部分费用及损失应事先完成报备手续,否则不予认定或按原规定方法认定。现实生活中,很多经营者忽略这项手续,曾经就有一鞋业老板没有按规定报备水灾损失,被罚款1000多万元。这些项目经报备后就可以作为费用列支了。

3.设法增列费用。个体经营者除了避免费用损失被剔除外,更应该积极地在合法的范围内扩大费用开支, 使费用最大化。为达此目的,经营者可以委托会计师签证,以增加交际费的列支;将部分利润改列费用开支,作为工资、薪金支付。

4.延后列报费用。部分费用及损失有限额规定,超过部分将不予认定。因此纳税人在进行申报时应注意各费用及损失是否超过限额,如果超过限额则可以考虑延至次年列报,以免招致剔除。也可以考虑按照其他方式列支,比如将伙食费、差旅费列为工资等。

5.改资本支出为费用支出。个体经营者维修或购买固定资产,按照税法的有关规定,不允许作为费用列支,只能在以后的年度内进行折扣。认定为资本支出的标准为:耐用年数超过两年;单价在1000元以上;一次性购买数额较大的费用支出。因此,个体经营者可以考虑以零星采购方式处理,比如改整批购买某些办公用具为分次购买,改一次性大修为零星小修等。

6.聘请会计师为顾问。对个体户经营者来说,纳税筹划与生产经营同等重要。一般来说,在业务开创初期,以生产经营为主,但在生产经营若干年以后,纳税筹划问题逐渐变得重要起来。为防患于未然,聘请熟悉税务法律的会计师、税务师为顾问,进行必要的筹划具有一定的现实意义。

第六节　遗产税的缴纳与税收筹划

一、遗产税的产生

遗产税是以财产所有人去世后遗留的财产为课税对象征收的财产税。

遗产税最早产生于4000多年前的古埃及,当时出于筹措军费的需要,开征了遗产税。近代意义上的遗产税始于1598年的荷兰,继荷兰之后,英国于1694年,法国于1703年,意大利于1862年,日本于1905年,德国于1906年,美国于1916年,都相继开征了遗产税。目前,世界上已有100多个国家和地区征收遗产税。

我国早在北洋政府时期就开征过遗产税。1938年10月,当时的国民政府颁布了《遗产税暂行条例》,并于1940年7月1日正式开征。新中国成立后,政务院于1950年通过的《全国税政实施要则》规定要开征的14个税种,其中就包括遗产税。但限于当时的条件,后来此税种并没有正式开征,始终“沉”在水底。

改革开放后,我国国民经济保持持续快速稳定增长,居民收入不断提高。社会成员之间贫富差距加大,两极分化日趋严重,遗产税的征收因此又“浮”上了水面。1994年的新税制改革将遗产税列为国家可能开征的税种之一,遗产税的何时开征成为国人关注的焦点。

随着近几年中国亿万富翁“成批”的出现,遗产税问题再次引起大家的关注。据权威资料显示,2010年底我国现在的富裕阶层(达到1000万元金融资产)超过200万人。而在许多发达地区,那些作为父母的富豪们已经开始为回避遗产税而将房产提前过户给未成年的子女。长期分配不公的积累带来的“存量不公”成为财富差距扩大的新因素,并在未来加快城镇收入差距扩大的速度。人大校长纪宝成指出,2004年,中国最高收入10%的富裕家庭财产总额占全部居民财产的45%。而最底层的10%的家庭收入只占1.4%，相差32倍。到2009年,这个差距已经扩大到40倍。财产存量分布不均,将会通过遗传成为破坏机会平等和代际平等的最大因素,带来严重的动态不公。

研究遗产税不能不涉及赠与税，赠与税是对财产所有人生前的财产赠与行为课征的税。两个税种相辅相成。大多数征收遗产税的国家同时征收赠与税，相当一部分国家将遗产税和赠与税合并使用同一税率征收,其目的就在于防止纳税人通过赠与方式逃避税收。

二、我国开征遗产税的必要性

我国改革开放30多年来,国民经济迅速发展,人民生活水平逐步提高,私人财产拥有量明显增加。特别是一部分先富起来的人,积累了大量财产,已经涌现出一批百万富翁、千万富翁,甚至亿万富翁。在个人财富急剧增长的同时,贫富差距也逐步加大,据不完全统计,到2010年末,在全国居民储蓄30万亿元的总额中,20%的人占有其中的80%以上,这足以证明开征遗产税的时机业已成熟。

1.有利于收入分配体系的完善

我国虽进入社会主义市场经济时期，但仍处于社会主义初级阶段,为了充分发展生产力,本着“效率优先、兼顾公平”的原则,国家允许并鼓励一部分人通过诚实劳动先富起来,进而实现共同富裕。由于高收入阶层的存在,像影视歌体坛明星、私营业主、外企中的白领人员、从事股票、期货投机人员等,他们的收入水平已远远高于社会平均收入水平,引发了低收入者心态的不平衡,巨大的贫富差距如果仅靠个人所得税来调节,由于纳税人自身素质及现行征管手段等原因,调节力度有限,尤其对于经济转轨过程中大量存在的灰色收入,个人所得税更难有所作为。

从理论上讲,遗产税是对一个人一生纳税情况作了最后的总结,换言之,如果生前少纳了个人所得税而沉淀形成个人的遗产,都可以通过遗产税征收回来.因此,通过征收遗产税,不仅可以弥补个人所得税的局限性，而且还可以把财产所有人生前的不透明收入形成的财产部分,也纳入征税范围,形成了较为完善的收入分配体系。

2.有利于缓解分配不公的矛盾

在市场经济条件下,公平竞争是市场运行的核心要求,但由于财富差异往往会造成竞争的起点不同,从而导致分配结果不公平。政府开征遗产税的意义主要不在于财政的收益,而在于社会意义。在经济已有长足发展、人民生活水平日益提高的今天,中国各阶层人士收入分配不公、贫富差距拉大的现象越来越突出。如果长期不调节,任由差距拉大,将成为社会不安定的一个因素。在收入分配定局后,政府不能通过暴力“劫富济贫”,却能够通过适当的税收手段来达到等富贵和均贫富的目的。开征遗产税就是政府调节社会财富的分配、缩小过大的个人收入差距的最佳选择之一。遗产税不但限制了财富的过分积聚,防止形成财富长期集中在个人和家族手中,而且缩小了贫富差距,保持住社会的和谐。

3.有利于净化社会风气

继承遗产、接受赠与财产是一种不劳而获的行为,如果不对其征税,则可能出现依赖遗产和所赠财产过活的寄生现象。坐享其成,不思进取,一部分人丧失生活的动力,生产就无活力,整个社会就不会健康发展。征收遗产税对继承人的积极意义在于:一方面,遗产对继承人而言是不劳而获,征收力度相对较大,因此财富拥有人要想其死后家财仍达到其生前标准,就必须注意对继承人的良好教育,培养他的真才实学,使巨额家产不致在后人手中败落;另一方面,这种教育子女的倾向会自然而然对社会其他阶层起到示范作用，影响到他们教育孩子的原则,即从小培养子女个人艰苦奋斗的品质。这种良性影响在社会上长期发展,无疑会促进整个国民素质的提高。它还在客观上鼓励高收入者们生前更热心和关注公益事业,如建立公益性基金,设立奖学金等,而这本来是需要政府拿钱去做的事,从而形成一种社会分配上的良性循环,推动社会进步。

4.有利于同国际惯例接轨

遗产税是对外交往中符合国际惯例的一种做法。很多国家有遗产税,而我国没有,那么我国在税收协定谈判时,就失去或自动放弃了一个有利的条件。

在世界上大多数国家都已开征遗产税的情况下,一些国家对中国公民在其境内的遗产和赠与财产以及本国公民在中国境内的遗产和赠与财产均征收遗产税。而我国尚未开征该税,这在国际惯例上是讲不通的,等于我们自动放弃了这个权利。使我国在税收上处于不平等地位,国家的主权因此受到损害。开征遗产税,可以在税收分配关系中,贯彻国与国之间的对等原则,维护国家主权,按照国际惯例处理涉外遗产和赠与财产问题。

三、我国遗产税的制度设计

我国遗产赠与税制的设计,既要吸收国际经验,又要充分考虑我国国情。总的原则要求是税制简化,征收面窄,起征点高,级距适中。

1.采用总遗产税制

当今世界各国的遗产税制大体划分为三种模式:一是总遗产税制,即对财产所有人死亡后遗留的全部财产进行课税,以执行遗嘱人或遗产管理人为纳税人的制度;二是分遗产税制,即在遗产所有人死亡后,将遗产分给各个继承人时,以各继承人分得的财产总额为课税对象,以遗产继承人、接受赠与人为纳税人的制度;三是混合遗产税制,即在财产所有人死亡后,先对其遗留的财产征收总遗产税,尔后再对继承人所继承的遗产征收分遗产税的制度。这三种税制模式各有利弊,其中总遗产税制征收最为方便易行,利于控制税源和征收管理。分遗产税由于税源难以控制,纳税人偷漏税意识较强,征管难度大。至于混合遗产税制,其优缺点介于二者之间,但采用该税制的国家较少。

根据我国实际情况,应采用总遗产税制为宜。首先,这是由税收征管水平决定的。我国现阶段税收征管手段落后,征管效率低下,偷漏税现象较普遍，遗嘱公证尚未普及，若采用分遗产税制，难以有效控制税源。其次，总遗产税制可较多地节约征税成本。尽管我国税制改革步伐较快，但发展趋势仍是以流转税和所得税为主体，其他税种为辅助的税收体系，这就决定了遗产税收入的有限性，因而采用成本较低的总遗产税制能体现税收的效率原则。

2.合理确定纳税人和征税对象

遗产税的纳税人，可以根据属人与属地相结合的原则，采用居民标准来确定。凡在我国境内有住所或无住所而在境内居住满一年的个人即为我国居民，当其死亡时，应对其中国境内外的全部应税遗产征税；凡在我国境内无住所又不居住，或无住所且居住不满一年的个人即为非居民，当其死亡时，只对其在中国境内的应税遗产征税。这样规定既符合国际通行做法，又与我国个人所得税的有关规定一致，便于税制的衔接。

至于征税对象，从理论上讲应为继承人和接受赠与人的全部财产，包括动产、不动产及其他一切具有财产价值的权利。但从征收角度看难度相当大，尤其是对动产和无形资产，若规定个人申报，受个人素质制约，很可能申报不实，或者少报，甚至不报，税务机关决不能挨门逐户地搜查，往往导致该税种形同虚设。因此，目前该税的征收对象可暂列为不动产及有形动产，如私人居住用房、营业用房、机器设备、交通工具、银行存款等。

税基要适中，因为税基的扩大常常会遇到几方面的阻力：一是个人收入水平和财产占有量，当多数人处于中低收入与较少财产状态时，扩大税基无疑会遭到普遍的抵制；二是征收力量和征收成本，如果征收力量不能适应因扩大税基而增加的工作量，或征收成本过高，那么扩大税基的效果就会很差，甚至得不偿失。一句话，在我国拓宽税基不能一蹴而就，应分阶段有步骤地进行，待条件具备时，再把税基扩至无形资产。

根据国际上通常的做法，信托财产也视为课税对象。所谓信托是指财产所有人将其财产托付给某一特定的人或机构，由其负责财产的管理和运营。财产所有人之所以要办理信托，主要是因为财产所有人想把财产传给其继承人，但又考虑到继承人或年龄太小、或缺乏知识、或不善经营管理，也可能是财产所有人不愿意将所有权立即交给继承人，需要委托信托人或信托公司负责其财产的管理与运营，信托人或信托公司只收取一定的费用，并不享受财产的收益。

信托主要有两种方式，一种是指定受益人的信托，即确定由某人享有信托财产的收益。另一种是全权信托，即财产所有人将财产交给信托人或信托公司后，并不指定财产的受益人，而是将财产的收益给指定的一群人，由信托人决定信托财产的收益给谁。这样做的好处是，既可以变更受益人，又可以当财产所有人死亡后能根据继承人的情况对收益分配进行相应调整。随着我国社会主义市场经济体制的逐步完善，信托财产的出现必不可免，对该项目征收遗产税是提上议事日程的时候了。

3.计税依据及减免税

遗产税的计税依据为应税遗产额，即被继承人死亡时的遗产扣除一些项目后的余额。

国际上通行的扣除项目为：被继承人所欠的各种债务、丧葬费、遗产管理费、对公益事业的捐赠、配偶之间遗产的必要扣除等。

我国扣除项目可以适当宽一点。因为现阶段要鼓励各种经济成分健康发展，开征遗产税难免对个体和私营经济的成长造成一定的阻碍。所以，在税制设计时可通过减免税规定来抵消征税对生产的消极影响。如对生产经营性遗产可给予适当减免税，如其在规定年限内改变用途，转化为消费性财产，则应由税务部门追缴遗产税；对农村承包荒山、荒地等经营权作为遗产，由后人继续执行合同的，可给予免税，以稳定农民负担，促进农村经济发展。对历史文物、文化艺术品可适当减免税，主要是为了防止继承人无法承担税负才被迫出卖，从而导致国家文化财富流失到国外。

4.采用累进税率

我国遗产税的开征主要是调节社会财富的分配，特别是限制少数巨额财产在家族中代代相传,其主要目的并非为取得财政收入。因此免征额应定得高一些,可考虑把免征额定在100万元,并采用超额累进税率计算。根据大多数国家的做法,如美国为18%~55%,德国为3%~35%,法国为5%~40%,英国为40%。我国遗产税的税率级次应进一步简化,以降低征税成本。税率不要过高,避免纳税人铤而走险,偷逃税款。可以考虑把最高税率定在40%,既有国际上一些国家税率作参照,大体上居于平均税率水平,便于与国际经济对接,又不高于我国现行个人所得税最高边际税率,利于纳税人接受。具体税率设计为:

级次	应纳税遗产额(万元)	税率(%)	速算扣除数(万元)
1	500–1500	10	50
2	1500–3000	20	200
3	3000–5000	30	500
4	5000以上	40	1000

这样计算出来的结果,第一级税收负担率为0~6.6%,第二级税收负担率为6.6%~13.3%,第三级税收负担率为13.3%~20%,第四级税收负担率为20%以上,不超过40%,即使是较高收入者,也完全有负担能力。

四、强化征管、堵塞漏洞

1.建立个人财产登记制,全面推广个人自行申报制

只有对个人存量财产实行登记制度，纳税人的财产必须到指定的登记机关进行登记,产权易人必须办理变更登记,否则不承认或不保护其产权,税务机关才能了解纳税人各项财产分布情况,为建立全国统一的纳税登记号做好准备。实施初期,税务部门要着重抓好关键人员的自行申报工作,首先为他们提供方便的申报条件,得到他们的

理解与配合,然后再根据可能性逐步推广。要推广个人申报制的前提是建立个人收入、纳税等有关情况的资料档案,具有了充分的资料信息,个人所得税与遗产税才有可能紧密衔接,互相配合。

2.真正实行个人金融资产实名制,并推行个人支票制

个人与金融机构往来时,必须出示身份证件,使用真实姓名,每一个有收入的纳税人必须在银行开设一个实名存款账户。个人的各种收入(股票变卖收入、债券利息收入、财产转让收入等)都要通过银行账户进行。能采用支票结算方式的,决不能用现金结算方式,以减少现金在银行系统的体外循环,使银行账户真正成为税务部门了解个人收支及财富占有的主渠道,税务部门据此可以判断个人收入和财产占有是否真实、完整。

3.建立有权威性的财产评估机构

征收遗产税,对财产进行评估是一项技术性很强的工作,尤其是在目前我国市场机制尚未完善的情况下,对不动产、非上市股票及无形资产的评估是极为困难的。从长远看,要搞好遗产税的征管,必须建立一个有权威的评估机构,聘请专家与专业技术人员参加对财产价值的评估。估价的原则通常是以市场价为依据。土地由专门的土地评估部门评估。无形资产、金银珠宝、古玩文物等聘请专家进行评估。股票应分上市与不上市两种,上市股票按死亡当日股票价格确定,非上市股票主要靠搜集信息进行评估,一般包括对公司经营范围、财务状况、死者持股比例、企业资产估价、企业利润、类似行业的情况等进行分析后,确定非上市股票的价格。这种评估往往还需要税务机关与纳税人协商,最终确定一个双方均可接受的值,如果双方无法统一,应该先按税务机关确定的估价交税,多退少补。

4.不断优化纳税环境

要使纳税人自觉缴纳税款,必须有相应的利益约束机制,否则就会弱化诚实纳税人的纳税意识。因此,严管重罚是从利益角度促使纳税人自觉申报纳税的重要保证,除了建立科学严密的遗产税制,完善

对个人纳税的征管规定之外，税务部门还要依法治税，严厉打击偷逃税行为。凡有偷逃税行为的人，都应该记录在案，这种记录类似于犯罪记录，在一定范围内通过媒体曝光，造成今后谋求工作的压力，就会促使纳税人依法缴纳。当然，政府也应该赋予税务部门足够的独立执法能力，税务部门有权要求相关部门提供纳税人的收支和财产情况，必要时可依法冻结纳税人的账户，封存、拍卖纳税人的财产等，从而确保纳税人主动履行纳税义务，使国家应得的收入及时足额入库。

注：遗产税发表于《现代财经》2006年第三期，后被人大报刊复印资料全文转载，本处略有删改。

五、遗产税的税收筹划

1.利用人寿保险方式

在发达国家，绝大多数人都参加人寿保险。但是，如果领取人寿保险金的人不是交纳保险费的人，而是他的亲友或与他有关的人，那么人寿保险到期时，领取保险金将要课以赠与税，如果领取人是交纳保险费的本人，那么人寿保险到期时，领取保险金将不支付赠与税。因此，加入人寿保险的人和领取人最好是同一人，以节省税金支出。

2.利用捐赠方式

利用捐赠也可以节省税款的交纳。当然，并不是向任何单位捐赠都能申请减免税款。一般来说，税法对捐赠的对象都有相当严格的规定，通常只有向国家和公共团体捐赠才能申请税款的减免，申请减免时还必须提供有关捐赠的证明材料。

3.利用股票方式

父母在自己的有生之年，假定持有大量的股票，当继承人取得这些财产时，都被视为其所得，应交纳个人遗产税。如果是上市股票，最好将其变现投入到免税或税负较轻的产业上去；如果属于未上市股票，应尽早办理过户手续。未上市股票虽不得买卖，但可以在企业增资配股，再以继承人的名义购买，甚至以低价购买，达到规避税收的目的。

第五章

财产税的缴纳与税收筹划

当前，世界上绝大多数国家除对商品流转额和各类所得额实行普遍征税的原则外，还就财产和其他特定行为征税。在社会主义市场经济条件下，为了进一步贯彻社会经济政策，组织财政收入，选择合适的财产和行为税种加以征收，仍很必要。

一、财产税划分

财产税，是以纳税人所有或属其支配的财产为征收对象的一种税收。

财产按其在社会再生产中的地位和作用划分，可分为生产性财产和消费性财产。生产性财产能够为财产所有人带来收益，属所得课税范围；消费性财产能够给财产所有人提供使用价值，虽不能带来收益，但可以减少财产所有人的经济支出，属财产课税范围。

财产按其相对运动形态划分，分为不动产和动产。不动产如房屋、土地等，这些财产不便于隐瞒、转移、藏匿、便于征收管理；动产如金银、货币、股票、债券、存款、珍宝、古玩、家庭生活用具等，这些财产便于隐瞒、转移、藏匿、不便于控制税源，征管非常困难。

财产按存在的物质形态划分,分为有形财产和无形财产;有形财产包括不动产和有形动产;无形财产如各种专利权、特许权等。无形财产一般都属于能带来收益的财产，纳入所得税的征收范围较为合理。

二、财产税的作用

1.有利于促进生产和限制奢侈性的消费

财产税对同样的财产,价值相等则税额相同。因此,取得收益高的财产,税负相对轻;取得收益低的财产,税负相对重;仅供消费没有收益的财产,税负会课及财产本身的价值或以其他来源的收益垫付。这就是促使纳税人为了税收负担减轻,把财产更多的用于生产,并努力经营,增加收益,而尽量减少将自己所有的财产用于本身奢侈性的消费。

2.有利于弥补所得税和流转税的不足

所得税以所得额为课税对象，若不同纳税人以同等价值的财产投入生产经营活动,努力经营和善于经营的人,有所得就纳税;不努力经营和不善于经营的人,无所得就不纳税,等于前者的财产负担了税收,后者的财产没有负担税收,客观上起了奖懒罚勤作用。

财产税则不同,它不问纳税人有无所得或所得多少,均就财产价值课税,有所得或所得多的并不多纳,无所得或所得少的也不少纳。具有奖勤罚懒的作用。

流转税仅对商品交换过程中的流转额课税，它既不涉及有无收益和收益大小,又不涉及财产的占有和分配情况,所以更有必要课征财产税作为辅助税种。

三、财产课税征管上的特点

1.课税范围难以普及到全部财产

若使财产税的负担合理,适应纳税人的负担能力,必须把纳税人的全部财产纳入课税范围。如果仅对部分财产课税，往往形成有的纳税人财产总额少，而其中应税财产多则税负重；有的纳税人财产总额多，而其中应税财产少则税负轻的不合理现象。但是，对全部财产都课税，是很难做到的。因为财产的种类极其繁多，有些财产价值很高而体积很小，如证券、金银、珠宝、文物等，容易隐瞒、藏匿，由纳税人自己申报，有可能隐瞒不报或少报；若由税务官员入室搜查，必然引起人民群众不满，影响安定团结。

2.财产税的计税价格(价值)核定，比较复杂

一般说来，财产的价格有原价(即购入价或重置价)和时价(即当时的市场价)的区别。以原价为计税依据，不仅必须核实原价，而且要考虑财产价值的有形损耗和无形损耗，在计税时给予扣除，否则将会造成税负的不合理。核实原价往往因年代久远和缺少凭证而无法核定。房屋、设备等的有形损耗情况各不相同，每年征收时核算手续比较麻烦，特别是机器设备的价值，往往随着时间的推移、科技的进步，造成无形损耗而降低价值，这种无形损耗的程度也难以定得合理。有些财产，不仅没有有形或无形损耗，反而有很大的增值，如土地、珍宝、古董、文物等，但其增值额在转让销售前，往往无法估定。

以时价为计税价格，财产的时价同样很难估定。有些财产可能当时没有成交价，或同类财产的市场价格。如土地的价格，往往因位置相差咫尺而价格相差悬殊；房屋不仅因建筑结构、建筑标准、建筑材料的千差万别有多种不同的价格，而且建筑情况相同的房屋又因地理位置、新旧程度的不同而价格迥异。至于珠宝古玩的价格，更是一物一价，有的甚至是无价之宝，无法估定。

当原价和时价均不好确定时，一般采用估价。一是由纳税人自己申报，税务机关检查核实；二是按纳税人的账面价格或投保价格；三是评定价格，由评委会按不同种类、不同地段、不同构造的财产、制定评价标准，作为计税依据。

3.财产税的税率一般不宜过高

财产税的税额如使财产所有人纳税后的收益达不到社会平均利润水平,或者使财产所有人感到占有财产纳税不如租入财产核算,就会促使财产所有人出售财产而转为租入财产。这使租金收益超过税额并保持社会平均利润水平,对经济发展有消极影响。同时,财产税税率过高,也不利于财产税的征管,使隐瞒、转移、低报财产的现象趋于严重。

第一节 资源税的缴纳与税收筹划

一、开征目的

1.调节企业因自然资源条件的差异而造成的级差收入,使其盈利水平较为合理。

2.正确处理国家、企业与个人的关系。

3.促进自然资源合理开发与利用。

二、纳税人与征收范围

在中华人民共和国境内从事开采矿产品及生产盐的单位和个人,为资源税的纳税人。

征收范围应当包括一切开发和利用的国有资源。但考虑到我国开征资源税还缺乏经验,目前规定征税的范围只包括矿产品、盐等。

三、计税依据

对外直接销售的,以实际销量为计税依据;自产自用或连续加工的,以实际产量为计税依据。

四、应纳税额的计算

应纳税额 = 计税依据 × 单位税额

五、资源税计算示范

例 1　某矿 2012 年 5 月份开采原煤 450000 吨，其中对外销售 320000 吨，80000 吨用于连续加工洗煤，30000 吨用于该矿发电，20000 吨用于矿工生活。该矿开采的原煤使用 0.70 元 / 吨的定额税率。

应纳税额 =0.70 ×（320000+80000+30000+20000）=315000（元）

会计分录如下：

借：管理费用 315000（元）

　贷：应交税金——应交资源税 315000（元）

借：应交税金——应交资源税 315000（元）

　贷：银行存款 315000（元）

例 2　某盐厂在 2012 年 1 月外购已税液体盐 10000 吨，每吨购进价格 100 元（不含资源税）加工成固体盐 4000 吨出售，按规定固体盐适用的资源税定额为每吨 25 元，液体盐定额为每吨 6 元。计算该盐厂的年应纳税额。

应纳税额 = 4000 吨 × 25 元 / 吨 –10000 吨 × 6 元 / 吨 = 4（万元）

外购液体盐时的会计分录：

借：应交税金——应交资源税 6（万元）

　材料采购 100（万元）

　贷：银行存款 106（万元）

销售固体盐时的会计分录：

借：主营业务税金及附加 10（万元）

　贷：应交税金——应交资源税 10（万元）

上缴资源税时的会计分录：

借：应交税金——应交资源税 4（万元）

贷:银行存款4(万元)

六、资源税的税收筹划

1.利用对“折算比例”的处理

例如,某铜矿山某月移送入选精矿4000吨,耗费原矿22000吨。该矿山属于五等,按规定适用1.2元/吨单位税额,对有色金属矿按规定税额的70%征收。

该矿山应缴纳资源税为:22000×1.2×70%=18480(元)

实际上,该矿山的主管税务机关对该地区以上规模的铜矿核定的选矿比为20%。如果该矿按这一选矿比例,需要交纳的资源税为:4000÷20%1.2×70%=16800(元)

本例说明,该矿山不必准确计算有关原矿与精选矿之间的投入产出,而使用税务机关核定的选矿比,能达到减少纳税的目的。反之,如果该企业经过核算,确定为生产4000吨精选矿,实际耗费的原矿数量少于通过选矿比计算的20000吨(即4000÷20%),那么该矿山就应加强内部核算,争取按实际耗用数量计算应缴纳的资源税。

2.充分利用税收优惠

资源税条例规定:开采原油过程中用于加热、修井的原油免税;对独立矿山应纳的铁矿石资源税减征60%;对有色金属矿的资源税在规定税额的基础上减征30%　等等。企业应该认真吃透规定精神,在不违规的前提下,减少税收负担。

资源税税目税率表

税　目		税　率
一、原油		
二、天然气		
三、煤炭	焦煤	销售额的5%~10%
	其他煤炭	销售额的5%~10%

续表

税目		税率
四、其他非金属矿原矿	普通非金属矿原矿	每吨或者每立方米 0.5 ~ 20 元
	贵重非金属矿原矿	每千克或者每克拉 0.5 ~ 20 元
五、黑色金属矿原矿		每吨 2 ~ 30 元
六、有色金属矿原矿	稀土矿	每吨 30 ~ 60 元
	其他有色金属矿原矿	每吨 0.4 ~ 30 元
七、盐	固体盐	每吨 10 ~ 60 元
	液体盐	每吨 2 ~ 10 元

第二节　房产税的缴纳与税收筹划

一、房产税的立法精神

新中国成立以来,我国一直对房产征税。解放初期,有些城市为了适应当时当地的财政需要,暂时沿用国民党时期税法。稍加改造,对房地产进行征税。由于当时各地都是因地制宜开征的,在税名和征收办法上存在很大差别。1950 年 1 月,前政务院公布的《全国税政实施要则》中规定房产税和地产税为两个独立税种。1951 年 8 月,前政务院颁布《城市房地产税暂行条例》,将房产税和地产税合并成一个税种,并规定只在核准征收的城市征收,定名为城市房地产税。1973 年试行工商税以后,将企业缴纳的城市房地产税并入工商税,不再单独征收。从那时起,城市房地产税只对房地产的个人和外侨征收。之所以分设,是因为宪法明确规定房屋是一种财产,私人房屋也在宪法承认和保护的范围。而城市土地属于国家所有,任何单位和个人都只能按照规定用途有使用权,而没有所有权,这样,房屋可称房产,土地却不能称地产。所以有必要把原城市房地产税分为房产税和土地使用税。

1986年9月5日，国务院发布了《中华人民共和国房产税暂行条例》，并从1986年10月1日起开征。为适应社会主义市场经济发展的要求，更好地发挥房产税对经济的调节作用，国务院对《暂时条例》进行了修改，制定了《中华人民共和国房产税条例》，从1994年1月1日起实施。

房产税的立法精神是，既可以增加财政收入，又有利于结合城市房屋政策，加强对房屋的管理，促进城市房屋的合理使用，建立正常的租赁关系，并适当调节纳税人的收入。

二、房产税的纳税人

凡在中华人民共和国境内拥有房屋产权的单位和个人为房产税的纳税义务人。产权属于全民所有的，由经营管理的单位和个人为纳税人。产权出典的，由承典人为纳税人。产权所有人、承典人不在房产所在地，或者产权未确定或租典纠纷未解决的，由房产代管人或者使用人为纳税人。

三、房产税的征收范围

原《暂行条例》规定的征收范围是城市、县城、建制镇和工矿区的房屋。现《条例》将房产税征税范围扩展到农村。主要是考虑农村工业和副业近年来有了较大发展，并且具有一定的实力；有些地区与城镇相差无几。对这部分房屋产权所有者征税，纳税人是有负担能力的，同时有利于企业之间平等竞争。

四、房产税的计税依据

现房产税以房产计税价值或房产的租金收入为计税依据。

如纳税人未按会计制度规定记载原值的，在计征房产税时，应按规定调整房产原值，对房产原值明显不合理的，应重新予以评估；若无原值，可参考同类房屋市值核定。

五、房产税的税率和税额的计算

房产税采用比例税率。由于房产税的计税依据有从价计征和从租计征两种形式,所以房产税的税率也有两种。一是按房产原值一次扣除 10%~30%的余值课征的,税率为 1.2%;二是按房产出租的租金收入计征的,税率为 12%。

房产税的计算公式:

从价计征的应纳税额=应税房产原值×(1−扣除比率)×1.2%

其中,房产原值按“固定资产”科目中记载的房屋原价;扣除比率指各省、自治区、直辖市人民政府规定的减除 10%~30%的比例。

从租计征的应纳税额=租金收入×12%

由于房产税属于地方税种,各省、自治区、直辖市政府可根据具体情况制订适用税率,如天津市政府为支持住房租赁市场的健康发展,减轻个人出租房屋的税收负担,从 2001 年 1 月 1 日起,对个人按市场价格出租居民住房取得的房租收入,房产税率由原来的 12%降为 4%。

六、房产税的免税和征收

为了贯彻国家某方面的政策,照顾某些单位和个人的实际情况,下列房产免征房产税:

①国家机关、人民团体、军人的自由房产;

②由国家财政部门拨付事业费的单位的自由房产;

③宗教寺庙、公园、名胜古迹的房产;

④个人所有非营业用的房产;

⑤经财政部批准免税的房产,如停产、大修半年以上、利用地下人防设施、损坏不使用的危房等。上述单位和个人用于生产经营的房产除外。

房产税按年征收,分期缴纳,纳税期限由省、自治区、直辖市人民政府规定。

房产税由房产所在地的税务机关负责征收。《条例》把纳税地点定为房产所在地，是根据税收管辖权中的属地主义原则，避免纳税人与房产所在地不在同一地点引起纠纷，有利于地方税务部门的征收管理。

纳税人将原有房产用于经营，从生产经营之日起，缴纳房产税；纳税人自行新建房屋用于生产经营，从建成之次日起，缴房产税；纳税人委托施工企业建设的房屋，从办理验收手续之次日起，缴纳房产税。

现行房产税，中央只对纳税人，征税范围等进行了规定，而把实施细则的判定权和解释权下放给地方，体现了税制改革指导思想中的合理分权，理顺分配关系的原则，这样做的好处是使税收制度更能符合各地实际情况，便于调动地方组织财政收入的积极性。

七、房产税进一步改革的思考

1.现行房产税的主要弊端

(1)税制设计不够合理。房产税的计税依据是房产余值或租金收入。同一税种却有两种不同的计税依据，缺乏规范；对于房屋出租者来说，除了按租金收入征收12%的房产税外，还要征收5%的营业税、教育费附加、基础设施附加费，有重复征税之嫌，显得税收负担过重，导致一些纳税人千方百计逃避纳税义务。税率不统一，有失公平。

(2)缺乏合理增长机制。由于房产账面价值相对稳定，使房产税收入多少与经济发展的相关程度低，但由地方政府提供的公共产品如道路、卫生、教育等方面的支出上升幅度大，使纳税人缴纳的税款与其享受的公共产品越来越不成比例，房产税增长幅度低，难以适应市政建设正常发展的需要。

(3)缺乏健全的法规和严密的财产登记制度。尤其是私有财产登记制度，至今还没有明确的法律规定，也缺乏一个权威性的申报和登记档案，房产管理部门与税务部门配合协调不够，造成房产税源大量流失。

2.改革设想

(1)统一计税依据和税率。将现行按房产余值征税和按租金征税改为统一按房产的评估价值征税，并把两个税率改为统一的比例税率。具体税率可采用国家定幅度(根据目前我国实际，定为1%～3%较宜)，各省、自治区、直辖市确定本地区具体税率的办法。

(2)迅速出台有关财产课税的税收法规，并建立严密的财产管理登记制度和权威性的财产评估机构，设置与评估相关的信息数据库和档案，制定全国统一的房地产估价制度，强化税收征管，提高房产税的收入规模，以适应经济发展和市政建设的需要。

八、房产税计算示范

例1 某单位拥有厂房1200平方米，价值360万元，该地区规定减除率为15%，计算其应交房产税。

应纳税额=360×(1-15%)×1.2%=3.672(万元)

会计分录如下：

借：管理费用3.672(万元)

贷：应交税金——应交房产税3.672(万元)

借：应交税金——应交房产税3.672(万元)

贷：银行存款3.672(万元)

例2 天津市某居民2012年私有住房租金收入为12000元，计算其应纳营业税、房产税城乡维护建设税、教育费附加、防洪工程维护费附加。

应纳营业税额=12000×3%=360(元)

应纳房产税额=12000×4%=480(元)

应纳城建税额=360×7%=25.2(元)

应纳教育费附加=360×3%=10.8(元)

应纳防洪工程维护费 =360×1%=3.6(元)

九、房产税的税收筹划

个人在出租房屋时,通常都会涉及水电费问题,如果能够分别签订租赁合同,就有可能减少税收。

例如,某个人将 200 平方米的房屋出租给一商店,租金为每平方米 150 元，包括水电费后的每月租金 4.5 万元。当月商店用电 2500 度,购进价 0.40 元 / 度,用水 2000 吨,购进价 2.0 元 / 吨。

根据税法规定,该个人应交纳营业税 4.5×5%=2250(元),房产税 4.5×12%=5400(元)

如果该个人与商店分别签订转售水电合同和房屋租赁合同,房屋租赁价格为 40000(45000-2500×0.4-2000×2.0),可以节省营业税和房产税 850 元[5000×(5%+12%)]

第三节　土地使用税的缴纳与税收筹划

一、土地使用税的立法精神

我国对土地课税,始于 1819 年,德国首先在我国的山东胶州湾租借地内,开征地价税和土地增值税。这是由于城市的发展,土地价格飞涨,土地投机日趋严重而产生的。

新中国成立初期,地产税被列入《全国税政实施要则》后与房产税合并,改称城市房地产税。

1984 年,实施第二步利改税改革时,决定保留该税种,并从房地产税中独立出来,于 1988 年 11 月 1 日起在全国范围内开征。

随着我国社会主义市场经济的发展，原来的城镇土地使用税暂行条例在有些方面已不能适应社会主义市场经济的要求，故作了一些修订,于 1994 年实施。2007 年实施新的土地使用税暂行条例,将外商投资企业纳入征税范围,并调整了税率结构。

土地是国家最宝贵的自然资源，城镇土地使用税是一种级差资源税。对土地征税,除可以适当地增加财政收入外,旨在保护土地资源、调节土地级差收入,促进土地的合理开发和利用提高土地利用效益。

二、土地使用税的纳税人和征收范围

凡在中华人民共和国境内拥有土地使用权的单位和个人，为土地使用税的纳税义务人。

依照原城镇土地使用税条例的规定,只有在城市、县城、建制镇、工矿区范围内的土地(包括全民所有和集体所有)才是土地使用税的征税对象。农业用地转为非农业用地时,除一次性的缴纳耕地占用税后，位于城镇的还得按年计征土地使用税，而位于农村的非农业用地,比如乡办的乡镇企业,则不须缴纳土地使用税,明显存在税负不平的问题。随着经济的发展,城乡界线已难以划分,改革后的土地使用税的征收范围,除农业用地外,凡在中华人民共和国境内的土地,都是土地使用税的征收对象。

三、土地使用税的计税依据

土地使用税以纳税人实际占用的土地面积为计税依据，依照规定税额计算征收。占用土地面积的测量工作,由省、自治区、直辖市人民政府确定。

四、土地使用税的税率与税额的计算

土地使用税采用定额税率。由于各地的具体情况不同,土地等级不同,其税收负担应有所区别。不仅大、中、小城市不能规定一个税率,就是同一城市也应根据企业坐落位置、市政建设情况、经济繁荣程度等条件而有所区别。所以,土地使用税实行有幅度兼交叉的定额税率。具体规定每平方米年税额如下：

(1)大城市 1.5～30 元；

(2)中等城市 1.2～24 元；

(3)小城市 0.9～18 元；

(4)县城、建制镇、工矿区 0.6～12 元。

根据上述单位税额，各省、自治区、直辖市人民政府对所辖地区因地制宜地确定适用税额幅度。市、县人民政府根据本地区实际情况，将土地划分为若干等级，在省、自治区、直辖市人民政府确定的税额幅度内，制定相应的适用税额标准，经省、自治区、直辖市人民政府批准后执行。

城镇土地使用税的计算公式为：

全年应纳税额＝应税土地的实际占用面积×适用单位税额

五、土地使用税的免税与征收

为了满足某些特殊用地需要，照顾某些特殊情况，新税制严格规定了政策性减免范围，即除国家机关、人民团体、军队用地、由国家财政部门拨付事业经费的单位用地、宗教寺庙、公园、名胜古迹用地外，其余一律不许减免。

城镇土地使用税一般规定按月、季或半年征收一次，缴纳期限由省、自治区、直辖市人民政府确定。

城镇土地使用税开征后，为了避免对同一块土地同时征收耕地占用税和土地使用税，对新征用的耕地，自批准之日起满 1 年时开始征收城镇土地使用税；对征用的非耕地，由于不缴纳耕地占用税，自批准征用次日起征收城镇土地使用税。

六、土地使用税计算示范

例 1　某市某工业公司，坐落在该市的二等地级内(每平方米年税额为 4 元)，企业土地使用证记载的占地面积为 250 万平方米。其中,办职工子弟学校占地10万平方米,办医院占地2万平方米,办托儿所占地0.5万平方米,属市政公路占地7.5万平方米。计算该企业年应纳土地税额。

①计税土地面积为:

250万平方米-(10万平方米+2万平方米+0.5万平方米+7.5万平方米)=230万平方米

根据规定,企业自办的学校、医院、托儿所占地和属市政公路占地,免征城镇土地使用税。

②年应纳税额为:

230万平方米×4元/平方米=920(万元)

会计分录为:

借:管理费用920(万元)

　贷:应交税金——应交土地使用税920(万元)

借:应交税金——应交土地使用税920(万元)

　贷:银行存款——920(万元)

例2　某市一商贸集团公司共有土地31700平方米。其中营业大厦处在城市的繁华地区,属一等地级,占地4200平方米;两个分店均坐落在市区三等地段,占地9500平方米;一个仓库坐落在五级地段,占地12000平方米;职工宿舍地处四级地段,占地6000平方米。计算该商贸公司的应纳土地使用税额。(按城市一、三、四、五级地段的年税额分别为4元/平方米,2元/平方米,1元/平方米,0.6元/平方米

①营业大厦占地年应纳税额为:

4200平方米×4元/平方米=16800元

②两个分店占地年应纳税额为:

9500平方米×2元/平方米=19000元

③仓库占地年应纳税额为:

12000平方米×0.6元/平方米=7200元

④职工宿舍占地年应纳税额为：

6000 平方米 × 1 元 / 平方米 =6000 元

该公司年应纳城镇土地使用税额为：

16800+19000+7200+6000=49000（元）

会计分录为：

借：管理费用 49000（元）

贷：应交税金——应交土地使用税 49000（元）

借：应交税金——应交土地使用税 49000（元）

贷：银行存款 49000（元）

七、土地使用税的税收筹划

关于土地使用税的筹划，当前主要手段就是利用国家和地方的税收优惠政策。企业和个人可以在吃透下列政策且不违规的前提下，自行操作。

1.法定免缴土地使用税的优惠

（1）国家机关、人民团体（指经国务院授权的政府部门批准设立或登记备案并由国家拨付行政事业费的各种社会团体）、军队自用的土地（指这些单位的办公用地和公务用地如从事生产、经营则不属免税范围）。

（2）由国家财政部门拨款付事业经费的单位自用的土地。

（3）宗教寺庙、公园、名胜古迹自用的土地。

以上各单位的生产、营业用地和其他用地，如公园，名胜古迹中附设的营业单位：影剧院、饮食部、茶社、照相馆等均应按规定缴纳土地使用税。

（4）市政街道、广场、绿化地带等公用土地。

（5）直接用于农、林、牧、渔业的生产用地。不包括农副产品加工场地和生活办公用地。

（6）经批准开山填海整治的土地和改造的废弃土地，从使用之月份起,免税5至10年。

(7)对非营利性医疗机构、疾病控制机构和妇幼保健机构等卫生机构自用的土地免税;对营利性医疗机构自用的土地自2000年起免税3年。

(8)企业办的学校、医院、幼儿园、托儿所自用土地能明确区分的免税。

(9)免税单位无偿使用纳税单位的土地免税;纳税单位无偿使用免税单位的土地按章征税;纳税单位和免税单位共同使用、共有使用权土地上的多层建筑,纳税单位按比例征税。

(10)中国人民银行总行(含国家外汇管理局)所属分支机构自用的土地,免征。

(11)由财政部另行规定的能源、交通、水利设施用地和其他用地的征免税界限和减免税政策。

2.由省级地方税务局规定的减免税

(1)个人所有的居住房屋及院落用地。

(2)房产管理部门在房租调整改革前经租的居民住房用地。

(3)免税单位职工家属的宿舍用地。

(4)民政部门举办的安置残疾人占一定比例的福利工厂用地。

(5)集体和个人办的各类学校、医院、托儿所、幼儿园用地。

第四节　物业税的缴纳与税收筹划

所谓物业税又称财产税或地产税,主要是针对土地、房屋等不动产,要求其承租人或所有者每年都要缴纳一定税款,而应缴纳的税值会随着不动产市场价值的升高而提高。比如说公路、地铁等开通后,沿线的房产价格就会随之提高,相应地,物业税也要提高。

从理论上说,物业税是一种财产税,是针对国民的财产所征收的一种税收。因此,首先政府必须尊重国民的财产,并为之提供保护;然后,作为一种对应,国民必须缴纳一定的税收,以保证政府相应的支出。物业税是政府以政权强制力,对使用或者占有不动产的业主征收的补偿政府提供公共品的费用。

目前,世界上大多数成熟的市场经济国家都对房地产征收物业税,并以财产的持有作为课税前提、以财产的价值为计税依据。依据国际惯例,物业税多属于地方税,是国家财政稳定而重要的来源。

各国房地产保有税的名称不尽相同,有的称"不动产税",如奥地利、波兰、荷属安的列斯;有的称"财产　税",如德国、美国、智利等;有的称"地方税"或"差饷",如新西兰、英国、马来西亚等;中国香港则直接称"物业税"。

物业税改革的基本框架是,将现行的房产税、城市房地产税、土地增值税以及土地出让金等税费合并,转化为房产保有阶段统一收取的物业税,并使物业税的总体规模与之保持基本相当。这样一来,物业税一旦开征,将对地方政府、消费者、投机者的经济行为产生不小的冲击。

征收物业税是否能终结房地产大战,取决于征收的以下三个前提条件是否具备:第一个前提是厘清物业税与现有税费之间的关系,第二是建立满足征收物业税的技术条件,第三是以物业税改变现有的土地财政收入大部分未纳入公共财政的现状.简单地说,物业税是不动产保有环节的税收,我国现行法规采取一次性收取 70 年土地使用费用,这就导致了购买与交易环节成本高、持有环节成本低的现状,一些地方政府因此在短期内大量卖地,一次性收取未来几十年的土地红利,这是许多地方土地财政盛行的根本原因。物业税将土地收益分摊于未来 70 年内收取,可以改变这一逆向激励制度。同时,政府与开发商为了征收物业税,也有动力创造良好的社会环境,提供充足的公共产品,吸引消费者到本地安家,提升本地的物业价值。但征收物业税的合法性前提是取消土地增值税、土地出让金、城市房地产税等与物业税存在重合的一次性税费,否则旧的税费未除,新的税费又来,对于消费者而言,属于双重收税,于理不合,于法抵牾。要认识到,物业税绝不是对于购房投资者的惩罚税,更不是单纯为了增加政府财政收入。还有些在操作中绕不过的技术门槛,只要个人房产信息、房地产估值等有一项难以满足条件,就会掀起利益纠葛异常复杂的房地产市场的轩然大波。最重要的是,物业税作为地方税种,其本意是弥补地方公共财政的不足,然后依此缺额来确定物业税年度收入以及物业税的税率。物业税的缴纳者当然希望政府提供优质的公共产品,政府只有提供优质的公共产品才能保证物业税的收益,这样才能在物业升值、政府税收之间取得良性循环。因此,要使得各方普遍支持物业税,最重要的就是使地方公共财政透明高效,使民众知道税收的用途。与其说物业税是对物业持有人的挑战,不如说是对地方政府财政公共性和透明度的挑战。

一、上海市物业税(房产税)征收办法

1.征收对象

征收对象是指本暂行办法施行之日(2011.1.28)起本市居民家庭在本市新购且属于该居民家庭第二套及以上的住房(包括新购的二手存量住房和新建商品住房,下同)和非本市居民家庭在本市新购的住房(以下统称"应税住房")。

除上述征收对象以外的其他个人住房,按国家制定的有关个人住房房产税规定执行。

新购住房的购房时间,以购房合同网上备案的日期为准。

居民家庭住房套数根据居民家庭(包括夫妻双方及其未成年子女,下同)在本市拥有的住房情况确定。

2.纳税人

纳税人为应税住房产权所有人。

产权所有人为未成年人的,由其法定监护人代为纳税。

3.计税依据

计税依据为参照应税住房的房地产市场价格确定的评估值，评估值按规定周期进行重估。试点初期，暂以应税住房的市场交易价格作为计税依据。

房产税暂按应税住房市场交易价格的70%计算缴纳。

4.适用税率

适用税率暂定为0.6%。

应税住房每平方米市场交易价格低于本市上年度新建商品住房平均销售价格2倍(含2倍)的，税率暂减为0.4%。

上述本市上年度新建商品住房平均销售价格，由市统计局每年公布。

5.税收减免

(1)本市居民家庭在本市新购且属于该居民家庭第二套及以上住房的，合并计算的家庭全部住房面积(指住房建筑面积，下同)人均不超过60平方米(即免税住房面积，含60平方米)的，其新购的住房暂免征收房产税；人均超过60平方米的，对属新购住房超出部分的面积，按本暂行办法规定计算征收房产税。

合并计算的家庭全部住房面积为居民家庭新购住房面积和其他住房面积的总和。

本市居民家庭中有无住房的成年子女共同居住的，经核定可计入该居民家庭计算免税住房面积；对有其他特殊情形的居民家庭，免税住房面积计算办法另行制定。

(2)本市居民家庭在新购一套住房后的一年内出售该居民家庭原有唯一住房的，其新购住房已按本暂行办法规定计算征收的房产税，可予退还。

(3)本市居民家庭中的子女成年后，因婚姻等需要而首次新购住房、且该住房属于成年子女家庭唯一住房的，暂免征收房产税。

(4)符合国家和本市有关规定引进的高层次人才、重点产业紧缺急需人才，持有本市居住证并在本市工作生活的，其在本市新购住房、且该住房属于家庭唯一住房的，暂免征收房产税。

(5)持有本市居住证满3年并在本市工作生活的购房人，其在本市新购住房、且该住房属于家庭唯一住房的，暂免征收房产税；持有本市居住证但不满3年的购房人，其上述住房先按本暂行办法规定计算征收房产税，待持有本市居住证满3年并在本市工作生活的，其上述住房已征收的房产税，可予退还。

(6)其他需要减税或免税的住房，由市政府决定。

6.收入用途

对房产税试点征收的收入，用于保障性住房建设等方面的支出。

7.征收管理

(1)房产税由应税住房所在地的地方税务机关负责征收。

(2)房产税税款自纳税人取得应税住房产权的次月起计算，按年计征，不足一年的按月计算应纳房产税税额。

(3)凡新购住房的，购房人在办理房地产登记前，应按地方税务机关的要求，主动提供家庭成员情况和由市房屋状况信息中心出具的其在本市拥有住房相关信息的查询结果。地方税务机关根据需要，会同有关部门对新购住房是否应缴纳房产税予以审核认定，并将认定结果书面告知购房人。应税住房发生权属转移的，原产权人应缴清房产税税款。

交易当事人须凭地方税务机关出具的认定结果文书，向登记机构办理房地产登记；不能提供的，登记机构不予办理房地产登记。

(4)纳税人应按规定如实申报纳税并提供相关信息，对所提供的信息资料承担法律责任。

纳税人未按规定期限申报纳税的，由地方税务机关向其追缴税款、滞纳金，并按规定处以罚款。

(5)应税住房房产税的征收管理除本暂行办法规定外，按《中华人民共和国税收征收管理法》等有关规定执行。具体征收管理办法，由市地税局负责制定。

二、重庆市物业税(房产税)征收办法

1.征收对象

(1)个人拥有的独栋商品住宅,无论存量和增量都收税。

(2)个人新购的高档住房。高档住房是指建筑面积交易单价达到上两年主城九区新建商品住房成交建筑面积均价 2 倍(含 2 倍)以上的住房。

(3)在重庆市同时无户籍、无企业、无工作的个人新购的第二套(含第二套)以上的普通住房。新购住房是指《暂行办法》施行之日起购买的住房(包括新建商品住房和存量住房)。新建商品住房购买时间以签订购房合同并提交房屋所在地房地产交易与权属登记中心的时间为准,存量住房购买时间以办理房屋权属转移、变更登记手续时间为准。

关于均价如何计算,每个城市都有每年城市住房交易量,这次征收的范围是讲重庆主城,重庆主城就是重庆的九个区,重庆有 40 个区,有 8 万平方公里,是城乡一体化的地方。我们讲房产税覆盖的不是 8 万平方公里的大重庆,而是指重庆主城,以上两个年度主城新建商品住房建筑面积成交均价算术平均计算。

未列入征税范围的个人高档住房、多套普通住房,将适时纳入征税范围。

2.征收分三个档次,税率最高 1.2%

我国房产税征依照房产原值一次减除部分余值后为缴纳基数。重庆市规定应税住房的计税价值为房产交易价。条件成熟时,以房产评估值作为计税依据。独栋商品住宅和高档住房一经纳入应税范围,如无新的规定,无论是否出现产权变动均属纳税对象,其计税交易价和适用的税率均不再变动。属于本办法规定的应税住房用于出租的,按本办法的规定征收房产税,不再按租金收入征收房产税。

关于征税的税率。重庆按照独栋商品住宅和高档住房建筑面积交易单价在上两年主城九区新建商品住房成交建筑面积均价3倍以下的住房,税率为0.5%;3倍(含3倍)至4倍的,税率为1%;4倍(含4倍)以上的税率为1.2%。在重庆市同时无户籍、无企业、无工作的个人新购第二套(含第二套)以上的普通住房,税率为0.5%。

3.首套独栋商品住宅和高档住房都有抵扣

如无存量商品住宅,买首套独栋商品住宅和高档住房都有抵扣。存量独栋商品住宅可以抵扣180平方米,高档住房可以抵扣100平方米,是以户算,家里是一个人一户也是抵扣100平方米,三口之家一户也是抵扣100平方米,这个概念也是该方案很重要的特征点。

重庆市将于2011年1月28日正式启动对部分个人住房征收房产税改革试点工作,试点采取分步实施的方式,试点区域为渝中区、江北区、沙坪坝区、九龙坡区、大渡口区、南岸区、北碚区、渝北区、巴南区。从2011年10月1日起,重庆市将对主城九区符合要求的存量独栋商品住宅征收个人住房房产税。重庆成为全国第一个对存量住房开征个人住房房产税的城市。根据规定,被列为征收对象的房子具体为:独栋商品住宅、新购高档住房以及在重庆市同时无户籍、无企业、无工作的个人新购第二套(含第二套)以上的普通住房。征收税率分为0.5%、1%、1.2%三档,每年应纳房产税额=应税建筑面积×房屋交易价×税率,征收期为每年的10月1日~31日。一旦征期结束,对未按期办理申报纳税的纳税人,地税部门将组织专门力量进行税款追缴;对经税务机关通知申报后仍不申报缴纳的纳税人,地税机关将依法采取措施追缴税款,并按规定追究相应的法律责任。

三、上海、重庆房产税的税收筹划

上海方案从2011年1月28日起对新购且属于该居民家庭第二套及以上的住房,人均60平方米超出部分征房产税。即两个条件:一是第二套及以上住房,二是人均60平方米以上。那么只要假离婚,一夫一妻就可有两套200平方米甚至更大的房都不必纳税。如果为了怕房地产涨价，为自己儿子、女儿早买进一套房，又避免交沉重的房产税（假定一年要对180平方米征税，上海内环线内为4万1平米，720万×70%×0.6=3.024万元税金）那么先假离婚，再非法同居5~10年，等儿子、女儿长大了，婚嫁了，分家了再复婚就是一个虽然无奈、苦涩却又符合家庭利益最大化的必然选择了。上海方案中也提到：因婚姻等需要首次新购住房可免征房产税。不知道一些长期不结婚的大龄男女是否也不能免征此税？

重庆方案中“对个人拥有的独栋商品住宅、个人新购的高档住房征税（高档住房是指单价高于主城区新建住房平均价2倍以上（含2倍）的住房）即如果平均市价为6000元，则他们的价格为每平方米1.8万及1.8万元以上。且税赋也较重。这种做法普通百姓是不会有意见的，且很多弱势群体的居民还会窃喜、拍手称快，因为当今中国贫富差别很大。但从中国长期宏观全局战略上来看，应该提倡羡富而不仇富，千方百计帮助弱势群体，给他们以学习、创业、拼搏的机会，帮他们也尽快富起来。因此从经济学的视角看，这种百姓的幸灾乐祸心理显然有传统的“红眼病”、“仇富心理”在作祟。且财政部等人认为，反正你是富人，人数又少，又不会为一点钱而抗税、逃税，因此征高税也无妨。这些独栋商品住宅、高档住房当年买时也交过70年土地使用金、占有金，何以他们无论是存量、增量都须再征收房产税。这不是重复征税吗？难道对他们就不应该讲产权清晰吗？

从上海、重庆房产税试点，不容回避两个事实：第一，1986年9月15日的房产税明确规定该税主要对工业、商业住房征，城市居民是暂不征的，但重庆、上海房产税确是针对每一个居民要征，这就是国外的物业税第一特征；但第二个问题更关键、更大，1986年国务院规定房产税是针对房产原值扣除折旧费后的余值征税，即10万元买的房，只对7万（扣除20%~30%折旧费）征，税率一年为1.2%（税赋是不重的），而现在渝、沪都是对房产的市值征税（如重庆方案中称：

对于独栋豪宅无论存量、增量都征——这里的存量就是对老房子多年涨价后的市值来计征；又如上海方案对新买的二套以上的二手房也是对多年涨价后的市值来计征。)房子现在的市值肯定比原值要高很多,甚至要高几倍,城市居民负担会重得多。物业税是个新税种,必须通过全国人大开会、审批、表决、通过才能实施(包括试点)。复旦大学谢百三教授曾论证过很多次：物业税是对房产加房产下的土地来征税,房产税是对土地上的房子——“房壳”来征税。“房壳”是在年年贬值的。全国工、农、中、建、招等几百家银行都规定:10年以前买的“旧房”一律不准搞抵押贷款。他们认定这些房子已破旧了,有倒塌、被台风吹倒等危险,在年年贬值,是不能作为银行可靠抵押物的。而这些年房地产涨来涨去是下边那块珍贵的土地在涨价（所以买房子的第一条原则就是地段。上海修世博园搞了十二条地铁、轻轨和大量城市建设,土地价格当然该涨)。但这块土地——物业中最主要、最重要、权重最大的部分,恰恰是城市居民是没有所有权的,只有70年的借用权、使用权。每个买房者都在买房时都已交足了70年的土地占用金、土地使用金了。这笔钱很贵,实际上已经包括了对国家的赋税。现在再征“房产税”——物业税,不是重复征税了吗?交了这些土地使用金,再交房产税(即物业税)就是重复征税。

第六章

行为税的缴纳与税收筹划

以行为为课税对象,行为的概念可以作极其广泛的解释,许多事情都可以解释为行为。对流转额课税中的营业税,可以解释为对营业行为课税;对所得额课税的税种,可以解释为对盈利行为的课税;对财产课税的税种,可以解释为对财产占有行为的课税。行为税实际上是指对某些特定行为的课税,即依照国家法律应当课税的行为。具体说是指除了从事商品的流转行为,取得收益行为,占有财产行为等以外的应依法纳税的行为。

一、行为课税的特点

在当今世界各国的税收体系中,一般都以对流转额的课税或对收益额的课税作为主体税种。因为这两个税种都与社会再生产过程中的国民生产总值的创造和国民收入分配直接相关的税种,其收入具有永久性和增长性。对财产的课税,一般不是当年创造的价值,而是以往年度创造价值的积累形式,所以多作为辅助性的税种。行为税像财产税一样,一般也不能成为主体税种,只能成为具有特殊意义的、非永续性的税种。这是由它本身的特点决定的。

(1)具有特殊的目的性

一般说来,任何税种都具有其本身的课税目的,要么财政目的,要么经济目的等。而特定行为的课税目的,有时主要不是为了取得财政收入,更不是为了通过课税使这种财政收入不断增长,而是为了限制某种行为,导致从某种行为中取得的收入不断减少。

(2)具有收入的不稳定性

特定行为税选作课税对象的某种行为,往往具有临时性和偶然性。一些税种的设置和废止,往往时间性很强,不像流转税和所得税那样,具有较长时期的稳定性。当然,也有一些课税对象的税源是稳定的,如印花税等。

(3)具有较大的灵活性

特定行为税一般说来税源零星,收入不多,征收范围有限,征收管理困难,具有较大的灵活性。

从课税对象的选择上看,它的存在就在于弥补主体税种在财政作用和经济作用上的不足,需要对某种行为进行调节时,就开征一种特定行为税,当这种调节任务完成后,就停征或废止。如国有企业奖金税、工资调节税、集市交易税等。

从征收管理的方法看,特定行为税除了一些在全国普遍开征而需要由中央统一管理的以外,多数作为地方政府的收入,由地方政府管理。因地制宜地在计税标准、税率和征管办法上,制定相应的规定。

二、行为课税的作用

(1)财政收入

特定行为税虽然不能成为国家的主体税种,但它同样能够给国家提供一定的财政收入。特别是对地方政府来说,某种特定行为税可能成为某地的重要财政收入,比如在某一县、市可能有相当数量的纳税人和课税对象,就能够成为当地的主要财政收入。

(2)完善税制

特定行为税是国家税制体系中不可少的必要税种。在整个税收体系中,没有次也就无所谓主,特定行为税具有"拾遗补缺"作用,是配合主体税种完善总体税制结构、发挥税收总体作用的配套税种。

(3)寓禁于征

人们在经济活动和社会活动中,既有先进的,应该鼓励的行为,也有消极的,应该限制的行为,还有违法的,应该给予法律制裁的行为。对这些行为可以采用经济手段、行政手段、法律手段分别给予应得的鼓励、限制或打击。特定行为税具有限制消极行为"寓禁于征"的作用,对于那些消极的,但还没有构成违法的行为,运用征税的办法加以限制。

(4)适应形势

随着社会主义市场经济的发展,多种经济形式、多种经济结构、多种分配方式、多种流通渠道、多种消费构成,需要多税种、多层次、多环节的税收制度与之相适应。特定行为税比较适应这种变化,可以及时而有效地配合国家经济和社会政策,采取必要的税收措施。

第一节 土地增值税的缴纳与税收筹划

一、开征土地增值税的原因

对土地增值额的课税,实质是对土地收益或者说是对地租课税。所谓地租,可以理解为是从土地上获得的收入超过生产费用的余额,属于"利润"范畴。但由于土地的特殊自然属性,它并非人力所可完全改变,因而与一般意义上的利润不同,而属于特殊的超额利润。

我国自 1987 年起对土地使用制度进行改革,实行国有土地的有偿出让、转让以来,房地产业发展很快,房地产市场也已初具规模并逐渐完善。房地产业的发展,不仅带动相关产业的发展,对改善人民居住条件,合理配置土地资源,充分发挥国有土地的资产效益,改善投资环境,增加国家收入等也都起了很大作用。但也出现一些问题,表现在以下几方面：

第一，土地供给计划性不强，成片批租的量过大，价格低。由于批地不与项目结合，不充分考虑基础设施配套情况和开发资金的落实情况等，使得土地批出后得不到及时开发，造成土地资源的浪费和资金的占用，城市规划也得不到实施。土地批租的随意性和以协议方式为主，使出让金价格偏低，国有土地收益大量流失。

第二，房地产开发公司增长过快，价格上涨过猛，房地产投资开发规模偏大。

第三，盲目设立开发区，占用耕地多，开发利用率低。

第四，房地产市场机制不完善，市场行为不规范，"炒"风过盛。由于土地出让市场缺乏竞争机制，90%以上的土地采用协议价，透明度低，缺乏科学合理性，严重背离市场价格，使得一些企业和个人以低价进高价出，加剧了炒地皮风和不规则市场的投机性。炒卖房产快速获得的高额利润，使各行各业蜂拥而上，严重冲击了房地产市场正常的秩序，使房地产投资结构失衡。建高级写字楼、高档宾馆、别墅多，建中档住宅少，而高档楼宇因超出社会的消费需求也在呈过剩趋势，闲置率高达30%以上。

房地产市场的过热现象，不但浪费了国家的资源和财力，也加剧了我国资金市场紧张，扰乱了金融秩序，使国家的产业结构失衡。由于缺乏必要的经济手段，使巨额利润落入企业和个人的腰包，加剧了社会分配不公，也使得国有土地资产收益大量流失，影响了整个宏观经济的正常运行。

出现上述问题，主要原因在于房地产管理制度不健全、不严密，特别是国有土地的出让价格太低，使得转让土地及炒买炒卖者能够获得暴利。要解决这一问题，必须加强对土地出让环节的管理，健全产权登记制度，加强对房地产业的监督和管理。同时，还应运用经济手段特别是要发挥税收的经济杠杆作用进行调节与管理。

对单位和个人有偿转让房地产的收入按现行规定要征收营业税

(按转让收入的5%计征)，并附征城乡维护建设税和教育费附加，所得税、印花税(按转让收入的5‰计征)和契税(买进房地产的一方缴纳)。此外，再设置一个土地增值税，对出售房地产的过高收入可以在现有税种调节的基础上，进一步进行调节，以促进房地产业的健康发展。

二、开征土地增值税的作用

(1)有利于抑制房地产的投机、炒卖活动，防止国有土地收益的流失。由于土地增值税以转让房地产收入的增值额为计税依据，并实行超率累进税率，对增值多的多征，增值少的少征，就能在一定程度上抑制房地产的投机炒卖。还因为在计算增值额时，对批租土地的出让金和用于改良土地的开发成本加以扣除，这既制约了任意降低出让金的行为，鼓励对国有土地的开发建设，同时又限制了炒地皮现象的发生。

(2)有利于增加财政收入。税收除了要利用现有税种加强对现有税源的征管外，应该把着眼点放在开辟新的税源上。第三产业作为我国今后一般时期内要重点发展的产业，这无疑是一块有待开发的新税源。而在第三产业中，房地产业是高附加值产业。可见，开征土地增值税，对增加财政收入的作用是明显的。

三、土地增值税的纳税人

凡有偿转让中华人民共和国国有土地使用权及地上建筑物和其他附着物产权(简称房地产)，并取得收入的单位和个人，为土地增值税的纳税义务人。它包括机关、团体、部队、企事业单位，个体工商业户及国内其他单位和个人；外商投资企业、外国企业及外国机构、华侨、港澳台同胞及外国公民等。

四、土地增值税的征收范围

凡有偿转让中华人民共和国国有土地使用权及地上建筑物和其他附着物并取得收入的单位和个人,均应缴纳土地增值税。

这里有两层意思,一是只对转让国有土地使用权征税,因为按现行规定,集体土地需先由国家征用后才能转让;二是只对有偿转让的房地产征税,对以继承、赠与等方式无偿转让的房地产不征税。

所谓地上建筑物及其他附着物,是指建于地上一切建筑物、构筑物、地上地下的各种附属设施及附着于土地上的不能移动,一经移动即遭损坏的种植物、养殖物及其他物品。

房地产的继承、赠与、出租、抵押、交换、重新估价,不征收土地增值税。

五、土地增值税的计税依据

土地增值税以纳税人转让房地产所取得的土地增值额为计税依据。土地增值额为纳税人转让房地产所取得的收入减除按规定扣除项目金额后的余额。

土地增值税的扣除项目为:

(1)转让土地使用权的(指土地使用权人将未附有建筑物和其他附着物的土地使用权出售给买受人):

①取得土地使用权时所支付的价款;

②对土地进行开发的成本、费用;

③销售税金。

(2)建造商品房出售的(指纳税人取得土地使用权后,建造商品房,并将建造的商品房连同其使用范围内的土地使用权出售给买受人):

①取得土地使用权时所支付的价款;

②建造商品房及配套设施的成本、费用;

③销售税金。

(3)转让其他房产的(指纳税人出售除上述两种情况之外的其他房地产,如出售存量房地产等):

①取得土地使用权时所支付的价款;

②房屋及建筑物的评估价格;

③销售现金。

取得土地使用权时所支付的价款，凡通过有偿出让方式取得土地使用权的,是指纳税人在受让国有土地使用权时所支付的出让金，凡通过行政划拨方式无偿取得土地使用权的，是指在转让土地使用权时按规定补交的出让金或征地时已支付的土地征用及拆迁补偿费用。对取得土地使用权时未支付地价款或不能提供已支付地价款的凭据时,不允许扣除取得土地使用权所支付的金额。

建造商品房及配套设施的成本、费用,是指建造商品房本身的成本费用,以及室内外配套设施的成本与费用。包括前期工程费、建筑安装工程费、基础设施费、公共配套设施费、开发间接费用及建设期间所发生的利息支出。凡建造小区出售的,其扣除项目金额应包括不单独出售而将其成本及费用摊入商品房售价中的配套设施的成本与费用,如道路、供水、供热设施以及小区内的中小学校、托幼园、派出所、粮店、副食店等。但按规定不应计入商品房成本而是单独收取的一些配套设施费除外。

销售税金包括出售房地产时所支付的营业税、城乡维护建设税、教育费附加。

房屋建筑物的评估价格，是指房屋建筑物的重置价乘以成新折扣率后的价格。即按计征土地增值税时建造同样的房屋及建筑物所需花费的成本和费用再扣除折旧因素。例如,一栋 50 年代建造的房屋,当时造价 100 万元,如果按现在的建材,人工费计算,修建同样的房子需 300 万元,则 300 万元为重置价。该房子为六成新,则该房子的评估价格应为 300 万元×60%=180 万元。房屋及建筑物的评估价格，由当地税务机关根据房产管理部门或有关评估机构提供的价格情况确定。

由于土地增值税是按出售房地产的收入减除规定的扣除项目后计算征税,对一些收入和扣除项目申报不实或无法掌握准确的资料,就难以计税,因此必须参照土地的评估价格来计算增值税。《条例》规定,对转让土地的成交价格低于评估价的,未提供扣除项目金额或提供不实的,用评估价来计算征税。这里的土地评估价格,是指由土地管理部门或房地产中介机构根据相同的地段，同类土地售价综合评定的,并经当地税务机关确认的价格。这有两层意思,一是成交价格低于评估价的,按评估价的市场交易价计算收入,二是未提供扣除项目金额或提供不实的，是指纳税人在纳税申报时因客观原因无法提供扣除项目金额或不据实提供及税务部门认为提供的扣除项目金额与同类房地产相比明显不合理的，按评估的土地基准价确定扣除金额。这样做有利于征管、而且比较科学合理。

六、土地增值税的税率与税额的计算

1.土地增值税实行四级超率累进税率

土地增值额未超过扣除项目金额50%的部分,税率为30%;

土地增值额超过扣除项目金额50%,未超过100%的部分,税率为40%;

土地增值额超过扣除项目金额100%,未超过200%的部分,税率为50%;

土地增值额超过扣除项目金额200%以上的部分,税率为60%。

这样的税率略低于台湾土地增值税率（转让时涨价额不到原规定地价或前次转移现值的100%者，就超过部分征收40%；超过100%~200%者,税率为50%;超过200%者,税率为60%。)这个税率是比较适中的,一方面对于正常的房地产开发经营(利润率不可能太高)是比较优惠的,另一方面对取得过高收入特别是获取暴利的能发挥出一定的调节作用。

2.应纳税额的计算

土地增值额＝出售房地产的总收入－扣除项目金额

应纳税额＝土地增值额×适用税率

若土地增值额超过扣除项目金额50%以上，即同时适用二档或二档以上税率的，则需分档计算。

例如，某单位出售房地产的收入为300万元，其扣除项目金额为150万元，则应纳税额计算如下：

土地增值额=300万元－150万元=150万元

土地增值额与扣除项目金额之比为：

150÷150=100%

税率分别为30%和40%

应纳税税额：

75×30%+75×40%=52.5（万元）

实际工作中，分步计算较繁琐，一般采用速算扣除法计算，具体公式如下：

①增值额未超过扣除项目金额50%。

应纳税额＝增值额×30%

②超过扣除项目金额50%，未超过100%的部分。

应纳税额＝增值额×40%－扣除项目金额×5%

③超过扣除项目金额100%，未超过200%的部分。

应纳税额＝增值额×50%－扣除项目金额×15%

④超过扣除项目金额200%的部分。

应纳税额＝增值额×60%－扣除项目金额×35%

公式中5%、15%、35%分别为二、三、四级速算扣除系数。

七、土地增值税的减免

考虑到我国房地产业的特殊情况及人民居住条件仍然较差等情

况,《条例》规定:对建造普通标准住宅出售的,其增值额未超过扣除项目金额20%的免税;因国家建设需要拆迁而由政府征用的土地免税。对个人转让原自用的居住满5年或5年以上的房产免税。这主要是因为经营这些房地产一般是政府要求必须搞的,大多是微利项目,投入大,收益小,应从税收政策上给予支持和鼓励,同时也避免因征土地增值税后又征所得税,税负显得过重。

这里的普通标准住宅,是指一般居住用住宅。高级别墅、公寓、小洋楼、度假村等超面积、超标准、豪华装修的住宅,均不属于普通标准住宅。免税的普通标准住宅,须经税务机关确认。

因国家建设需要而被政府征用的土地,是指因城市市政规划、国家重点项目建设需要拆迁,而被政府征用的房地产。

八、土地增值税的征管

土地增值税由土地所在地的税务机关负责征收。这里的土地所在地,是指土地的坐落地。跨两个或两个以上地区的房地产,凡独立核算单位在房地产所在地的,在独立核算单位所在地缴纳;独立核算单位不在房地产所在地的,由上级税务机关根据情况具体确定。

纳税人应按照下列规定程序办理纳税手续:

(1)纳税人应在签订转让房地产合同7日内,到房地产所在地税务部门办理纳税申报。同时,向税务机关提交房屋建筑物产权、土地使用权证书、土地转让、房产买卖契约、交易标的物,会计报表和有关资料。

(2)纳税人按照税务机关核定的税额规定的期限、到指定银行缴纳土地增值税。

(3)纳税人按规定办理纳税手续后,持纳税凭证到房产、土地管理部门办理产权变更手续。

为了加强对土地增值税的征管工作,堵塞漏洞,保证税收及时足额入库,土地增值税对纳税人成片受让土地使用权后,分期分批开发,分块转让和纳税人采取预售方式出售商品房这两种情况,采取先按比例征收后清算的办法。

纳税人成片受让土地使用权后,分期分批开发,分块转让,对允许扣除项目的金额,原则上按转让土地使用权的面积占总面积的比例计算分摊。若按此办法难以计算或明显不合理的,也可按建筑面积分摊允许扣除项目的金额。对项目完全竣工前无法按实际成本计算的,可先按建筑面积预算成本计算,待该项目完工后再按实际发生数进行清算,多退少补。

纳税人采取预售方式出售商品房的,在计算缴纳土地增值税时,可按买卖双方签订预售合同所载金额计算出应纳土地增值税数额,再根据每笔预收款占总售价款的比例计算分摊每次所需缴纳的土地增值税税额,在每次预收款时计征土地增值税。

总之,土地增值税是在土地使用权变更的流转环节课征的,土地使用权每变更一次,根据增值额的多少征收一次土地增值税。这与所得税不同,因为所得税是根据企业或个人在一个纳税年度内取得的净所得综合计征的。一般来说,土地增值税的课税环节应在所得税之前所得税应对已计征的土地增值税税额给予扣除。

九、土地增值税计算示范

例 1.某房地产开发公司销售居民住宅楼一幢,取得收入 1000 万元,而其中购买建楼的土地使用权、建筑成本和其他税费合计为 400 万元。计算该房地产开发公司应纳的土地增值税额。

①计算增值额:

1000 万元 -400 万元 =600 万元

②计算增值额超过扣除项目的百分比:

600 ÷ 400 × 100%=150%

③计算应纳税额:

600 × 50%-400 × 15%=240(万元)

会计分录如下：

借：主营业务税金及附加 240(万元)

贷：应交税金——应交土地增值税 240(万元)

借：应交税金——应交土地增值税 240(万元)

贷：银行存款 240(万元)

例 2.某房地产开发公司出售一批写字楼和居民住宅楼。两幢写字楼建筑面积 2 万平方米，售价 10000 元 / 平方米，其两幢楼的购买土地使用权的金额为 500 万元。开发土地成本为 150 万元，经有关部门核定两幢楼及配套设施的成本为每平方米 3000 元，这两幢楼的土地使用税 10 万元。计算该公司应缴纳的土地增值税额?

①转让这两幢楼的增值额为：

20000 × 10000-(5000000 + 1500000+20000 × 3000+100000)

=20000 万元 -(650 万元 +6000 万元 +10 万元)

=13340 万元

②计算增值额与扣除项目的百分比：

13340 万元 ÷(500 万元 + 150 万元 + 2 万元 × 0.3 万元 + 10 万元)× 100%

= 13340 万元 ÷ 6660 万元 × 100%

≈200.3%

③计算应纳土地增值税：

13340 万元 × 60% -(500 万元 + 150 万元 + 2 万元 × 0.3 万元 + 10 万元)× 35%

= 8004 万元 - 2331 万元

= 5673 万元

会计分录如下：

借：主营业务税金及附加 5673(万元)

贷：应交税金——应交土地增值税 5673(万元)

借：应交税金——应交土地增值税 5673(万元)

贷:银行存款 5673(万元)

例 2 中纳税人建筑普通标准住宅出售，因增值额未超过扣除项目金额 20%的,可免征土地增值税。

例 3.某房地产开发公司建造商品房一幢,预计销售收入 1200 万元,于工程竣工前已预售出商品房若干套,并收取了预售款,按规定预缴土地增值税额 160 万元。待工程全部竣工结算后,实际售房总收入 960 万元,核定的扣除项目金额为 600 万元,计算该公司缴纳的土地增值税。

①在工程未全部竣工前,预收售房款后,预缴土地增值税额 160 万元。

借:应交税金——应交土地增值税 160(万元)

贷:银行存款 160(万元)

②计算实际缴纳的土地增值税

土地增值额 960-600=360(万元)

土地增值额与扣除项目金额之比 =360/600×100%=60%

应纳土地增值税额 =360×40%-600×5%=114(万元)

借:主营业务税金及附加 114(万元)

贷:应交税金——应交土地增值税 114(万元)

③与税务机关清算退回土地增值税款

借:银行存款 46(万元)

贷:应交税金——应交土地增值税 46(万元)

十、土地增值税的税收筹划

1.尽可能减少土地增值额

土地增值额指纳税人转让房地产所取得的收入减去规定扣除项目金额后的余额。在累进税制下,随着收入的增长,一般情况下增值额也相应增长,从而使较高的增长率适应高一档税率,档次爬升现象会使纳税人税负急剧加重。因此,应尽可能减少增值额。

例如,某企业拥有一幢房屋及土地使用权,已使用过一段时间,里面各种设备齐全,准备出售。估计市场价值为800万元,其中设备价值约200万元,如果将全部金额以房地产转让价格的形式在合同中体现,增值额无疑会加大。如果在合同中注明600万元的房地产转让价格,同时签署一份附属办公设备购销合同,这样就可降低增值额。

2.列支适当的成本费用

作为扣除项目金额重要组成部分的房地产开发成本金额大小直接影响纳税人应纳税额的大小。即房地产开发成本越高,应纳税额越小,房地产开发成本越低,应纳税额越大。如果纳税人能最大限度地扩大费用支出比例,无疑会节省税款。当然这种筹划是有一定限度的,无节制地任意扩大必然会招致税务机关的纳税调整,结果反而得不偿失。况且成本费用并非越扩大越好,在必要的时候适当地降低费用可能效果更好。这就要求房地产开发企业对开发成本进行恰当的调整,将某一时期的成本费用进行最大限度的平均,防止出现增值率过高的现象,从而节省税款的交纳。

3.选择有利的建房方式

一是代建房方式,指房地产开发公司代客户进行房地产的开发,开发完成后向客户收取代建房报酬的行为。对于房地产开发公司来说,虽然取得了一定的收入,但由于房地产权自始至终是属于客户的,没有发生转移,故不属于土地增值税的征税范围(适用30%~60%的四级超率累进税率),而属于营业税的征税范围(适用3%的比例税率)。如果在收入相同的条件下,后者显然比前者税收负担轻。

二是合作建房方式。现行税法规定,对于一方出地,一方出资金,双方合作建房,建成后按比例分房自用的,暂免征收土地增值税。房地产开发企业可先购买一块土地的使用权,再预收购房者的购房款作为合作建房的资金,从形式上符合一方出地,一方出资的规定。该房地产开发企业出售部分剩余住房前,各方均不缴土地增值税,只有当其转让属于自己的那部分住房时,才就这一部分交纳土地增值税。

第二节　契税的缴纳与税收筹划

契税是在房屋所有权转移登记时，向不动产取得人所征收的一种税。换言之，它是在房屋买卖、赠与或交换订立契约时，由承受人缴纳的一种税。属于对财产的课税。

一、契税的主要内容

(1)纳税人

契税的纳税人为境内转移土地、房屋权属，承受的单位和个人。包括内、外资企业和本、外国公民。

(2)课税对象

契税的课税对象是境内转移土地、房屋权属。

(3)契税税率

采用幅度税率。

税率为3%～5%；由各省、市、自治区政府在幅度范围内，按本地区实际确定。

(4)计税依据

契税的计税依据为不动产价格。由于土地、房屋权属转移方式不同，定价方法不同，因而具体计税依据视不同情况而定。

二、契税的计算

契税按规定的比例税率计征，其计算公式：

应纳契税额 = 计税金额 × 适用税率

三、契税的征收

契税的缴纳，应按规定于产权变动成立契约后3个月内办理纳税手续，并按当地规定缴款期限缴纳契税。已纳契税，是由当地政府加盖印章的契约,俗称红契,具有法律效力。

纳税人在鉴定土地、房屋权属转移合同的当天,或者取得其他具有土地、房屋权属转移合同性质凭证的当天,为纳税义务发生时间。纳税人应当自纳税义务发生之日起10日内,向土地、房屋所在地的契税征收机关办理纳税申报,并在契税征收机关核定的期限内缴纳税款,索取完税凭证。纳税人出具完税凭证,土地管理部门、房产管理部门才能给予办理变更登记手续。

四、契税的税收筹划

1.购买合适的住房

根据现行规定,个人购买自用的普通住宅(建筑面积在120m^{2}以下)暂减半征收契税;个人购买1998年6月30日以后建成的非普通住宅(建筑面积在120m^{2}以上)不享受减半或免税照顾。

例如,两套结构相当的住房,均为160m^2,全部价款为80万元,一套于1998年6月30日前竣工验收,另一套于1998年6月30日后竣工验收,则前者不用缴契税,而后者若适用4%的税率,应纳税额为:80×4%=3.2(万元)

2.尽可能选择等价交换

当纳税人交换土地或房屋所有权时,如果能想办法保持双方的价格差额较小或没有,就能使应纳契税较小或为零。

例如,甲、乙交换各自的房屋所有权,甲的房屋价格约为100万元,乙的房屋价格约为60万元,乙应交纳的契税:(100-60)×4%=1.6(万元)

如果乙纳税人将自己的房屋按照甲的要求进行改造,使乙房屋的市场价格升至90万元以上,就可使税款降到最低。

第三节　车船税的缴纳与税收筹划

一、车船税的纳税人

凡在中华人民共和国境内拥有并使用车船的单位和个人为车船税的纳税义务人。

这里所称的单位，指国有企业、集体企业、私有企业、股份制企业、其他企业等，所称个人、指个体经营者及其他个人。一般而言，拥有人和使用人是同一的。但如有租赁关系，使拥有人和使用人不一致时，则应由租赁双方协商确定纳税人。

二、车船税的征税范围和计税标准

车船税的征税范围包括在我国境内拥有的车辆和船舶。具体有：在车辆方面，分为机动车和非机动车。机动车包括乘人汽车、载重汽车、二轮摩托车、三轮摩托车；非机动车包括人力驾驶车、畜力驾驶车和自行车。船舶包括机动船和非机动船。

车船税的计税标准有：

①按辆计税，包括乘人汽车、二轮摩托车、三轮摩托车和各种非机动车；

②按净吨位计税，包括载货汽车、各种机动船；

③按载重吨位计税，包括各种非机动船。

三、车船税的税率和税额的计算

车船税采用幅度税率，使地方政府能根据本地实际情况灵活规定。

车船税的应纳税额的计算公式是：

①车辆的应纳税额 = 应税车数辆 × 适用单位税额

或:应纳税额 = 应税车自重吨位数 × 适用单位税额

②船舶的应纳税额 = 应税船的净吨位 × 适用单位税额

表 6—1　车船税税额表

类别	计税单位:每辆	年税额 单位:元	备注
载客车	1.0 升(含)以下的乘用车年基准税额; 1.0 升以上至 1.6 升(含)的年基准税额; 1.6 升以上至 2.0 升(含)的年基准税额; 2.0 升以上至 2.5 升(含)的年基准税额 2.5 升以上至 3.0 升(含)的年基准税额; 3.0 升以上至 4.0 升(含))的年基准税额 4.0 升以上的年基准税额	60–360 300–540 360–660 660–1200 1200–2400 2400–3600 3600–5400	包括电车
载货车	按自重每吨	10–120	包括半挂牵引车、挂车
船舶	按净吨位每吨	3–6 元	拖船和非机动驳船分别按船舶税额的 50%计算
游艇	以艇身长度作为计税依据,年基准税额	600–2000/ 每米	

四、车船税的免税

(1)国家机关、人民团体、军队的车船;

(2)由国家财政部门拨付事业费的单位的车船;

(3)载重量不超过一吨的渔船;

(4)专供上下客轮及存货用的趸船、浮桥用船;

(5)各地消防车船、洒水车、囚车、警用车船、防疫车船、救护车船、垃圾车船、港作车船、工程船;

(6)按有关规定缴纳船舶吨税的船;如用于农业生产的拖拉机、幼儿园自用的车辆、在单位内部行驶,不上公路的车辆。

上述一、二项用于生产经营的除外。

个人自有自用的自行车和其他非营业用的非机动车船，征收或免征车船税，由省、自治区、直辖市人民政府确定。

五、车船税的征收

车船税按年征收，分期缴纳，纳税期限由省、自治区、直辖市人民政府确定。

车船税由纳税人所在地的税务机关征收。

纳税人应将现有车船的数量、种类、吨位等情况据实向所在地税务机关办理纳税申报登记，并根据规定纳税。纳税单位和个人的各种机动车船产权转移、报废或新购、须持公安交通管理部门有关凭证于1个月内向当地税务机关申报办理纳税手续。

六、车船税计算示范

例某汽车运输公司拥有乘人汽车80辆，每辆年税额60元，计算其全年应纳车船税额。

应纳税额 =60×80=4800(元)

会计分录为：

借：管理费用4800(元)

　贷：应交税金——应交车船税4800(元)

借：应交税金——应交车船税4800(元)

　贷：银行存款4800(元)

七、车船税的税收筹划

根据现行税法规定，对车船使用而言，相当于全额累进税额，即应纳车船使用税的税额随着“净吨位”或“载重吨位”的增加而增加，吨位数越大，适用税额也越大。在税额临界点附近，尽管吨位数相差不大，但税额变化却较大。

例如，有甲、乙两只船，甲的净吨位是10000吨，适用税额4.2元/吨，乙的净吨位是10001吨，适用税额5.0元/吨。

甲船应纳税额:10000×4.2=4.2(万元)

乙船应纳税额:10001×5.0=5.0005(万元)

二者虽然净吨位只相差1吨,但其应缴税额却相差8005元。

第四节　印花税的缴纳与税收筹划

一、开征印花税的必要性

印花税是对我国境内对经济活动和经济交往中书立、使用、领受具有法律效力的凭证征收的一种税。

有人认为,在21世纪的今天,世界上许多国家已进入了运用电脑进行税收征管的阶段,再恢复糨糊粘贴税票这种古老的纳税方法,有悖于时代进程。

我们认为这种看法是有一定片面性的。印花税虽然起源于封建时代,但在资本主义时代得到广泛的发展,西方经济发达国家经济水平和征管手段比我国先进得多,但印花税作为一个基本税种一直被保留下来。

在我国恢复开征印花税的必要性在于:

(1)开辟新税源,增加财政收入。随着社会主义市场经济的发展,在经济活动中书立或领受各种具有法律效力的凭证已成为经济交往中不可缺少的内容,书立、领受各种凭证的现象日益增多。对凭证开征印花税,征收范围较为广泛,开辟了新的税收来源。我国印花税采用的税率很低、负担轻,易为纳税人所接受。由于税负轻、征收面广,可以积少成多,有利于增加财政收入,缓和国家财政资金紧张的矛盾。

(2)有利于贯彻各项经济法规,加强对其他税种的征收管理,促进经济行为规范化。开征印花税使应税凭证贴花成为经济交往中必备的法律手续之一,税务机关可以通过对各种应税凭证的检查,及时了解和掌握纳税人的经济活动情况和税源变化情况,有助于加强对其他税种的征收和检查,防止偷税漏税。同时,通过应税凭证纳税,促进各种经济活动合法化,规范化,促进经济往来各方信守合同,减少盲目签约造成的不必要损失,提高合同兑现率。从而提高社会经济效益,加速社会主义市场经济新秩序的建立。

(3)有助于培养纳税人自觉纳税的观念。印花税采取由纳税人依照规定自行计算税额、自行购花、自行贴花的方法纳税,并对违反规定者实行轻税重罚,这样有助于培养纳税人自行履行纳税义务的观念,增强纳税人的国家意识和法律意识。

(4)有利于维护我国的经济利益。在实行对外开放过程中,我国对外经济交往日益扩大,经济活动中书立的各种商事凭证,经济合同越来越多。征收印花税进一步完备了各种凭证、合同的法律手续,有利于保护双方的合法权益,促进对外经济活动的开展。目前,与我国经济往来较多的国家和地区,大都开征了印花税,我国恢复征收印花税符合国际惯例,也体现了平等互利和对等的原则,避免国家税源流失,维护国家的经济利益。

二、印花税的征收范围

凡在中华人民共和国境内书立、领受和在中国境外书立、但在中国境内具有法律效力,受中国法律保护的条例所列举凭证,均属于印花税的征收范围。对条例没有列举的凭证不征税。

印花税条例列举的应纳税凭证具体范围有五大类:

(1)购销、加工承揽、建设工程承包、财产租赁、货物运输、仓储保管、借款、财产保险、技术合同或者具有合同性质的凭证。这里所说的合同是指根据《中华人民共和国经济合同法》、《中华人民共和国涉外经济合同法》和其他有关合同法规订立的各种合同;具有合同性质的凭证是指具有合同效力的协议、契约、合约、单据、确认书及其他各种名称的凭证。

(2)产权转移书据,包括财产所有权和版权、商标专用权、专利权、专有技术使用权等产权的买卖、继承、赠与、交换、分割等行为所立的各种书据。

(3)营业账簿,包括单位和个人从事生产经营活动所设立的各种账册,如记载固定资产原值和流动资金的资金账簿,经营日记账簿和各种明细分类账簿。

(4)权利许可证照,包括房屋产权证、工商营业执照、商标注册证、专利证、土地使用证。

(5)经财政部确定征税的其他凭证。

三、印花税的纳税人

凡在中华人民共和国境内书立、领受应纳税凭证和在境外书立、境内生效的应纳税凭证的单位和个人都是印花税的纳税义务人。根据书立、领受应纳税凭证不同,其纳税人可以分别为立合同人、立账人、立据人和领受人。对合同、书据等凡是由两方或两方以上当事人共同书立的凭证,其当事人各方均为纳税义务人,各就所持凭证的金额纳税。对政府部门发给的权利许可证照,领受人为纳税义务人。

有些应纳税凭证由当事人的代理人代为书立,则代理人有代为纳税的义务。

四、税率与税额的计算

我国印花税率采用比例税率和固定税额两种税率。

比例税率分为五个档次,即4‰、1‰、0.5‰、0.3‰、0.05‰。按比例税率计算征税的有各类经济合同及合同性质的凭证,记载资金的账簿,产权转移书据等。这些凭证一般都载有金额,以所载的金额为计税依据,按比例纳税。

具体地说,财产保险合同,仓储保管合同,财产租赁合同,按仓储保管费用、租赁金额投保金额的1‰贴花。

加工承揽合同,建设工程勘察设计合同,货物运输合同、产权转移书据、记载资金的账簿，按加工承揽收入，勘察设计费用、运输费用和书据、账簿所载金额的0.5‰贴花。

购销合同、建筑工程承包合同、技术合同按承包金额、购销金额和合同所载金额的0.3‰贴花。

借款合同，按借款金额的0.05‰贴花。

股权转让书据，按股票成交金额4‰贴花。

其他营业账簿，权利许可证照实行定额征收，每件定额征收5元税金。

对于载有一个经济事项，同时适用两个以上税目税率的凭证，应按其中较高的税率征税。

按照比例税率计算缴纳印花税的，其计算公式如下：

应纳税额＝计税金额×适用税率

印花税票分为9种，票面面值与人民币面值相对应，最高面值为100元，最低面值为1角。按适用税率计算出的应纳税额不足1角的凭证，免纳印花税。应纳税额在1角以上的，按四舍五入规则，其尾数不满5分的不计，满5分的按1角计算。财产租赁合同最低纳税起点为1元，即税额超过1角，但不足1元的，按1元纳税。

五、纳税贴花手续

印花税实行“三自”纳税的办法，即：

（1）纳税人自行计算应纳税额，纳税人在书立或领受应税凭证时，便产生了纳税义务，要按照应税凭证的性质和适用税目税率，自行计算出应纳税额；

（2）自行购买相应金额的印花税票；

（3）自行粘贴税票，并按规定注销。

鉴于有些凭证一次贴花数额较大和贴花次数频繁的实际情况，为了简化手续，纳税人在报请税务机关批准后，可以采取以缴款书代替贴花和按期汇总缴纳两种办法。

为了保证印花税及时,足额缴纳,印花税条例规定了纳税人贴花的具体要求:

第一,纳税时间为应纳税凭证书立、领受的同时。即印花税应在合同签订时,产权转移书据书立时,生产经营账簿启用时,权利许可证照领取时以及境外凭证带回国时,一次足额缴纳。按期汇总纳税的,纳税人应按当地税务机关核准的时间缴纳。

第二,印花税票应粘贴在纳税凭证上,营业账簿的税票粘贴在账簿封面上。在每枚税票骑缝处要盖戳或画横线注销,注销后即完成全部纳税手续。

第三,已经贴花的各类应纳税凭证,纳税人须按规定期限妥善保管,不得私自销毁,以备税务机关检查。

第四,已粘贴并注销的税票不得揭下重用。已经贴花的凭证,凡修改后所载金额增加的,应就其增加额补贴印花。

第五,为了简化印花税纳税手续,同一种类应纳税凭证,需频繁贴花的,纳税人可向当地税务局申请汇总缴纳,但期限最长不得超过一个月。在办理汇总缴纳印花税时,必须按照合同号顺序填写“印花税汇总缴纳申请表”,完税后,在该申请表上加盖“印花税收讫专用章”。凡已汇总交纳印花税的合同,应在每份合同上加盖“印花税已汇总交纳”专用章,按印花税汇总交纳申请表所列的合同顺序装订成册,并将汇总交纳申请表附在册前。对暂不能装订成册的,在合同履行完毕后,再装订成册,妥善保管,以备检查。

第六,一份凭证应纳税额超过500元的,应向当地税务机关申请填开交款书或者完税凭证,将其中一联粘贴在凭证上或者由税务机关在凭证上加注完税标记代替贴花。

第七,以交款书代替贴花的凭证或汇总交纳印花税的单位,其多交纳的印花税可办理退税。多交纳的印花税,退税手续已办妥,纳税人要持原已纳税并盖有“印花税收讫专用章”的凭证,到税务机关重新加盖“印花税收讫专用章”(用红笔填写退税税款和税务专管员章)。

六、印花税的免税范围

(1)对已缴纳印花税的凭证副本或抄本,免征印花税。因为这种副本或抄本属于备查性质,不是正式文件,对外不发生法律效力,故不须再征税。但以副本或抄本视同正式文件使用的,应缴纳印花税。

(2)对财产所有者将财产赠给政府社会福利单位、学校所书立的书据,免征印花税。这类捐赠属于对社会的无偿贡献,应予以鼓励和提倡。

(3)对财政部批准的下列凭证,免征印花税:国家指定的收购部门与村民委员会,农民个人书立的农副产品收购合同;无息、贴息贷款合同;外国政府及国家金融机构提供优惠贷款所书立的合同。

七、印花税纳税监督及罚则规定

印花税条例规定,发放或办理应纳税凭证的单位负有监督纳税人依法纳税的义务。凭证贴花是取得法律权利的一个重要方面,应贴花而未贴花的凭证在法律手续上是不完备的,有关单位在发放或办理应纳税凭证时,有义务对纳税人的纳税事项进行监督。监督的主要内容是:应纳税凭证是否已粘贴印花;是否足额;是否按规定注销。对未完成上述纳税手续的,应督促其当场履行完税手续。

为了督促纳税人自觉纳税,维护税法的严肃性,对纳税人违反印花税条例规定的行为,税务机关要视性质和情节轻重,予以相应的处罚。罚则规定是:

对在应纳税凭证上未贴或少贴印花税票的,税务机关除令其补贴印花税票外,可以处以应补贴税票金额3倍至5倍的罚款;

对不按规定注销已经用的印花税票的,处以未注销印花税票1倍至3倍的罚款;

对把已贴用的印花税票揭下重用的,可处以重用印花税票金额5倍或2000元以上10000元以下的罚款;

伪造印花税票的，提交司法机关追究刑事责任。

纳税人对汇总缴纳印花税的凭证不按规定办理并保存备查的，由税务机关处以5000元以下罚款，情节严重的，撤销其汇缴许可证。

纳税人不按规定期限保存纳税凭证的，由税务机关酌情处以5000元以下罚款

表6—2 印花税税目税率表

	税目	范围	税率	纳税人	说明
1	购销合同	包括供应、预购、采购、购销、结合及协作、调剂、补偿、易货等合同	按购销金额0.3‰贴花	立合同人	
2	加工承揽合同	包括加工、定作、修缮、修理、印刷广告、测绘、测试等合同	按加工或承揽收入0.5‰贴花	立合同人	
3	建设工程勘察设计合同	包括勘察、设计合同	按收取费用0.5‰贴花	立合同人	
4	建筑安装工程承包合同	包括建筑、安装工程承包合同	按承包金额0.3‰贴花	立合同人	
5	财产租赁合同	包括租赁房屋、船舶、飞机、机动车辆、机械、器具、设备等合同	按租赁金额1‰贴花。税额不足1元，按1元贴花	立合同人	
6	货物运输合同	包括民用航空运输、铁路运输、海上运输、内河运输、公路运输和联运合同	按运输费用0.5‰贴花	立合同人	单据作为合同使用的，按合同贴花
7	仓储保管合同	包括仓储、保管合同	按仓储保管费用1‰贴花	立合同人	仓单或栈单作为合同使用的，按合同贴花
8	借款合同	银行及其他金融组织和借款人(不包括银行同业拆借)所签订的借款合同	按借款金额0.05‰贴花	立合同人	单据作为合同使用的，按合同贴花

续表

	税目	范围	税率	纳税人	说明
9	财产保险合同	包括财产、责任、保证、信用等保险合同	按保险费收入 1‰贴花	立合同人	单据作为合同使用的，按合同贴花
10	技术合同	包括技术开发、转让、咨询、服务等合同	按所载金额 0.3‰贴花	立合同人	
11	产权转移书据	包括财产所有权和版权、商标专用权、专利权、专有技术使用权等转移书据、土地使用权出让合同、土地使用权转让合同、商品房销售合同	按所载金额 0.5‰贴花	立据人	
12	营业账簿	生产、经营用账册	记载资金的账簿，按实收资本和资本公积的合计金额 0.5‰贴花。其他账簿按件贴花 5 元	立账簿人	
13	权利、许可证照	包括政府部门发给的房屋产权证、工商营业执照、商标注册证、专利证、土地使用证	按件贴花 5 元	领受人	

印花税纳税义务发生时间：账簿起用时；合同（协议）签订时；证照领受时；资本注册时或增加时。

注：经国务院批准，财政部决定从 2008 年 9 月 19 日起，对证券交易印花税政策进行调整，由双边征收改为单边征收，即只对卖出方（或继承、赠与 A 股、B 股股权的出让方）征收证券（股票）交易印花税，对买入方（受让方）不再征税。税率仍保持 1‰。

八、印花税的税收筹划

1.尽量选择单独核算

现印花税实施细则规定，同一凭证，因载有两个或两个以上经济事项而适用不同税率税目，如分别记载金额，可以单独计算应纳税额，按合计税额贴花；如未分别记载金额，则按税率高的计税贴花。

例如，某钢厂与铁路局签订运输合同，运输费及保管费共200万元，该合同中涉及货物运输和仓储保管两个税目，前者适用税率0.5‰，后者适用税率1‰。如果未分别记载金额的，按1‰计算应贴印花。应纳税额为：2000000×1‰=2000（元）

如果把货物运输与仓储保管单独核算，假定货物运输费160万元，仓储保管费40万元，则应纳税额为：1600000×0.5‰+400000×1‰=1200（元）

减少税款800元（2000–1200）

2.尽量减少转包环节

根据印花税的规定，施工单位将自己承包的建设项目分包或转包给其他施工单位所签订的分包合同或转包合同，应按照新的分包合同或转包合同上所记载的金额再次计算应纳税额。

例如，某建筑总公司与某工厂签订了建筑合同，总计金额1亿元，该建筑总公司分别又与甲、乙建筑公司签订分包合同，记载金额分别为4000万元，甲建筑公司又将3000万元转包给丙公司。应纳税额的计算如下：

总公司与工厂签合同时，双方各应纳税额为：10000×0.3‰=3（万元）

总公司与甲乙签合同时，总公司应纳税额：（4000+4000）×0.3‰=2.4（万元）

甲、乙各应纳税额：4000×0.3‰=1.2（万元）

甲与丙签订合同时，双方应纳税额：3000×0.3‰=0.9（万元）

这4家建筑公司共纳税：3+2.4+1.2×2+0.9×2=9.6（万元）

如果这4家建筑公司分别与工厂签订2500万元的承包合同，则应纳税额为：

2500×0.3‰×4=3（万元）

可见，通过合理筹划，能够减少纳税 6.6 万元。

第五节　车辆购置税的缴纳与税收筹划

车辆购置税是对购置车辆征收的一种税。我国车辆购税于 2001 年 1 月 1 日起征收。

一、纳税人

包括在我国购置规定的车辆，也称应税车辆的国有企业、集体企业。私营企业、股份制企业、外商投资企业、外国企业、其他企业、事业单位、国家机关、部队、个体工商户和其他个人。

二、征税范围

包括汽车、摩托车、电车、挂车、农用运输车。上述车辆的购置，包括纳税人购买、进口、自产、受赠、获奖或者以其他方式取得并自用应税车辆的行为。

三、计税价格

纳税人购买自用的应税车辆的计税价格，为纳税人购买应税车辆时支付给销售者的全部价款和价外费用（包括销售方在车价以外向购买方收取的手续费、违约金、包装费、运输费、保管费、代收款项等，但不包括增值税税款）

计税价格 = 关税完税价格 + 关税 + 消费税

纳税人自产、受赠、获奖或者以其他方式取得并自用的应税车辆的计税价格，由主管税务机关参照国家税务总局规定的最低计税价格确定。

四、税率

车辆购置税的税率为10%。

五、应纳税额的计算

应纳税额 = 计税价格 × 适用税率

例如某企业购买一辆价格为20万元的轿车和一辆价格为40万的货车(上述价格为不含增值税的价格),计算该企业应纳车辆购置税税额。

应纳税额 =(20+40)× 10%=6(万元)

会计分录为:

借:管理费用60000(元)

  贷:应交税金——应交车船税60000(元)

借:应交税金——应交车船税60000(元)

  贷:银行存款60000(元)

六、车辆购置税的征收

1.纳税地点

纳税人购置应税车辆,应向车辆登记注册地的税务机关申报车辆购置税。购置不需要办理车辆登记注册手续应税车辆,应向纳税人所在地的税务机关申报纳税。

2.纳税时间

纳税人购买自用应税车辆、进口自用应税车辆、自产、受赠、获奖或者以其他方式取得应税车辆的,一律由购买、进口、取得之日起60日内申报纳税。税款一次交清。

七、车辆购置税的筹划

国家税务总局近期起草《车辆购置税征收管理办法》修订稿,要求汽车销售中把车辆价款、价外费用开具在同一张发票上，统一征收车辆购置税。按照修订稿初稿，价外费用将包括增配费、装饰美容费、加价费三项。此次修订意在对热门车型销售的加价现象作出规范，杜绝避税漏税。

对价外费用征收购置税，征得方式好，既能保护消费者权益，又能使车价透明，还能防止偷逃税款，可以使多方受益；而如果征收的方式不得当，不仅起不到制约加价行为的作用，还会给消费者添加负担，对消费者不利。

买车要办理各种税费手续是个麻烦事。因此，不少准车主在购买私家车时为了图个方便省事，大多将纳税交费等一栏子事全交给汽车销售商。但是，你在图方便的同时，可能多交纳了不少"冤枉"的税费，因为一些不应作为纳税的费用也算在纳税的金额里面，导致你多掏了不少腰包。

以一辆价值 21 万元的中档车为例。

经销商一般会告诉你，车辆购置税是按照购车总价除以 1.17 再乘以 10%计算的。如果你的购车款是 21 万元，购买工具 5000 元，代收保险金近 4000 元，车辆装饰费 25000 元，各项款项由销售公司开具发票。若按此计算，需缴纳的车辆购置税为：

(210000+5000+4000+25000)/(1+17%)×10% = 20854.7 元。

可能你会为了图个方便省事，把纳税交费等一栏子事全交给汽车销售商了吧？

按税法规定凡使用代收单位的票据收取的款项，视为代收单位的价外费用，应并入计算征收车辆购置税；凡使用委托方的票据收取，受托方只履行代收义务或收取手续费的款项，不应并入计征车辆购置税，按其他税收政策规定征税。也就是说市民在购车当时不办保险或让经销商出具保险公司的发票，代收保险金就不必计入购车价格中。

因此，你在购车当时，可以不办保险或让经销商出具保险公司的发票,代收保险金就不必计入购车价格中。

按照规定,一般计税价格的计算分两种情况:

(1) 国产私车的计税价格为支付给经销商的全部价款和价外费用,不包括增值税税款。购车时的价格已经包含了17%的增值税,由于增值税属于价外税,这个税种的税款是再出售环节交纳的,所以在计算购车的计税价格时要先扣除增值税,即:车价/(1+17%),然后再按照这个数值的10%交纳购置费,接着再是上牌,保险等。

(2)进口私车的计税价格为:计税价格 = 关税完税价格 + 关税 + 消费税。

那么,若按此计算,保险金4000元不能作为购车价格中,你的车辆购置税为:(210000+5000+25000)/ (1+17%)× 10% = 20512.8元,可以节省20854.7 - 20512.8 = 341.9元。

另外,依照规定,购车者随车购买的工具或零件按税法规定应作为购车款的一部分,并入计税价格征收车辆购置税;但若不同时间或销售方不同,则不并入计征车辆购置税。因此建议你车辆维修工具不必当时急着在经销商处购买,可采取日后再配。因为若购车之后再配齐车内工具的话,5000元的购买工具费用不能并入车辆购置税。那么,你的车辆购置税为:(210000 + 25000)/(1+17%)× 10% = 20085.5元,比上次筹划后,又节省了20512.8 - 20085.5 = 427.3元。而且,按税法规定购车时支付的车辆装饰费也应作为价外费用,并入计征车辆购置税;但若购车以后再装潢或另换汽车装潢公司,则不并入计征车辆购置税。那么,车辆装饰费也应该可以排除在车辆购置税中。

经过这样的筹划,25000元车辆装饰费都不并入车辆购置税,征税基数就大大减少了,你的车辆购置税为:

210000/(1+17%)× 10% = 17948.7元。

经过第三次筹划后,比第二次筹划节省20085.5 - 17948.7 = 2136.8元。

总共可节省341.9 + 427.3 + 2136.8 = 2906元。

第七章

国际税收与国际税收筹划

第一节　国际税收的形成与研究对象

税收是国家凭借政治权力进行的一种特殊分配，它的实质是国家与纳税人之间发生的分配关系。一个国家的政治权力所管辖的范围是有限的,一般只限于本国的疆域,通常称为国家税收。而国际税收是以国家税收为基础发展起来的,形成了税收的一个分支。

一、国际税收与国家税收的区别

(1)国家税收只与某一国的政治权力有关,而国际税收则涉及多国的政治权力。任何一个拥有主权的独立国家,都有自己的税收管辖权,决不会屈从于其他国家的政治权力,接受别国的税收管辖。而且世界上也不存在一个在各国之上的超国家的政治权力，能在国际范围内征收。国际税收只能在各国政治权力机构的协调下进行课征。

(2)国家税收是国家与其管辖下的国内纳税人发生征纳关系,而国际税收涉及的纳税人是跨国的纳税人。纳税人的活动跨出国界,向有关国家政府纳税的行为，才使相关国家发生税收分配方面的国际关系。

(3)国家税收靠制定法律来确定国家与纳税人之间的征纳关系，国际税收中国家之间的税收关系只能通过国家之间的协议来解决。在当今世界上，不存在一个能制定出凌驾于各国政府之上的法律机构，即使是联合国，它不过是个国际组织，也不具有超国家的政治权力。各国政府只能在平等互利的原则下，通过谈判协商，来制定有关国际税收的协定和条约，处理国际税收关系。

二、国际税收的定义

通过国际税收与国际税收的区别，可以看出国家税收与各个国家有关的纳税人是跨国纳税人。

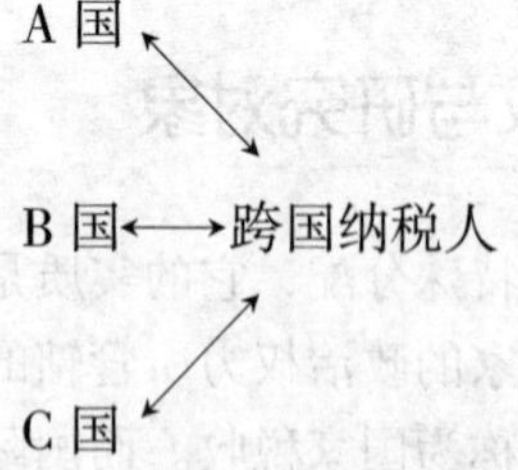

纳税人由于其活动跨出国界，成为跨国纳税人，A、B、C 等相关国家根据各自的征税权力，都可以对跨国纳税人征税。这样就会出现两组关系：

第一，各国政府同跨国纳税人的关系。各国政府有权在自己政权管辖的范围内对纳税人征税，但由于纳税人成为跨国纳税人，政府与纳税人的关系就比较复杂了。是否征税，征多少税，关系到有关国家的财政收入和纳税人的负担。

第二，有关国家之间的税收利益关系。如果 A 国向跨国纳税人多征了税，就可能影响 B 国、C 国的税收收入；如果 B 国向跨国纳税人多征了税，A 国和 C 国的税收就可能少。

在上述两组关系中，国家与纳税人之间的关系，基本上是国家税收的内容,但由于纳税人不是普通的纳税人,而是跨国纳税人,因而,有关国家同跨国纳税人的征纳关系,成为国际税收关系中的基础。

另一组关系,反映了有关国家之间的税收分配权益,它超出了国家税收的范围,不是任何一个国家能独立解决的,这是国际税收研究的重点内容。

根据以上分析,我们可以把国际税收的定义表述如下:

国际税收是指两个或两个以上国家的政府,依据各自的税收管辖权对跨国纳税人的课税,以及由此形成的各国政府与跨国纳税人之间的税收征纳关系和国家与国家之间的税收分配关系。

三、国际税收的研究对象

简单地说,就是对国家之间的税收分配关系进行研究,从而制定调整这种关系的规范和准则。

严格地说,研究对象是由其定义规定的,即国际税收是两个或两个以上国家对跨国纳税人的课征,以及由此而来形成的国家与纳税人和国家与国家之间的分配关系。

国家与纳税人之间的分配关系:

纳税人的确定,国际税收涉及的纳税人都是跨国的,他可能是A国的公民,居住在B国,从C国获取经济收益,那他到底是哪国的纳税人?

征税对象的确定,跨国纳税人的所得来源于两个或两个以上的国家,由于各国财务制度、税收制度存在一定差异,所得额的计算可能不一致,如何确定?

计税方法,包括税率的选择、税收抵免、对逃税和避税的处理等。

国家与国家之间的关系:哪国对纳税人有征税权,谁先征谁后征?双重征税如何避免和解决?国家间如何协调对付纳税人的国际逃税与避税?

根据以上两个方面的具体内容,概括起来说,国际税收的研究对象是各国政府为协调对跨国纳税人的稽征管理和解决有关国家间的税收权益而采取的措施，以及这些措施所依据的准则和规范。

国际重复课税所涉及的问题虽然很广，但是调整国际税收关系的规范和准则也并不只限于国际重复课税，在它之外，还有许多问题需要研究。例如，税收管辖权、收入和费用在各国间的分配，防止国际逃税、漏税、国际逃税港、税收优惠政策等。

为了研究和制定调整国际税收关系的规范和准则，在研究范围上，还必须包括各国之间的双边税收条约，各国国内税法中有关涉外税收的规定以及各国法院与国际法院在国际税收方面的司法判例。因为，按国际法的原则，如果是许多双边税收条约，对某一个问题都作了同样的规定，这种规定就能形成国际税收中共同的原则或准则。虽然国内法院的判决不能直接成为国际税收的规范和准则，但如果许多国家通过国际税收方面的司法判例表达了同样的观点，对于国际税收规范和准则的形成就会有重大意义。

第二节　税收管辖权

一、税收管辖权的概念

税收管辖权是指一国政府有权自行决定对哪些人课税，课征哪些税和课征多少税。

税收管辖权并不是在国际税收形成后才出现的，而是在税收产生的同时就存在了，只不过在国际税收形成之前，税收只对国内课征。税收管辖权是一个国家对本国内的人和物来行使的，由于局限在本国领土之内，比较简单，没有在国际上引起广泛注意。在国际税收形成之后，出现了两个或两个以上的国家对同一征税对象征税，这样，税收管辖权问题在国际上变得日益突出和复杂了。

到目前为止，世界上还没有一个国际公约对各个主权国家的税收管辖权施加任何的限制，甚至所有国家的宪法也没有对政府的税收管辖权加以任何的约束。税收管辖权是一个主权国家所拥有的不受任何约束的权力。

当然,所谓“不受任何限制”和“不受任何约束”并不是绝对的,因为,在确定纳税人方面,任何国家都无权对那些同本国毫无关系的人征税;在征税对象方面,也不可能漫无边际地巧立名目,任意设置税种;同时,在税率的高低方面,也不能不考虑纳税人的负担能力。

“不受任何限制”和“不受任何约束”的真正含义在于:任何主权国家的税收管辖权都是独立自主的,纳税人、税种和税率都是由各国政府自行规定,任何外力都不得干预。

正是由于世界各国都拥有不受任何限制的税收管辖权，各国都可按本国的需要制定本国的税法,因此,有关涉外税收的部分就难免会发生冲突,并在国际税收关系上引起不协调,这就是必须研究税收管辖权的原因。

二、税收管辖权的主体和客体

国际税收中税收管辖权的主体,是拥有征税权的国家,客体则是负有纳税义务的跨国纳税人及其国际所得。

1.税收管辖权的主体——国家

税收是以国家为主体的分配方式,它随着国家的产生而产生,为满足国家的需要而出现,与国家存在着本质的联系。在国家税收里,作为税收管辖权主体的国家只有一个,税收的征纳关系比较单纯。

在国际税收中,税收管辖权主体则是两个或两个以上国家,而且这些国家无论在政治、经济、文化等方面,不可能都是相同的,在税收制度、政策上也会存在诸多差异。

第一,发达国家与发展中国家的国际税收关系。由于发达国家与发展中国家的经济发展水平不同，因此在国际税收关系中很可能处于不平等的地位。

在国际经济关系中,发达国家经济水平高,其资本和生产的国际化是他们的一个特点。发达国家对国外投资,建立跨国公司,实施全球经济战略,对世界经济的发展起着支配作用。由于发达国家积极参与国际经济的时间比发展中国家早,参与的规模与范围也大,所以,发达国家较早地出现跨国征税问题,并较早地投入对国际税收问题的研究,现在有关国际税收的原则、条约等,大多是发达国家在国际税收方面理论与实践的产物。由于发达国家一般处于资本输出国的地位,因而他们处理国际税收关系的立场、原则和政策当然是有利于发达国家利益的。

发展中国家经济水平较低,在国际经济关系中往往处于不利的地位,在国际税收关系中很难维护自己的利益。从 20 世纪 60 年代中期起,发展中国家才开始较积极地参与国际间的经济合作,并开始注意国际税收关系。他们认为经合发组织协调范本只考虑了发达国家的利益,对发展中国家来说是不公平的。因此,联合国于 1979 年 12 月通过了一个发达国家与发展中国家之间的税收协定范本,以协调发达国家与发展中国家之间在国际税收方面的关系。

第二,不同国家在税收管辖权方面奉行的原则不同。

假如世界各国在行使税收管辖权时,全都统一奉行某一种原则,各国的税收管辖权就不会发生重叠和交叉,就不会存在国际间的重复征收。但由于各国政治、经济、历史、文化等方面情况不同,他们各自的观念、习惯也不同,因而在行使税收管辖权时奉行的原则很可能不同。

例如,B 国的某居民在 A 国取得了一定数量的收入,A 国奉行属地主义原则,对该纳税人来源于本国的所得征税。若 B 国也奉行属地主义原则,对纳税人来源于 A 国的所得不征税,就不会发生重复征税。但 B 国奉行的很可能是属人原则,它是对本国居民的纳税人征税,而不论其收入来自何国,这样就势必形成对该纳税人的所得重复征税。

第三,不同国家实行的经济政策不同。

世界各国一般都根据自己的国情制定自己的经济政策，而不同的经济政策对国际税收关系的处理是不同的。

我国实行对外开放政策,为了吸引外资,对外资在中国所得实行了全面的税收优惠;而沙特阿拉伯为了保护本国的经济权利,则对外国纳税人采取了最大负担原则,对外商的所得多征税。

资本输出国经济政策的不同,也会给国际税收关系带来影响,如日本奉行鼓励本国资本和技术输出的经济政策，所以对本国居民从资本输入国得到减免的税收,实行饶让抵免的做法;而美国则对资本的流动采取了中性政策,不对资本的流向施加人为的干预,于是它不同意实行税收饶让抵免。

第四,有的国家或地区成为国际避税地。

一般的国家为了维护本国的权益，是不会放弃对纳税人所得的征税权或者对纳税人少征税的。但有的国家和地区,由于历史、制度、经济等方面的原因，不开征所得税或者将所得税的税率规定得比一般国家低。这样,许多跨国纳税人为少纳税或不纳税,就用各种方法将其所得移到这些国家和地区。这些国家和地区就成为人们所说的国际避税地。国际税收主要研究国际双重征税问题,但从另一侧面来看,跨国纳税人利用国家避税地进行避税,也是不合理的。

总之,在国际税收中,各个征税主体的存在,伴随着不同的征税主体所奉行的不同原则,政策的出现,使国际税收关系复杂化了。

2.税收管辖权的客体——纳税人、国际所得

(1)世界各国税法中规定的纳税人,包括自然人和法人。有其本身的两个特点

第一，国际税收中的纳税人是跨国纳税人。若一国规定的纳税人,只是在本国管辖范围内从事经济活动,那他只与本国政府发生单一的征税关系,不是国际税收涉及的纳税人。只有当纳税人的活动跨出国界,同时成为两个或两个以上国家的纳税义务人时,他才成为国

际税收中的纳税人。

例如,某自然人,他居住在A国,到B国从事劳务服务并取得收入,他同时对A、B两国负有纳税义务,就成为国际税收涉及的纳税人了。

再如,A国的某公司,到B国去投资建厂,同时对A、B两国都负有纳税义务,这个公司是国际税收涉及的纳税人。

第二,国际税收涉及的纳税人不单纯以国籍为判断依据。

国籍是分析判断纳税人的一个因素,但这不是唯一的一个因素。一个具有A国国籍的纳税人,如果仅仅在他居住的B国取得工资等收入,他很可能只对B国有纳税义务,从而是B国国家税收的纳税人,而不是国际税收涉及的纳税人,除非A国是行使公民税收管辖权的国家,世界上行使公民税收管辖权的国家很少,目前只有美国和罗马尼亚。

相反,一个具有本国国籍的纳税人,如果他不仅在自己的国家内取得收入,而且他还有来源于其他国家的收入,他同时对这两个国家负有纳税义务,那他就是国际税收涉及的纳税人。

由此可见,一个具有外国国籍的纳税人,并不一定就是国际税收涉及的纳税人,而一个具有本国国籍的纳税人,也不一定就不是国际税收涉及的纳税人。

一个纳税人是否国际税收涉及的纳税人,不是某个国家单方面根据某种因素来简单判定的,而往往是由有关国家各自奉行的原则,以及采取的税收管辖权的各种因素共同决定的。

经过如上分析,定义如下:凡有来源于两个或两个以上国家的收入,或者虽然只有来源于一个国家的收入,但是同时对两个或两个以上国家负有纳税义务的跨国自然人或法人,都是国际税收涉及的纳税人。

(2)国际所得

世界各国开征的税收,有的税是以物为征收对象,有的是对人课征的。以物为课征对象的税种,由于物在某个时点上存在于某国是确定的,一般不会发生国家双重征税问题。

而所得税的征税对象,即应税所得额,并不是与某个具体的物相联系,而是与所得的获取人相联系,当所得的获取人跨国从事活动时,他们的所得很可能是跨国的,并有可能被他们跨越的有关国家重叠征税。因此,国际税收涉及的征收对象主要是所得税的征税对象——所得额,即跨国纳税人的跨国所得。

由于国际经济交往、社会经济活动以及人们从事的业务是多方面的,不论是自然人,还是法人,所得范围很广,种类很多,一般来说,国际所得大致分为四类:

第一,跨国经营所得。

指跨国纳税人从事跨国的工业、商业、服务业等生产经营活动取得的所得。对应纳税所得额的计算,各国税法的规定是不完全一致的。一般说来,应纳税所得额的计算,要从总收入中减去为生产这一所得而支出的一切费用,而这些费用必须是生产经营上所认为正常的、必要的费用,如工资、固定资产折旧、原材料成本、利息支出、广告费、管理费等。

第二,跨国劳务所得。

指跨国纳税人跨越国界从事设计、讲学、咨询、演出等项劳务的所得。

根据税收征管的需要,跨国劳务所得可分为独立的劳务所得(自由职业者如从事科学、文学、艺术、教育的人员,医师、工程师、会计师从事独立活动取得的所得)、非独立劳务所得(指雇员或职员取得的工资、其他报酬等)。

第三,跨国投资所得。

指跨国纳税人通过跨国投资入股、放贷、转让特许权等活动取得的所得,如股息、利息、特许权使用费等。

第四,其他跨国所得。

指上述三种跨国所得以外的跨国所得，如财产所得、遗产继承所得等。

对国际税收涉及的征收对象的概括和分类，各国不是完全一致的。有的国家不将某项列入征税对象，有的国家对不同的征税对象有自己的征税方法。因而在研究与处理国际税收关系时，必须注意到在征税对象上出现的差别，防止由于对征税对象范围规定不同而出现歧义。

三、税收管辖权的内容

税收管辖权是任何一个国家所拥有的管辖权的一个组成部分，如何行使税收管辖权是一个国家的主权。但具体到一个国家，到底行使哪种税收管辖权，并不是随意性的，而是由这个国家的传统观念、历史文化、政治制度、经济政策所形成的某种原因来决定的。一般说来，奉行“属地原则”的国家在行使税收管辖权时采用“地域税收管辖权”，奉行“属人原则”的国家则采用“居民税收管辖权”或“公民税收管辖权”。

1.属地原则与地域税收管辖权

属地原则认为，一个主权国家政治权力所能达到的范围，是指这个国家所属领土的全部空间，包括领土、领水与领空。而超出这个范围，这个国家就不能行使自己的政治权力了。

奉行这个原则的国家可以据此处理问题，例如可以给予出生在国内的人以本国国籍，而不问其父母属于哪国国籍。

按属地原则确立起来的税收管辖权，称为“地域税收管辖权”(也可称所得来源管辖权，收入来源地管辖权)。

行使地域管辖权的国家有权对发生在本国疆界范围内的所得征税，而不管纳税人是何国公民或居民。

相反，它对纳税人来自国外的收益、所得不征税，即使纳税人是本国的公民或居民。

按地域税收管辖权征税,收入来源发生在哪个国家,就在哪个国家征税,体现了国际经济利益分配的合理性,又方便了税收的征管工作,为世界各国所普遍接受。但单一行使地域税收管辖权的国家和地区不多,有文莱、香港、沙特阿拉伯、马耳地、危地马拉、厄瓜多尔、巴西、玻利维亚、委内瑞拉、巴拿马、乌拉圭、尼加拉瓜、多米尼亚、海地、哥斯达黎加、埃塞俄比亚、加纳、塞舌尔等18个国家、地区。

2.属人原则与居民(公民)税收管辖权

属人原则认为,一个主权国家,可以对它的公民和居民充分行使其政治权力,而对属于其他国家的公民或居民就不能行使政治权力了。

仍以国籍为例,奉行属人原则的国家,可以给以本国人所生的子女以本国国籍,而不论其出生于何国。

同样道理,奉行属人原则的国家在确立税收管辖权时,可以对本国的公民或居民取得的收益征税,即使这个居民或公民的收益有一部分甚至全部都是来源于其他国家,也不例外。而对非本国的居民或公民的收益,不论其来源于国外还是国内,均不征税。

按属人原则确立的税收管辖权有两种:

一种是公民税收管辖权,它是国家对有本国国籍的公民来自世界范围的全部所得行使的征税权。

按属人原则建立起来的税收管辖权大多是公民税收管辖权,以国籍来判断其纳税义务,不论其居住于国内或国外,对于住在外国者,也不论其居住期限的长短,都应按其世界范围内的收入纳税。

按公民身份行使税收管辖权给国际税收带来了更多的困难。因为,甲国公民如在另一国居住,而在第三国取得收入,则甲国要按公民身份对其征税,居住国要按居民身份对其征税,而收入来源国则要从源征税,这就使国际税收关系更加复杂化。

特别是对一个很少,甚至从来也不在所属国籍国居住,而经常在另国居住和从事经营活动的跨国人员行使该权,对其来源于世界范围内的所得征税,往往是不现实的。所以除了美国和罗马尼亚等少数国家外,绝大多数国家放弃了公民税收管辖权,转而采用了居民税收管辖权。

另一种是居民税收管辖权，指国家对居住在本国境内的全体居民(包括自然人和法人)取得的来自世界各国的全部所得行使的征税权力。

这里,居民的观念比公民要复杂得多。居民指居住在一国境内并受该国法律管辖的一切人,包括该国国民,外国国民,双重国籍和无国籍人等都在内。

在自然人方面,各国都按居住地确立纳税人的居民身份,并对之行使税收管辖权,多数国家,居住期限都规定为连续半年,但也有规定连续一年的,如我国、日本和巴西。

在法人方面,各国对居民身份的确立也不一样,但一般都依照下列两条原则:第一,按公司的组成地,即公司按何国法律在何国注册成立,便视为何国居民的公司;第二,按公司的实际管理机构所在地,即实际管理机构设在何国,便视为何国公民的公司,公司董事会的所在地或经常开会的地点,是判断实际管理机构所在地的标志。凡按上述原则之一,确立为是有某国居民身份的公司,该国就可以对其行使居民税收管辖权,按其世界范围内的收入征所得税。

目前世界各国较普遍地行使居民税收管辖权。

3.不同税收管辖权同时并用

在国际税收实践中,单一行使某种税收管辖权的国家很少,绝大多数国家都在同时行使地域税收管辖权和居民税收管辖权。之所以出现这种情况,是各国行使职其主权来维护本国利益的结果。

一个国家如果只是单一地行使地域税收管辖权，对来源于本国领土范围内的收益和所得征税，但是对本国居民或公民来源于其他国家的收益和所得,就不征税了,这样,就丧失了本国的一部分财权利益,而原因就是这个国家没有行使居民(公民)征收管辖权。

一个国家如果只是单一地行使居民(或公民)征收管辖权,它可以对本国的居民或公民来自全世界范围的收益和所得征税，但对于其他国家的居民或公民来源于本国领土范围内的收入和所得，就不征税了。对来源于本国领土范围内的收入和所得征税,本来是国际公认的国家权利,而单一行使居民(或公民)征收管辖权,却因未行使地域征收管辖权而丧失了本国应得的一部分财权利益。

因此,为了维护各自国家的财权利益,避免不应有的损失,世界上绝大多数国家在行使某种征收管辖权的同时，也行使另一种征收管辖权,出现了“两权并用”或“三权并用”现象。

目前,大多数国家同时行使居民征收管辖权和地域征收管辖权,这些国家有:阿富汗、澳大利亚、日本、韩国、马来西亚、新加坡、德国、意大利、英国、法国等50余国家。

同时行使公民征收管辖权和地域征收管辖权的国家:罗马尼亚。

同时行使公民税收管辖权，居民税收管辖权和地域税收管辖权“三权并用”的国家:美国。

既然单一地行使某种征收管辖权会给国家带来财权利益上损失,为什么还有少数国家单一地行使地域税收管辖权呢?这些国家这样做的目的，是为了给外国投资者提供一种对境外收益不征税的诱人条件,来吸引国际资本和先进技术流入本国,实际上是用本国的一部分财权利益去换取吸引外资的经济利益。有的国家和地区这种做法获得了一定的成功。

第三节 国际双重征税

世界上各个国家由于政治、文化、经济和传统习惯等方面的差异,行使的税收管辖权是不同的,当不同的税收管辖权,相互交错,对同一跨国纳税人的同一所得征税时，这个纳税人的所得就可能被两个以上或两个以上的国家同时进行两次或两次以上的课征，出现重复征税的现象。由于国际间的重复征税大多是两个国家对同一纳税所得的重复课征,故习惯上将国际重复课税称为国际双重征税。

一、国际双重征税的概念

重复征税按其不同的性质,可划分税制性重复征税,法律性重复征税和经济性重复征税。

税制性重复征税,是指由于实行复税制形成的。

实行复税制的国家,同时开征两个或两个以上的税种,就不可避免地会出现重复征税。例如,对同一纳税人的同一税源,即征收流转税,又征收所得税,实际上形成该税源的重复征税。

目前,世界各国基本上都在实行复税制,因此税制性重复征税是普遍存在的。

法律性重复征税,是指由于法律上对同一纳税人和征税对象行使不同税收管辖权所造成的。

例如,我们前面所列举的情况,即不同税收管辖权相互交错地对某纳税人征税出现的重复征税。

经济性重复征税,指由于经济制度形成的对同一税源的重复征税。例如,股份公司是比较普遍的经济组织形成,在对股份公司和股东个人的征税中,一方面,对公司的所得征收公司所得税;另一方面,又对从股东公司分得的股息征收个人所得税,而这部分股息是从公司已纳税的利润中分配来的,于是出现了双重征税。

上述三种性质不同的重复征税,是普遍存在于各国税收实践中的,但并非都是国际双重征税的内容。

税制性的重复征税是由复税制引起的,而复税制是由某一国家自己制定的,这样,税制性的重复征税是一个征税权主体行使征税权产生的,一般不涉及其他国家,不属于国际双重课税的范围。

法律性重复征税是由不同征税权主体行使不同税收管辖权,对同一纳税人的同一征税对象征税所引起的,由于征税权主体的范围不同，有两种情况，一种是同属于一个国家的两个征税权主体引起的,如中央政府与地方政府对同一纳税所得的征收,这不属于国际双重课税的范围；另一种情况是，征税权主体是两个或两个以上的国家，对同一纳税人所得征税产生的，由于涉及国家与国家之间的关系,是属于国际双重征税范围的。

经济性的重复征税，由于同一税源的不同纳税人所处的地域不同,与国际双重征税的关系也是不同的。如果同一税源的不同纳税人(如公司与股东)同处于一个国家,这种情况下产生的经济性重复征税只是属于一个国家的范围。如果同一税源的不同纳税人是分处在两个或两个以上的不同国家，由此引起的经济性重复征税就成为国际双重征税的内容。

可见,具有国际性质的双重征税只是重复征税的一部分,并不是所有的重复征税都是国际重复征税。

成为国际双重征税的重复征税一般具有三个特征：一是征税权主体是多元的,即是两个或两个以上的国家;二是纳税人是跨越国界的,同时对两个或两个以上的国家负有纳税义务。三是征税对象或税源是单一的,同时具备这三个特征的。重复征税才是国际双重征税。

根据其特点,我们可以定义如下:国际双重征税是指两个或两个以上多个国家，在同一时期对同一跨国纳税人的同一征税对象或对不同跨国纳税人的同一税源征收同类税收所造成的重复征税。

二、国际双重征税产生的原因

1.不同税收管辖权产生的国际双重征税

目前,世界各国行使的税收管辖权有地域税收管辖权,居民税收管辖权和公民税收管辖权,这三种税收管辖权中的任何两种,若同时对同一跨国纳税人的同一所得征税,都会发生国际双重课税。由于两种税收管辖权相互重叠而产生国际双重征税的情形有三种：

第一种是地域税收管辖权与居民税收管辖权的重叠。某人作为

A 国的居民到 B 国从事经营活动,在 B 国获得了所得 100 万美元,B 国行使地域税收管辖权,对来源于本国的所得课征所得税,所得税率为 40%,应征所得税 40 万美元;而 A 国则行使居民税收管辖权,对本国的居民征税,所得税率为 35%,应征所得税 35 万元。这样,这个跨国纳税人在 B 国的所得受到两国的双重课征。即两国同时对该居民的同一所得征收所得税 75 万美元。

第二种是地域管辖权与公民税收管辖权的相互重叠。由于现在行使公民税收管辖权的国家很少,所以出现地域税收管辖权与公民税收管辖权重叠的现象很少。如果出现,也同地域税收管辖权与居民税收管辖权一样,会出现国际双重征税。

第三种是居民税收管辖权与公民税收管辖权的重叠。公民与居民的概念是不同的,公民一般是指具有本国国籍,并享有法定权利和承担义务的个人;而居民则指居住在本国境内并受本国法律管辖的一切人,包括本国公民和外国人。

由于公民与居民的概念不同,在行使居民税收管辖权的国家与行使公民税收管辖权的国家同时对同一跨国纳税人征税时,就可能出现国际双重征税。

比如,某人是 A 国的公民,但因其长期居住在 B 国而被 B 国认定为 B 国的居民,全年总所得 100 万美元,A 国行使公民税收管辖权,税率为 40%,对该人来自全世界范围的所得课征所得税 40 万美元;而 B 国则行使居民税收管辖权,税率为 35%,对该纳税人来源于全世界的所得征所得税 35 万元。A 国的公民税收管辖与 B 国的居民税收管辖权在这个跨国纳税人身上重叠,出现双重征税,共计 75 万美元。

2.同种税收管辖权重叠产生的国际双重征税

从理论上讲,两个或多个国家都实行同一种税收管辖权征税,是不会产生双重征税的。假如 A 国和 B 国全行使地域税收管辖权,各自对本领土内的所得征税,不会造成国际双重征税。再如,C 国和 D

国同样行使居民税收管辖权,各自对本国居民征税,也不会造成国际双重征税。

但在国际税收实践中，由于许多国家对一些概念的理解和判定标准不同，因而在行使同一种税收管辖权时，也会发生国际双重征税。

(1)双重居民税收管辖权产生的国际双重征税

所谓居民，从税收角度而言，指在行使居民税收管辖权的国家中,具有纳税义务的一切人员(包括自然人、法人),这是一个十分笼统的概念,对于确定某个人是不是某国的居民是不够的,还需由这个国家税法中规定的居民判定标准来判定。

各个行使居民税收管辖权的国家，在其税法中规定的居民判定标准是不尽相同的，有的国家按是否拥有永久性住所来判定是否居民,有的国家则用纳税人在该国停留时间的长短作判定标准。于是,虽然有关国家都是行使居民税收管辖权，但由于对居民的判定标准有差异,还是有可能出现两种居民税收管辖权相互重叠的现象。

(2)双重地域税收管辖权产生的国际双重征税

一般说来,一个国家所管辖的地域界线是清楚的,不大可能出现两个或多个国家同时行使地域税收管辖权征税而产生国际双重课税问题。但也的确存在着由于各国对纳税人的来源地确定标准不同而产生的国际双重课征。

三、国际双重征税的影响

1.加重了跨国纳税人的税收负担

作为纳税人,依法向国家交税是应尽的义务,这是无可非议的。但由于有关国家税收管辖权的重叠交叉，跨国纳税人要依法向两个甚至两个以上的国家纳税，税收负担大大加重了，甚至是成倍的加重。

2.违反税收的公平原则

众所周知,等量资本要求获得等量利润,是一个经济规律。同样数量的资本投在国内和国外,都要求获取相当的利润,尤其是资本投到国外,所冒的风险比国内大,要求获取更多的利润。但国际双重征税加重了跨国所得的税收负担,破坏了税收的公平原则。

3.阻碍国际经济的发展

国际间经济、技术、文化的相互交流、合作,是世界经济发展的一大趋势,这个趋势是社会生产力发展的必然要求,它能使各种资源要素在全世界范围内得到更合理的利用,促进国际专业化分工,加速各国经济的发展。但国际双重征税却加重了跨国所得的税收负担,打击跨国投资、经营、技术合作的积极性,从而阻碍了国际经济的发展。

4.影响有关国家之间的财权利益关系

由于国际双重征税是两个或两个以上国家对同一纳税所得征税造成的,面对同一征税对象,一国多征了税,就有可能影响其他国家要少征税,国际双重征税已成为国际经济关系中的一个重要问题。

四、国际双重征税的免除原则及方式

1.属地优先原则

各国按照属人原则行使居民税收管辖权或公民税收管辖权,按照属地原则行使地域税收管辖权,如果说这种现象不可避免的话,那么要避免由此而引起的国际重复征税, 至少应该在它们之间承认某一种税收管辖权是居于优先地位的。撇开属地原则与属人原则对不同国家的税收意义这一点不论,根据属地原则,课税对象发生或存在于哪一个国家境内,就应当由哪一个国家课税,这样做更为合理。该原则不仅体现了国际税收权益分配的客观性和税务管理的方便性,而且从国际经济关系的现实情况来看, 如果一个从事跨国经济活动的企业或个人不承认有关国家的地域税收管辖权, 不向非居住国政府缴纳税收,绝不可能取得在该国境内从事经济活动的权利。当然一国的居民(或公民)不能获准在其他国家从事经济活动,就根本谈不上该国政府对其境外所得的课税问题。因此,“属地优先原则”必然成为世界各国处理国际重复征税问题共同遵循的一个基本原则。

在贯彻属地优先原则的条件下,不仅居民(或公民)税收管辖权与地域税收管辖权的冲突引起的国际重复征税,而且因居民(或公民)税收管辖权与居民税收管辖权引起的国际重复征税,都可以得到避免或消除。因为贯彻属地优先原则实质上意味着将对居民(或公民)纳税人的课征范围限制在本国的地域税收管辖权实施范围内。即使两国分别对同一纳税人按照属人原则行使居民税收管辖权,或分别行使居民税收管辖权和公民税收管辖权,只要双方国家均限制了本国对纳税人在对方国家所得课税权,国际重复征税现象仍可得到避免或消除。

由于贯彻属地优先原则,在一定程度上放弃了本国的居民(或公民)税收管辖权,会直接减少本国的财政收入,这对有着大量资本和技术输出的国家的财政收入影响很大。因此,目前绝大多数国家一般都通过税收法令和规定,对本国免除国际重复征税措施的实施范围加以限制。

第一,必须是按照本国税法确定的境外来源所得或境外财产。

判定纳税人的一项所得或财产是否属于境外所得或境外财产,应以本国税法中规定的判定标准为依据。如果纳税人的一项所得或财产,根据本国税法已划为境内所得或境内财产,即使同时被有关国家划为其境内课税对象并已征税,也不能享受本国提供的免除国际重复征税待遇。这一限制性条件的实质问题是维护本国的地域税收管辖权,防止其他国家实施地域税收管辖权范围的扩大而造成对本国税收权益的损害。

第二,必须是向有关外国政府缴纳的税收,而不是费。

各国政府征收的税收种类较多,但有些名义上是税,实际上是费。判断两者的区别,关键在于无偿与否。凡是纳税人为获得某种利益向有关外国政府缴纳的款项，只能作为费用扣除，而不能要求在本国获得税收抵免。例如，注册费，社会保险税等。

第三，必须是实际已纳税的境外所得或境外财产。

大多数国家规定，可在本国享受免除重复征税待遇的必须是已向外国政府实际缴纳税收的境外所得或境外财产。本国纳税人申请享受免征待遇时，必须申报有关外国所得或财产总额及已税情况，同时提交有关外国政府的纳税证明和其他有关材料。如果外国政府在课税的同时，又通过各种形式给予纳税人一定的补贴，即使是间接补贴，纳税人已纳的外国税收也不能在本国要求抵免，可以抵免的只能是已纳外国税收减除补贴后的余额。

由此可见，贯彻"属地优先原则"并不意味着居住国（或国籍国）完全放弃对本国居民（或公民）纳税人的境外所得或境外财产应行使的税收管辖权，而只是承认所得来源国或财产所在国对此行使地域税收管辖权的优先地位，且这种承认也是以不能损害本国的地域税收管辖权为前提的。

2.双边及多边方式

在世界上绝大多数国家贯彻"属地优先原则"的情况下，国际重复征税现象在一定程度上可得到避免或消除，这对于保证国际间正常的经济交往与合作确实起到积极的作用。然而，由于不同国家所采用的境内所得与境内财产的确定标准存在着较大差异，这种单边方式在解决国际重复征税问题上的作用还是不彻底的。因此，为了更好地避免国际重复征税，一般通过国与国之间的协商来对各自的税收管辖权实施范围加以规范，这是世界各国为消除国际重复征税的又一个重要途径。

通过由两个国家参加的双边协定或由两个以上国家签订的多边协定来协调缔约国各方的税收管辖权，从而避免或消除国际重复征税的主要措施有：

第一，明确缔约国之间居民税收管辖权的范围。

由于对居民认定标准的选择属于各个国家主权范围内的事务，不同国家基于本国的政治经济条件的认识不同，需要缔约国各方在谈判过程中协商解决。通常的做法是，首先依据缔约国国内税法的有关规定，列举一个或若干个居民纳税人判定标准，然后以特别条款规定对同时成为缔约国双方居民的人，应根据这些标准，经缔约国主管部门审议，确定其仅为缔约国一方的居民。各国在协定中采用的居民个人认定标准主要是住所和居所标准，对公司居民则主要采用实际管理机构标准以及总机构和注册地标准。

由于一个公司的实际管理机构以及总机构或注册地较易判定，即使因有关国家签订的协定中采用了两个或两个以上判定标准，经协商把一个公司确定为缔约国一方的居民在技术上并不困难。对于居民个人，由于各国国内法律关于住所或居所确定标准的内涵不同，在确定一个同时成为缔约国各方居民的个人仅为缔约国一方居民的问题上仍是相当困难的。一般需要结合纳税人的主要经济利益所在地以及国籍等因素来加以判定。其判定顺序如下：

一是应以永久性住所所在国为准。如果一个人在两个国家同时有永久性住所，应视其为与个人经济利益更密切所在国的居民。

二是如果其重要利益中心所在国无法确定，或者在其中一国都没有永久性住所，应视其为有习惯性住所所在国的居民。如果其在两个国家都有，或者都没有习惯性住处，应视其为国民所在国的居民。

三是如果其同时是两个国家的国民，或者不是其中任何国的国民，应由缔约国双方主管部门协商解决。

第二，明确缔约国地域税收管辖权实施范围。

在对缔约国之间行使的居民税收管辖权加以规范的基础上，缔约国各方对缔约国另一方的居民来源于本国境内的所得或财产，拥有优先行使地域税收管辖权的权力。但这还不够，必须对缔约国各方行使的地域税收管辖权冠以统一的标准，来限定它的实施范围。对于地域税收管辖权的规范，是按照不同类型所得或财产对缔约国规定限制性条件来实现的。例如,为防止常设机构外延的扩大,可采取列举的办法加以明确:管理场所;分支机构;办事处;工厂;车间;矿场、油井或气井、采石场或者任何开采其他自然资源的场所;建筑工地,建筑、装配或安装工程。但不包括专为储存或陈列本企业货物或商品的场所，专为本企业采购商品货物或搜集情报而设有的固定营业场所。再如,为限制缔约国以汇出所得税或股息预提税等形式对常设机构向总机构汇出利润征税，可规定在一个国家的居民公司从缔约国另一方取得利润的情况下，另一方不得对该公司的未分配利润和对该公司支付的股息征任何税收。

第三,明确适用的税种范围。

为了防止因缔约国税制不同，在免除国际重复征税方法适用的税种范围上发生矛盾和冲突，这就需要对适用的税种范围作出明确规定。鉴于缔约国之间在征收的税种、征收范围、征收方法和计税标准等方面往往存在着这样或那样的差别,难求统一。通常以专门条款分别列举税种,在规定的税种范围内,缔约国一方应对另一方征收的税种承担税收抵免的义务。

应该指出，双边及多边方式虽然是避免和消除国际重复征税现象的有效途径,但是并不意味着国际重复征税现象可因此而消失。因此,在国际税收领域,如何更好地消除国际重复征税现象,以减少避税行为的发生,仍是今后较长时期内很繁重的任务。

五、免除国际重复征税的方法

1.免税法

免税法,又称豁免法,是居住国(国籍国)对本国居民(公民)来源于外国的跨国所得,在一定的条件下,免于征税的一种消除国际双重征税的方法。这种方法实质上是居住国(国籍国)政府,对收入来源国政府行使地域税收管辖权征税的那部分所得,放弃行使居民(公民)税收管辖权,来避免两种税收管辖权的重叠交叉,防止国际双重征税的发生。在所得税普遍采用累进税率的条件下，由于免税法采用的税率不同，免税法分为全额免税法和累进免税法。

第一，全额免税法。

指居住国（国籍国）放弃居民（公民）税收管辖权，在对居民（公民）来源于国内的所得征税时，完全不考虑其在国外的所得，仅按国内所得额确定适用税率征税的方法。

居住国应征所得税额 = 居民的国内所得 × 适用税率

第二，累进免税法。

指居住国（国籍国）政府在对本国居民（公民）行使居民（公民）税收管辖权时，对居民（公民）源于国外的所得不予征税，但在对居民（公民）源于国内的所得征税时，其适用的税率，是把其国内外的所得汇总起来，以总所得为依据来确定的方法。

累进免税法和全额免税法相比较，不同之处在于对居民国内所得税所选择的税率不同。

全额免税法在选择税率时，完全不考虑居民在国外的所得，只按居民的国内所得确定税率。

累进免税法在确定税率时，按包括国外所得在内的总所得来确定。这意味着按累进免税法确定的税率，会高于全额免税法确定的税率。

居住国应征所得税额 = 居民的总所得 × 适用税率 ×（国内所得 / 总所得）

累进免税法虽然比全额免税法多征了一些所得税，但国际双重征税还是被免除掉了，因为居住国并未对某公司在来源国已纳税所得征税。

无论是全额免税法还是累进免税法，由于放弃了对纳税人国外所得的征税权，免除了国际双重征税，方便简单。实质上是居住国单方面放弃了居民税收管辖权，使来源国的税收管辖权处于独占的地位，这样没有体现出对跨国所得的分享原则。在居住国税率高于来源国税率的条件下，采用免税法后，使实际免除的税额大于应免除的国外纳税额。

只有在居住国的税率与收入来源国相等或低于后者的条件下，采取免税法才不会发生实际免除额大于应免除额的问题，也就是说才不会发生居住国少征税问题。

由此可见，免税法存在着一些缺陷，不是较完善的国际双重征税的免除方法。因此，世界上采用免税法的国家不多，有波兰、丹麦、法国、瑞士、罗马尼亚、澳大利亚、新西兰、委内瑞拉等。

2.扣除法

指居住国(国籍国)政府在实行居民(公民)税收管辖权时，允许跨国纳税人将其向外国政府缴纳的所得税额，作为扣除项目从应税所得中扣除，就扣除后的余额计征所得税，以免除国际双重征税的一种方法。

居住国应征所得税额 =(居民的总所得 - 国外已纳所得税)× 适用税率

居住国(国籍国)实行扣除法，不能完全免除由于税收管辖权重叠交叉造成的国际重复征税，其给予跨国纳税人扣除的一部分税额，只能对国际双重征税起一定缓解作用。究其原因，是居住国(国籍国)没有完全承认收入来源国行使地域税收管辖权的优先地位，而只是承认了一部分，以致使跨国纳税人的重复征税问题，不可能得到完全的解决，所以采用该法的国家很少。

3.抵免法

指居住国(国籍国)政府在本国税法规定的限度内，允许本国居民(公民)用已缴纳收入来源国政府的所得税税额，来冲抵应缴纳本国政府所得税税额的一种免除国际双重征税的方法。

基本计算公式：

居住国应征所得税额 = 居民总所得 × 适用税率 - 允许抵免的已缴来源国税额

抵免法承认了收入来源国行使地域税收管辖权的优先地位。也充分行使了居民税收管辖权,并不是无限制、无条件地对收入来源国征收的所得税款,一律予以承认和抵免,而是在居住国规定的一定限度内才能“允许”抵免,超过限度的部分不予抵免。

我们把抵免法同免税法和扣除法作一比较:

首先,抵免法不像免税法那样,对本国居民来源于国外的所得免于征税,完全放弃了居民税收管辖权,而是充分行使居民税收管辖权,对居民来源于国内外的所得一并征税。就承认收入来源国行使地域税收管辖权的优先地位,以及免除国际双重征税来说,这两种方法的效果是基本相同的。

其次,抵免法也不像扣除法那样,对收入来源国已征收本国居民的所得税,只给予扣除一部分的照顾,不完全承认地域税收管辖权的优先地位,也没有完全免除跨国纳税人的双重国际税负。而是在本国税法规定的限度内,对收入来源国已征收本国居民的所得税予以抵免,基本上免除了跨国纳税人的双重国际税负。在充分行使居民税收管辖权方面来说,这两种方法是比较一致的。

因为免税法和扣除法都有一些缺陷,只有抵免法既承认了地域税收管辖权的优先地位,又行使了居民税收管辖权,起到了免除国际双重征税的作用。不仅较好地处理了国际税收关系,还维护了居住国的正当权益,所以被世界上绝大多数国家采用。

由于抵免法涉及各有关方面的利益关系,所以在具体计算上就比较复杂。而且实行抵免法的国家又依各自国家的需要,采用的具体方法不同,使抵免法的内容更丰富了。

(1)直接抵免法

指居住国(国籍国)允许本国居民(公民)用已向来源国直接缴纳的所得税,来充抵其应缴纳本国政府所得税一部分税额的做法。

不是任何情况下都可以使用直接抵免法的,有其特定的使用范围。一般说来,直接抵免法适用于同一经济实体的纳税人向来源国已纳所得税的抵免。

包括:第一,跨国自然人。一个跨国自然人,既要向收入来源国纳税,又要承担其居住国(国籍国)的纳税义务。两个方面的国家都要对这个自然人征税,税收负担需由这一个人承担,这个跨国自然人本身当然是同一经济实体了。如果有两个自然人A和B,A向收入来源国缴纳的所得税,就不能在B向居住国缴纳的所得税中实行抵免,因为A和B是两个经济实体,不适用直接抵免法。

第二,分支机构。居住国(国籍国)的公司在国外设立的分支机构,向收入来源国缴纳的所得税,适用直接抵免法。

因为从总机构和分支机构性质的归属来分析,它们本来就是一个统一体,分支机构只不过是总机构的派出单位。

总机构和分支机构的资金所有权是同一的。总机构派出分支机构,是将本经济实体的一部分资金划拨给分支机构使用,而不是向别的经济实体再投资形成一个新的机构。

总机构和分支机构的经营决策是统一的,目的都是为了同一经济实体的利益,实质上还是所有权同一所决定的。

利润分配统一。分支机构不是独立的经济实体,其盈利不属于其本身,而是属于整个经济实体,分支机构盈利的多少,也往往受总机构的控制和制约。其盈利和整个经济实体的盈利一起,由总机构进行统一分配。究其原因,也是资金所有权的同一。

直接抵免的计算方法,就是我们已介绍过的公式:

居住国应征所得税额=居民总所得×适用税率-允许抵免已缴来源国税额

由于对"允许抵免的已缴来源国税额"处理的不同,直接抵免法分为全额抵免和限额抵免。

一是全额抵免,指居住国政府在对跨国纳税人征税时,允许纳税人将其在收入来源国缴纳的所得税,在应向本国缴纳的税款中,全部给予抵免的做法。

二是限额抵免,又称普通抵免。这种作法要求居住国(国籍国)政府在对跨国纳税人的国内外所得计算征税时，允许纳税人抵免的税额，最高不得超过其国外所得乘以本国法定税率所计算出的应纳税额。

由于全额抵免对纳税人在国外的已纳税款全部予以抵免，在一定条件下会影响居住国的利益。而限额抵免把予以抵免的税额限制在居住国的税率范围之内,从而维护了居住国的利益。所以,世界上绝大多数国家实行限额抵免的做法。

限额抵免比全额抵免的计算要复杂一些，其复杂点主要集中在对“允许抵免的已缴来源国税款”的确立上。

在收入来源国的税率低于居住国税率时，抵免限额就大于纳税人已向收入来源国缴纳的税额；当收入来源国的税率等于居住国的税率时,抵免限额就与纳税人已缴收入来源国的税额相等;而收入来源国的税率高于居住国税率时，抵免税额则小于纳税人已向收入来源国缴纳的所得税税额。

(2)间接抵免法

间接抵免法是在直接抵免法的基础上发展起来的。

当资本主义发展到一定水平时，有些垄断资本组织通过占有别的公司的全部资本或部分股票,来控制这些公司,使这些公司成为从属于自己的子公司,自己成为母公司。这样就可以用较少的资本去掌握控制比自己大几十倍的资本。当这种方式跨出国界后,就成为跨国母子公司。

这种跨国母子公司与前面直接抵免法中所述总机构与分支机构的关系是不同的。

母公司与子公司都是独立的经济实体,而不是同一个经济实体。母公司与子公司之间,在资本的所有、经营策略和利润分配方面并不是一致的,母公司只能通过参股来发挥自己的影响,以控制所属子公司。

母公司与子公司间的关系，反映到税收管辖权上，不是居住国的居民税收管辖权与收入来源国的地域税收管辖权之间的关系，而是不同居住国各自行使的居民税收管辖权之间的关系。

跨国母子公司与跨国总公司间的上述两方面的不同，反映到国际税收中来，出现这样两个结果。

第一，子公司获取的所得，只有一部分是属于母公司的，其余部分属于其他投资者。所以，母公司所在的居住国政府，是不会允许将子公司已缴其居住国的税额，全部用来抵免母公司应缴税额。

第二，母公司与子公司之间在税收上又是关联的。由于母公司是其子公司的股东，母公司每年从子公司的所得中，会分得一部分股息。这部分股息，是从子公司向其居住国政府纳过税后的所得中分来的，即这部分股息是已纳过税的。而母公司将这部分股息并入自己的所得中，还要向居住国政府纳税。于是出现了对这部分股息的国际双重征税。

消除这种国际双重征税，不能用子公司在其居住国已缴税额来直接抵免母公司的应纳税款。这就需要采用间接抵免法。

间接抵免法，指母公司所在的居住国政府，允许母公司将子公司已缴东道国的所得税中，应由母公司分得股息承担的那部分税额，来充抵母公司应纳税款的方法。

在这个概念中，有三个基本的内容：

其一，间接抵免法适用的范围是具有跨国母子公司关系的纳税人。直接抵免法的适用对象是居住国和收入来源国两个国家对同一纳税人征税产生的国际双重征税。而间接抵免法的适用对象是由两个居住国对两个纳税人征税产生的国际双重征税。

其二，间接抵免法之所以称为间接，是因为母公司所在的居住国政府允许母公司抵免的税额，并不是由母公司直接向子公司所在国政府缴纳的，而是通过子公司间接交纳的。

其三，间接抵免法所允许抵免的税额，不是子公司已缴其居住国的全部税额,而是母公司所分股息应承担的那部分税额。这个税额,只能通过母公司收到的股利间接地计算出来。

间接抵免法与直接抵免法的计算基本相同,只是更复杂一些。

由于母子公司可以通过母公司——子公司——孙公司——曾孙公司等,层层参股投资,因此会出现一层、两层及至数层重叠的情况,计算时也有一层间接抵免与多层间接抵免之分。

(3)税收饶让

在实行抵免法的条件下，虽然居住国政府允许跨国纳税人将已缴外国政府的税额,在抵免限额内给予抵免,比较有效地免除了国际双重税收,但是,一些国家为了吸引外资和引进先进技术,对外国企业给予的税收减免优惠,也被居住国的抵免计算所抵消了。因为居住国政府一般是按本国的税率进行抵免的，这会把非居住国给予纳税人减免的税收,补征到居住国的税负水平,即优惠的税收,没有使纳税人受惠,却送到居住国政府的口袋里去了,从而使非居住国的优惠措施失去作用。

为了使税收优惠落实在纳税人的身上，一些国家要求居住国政府，将给予纳税人优惠减免的税收视同于已缴给外国政府的税额进行抵免。

所谓税收饶让，就是一国政府对其纳税人从国外得到优惠减免的所得税款,视同已纳税款,准予抵免的一种特殊抵免措施。

对税收饶让,世界各国所持的态度不同,有些国家赞成,有些国家反对。在赞成的国家中,各国出于各自国家利益的考虑,在准予饶让的范围上也是不尽相同的，一般都是通过有关国家之间签订税收协定加以规定。

税收饶让,是一国政府对外国政府税收优惠措施的积极配合。实行饶让,受惠的是纳税人,显而易见。对相关国家的影响,应从税收利益和经济发展两方面分析。

外国政府实行税收优惠政策,对来自国外的投资减免税收,短期内在税收利益方面是有损失的。但其税收优惠政策是为了经济发展服务的,牺牲一部分税收利益,以吸引更多的外资和技术,换来经济发展的更大利益。从长远来看,经济发展了,税收利益也会增加的。因此,凡是希望用税收优惠措施吸引外资的国家,都积极推行税收饶让。

税收饶让准予抵免的优惠减免税款,本来就是外国政府应该征得的税款,只是出于政策的需要,才优惠减免给纳税人的,而不是优惠给其居住国政府的。所以,纳税人的居住国政府对其予以饶让,根本不会在税收利益上受到损失。如果居住国的过剩资本较多,实行税收饶让还能够鼓励资本和技术输出。因此,相当多的发达国家都实行了税收饶让。

六、国际税收征管的经验

综观世界各国税收征管实践可以发现,世界各国虽然在具体的税收征管措施方面有所区别,但也有共同之处,概括起来包括:

1.税收征管日趋法制化

世界各国的税收征管改革的历程是相同的,即由人治走向法治。税收征管活动所依据的是国家法律,也必须用法律作后盾。各国的税收征管法律最初大多只规定税务机关的权利和纳税人的义务,伴随着税收征管的实践,各国都逐渐开始重视纳税的权利与保护,并出现了保护纳税人权利的专门性法律法规。发展到今天,税收征管活动包括税务登记、纳税申报、税款征收、代扣代缴、税务处罚、税务争议的解决办法、税务机关的权利与义务、纳税人的权利与义务、税务代理的权利与义务,基本都纳入了法律、法规的调节范围。

2.税收征管手段日趋现代化

美国从20世纪60年代开始在全国范围内逐步建立计算机征管网络。随后,西方国家也都开始大规模的运用计算机,使发达国家税收征管效率大大提高,各税务服务中心每年处理几千万份的纳税申报单，高峰期每天就能处理几十万份，不仅提高了征管效率，也直接降低了税收成本。

3.纳税申报规范化

在纳税申报方面，世界各国不仅在税法中明确规定纳税人的申报期限、程序、方式等，而且对税务申报表的设计、格式、种类等也都加以规范。如美国，税务局设计出申报草表后，先交局内同行审阅，再发给会计师事务所、律师事务所等社会中介机构审查，最后还要到八年级学生中征求意见。为保证申报表的设计有足够的时间，美国国会通过税法后，必须留给税务局3～4个月的表格设计和分发时间。同时要求税务申报表必须通俗易懂，要保证13岁左右的八年级学生能够看懂。

4.税收征管日趋社会化

税收征管社会化是指税收征管不再是原来的那种很纯粹的税务机关和纳税人两方的关系，在税务机关和纳税人之间出现了中介代理人。目前，世界各国都制定有自己的税务代理法律法规，以调节和规范税务代理行为。这种征管社会化方式，形成了税务机关、社会中介、纳税人之间相互配合又相互制约的完整机制，有效地防止了国家税收的流失。

5.税收征管协作化

税收征管是税务机关的法定职责，但由于社会分工的日益细化，税务机关根本不可能独立地完成税收征管任务，必须得到银行、工商、司法等部门的支持下配合。世界各国都在法律中明确规定，任何负有纳税义务的纳税人在离开关境前必须缴清税款，否则，海关不允许离境：银行对于存款人的利息收入，在通知存款人的同时，也通知税务机关。

6.税务稽查专业化

税务稽查是税收征管工作的重要保证。世界各国在征管改革中不断地提升税务稽查机关的法律地位，将税务稽查逐步从原有的征收机关中分离出来,形成相对独立的税务机构,拥有独立的行政执法权。在西方国家,税务稽查机关一般都拥有较大的权力,他们不仅可以对纳税人进行检查,而且可以对税务人员进行检查。与税务稽查专业化相对应,各国对税务稽查的程序也都有明确规定。

第四节 我国加入WTO后的机遇与挑战

至20世纪末,世界贸易组织共有成员国134个,我国经过若干轮艰苦的谈判,终于有了实质性的进展,于2001年12月11日成为其中的一员。屈指算来,整整11年过去了,我国的所有承诺均已兑现,在肯定成就的同时,有必要反思一下问题。

一、我国当前税制存在的主要问题

改革开放以来,尤其是经过1994年税制改革,我国已初步建立了符合社会主义市场经济要求的税制体系的基本框架,但与世贸组织的一般原则相比,还存在着许多不适应的地方。

1.税收立法层次低

税法是调整税收征纳关系的法律规范。我国的现行税法有六个层次构成:一是全国人民代表大会及其常务委员会制定的法律;二是全国人民代表大会或人大常委会授权立法;三是国务院制定的税收行政法规;四是地方人大及其常委会制定的地方性税收法规;五是国务院有关部门(主要是财政部)制定的税收规章制度;六是地方政府制定的地方税收规章。在这六个层次的税法中,只有《个人所得税法》《税收征管法》《企业所得税法》属于税收法律,而大多数税种的基本规定,是以税收法规颁布的,特别是全国人大常委会和全国人大先后授权国务院发布有关税收条例草案试行,导致了行政与立法界限的模糊,加大了行政权无限扩张的可能性,必然影响税法效力的发挥,也容易遭到WTO其他成员的攻击。

2.税收执法不统一

由于税收立法层次低，在较大程度上造成了税收法规之间，税收法规与其他法律、法规之间相互抵触，一遇情况变化，只得追加补充规定。譬如在我国增值税实施的17年里，税务部门已发了上百次通知和补充规定，税务人员办理纳税事项时千差万别，纳税人更处于被动状态，无所适从。在实践中，许多税务人员为了完成税收任务，常常只关注税额的多少，而不考虑执法过程的各种行为是否符合法定程序，征收“人情税”“过头税”在所难免。这样一来，不仅使执法的统一性和规范性受到冲击，而且使税收执法缺少透明度。

3.税收征管效率低下

虽然我国目前采取“以申报纳税和优化服务为基础，以计算机为依托，集中征收，重点稽查”的税收征管模式，但由于受客观条件的影响，税收征管效率的提高仍被削弱。根本的原因在于税收干部素质较低，个别干部政治思想上缺乏正确的人生观，信奉“实惠”的人生哲学，利用工作之便“吃、拿、要”，不给好处不办事，给了好处乱办事。加之基层税务干部来源途径多元化，大部分人员未经过专门培训，专业知识匮乏，仅满足于处理日常的肤浅工作，这一切显然不适应加入WTO的要求。

二、加入WTO后对我国税制的影响

加入WTO后，并非高枕无忧，而是对我国税收征管提出了更新的要求，并终将对我国税收产生重大影响。

1.有利于推动我国税制向规范、透明、法制化的方向发展。加入WTO后，虽然不影响我国政治主权的稳固性，但为了从中得到实惠，部分经济主权不得不让位于世贸组织，这就意味着我们的税制设计必须符合WTO的“游戏规则”，不过，世贸组织仅要求其成员按基本规则操作，还特别规定了保护经济落后国家的例外原则，这表明我国税制改革并非完全被动的放弃主权和宏观调控，相反，我国的税收宏观调控职能还应进一步加强。只是要求政府主要通过间接手段治理经济,更多的是要通过法律规范,而不是靠行政命令来适应经济发展的新情况。

2.有利于提高税收征管效率。按照WTO的要求,成员国的税收法律要体现统一性和透明性,绝不能因征管工作的随意性而形成差别待遇。随着跨国经营和跨国贸易,以及不受区域限制的电子商务的迅速增长,迫使我们必须采用先进手段,提高"科技治税"的能力,进而提高征管效率。当然,关键因素在于税务干部素质的提高,无论多么繁杂的纳税人类型,多么复杂的纳税情况,最终要靠广大税务干部去解决。这就要求税务干部不仅坚定自己的政治信念,清正廉洁,秉公执法,能够抵御腐朽思想的诱惑与冲击。还要具有过硬的税收专业知识,精通税收法律知识和会计财务运作知识,熟练掌握一门外语、WTO税收规则和计算机应用,以全新的形象迎接WTO的挑战。

3.增加了税收征管的难度。由于利益的驱动性,一些跨国公司往往会采取骗税、避税等形式追求自身利益的最大化。如采用转让定价、关联交易方式,隐瞒国外实现的利润。利用出口退税方式,减少税款的缴纳。尤其是电子商务的"无纸化""无址化""无界化"等特点,弱化了经济活动与具体地点的联系,使常设机构出现虚位,使商品劳务和特许权难以区分,从而增加了税收征管的难度。加之跨国银行的国际金融活动及各种衍生交易的出现,使资本利得与其他所得、已实现所得与未实现所得、股息所得与利息所得等的界限更加模糊,导致税收征管工作越来越艰难。

三、我国税制的调整方向

在独立行使我国税收主权的同时,我们既应遵循国际惯例和WTO规则,又要考虑我国国情,通过改革和完善我国社会主义市场经济体制下的税收政策和税收制度,使之更加符合国际规范。

1.税收立法必须规范、统一、透明。要尽快出台税收基本法,税收基本法是调整税收分配关系的母法,可以统领各税收单行法,有效解决各单行法的冲突和矛盾,协调各税种间的内在联系,这是适应加入WTO后税收法制建设的基本要求。按照WTO规则的统一性原则,还要提高我国税收的立法层次,尽量减少非法律形式的税收规章和暂行条例的颁布。凡经全国人大立法程序批准的有关法律制度,在全国范围内必须统一实施。未经全国人大授权同意,地方政府不得各自为政。地方政府制定的有关规定,也不得与国家法律制度相抵触。在规范税收立法程序和形式的同时,相应建立税法公告制度,确保税法的公开性和透明性。新颁布实施的法律,应提前公布,并及时通知WTO总部与各成员国。

2.税收执法必须严肃、公开。《税收征管法》的修订实施,既加大了打击偷逃骗税的力度,也增加了保护纳税人合法权益的条款,进一步明确对税务机关和税务人员行为的法律化,为规范执法程序和执法行为奠定了法律基础。当前要抓紧建立健全税务执法责任制度,从监督制约机制上规范税收执法行为,在税收征收、管理、检查等各个工作环节中,明确部门和个人的工作职责,细化工作考核指标,对税务干部因故意或重大过失产生的违法行为,尤其是人为造成纳税人税负明显不公,出现该收不收的"人情税",不该收已收的"过头税",必须依法实行执法过错责任追究,以提高税收执法非严肃性。适时建立税务执法公示制度,逐步推行税务公开,力求做到执法程序公开,执法内容公开,执法依据公开,执法权利与义务公开,只有保证税收执法的公开、公正,才能使税收执法有效,合理,为市场竞争创造一个平等的环境。

3.税收征管手段必须先进、科学。在经济形势越来越复杂的条件下,税收征管必须积极采用现代化的科技手段,抓好计算机网络的开发应用,一方面要不断开发新的征管软件,另一方面要充分挖掘现有的计算机网络资源,实现与工商、海关、银行等部门的联网,构建税收征管电子化的立体交叉网络,加强税源监控,防止税源流失。同时要强化税务稽查,加大对税务违法犯罪的打击力度,凡被查出的偷漏骗税行为,一经核实,可分别处以数倍罚款,直至追究刑事责任,以增强税法的威慑力。

加入 WTO 后对我国税收既是机遇,又是挑战。从长期趋势上看,机遇会大于挑战,关键是我们要抓住这一契机,进一步推进我国的税制建设,在与国际惯例接轨的同时,促进我国财政收入随同国民经济一并增长。

第五节　国际税收筹划产生的原因

国际税收筹划是指跨国纳税人利用种种公开的合法的手段,在各国税收法规和有关税收协定条款许可的范围内,通过课税主体(个体或法人)和课税客体(货币或资产)的转移或不转移,跨越国境来减轻或消除税负的行为。

跨国纳税人躲避国际纳税义务与国内纳税人躲避国内纳税义务有较大的不同。一般来说,国际税收所涉及的纳税人多是指在两个或两个以上的国家获取收入, 并在这些国家均负有纳税义务的法人和自然人,或者纳税人虽然没有在两个或两个以上国家获得收入,但在这些国家却负有纳税义务的法人和自然人。例如某自然人,他居住在 A 国,到 B 国从事劳务服务并取得收入,他同时对 A、B 两国负有纳税义务。再如 A 国的某个公司,到 B 国去投资建厂,同时对 A、B 两国都负有纳税义务。跨国纳税是以一定跨国经济活动或经济往来为基本条件的,而跨国税收筹划也是在这一基础上产生和发展的。

国际税务筹划是指在税法规定的范围内, 当存在多种纳税方案的选择时,纳税人以税收负担最低的方式来处理财务、经营和交易等事项。节税与国际避税较难区别,其根本区别在于避税尽管不违犯税法,但与税收政策导向是相违背的,而节税不但不违反税法,而且符合政策导向。

国际税收筹划与国际逃税也有性质上的不同。这主要表现在:①利用的条件不同。国际税收筹划利用的是各国现行税法的差别和不完善之处,而国际逃税则是利用国家间税收管理与合作存在的困难,如管辖权的不一致,对跨国纳税人在他国纳税情报掌握不够等。②采取的手法不同。国际税收筹划采取的手法是公开的,它不违反现有税法,而国际逃税的手法则是隐蔽的,是违反现有税法或国际税收协定的。③达到的目的不同。国际税收筹划谋求的是在不触犯税法的情况下,尽量减少国际纳税义务,而国际逃税谋求的是逃避税法或国际税收协定规定应该承担的纳税义务。④处理的方式不同。对于国际税收筹划,一般需要通过有关国家对国内税法或税收协定作出相应的补充规定,以期杜绝税法漏洞,而在没有作出补充规定之前则无法进行处理;对于国际逃税则可以由有关国家根据其国内税法或税收协定的规定,依法进行补税或加处罚金,以示惩处。不过,从经济后果角度分析,合法的避税和非法的逃税对于有关国家的财政收入和跨国纳税人的税负,以及歪曲经济活动方面发生的影响来说是基本相同的。

国际税收筹划的产生主要是由于制度上和法律上的因素差异以及沉重的税负造成的。跨国纳税人在不堪重负的条件下,千方百计地寻找这些差异所形成的机会,不仅维护了他们的既得经济利益,而且为他们躲避跨国纳税找到了强有力的法律保证。

一、沉重的税负

国际税收筹划的主要锋芒是所得税,因为跨国所得承受着很重的税收负担。特别是第二次世界大战后至20世纪80年代以来,许多国家的税率和实际税负不断提高。所得税税负一般要占净收入的一半左右,使来自国际避税的收益也随之增加。

影响税负的主要因素包括以下几个方面:

1.税率

在其他条件不变时,税率的高低决定了税收负担的轻重。因此避税动机的强烈程度与税率成正比。税负越重,避税要求越迫切;税负很轻,对纳税人几乎形不成压力,避税也就失去了意义。

这里所说的税率其含义,不是简单指平均税率,更重要的是指边际税率。平均税率是指税收总额被税基相除的比率,也就是应纳税额占应纳税所得额的百分比。边际税率是指对税基下一个单位适用的税率,也就是对新增加的每一元应税所得适用的税率。在实行累进税率情况下,边际税率随税基增加而增加。

边际税率是构成避税最直接最主要的原因。纳税人对边际税率是格外敏感的,其核心问题是:政府要从纳税人新增加的每一元收入中征走多少税。当边际税率超过50%时,纳税人的新增收入的大部分被政府拿走,常导致纳税人的抗拒心理,因而想方设法减轻税负,各种避税之术便应运而生。

2.税基

税基是征税的客观基础,是计算税额的依据。在税率一定的前提下,税基大小决定了税负轻重。近年来,所得税的税基有扩大的趋势,以美国为首的一些发达国家把一向不视为征税所得的转让所得赠与所得均列入征税所得概念。

所得税的税基为应税所得。计算应税所得要对各项相关的成本费用进行扣除,如为实现所得的经费、利息、捐款、医疗费、坏账损失,灾害损失等,各国对扣除项目的规定差异很大。这样,同一收入在两个国度,就可能形成不同的税基。即便两国税率相同,也会造成高低不同的两种税负。

3.通货膨胀

在当今世界经济中，通货膨胀是许多国家所面临的一个令人苦恼的难题。通货膨胀对纳税人的影响表现在两个方面:一是在通货膨胀情况下纳税人的名义收入增加；二是通货膨胀造成的纳税人纳税档次提高。就多数情况来说,通货膨胀对纳税人不利,原因是通货膨胀在使纳税人收入增大的同时,政府获得了更多的税收收入,依靠把纳税人的适用税率推向更高的档次,这种现象被称为“档次爬升”。从某种意义上说,“档次爬升”,是增加税收收入的一条微妙的途径。由于这一途径不要政府发布新的增税法令,就可以利用所得税累进税率的特点,使政府从国民收入真实所得中取走更多的份额。还由于通货膨胀直接引发的物价水平上涨和消费价格指数提高,以及对企业资产原始价值的影响,造成了对个人所得和企业所得中应扣除的成本费用的扣除不足,从而导致过分征税蚕食了纳税人的实际所得和资本,使纳税人承担了较多的经济损失,但需要说明的是,纳税人取得应纳税收入与实际缴纳税款在时间上并不同步,二者有一段时间间隔,在这段时间过后,应纳税额的真实性被掩盖了,即税务当局收取的税金贬值了,纳税人实现了有效避税。譬如在通货膨胀率30%的条件下,纳税人使其应在1月份预交的所得税款推迟到年终汇算清缴时,即12月底上缴10000元,那么税务当局最终收到的税款实际上只相当于10000元的70%(扣除通货膨胀率30%),即只有7000元,另外3000元躲避掉了。由此可见,通货膨胀也并非都是不利因素,其产生的初期往往是避税的良好机会。

二、各国对税收管辖权的不同规定

税收管辖权是一个国家在税收领域内行使的具有法律效力的管理权力,或者说是一国政府在征税方面所实行的主权。它具有独立性和排他性,意味着一个国家在征税方面行使权力的完全自主性。在处理本国税务时不受外来干涉和控制。

税收管辖权受国家政治权力所能达到的范围的制约。一个主权国家的政治权力所能达到的范围,从地域上讲,包括该国疆界内的全部空间;从人员上说,包括该国国内的所有公民和居民。与此相适应,税收管辖权可以按照属地原则来确立,即根据本国主权达到的地域范围来确立;也可以按照属人原则来确立,即根据享有本国公民权或居民权的自然人和法人确立。属地主要是以纳税人的收入来源地或其经济活动地为标准，确定国家行使税收管辖权的范围。属人主要是以纳税人的国籍或居住地为标准，确定国家行使税收管辖权的范围。

以属地为原则建立的税收管辖权一般称为所得来源管辖权，采用这种管辖权的国家只对来源于本国境内，或被认为是来自本国境内的全部所得行使征税管辖权，不考虑纳税人是否是本国公民或居民。相反，它对纳税人来自国外的收益、所得不征税，即使这个纳税人是本国的公民或居民。按地域税收管辖权征税，收入来源受发生在哪个国家，就在哪个国家征税，体现了国际间经济利益分配的合理性，又方便了税收的征收管理工作，为一些国家所接受。

属人原则是国家行使政治权力的另一个原则。这个原则认为，一个主权国家可以对它的公民和居民充分行使其政治权力，而对属于其他国家的公民或居民就不能行使政治权力了。它所考虑的是纳税人的居民身份而不是收入所得的来源地。以国籍为例，奉行属人原则的国家可以给予本国人所生的子女以本国国籍，而不论其出生于何国。同样道理，奉行属人原则的国家在确立税收管辖权时，可以对本国的公民或居民取得的收益征税，即使这个公民或居民的收入有一部分甚至全部都来源于其他国家，也不例外。而对非本国的公民或居民的收益，不论其来源于国外还是国内，均不征税。

在国际税收实践中，单一行使某种税收管辖权的国家很少，绝大多数国家都在同时行使地域税收管辖权和居民税收管辖权。之所以出现这种情况，是各国行使其主权来维护本国利益的结果。一个国家如果只是单一地行使地域税收管辖权，它只能对来源于本国领土范围的收益、所得征税，而对本国居民或公民来源于其他国家的收益和所得就不能征税了，这样就丧失了本国的一部分财权利益，而原因就是这个国家没有行使居民(公民)税收管辖权。反过来说，一个国家如果只是单一地行使居民税收管辖权或公民税收管辖权，它可以对本国的居民或公民来自全世界范围的收益、所得征税，但对于其他国家的居民或公民来源于本国领土范围内的收入和所得就不能征税了。

对来源于本国领土内的收益征税，本来是国际公认的国家权力，而单一行使居民税收管辖权或公民税收管辖权却未因行使地域税收管辖权而丧失了本国应得的一部分财权利益。因此，为了维护各自国家的财权利益，避免不应有的损失，世界上绝大多数国家在行使某种税收管辖权的同时，也行使另一种税收管辖权，出现了被称为“两权并用”或“三权并用”的现象。

各主权国家对税收管辖权的规定在一定的程度上造成相互之间的差异，形成某些重叠和漏洞，这使得国际税收筹划成为可能。一般来说，税收管辖权的差异会造成以下重叠和漏洞，使跨国纳税人有机可乘。

1.两个主权国家同时行使居民居住管辖权造成的跨国纳税人纳税的躲避

各个实行居民居住管辖权的国家，在各自税法中对自然人和法人有不同的确定标准。譬如对自然人居住地位的确定，有的国家采取住所标准，即在该国拥有住所；有的国家采取时间标准，即居住时间超过一定期限为准，还有的国家采取意愿标准，即根据纳税人的意愿确定是否为本国居民。在确定法人居民地位时，有的国家采取登记注册标准，即凡在本国登记注册的外国法人都视为本国法人居民；有的国家采取总机构所在地标准，即总机构设在哪国就为哪国法人居民，因此，跨国纳税人就有可能同时处于两个有关国家的税收管辖权之内。这样，跨国纳税人也有可能同时避开两个有关国家的纳税义务。当两个有关国家（如德国和日本）同时以住所标准确定纳税人身份时，跨国纳税人若在两个国家均有住所，就会导致双重纳税，若在两国均无住所，便可同时躲避两国纳税义务；当一国以时间标准确定纳税人身份时，纳税人可采取不使自己停留时间超过一定量(3 个月、半年或一年)，就可躲避纳税；当一国实行注册标准，另一国实行总机构标准确定法人纳税身份时，跨国纳税人可以根据有关国家非选择的标准设置总机构和登记注册，以达到有效避税的目的。这些方法表明,在实行居民居住管辖权的国家里,居民居住管辖权也因具体确定的标准不同而产生税收管辖的真空地带，从而使跨国纳税人利用其不同实现避税。因为国与国之间的税收管辖权衔接得天衣无缝,几乎是天方夜谭。

2.两个国家同时实行税收管辖权造成的跨国纳税躲避

同时实行税收地域税收管辖权的国家，往往对所得来源地有不同的规定,譬如,在对待同一笔所得而涉及两个国家时,一个国家可能因为这笔所得的支付者是在本国境内的自然人或法人而对这笔所得征税，或因该笔所得的支付者不是本国自然人或法人而放弃对这笔所得征税，另外一个国家则可能因为这笔所得的获得者是本国自然人和法人而对这笔所得征税，或因该笔所得的获得者不是本国自然人和法人而放弃对这笔所得征税。这样当两国同时认定该笔所得的支付者和获得者属于各自的纳税自然人或法人时，这笔所得就承受了双重的纳税义务；当两国认为这笔所得的支付者和获得者不属于本国的纳税自然人或法人时,就形成了税收真空地带,该笔所得就躲避了纳税义务。例如,英国公民勃朗发明了汽轮机叶片,他把这项发明转让给卡塔尔一家公司。勃朗作为专利所有者获得了一笔技术转让费。由于勃朗不是卡塔尔公民或居民,不必向卡塔尔政府纳税。之后,他又将其在英国的住所卖掉,到香港定居。当英国政府要求他补税时,他以香港居民身份拒绝补税,而香港实行的单一地域税收管辖权又无法对勃朗征税。结果,这笔技术转让费未负担任何税款,成为合理避税的典例。

3.两个国家实行不同税收管辖权造成的跨国纳税人纳税的躲避

譬如 A 国实行地域税收管辖权,B 国实行居民税收管辖权,这时 B 国的居民就会由于从 A 国获得收入而成为双重纳税人。相反,A 国的居民从 B 国取得的收入就会躲避所有纳税义务。同样,假如 A 国实行地域税收管辖权,B 国实行公民税收管辖权,B 国的公民也会因从 A 国获得收入而成为双重纳税人，但 A 国的公民从 B 国取得收入,也会躲避纳税义务。

总之,利用有关国家税收管辖权的差异进行合法避税,这是跨国纳税人梦寐以求的事情。为此,就要精通有关国家的税收法规及一些规定,乘虚而入。

三、差别较大的税收制度

各国之间存在着税收差别,才使纳税人实现国际避税的企图成为可能。如果各国税制完全相同,国际避税的可能性就会化为乌有。各国政府对税收要素(纳税人、纳税对象、税率、征管方式等)所作的各种具体规定在很大程度上存在着这样那样的差异,从而成为跨国避税的核心所在。跨国纳税人如果掌握这些差异,往往会使税收筹划成功。

1.各国税种(课税对象)和征收范围(税目)的差别

各国税法中规定的税种和各种税的征收范围存在着明显的差别,这种差别不仅表现在税种名称上,而且表现在税种形式上。譬如对"法人所得"课税,有的国家称为"法人税",有的国家称为"法人所得税",有的国家则与对个人所得课税放在一起称"所得税"。有的税种在一些国家根本不存在,有的所得在一些国家不属于纳税范围,例如像"法人所得",在巴哈马、百慕大根本不需交税。因此,对跨国纳税人来说,只了解各国对课税对象所采取的一般分类还不够,还应具体掌握某一课税对象所拥有的全部内容。就多数国家而言,课税对象的规定是一回事,具体情况往往又是另一回事。各国政府制定的所得税法对课税对象及计算、各种扣除等均有十分详细的说明,有的国家的补充说明多达上百页,基本上每一类纳税企业和纳税个人都可以从中发现适合自己的规定及说明,否则,如果忽视掌握有关纳税的全面情况,连维护纳税者的合法权益都做不到,就更谈不上避税了。

2.税率上的差异

税率上的差异就是同一数量的应税收入或应税金额在不同国家所承受的不同税率。如果简单地比较一下各国的所得税税率表,就会发现这方面存在着巨大差异。有的国家最高税率可达55%,有的国家则不超过35%。

例如,A国实行30%的比例税率,B国实行5%至55%的超额累进税率,C国实行5%至55%的超额累进税率,当纳税人收入为70万元时,A、B、C三国的应税总额分别为:

A国:70万元×30%=21万元

B国根据下列超额累进税率表计算。

表 7-1

收入级距	5万元以下	5万~10万元	10万~20万元	20万~50万元	50万元以上
税率	5%	15%	40%	50%	55%

(70-50)×55%+(50-20)×50%+(20-10)×40%+(10-5)×15%+5×5%=31(万元)

C国根据下列超额累进税率表计算。

表 7-2

收入级距	5万元以下	5万~10万元	10万~20万元	20~30万元	30~40万元	40~50万元	50万元以上
税率	5%	10%	15%	20%	25%	35%	55%

(70-50)×55%+(50-40)×35%+(40-30)×25%+(30-20)×20%+(20-10)×15%+(10-5)×10%+5×5%=21.25(万元)

显然,A国和C国的纳税额明显低于B国。弄明白这种税率背后掩盖的差异之后,纳税人就不难作出正确的选择。

3.各种各样的税收减免措施

许多国家,尤其是发展中国家,为了吸引外资,税法中有许多税收减免措施。这些国家的情况不同,减免税收的具体措施也不相同。有些国家为了有效地巩固自己在国际社会中税收地位的优势,常常不惜代价进行竞争，为跨国纳税者提供各种税收优惠措施。实行税收优惠的结果，使实际税率大大低于名义税率，导致跨国避税良机大大增加。由于税收优惠是以税法的形式公开出现的，因而对它的利用也自然是合法的，理所当然地受到保护。各国在税收优惠（税率的高低，免税期的长短，折旧提取的快慢）的具体规定上千差万别，这为跨国纳税人选择从事活动的国家和地区奠定了基础。在各种条件相同的情况下，税率低、优惠多的国家对跨国纳税人的吸引力就大，反之则小。

综上所述，沉重的税负，不同的税收管辖权和差别很大的各国税制，使税收筹划逐渐发展成为一种重要的国际化的现象。在这一过程中，为了避免过大的风险，越来越多的法人和自然人都非常精心地研究有关国家的税法和行政惯例，以寻找漏洞，用合法方式减轻税负。

第六节　国际税收筹划方式

跨国纳税人的税收筹划方式犹如万花筒，形形色色，千奇百怪，并且带有很强的隐蔽性。

一、利用个人居住地的变化

目前，世界上多数国家都同时实行居民税收管辖权和地域税收管辖权。其通常的做法是对居民纳税人的全球范围所得征税，被称为“无限纳税义务”。而对非居民仅就其来源于本国的所得征税，这被称为“有限纳税义务”。因此，以各种方法避免使自己成为某一国居民，便成为逃避纳税义务的关键所在。

每个国家对居民身份的确定标准是不一样的，其中主要是住所标准和时间标准不一样。住所标准是，只要一个人在一国拥有永久性住宅，那么这个人就是该国居民。时间标准是，只要一个人在一国连续停留超过一定时间（如 2 个月、半年或 1 年），那么这个人也同样被视为该国居民。这些不同居民身份标准的确定,往往存在一些漏洞,使一些跨国纳税人游离于各国之间，确保自己不成为任何一个国家的居民。他们采用的方法有两种,即避免成为居民和避免成为高税国居民。

1.避免成为居民

跨国纳税人为了避免纳税，可设法使其不成为任何一个国家的居民。他们采取不购置住宅、出境、流动性居留或压缩居住时间(如某国税法规定居住半年为该国居民，某君采取仅住 5 个月又 20 天,然后出境)等方法来避免成为任何一国的居民,来逃避税收。有的甚至长期住在轮船上,四处漂泊,成为“无国籍人”。

2.避免成为高税国居民

高税国通常是指具有较高所得税和包括遗产税、赠与税在内的一般财产税国家,但最主要的还是指较高的所得税国。居住在高税国的居民可以移居到一个合适的低税国，通过迁移住所的方法来减轻纳税义务。这种出于避税目的的迁移常被看作“纯粹”的居民。一般包括两类:第一类是已离退休的纳税人。这些人从原来高税区居住地搬到低税区居住地（如将居住地搬到避税地或经济开发区等低税国家或地区)以便减少退休金税和财产、遗产税的支付。第二类是在某一国居民,而在另一国工作的纳税人。他们以此来逃避高税负的压迫。

一般来说,以迁移居住地的方式躲避所得税,不会涉及过多的法律问题,只要纳税居民具有一定准迁手续即可,但要支付现已查定的税款;就一定的资本所得缴纳所得税。

各国政府为了反避税,对旨在避税的虚假移民作了种种限制。所谓虚假移民是指纳税人为获得某些税收好处而进行的短期移民（通常是 1 年以内)。许多国家都明文规定,凡个人放弃本国住所而移居国外,但在 1 年内未在国外设置住所而又回本国的居民,在此期间发生的收入所得一律按本国税法纳税。这一规定使跨国避税的可能性减少,还有可能承担双重征税的风险。

二、利用公司居住地的变化

利用公司居住地的变化向低税国实行迁移的方法，公司很少采用。这是因为,许多资产(厂房、地皮、机器设备等)带走不便,或无法带走;在当地变卖而产生的资产利得,又需缴纳大量税款,这实在是一项破财之举。

那么,公司采用什么方式使其避免成为高税国的法人居民呢?

国际上对法人居民的判定标准主要有两类：一类是按机构登记所在地。另一类是按实际管理机构所在地。按前一类判定标准,企业只要采取变更登记地的权宜措施,便可比较容易达到避税的目的。后一类实际管理机构判别标准有多种,譬如总机构标准,即在一个行使居民税收管辖权的国家内设有总机构的公司,就是该国的居民;管理中心标准，即在一个行使居民税收管辖权的国家内设有实际控制或实际管理中心的公司,就是该国的居民;主要经济活动标准,只要某公司的主要经济活动在一个行使居民税收管辖权的国家境内，则该公司就成为该国的居民。

在利用公司居住地变化进行避税的过程中，人们还可借助“信箱”公司或中间操作等方式进行。“信箱”公司是指那些仅具有法定的组织形式(公司章程等)完成居住所在国法定登记手续的公司。这些公司名义上所应从事的各项工商活动，均由在其他国家的公司或分支机构实行。这些公司或分支机构多是设在有投资税收优惠的国家中的法人组织和实体,这些公司和实体享受各种税收优惠。

中间操作与“信箱”公司不同,它是通过在所得来源地与最终所得人或受益人中间设置一个中心机构。该机构通常设在避税地、自由港或拥有某些税收优惠规定的国家或地区。当该中心机构收入和利润积累到一定程度和规模时,可用作再投资。中间操作公司主要通过所得、股息、利息、红利,不动产及有价证券等进行避税。

目前,绝大多数国家利用“常设机构”的概念作为对非居住者公司征税的依据。“常设机构”一般是指企业进行全部或部分经营活动的固定场所。例如生产管理场所，如办公室、工厂等。但近几年，由于不需要设置常设机构的经营活动越来越多，再加上技术水平的提高和产品生产周期的缩短，相当一些企业可以在政府规定的免税期内实行其经营活动，并获得相当可观的收入。例如韩国一些海外建筑承包公司在中东、拉美一些国家规定非居民公司在半年(183 天)以内获得的收入可以免税，韩国海外建筑承包公司常常设法在半年(183 天)以内完成其建筑工程，免缴这些国家的收入所得税。又如，日本早在 80 年代初就兴建了许多海上流动工厂车间，这些工厂车间全部设置在船上，可以流动作业。这些流动工厂曾先后到亚洲、非洲、南美洲等地进行流动作业。“海上工厂”每到一国，就地收购原材料，就地加工，就地出售，整个生产周期仅为一、两个月。加工、出售完毕，开船就走，不须缴纳一分钱的税款。例如日本的一家公司到我国收购花生，该国公司派出它的一个海上车间在我国港口停留 27 天，把收购的花生加工成花生米，把花生皮压碎后制成板又卖给我国。结果我国从日本获得的出售花生的收入，有 64%又返给日本，而且日本公司获得花生皮制板的收入分文税款未纳，造成这一现象的直接原因就是我国和其他多数国家都对非居民公司的存留时间作了规定（如我国规定非居民公司只在超过半年后才负有纳税义务)，日本公司就是利用了这种规定，我国税务部门毫无办法，只得眼睁睁地让其避税。

避免成为常设机构可以达到一定的避税效果，由于各国对常设机构界定日益严密，在无法避免成为常设机构时，可能巧妙地安排总机构与常设机构、常设机构与常设机构之间的交易，通过重新划分总机构与常设机构间的收入和费用分配方式，达到避税的目的。

在确定常设机构的利润时，国际上有两种通行的做法。一是直接法，即将常设机构视为独立分设的企业，按独立核算原则或正常交易原则与总机构和其他常设机构进行交易，利润进行独立核算。二是间接法，考虑到常设机构在法律顾问上不是独立法律实体的事实，认为总机构与常设机构是在全球范围内产生共同利润的一个实体，所以按一定规则和计算公式，将其经营损益在总机构与常设机构之间分配，体现了总利润原则。

直接法和间接法均存在着进行避税的可能，但二者所产生的效果不同。运用直接法，常设机构作为一个独立法人实体，其成本、收入难以实现转移，避税的可能性相对于间接法要小些。不过，由于在各国税法中，往往很难找到有关“正常”营业活动的条款，所谓按正常利润估计，也给避税提供了更广阔的空间。运用间接法，成本和利润的转移是根据常设机构母国及其所在国对常设机构的利润分配情况而定。由于对常设机构的利润分配至少涉及两个国家，一国可能是以正常的市场价格等客观规定计算成本和利润，另一国可能是根据整个法人实体的收入、成本来计算和分摊全部收入和成本。

有的国家还利用总机构成本的分配进行避税。一些国家根据协议确认分支机构在其实现的利润中，必须把它的10%～20%作为应负担的费用归属总公司。但在没有此类规定的国家内，总公司和常设机构间所发生的一些共享费用，如董事长活动费、共同的贷款利息等，使跨国法人往往通过抬高分配标准的办法，将大部分成本费用向分支机构转移，从而减少纳税。例如，某跨国纳税人，总公司在甲国，甲国所得税税率为25%，在乙国设一常设机构，乙国所得税税率为40%，该公司某年从甲国获得的收入2000万美元，来自乙国的收入为1000万美元，总公司承担了200万美元的销货贷款利息，原应按20%的比例分配给分公司，现抬高到80%的比例分配。经计算，原应负担的税收为：(2000－200×80%)×25%+（1000－200×20%）×40%＝844（万美元）；提高费用分配标准后的实际税收为：(2000－200×20%)×25%+(1000－200×80%)×40%＝826(万美元)。该跨国纳税人用增加常设机构的成本费用的办法，减少纳税18万美元，从而成功地躲避了一部分税收。

鉴于总机构与常设机构之间的业务往来和成本收入核算的联

系，可以利用常设机构转移财产、利息、特许权使用费、管理费用等，使得收入从高税国转入低税国，费用从低税国转入高税国，整个法人实体的税负较轻。

三、资产的流动

资产的流动是指纳税人（包括自然人和法人）将其资产移居国外的行为。

1.企业资产的流动

跨国公司利用其分支机构或子公司分布国度的税收差异，可以精心安排收入和费用项目及其收付标准，使高税国机构或公司的成本费用加大，应税所得减少；低税国机构或公司的成本费用减少，应税所得加大，导致企业的所得从高税国流向低税国，达到避税目的。

2.个人资产的流动

个人也可以通过财产由高税国向低税国移动来达到避税的目的。他们通常采用信托方式、造成法律形式上所得或财产与原所有人的分离，但分离出去的这部分所得或财产仍受法律的保护。例如，日本某公司为躲避本国所得税，将其年度利润的80%转移到巴哈马群岛的某一信托公司，由于巴哈马群岛是自由港，税率远比日本低得多，该日本公司就可以有效地避税。

四、人和资产的非流动

纳税人有时并不离开他的国家或实际移居出境，而是待在本国不动，也可以达到避税的目的。他们常常利用与银行之间的契约关系来进行。例如，某一纳税人与某一银行签订信托合约，该银行受托替该纳税人收取利息。当该受托银行所在国与支付利息者所在国签订有双边税收条约时，按此条约规定，利息扣缴税率享有优惠待遇，则该纳税人即可获得减负税好处。举例来说，由于日本和美国签有互惠双边税收协定，日本银行从美国居民手中获取利息支付可以减轻税负50%(美国规定利息率为20%,日本银行可按10%支付)。当香港某一公司与日本某一公司发生借贷关系时,香港公司提供贷款,美国公司需要贷款，香港公司便可委托日本某一银行代替该公司向美方公司收取贷款利息,这样就可以实现少纳50%的好处。也就是说纳税人借了银行的"光"。

资产的非流动主要是利用各国税法中有关"延期"纳税的规定，通过在低税国的一个实体,通常是一个法人(比如子公司),将所得和财产积存起来,以达到减轻税负的目的,所谓延期纳税,是指实行居民税收管辖权的国家对外国子公司取得的利润等收入，在没有以股息等形式汇给母公司之前,对母公司不就外国子公司的利润征税。因此,一个纳税人利用资产非流动的形式避税,究竟能在多大程度上取得成功,取决于有关国家税法中对延期纳税规定的宽严。

五、几种方式的结合

跨国纳税人的避税通过是几种方法交叉并用。从纳税主体同纳税客体的结合看,主要有4种基本的结合方式:

1.人的流动与资产的流动相结合

个人或法人连同其全部或部分收入来源或资产移居出境，一般可以避免本国的税收。实行人员和资产流动避免的一个先决条件是纳税人及其拥有的资本、财物等享有充分或一定的流动自由,在国家管制甚严、自由度不高的国家,此种方法实现的可能性较小。

2.人的流动与资产的非流动相结合

当纳税人游离于不同国度之间，而其资产却保留在某一国境内时,就构成了人员流动和资产的非流动。这种方式的优越性在于,纳税人可将其资产置放于某一低税国或低税区。同时,纳税人还可将其活动安排在低费用区。但用这种方法避税较为罕见。因为一个自然人移居，通常会结束在原居住国内的工作，而在新居住国开始新的工作。而一个法人移居出境,则要带走它的营业。这就意味着他们的主要收入来源和资产已一同迁出。如果在移出国留下部分资产,那么,他们在移出国对留下资产的收入仍要负纳税义务。

3.人的非流动和资产的流动相结合

这是一种十分重要的跨国避税方法,它的内容主要有两种:第一种是纳税人通过转移利润或收入的方式避税。收入、利润、资本的跨国移动是当今经济发展的一个十分普通的现象。从本质上讲,收入、利润、资本的跨国移动与跨国避税并没有什么天然联系,二者并不等同。然而在事实上,这种收入、利润、资本的跨国移动确实为跨国避税创造了条件。譬如收入、利润、资本从高税区转移到低税区或从纳税区转移到国际避税地、自由港、这种转移都构成了事实上的避税。第二种是纳税人通过建立“基地公司”方式避税,“基地公司”是指一个对国外收入不征税或少征税的国家或地区建立公司,该公司的主要业务并不发生在该国,而是以公司分支机构或子公司的名义在国外从事和进行。当其国外收入汇回该公司时,可以不履行或少履行纳税义务。显然,“基地公司”具有避税地的某些性质,它通过公司内部的业务及财务往来,很容易实现跨国避税。

4.人的非流动与资产非流动结合

这是一种利用短期居留在国外,而将取得的收入既不在收入来源国纳税,也不在居住国纳税的避税方法。这种方法主要是利用各国税收管辖权的差异寻找“真空地带”,打“擦边球”,其避税数额一般不大,但要堵塞却不容易。

六、国际避税计划

国际避税计划是指跨国纳税人为了避税而制定的计划。

由于税收负担的轻重对国际性经营关系重大,所以越来越多的跨国纳税人精心研究各国税收制度间的差异及法律上的漏洞,以合法的方式逃避税收,减免税负。许多精通国际税收事务的职业税收顾问为纳税人在税务当局没盯紧的地方打开一条条通道,并逐渐使这项业务专门化。他们聚集在会计师事务所和律师事务所，为客户逃避国际税收提供咨询服务，献计献策。

国际避税计划可以在许多方面为跨国纳税人提供避税方式的选择。诸如：一个跨国公司在国外应采用哪一种最有效的经营方式来减少税收，是设立分公司好，还是设立子公司好。如果设立一家子公司，是独资好，还是合资好。或者既不设分公司，也不设子公司，而是设"常设机构"更有利；一个跨国公司内各联属企业的收入和费用应如何安排，怎样才能在不触犯税收法规的前提下，通过设计最优的内部价格，把收入多安排在低税国，费用多安排在高税国；一个跨国公司应如何充分利用各相关国家税法中的减免优惠条款，来减轻税负，这些都属于国际避税计划所研究的问题。举例如下。

1.选择低税点

许多国家税法规定，合伙企业的营业利润不按公司征税，而按各个合伙人征税。假定某个纳税人 A 经营一家水果商店，年盈利 2 万美元。该商店如按合伙人课征个人所得税，税率 40%，纳税人 A 可净得税后利润 12000 美元（即 20000–20000 × 40%）。这家商店如按公司课征所得税，税率 30%，税后利润 14000 美元全部作为股息分配，纳税人 A 还要再交一道个人所得税 5600 美元（即 14000 × 40%）。这样，他净得税后利润只有 8400 美元。与前者相比，多负担所得税款 3600 美元（即 11600–8000）。面对这一现实，专家们可以告诉 A 不要作出组织公司的决定。

这样的例子举不胜举，任何一个国家的税收制度，不管考虑得如何周全，税收负担在不同纳税人、不同征税对象之间，总有安排失当之处，这就给纳税人提供一个选择的余地。

2.利用税收优惠待遇

世界各国都规定有各种税收优惠政策，诸如差别税率，亏损结转等，纳税人如何利用优惠待遇上大有文章可作。

例如，一个跨国公司可以通过买进低税国被清盘的亏损企业，来减轻税负。假定某高税国的A公司原应税所得5000万元,所得税率60%，应征所得税3000万元。某低税国的B公司亏损1000万元,A公司支付500万元将B公司购进,作为A公司的子公司。在两公司所得汇总计算后,所得税可以少交600万元。减去购进支付的500万元,A公司还可净得100万元。即A公司在这次购买中,获得了相当于500万元资产的一家公司,但其分文未付,反而还得到100万元收益。

算式如下:

A公司原应税所得5000万元

减B公司亏损额1000万元

避税收益1000万元×60%600万元

支付购进B公司投资500万元

净收入100万元

通过这种选择,纳税人少缴了税款。

七、滥用税收协定

滥用税收协定以逃避税收的手法有多种多样，大体上可以归纳为以下三类。

1.设置直接的传输公司

假设A国H公司有来源于C国N公司的股息收入，但A、C两国尚未建立税收协定关系。A国H公司又在B国组建一家公司M。C国N公司的股息可先支付给B国的M公司,M公司再转付给A国的H公司。M公司组建的真正动因不是出于生产经营的实际需要,而是为了利用B、C和A、B两个税收协定，迂回B国取得在C国本来得不到的税收利益。在这种情况下,B国的M公司便被看做是一家滥用税收协定的传输公司。

2.设置脚踏石式的传输公司

这一手法与第一类的假设基本相同。A国与B国,B国与C国缔结有双边税收协定,A国与C国无协定关系。所不同的是,B国规定

M公司支付给A国H公司的投资所得允许作为公费用扣除，并按常规税率课税征预提税。这时A国H公司可以在A国有缔约关系并提供减免预提税优惠的D国组织一家P公司。A国H公司取得来源于C国(非缔约国)N公司的投资所得，可以先从N公司支付给B国的M公司，再转付给D国P公司，拐了一个更大的弯，同样可以得到协定提供的两方面优惠。其一方面是M公司的计税所得可以大量地扣除股息、利息、特许权使用费以及佣金报酬等支出，另一方面M公司在B国缴纳的预提税又可以在D国得到抵负；D国向A国H公司支付的收入还可以享受协定提供的按限定低税率课税的好处。国际上把D国P公司一类的第二道的传输公司称为脚踏石的传输公司。

3.设置外国低股权的控股公司

许多国家对外缔结双边税收协定都明确规定，缔约国一方居民公司向缔约国另一方居民公司支付股息、利息或特许权使用费，可享受协定优惠的必要条件是该公司由外国投资者控制的股权不得超过一定比例(譬如全部股权的25%以上)。这样，非缔约国的居民公司可以精心组建外国低股权的控股公司，以获得优惠。

八、"避税地"的利用

"避税地"一般是指某一国家或地区的政府为吸引外国资本流入，繁荣本国或本地区经济，弥补自身的资本不足和改善国际收支状况，在本国或本地区划出一定区域和范围，也可能是全部区域和范围，鼓励吸引外国资本来此投资及从事各种经济、贸易活动。投资者和从事经营活动的企业享受不纳税或少纳税的优惠待遇。这种区域或范围就被称为"避税地"。"避税地"可以是港口、岛屿、沿海地区或交通便利的城市，也可以是内地大陆。

1."避税地"的分类

近年来，国际上形形色色的避税地主要分为三类：

第一类是没有个人或公司所得税、净财富税、遗产税或赠与税的国家或地区，一般被称为“纯国际避税地”。如“巴哈马、百慕大、格陵兰、开曼群岛、瑙鲁等。

以巴哈马、百慕大、开曼群岛为例。巴哈马共和国位于北美洲，与美国的佛罗里达州隔海相望，最近处相隔约80公里。巴哈马有许多引人入胜的土地可供出售，吸引了许多美国人以此作为理想的退休定居地。巴哈马的主要吸引力是它没有所得税、公司税、资本利得税、遗产税或继承税，对股息、利息或特许权使用费没有预提税，也没有营业税。

百慕大面积53平方公里，人口6万，自然资源贫乏，最主要的经济部门是旅游业，一年接待外国游客近百万人，是本土人口的15倍多。第二大经济部门是金融业，仅国际受控保险公司就有1400多家，年保险收入40多亿美元。百慕大是一个典型的避税港，不征公司所得税和个人所得税，不征普通销售税。只对遗产课征2%~5%的印花税；按雇主支付的薪金课征5%的就业税、4%的医疗税和一定的社会保障税；对进口货物一般课征20%的关税。

开曼群岛位于加勒比海西北部，毗邻美国。全岛只有259平方公里，人口2万多。全岛两大经济支柱，金融和旅游。金融收入约占政府总收入的40%、国内生产总值的70%、外汇收入的75%。那里课征的税种只有进口税、印花税、工商登记税、旅游者税。30多年来没有开征个人所得税、公司所得税、资本利得税、不动产税、遗产税等直接税。各国货币在此自由流通，外国人的资产所有权受到法律保护，在岛内设立的金融信托企业的总资产高达3000亿美元，占欧洲美元交易总额的8%左右。在岛内设立的受控保险公司约400家，仅次于卢森堡、百慕大，居世界第三位，每年保险费收入达20亿美元。

第二类是对外国经营给予特别税收优惠的国家或地区。马来西亚、新加坡、巴拿马、香港、哥斯达黎加、安哥拉、塞浦路斯、直布罗陀、以色列、牙买加、列支敦士登、澳门、瑞士等。

以列支敦士登和直布罗陀为例。列支敦士登在公司结构立法中表现出极度灵活性。享受优惠待遇的公司主要是控股公司和户籍定居公司。控股公司的纳税义务很轻,在组建之际按注册资本3%缴印花税,对以后的股票也缴3%印花税。控股公司和定居户籍公司不纳利润税,只按0.1%的税率纳资产净值税。

直布罗陀是英国的皇家殖民地,面积接近2万平方公里,地处西班牙南端,位于地中海的西出口处。由于其与英国的关系,成为欧共体的成员。直布罗陀由一位代表英国皇家的总督管理,国防、外交和内部安全均由英国政府干预,其法律也是在英国一般法律、法令的基础上修改而成的。通过吸引国际金融投资的立法,直布罗陀已成为一个金融中心,大量重要的国际性银行的分支机构在该地建立。该地区不征收附加税、资本收益税、资本转移税、银行利息税、租赁收入税、遗产税和印花税。直布罗陀镑和英镑等值,该地区没有外汇管制。

第三类是对投资经营者仅提供某些税收优惠的国家和地区。如英国、加拿大、希腊、爱尔兰、卢森堡、荷兰、菲律宾等。

以卢森堡为例。卢森堡有着健全的税收制度。如果从税率上看,它无论如何也沾不上避税地的边。但卢森堡为控股公司提供了一种免税地位,使其成为闻名于世的控股公司的绿洲。控股公司可免缴公司税、利润税、资本利得税、财富税、对其股东支付的股息预提税、对支付债券利息的预提税、发行债券时的印花税等。

当然,一个国家或地区如果想成为“国际避税地”,并非仅靠提供某一种或几种税收方面的便利就行,实际上,一个成功的避税地必须具备多方面的条件。这些条件是:第一,它必须在一种主要税收方面给予减征或不征的照顾,一般对所得税减征或不征;第二,“避税地”必须在政治上稳定,投资者和经营者必须有足够的安全感,否则难以对国际资本和投资经营者产生吸引力,即使税收优惠再多也没有;第三,“避税地”,必须能满足投资者和生产经营者的各种需求,如社会公共设施、健全的法律、良好的生活和工作环境等。

2.“避税地”的特点

(1)有独特的低税结构。低税是“避税地”的基本特征,不但占国民生产总值的税收负担轻,更重要的是直接税收的负担轻。直接税不同于间接税,本身不易转嫁,只有负担轻,才能像磁铁一样吸引外部资源。在“避税地”的税收负担之所以轻,关键在于这些国家或地区没有国防支出,财政预算支出也不沉重,没有必要依靠重税。

(2)有明确的避税区域范围。这些区域小的可以是一个岛、一个港口城市、一个出口加工区、一个自由贸易区;大的可以是整个国家。无论大小,都实行统一的低税制度,以吸引人们定居和投资,借以刺激经济的繁荣。

(3)“避税地” 不仅提供减免税优待, 税种也比一般国家和地区少。相当一些“避税地”只征收所得税,除少数消费品外,一般不课征流通税,商品的进出口税也放得很宽。提供税收优惠的形式也多种多样,几乎没有两个“国际避税地”的优惠内容完全相同。

(4)“避税地”为金融组织和机构提供方便。在“避税地”,外国银行开展业务不受当地政府监督。当地政府对银行之间及与银行有往来业务关系的经济实体和个人之间所需保密的信息、文件等给予保密,绝不泄露。加上“避税地”、银行管理条例比较松,银行开支费用低,因而许多金融组织和机构愿意到“避税地”设置机构,开展业务。

(5)政局稳定,但政治体制不完整

在国际避税地中,有些过去是殖民地,有的至今仍具有强烈的殖民地色彩,这些地区一旦脱离殖民关系后,出于迅速发展本地区经济的考虑,很容易在原依托关系的基础上过渡为避税地。

“避税地”以其所具有的显著特点,对当今世界经济产生了深远的影响。它像磁铁一样吸引着国际流动资本, 使跨国纳税人趋之若鹜,五花八门的公司云集“避税地”的区区弹丸之地。它虽然减少了高税国政府的财政收入,但增加了跨国公司的收入,也促进了“避税地”经济的发展。由于“避税地”的存在,对高税国政府是不利的。然而,

“避税地”对高税国的经济也具有一定的“安全阀”作用。如果没有这些“避税地”,那么处于高税负压力下的纳税人必定会减少投资和采取其他对策,高税国因此会蒙受更大的财政损失。“避税地”的直接受益人主要是跨国公司,它对跨国公司的发展起到一定的推动作用。更重要的是,“避税地”的存在带动了自身经济的发展,使建筑、运输、旅游,以及服务业蒸蒸日上,不仅扩大了就业机会,而且增加了外汇收入,“避税地”日益繁荣。

3.利用“避税地”避税的主要方式

(1)虚设机构。虚设机构是指某国的国际投资者在“避税地”设立一个子公司,然后把其总公司制造的产品直接推销给另一个国家,在根本未经过“避税地”子公司中转销售的情况下,制造出一种经过子公司中转销售的假象,从而把母公司的所得转移到“避税地”子公司的账上,达到避税的目的。例如,日本本田汽车公司,在“避税地”巴哈马群岛设立一个子公司。本田汽车公司向韩国出售一批汽车。虽然这笔交易没有经过巴哈马群岛的子公司中转,但本田汽车公司的销售收入转到巴哈马群岛子公司的账上,利用巴哈马的免税优惠达到避税目的。只要子公司不把母公司应得股息汇往日本,丰田汽车公司就可长期占有这笔交易所得应缴纳的税款。

(2)以基地公司作为控股公司。这种方式要求下属公司将所获得的利润以股息形式汇到基地公司,利用双方税收协定达到避税的目的。例如,一家英国公司支付给其巴西母公司的股息要缴纳税率为30%的英国预提税。如果在荷兰建一家控股公司去拥有这家英国公司,由于英国与荷兰之间双边税收条约规定,英国子公司支付给荷兰公司的股息按5%的税率缴纳预提税,荷兰对控股公司收取的股息不征税。避税地控股公司利用自己有利的免税条件,可以把筹集来的资金再投资,再赚取新的免税收入。

(3)以基地公司作为信托公司。所信托的资产实际上在几千里之外,资产信托人与受益人也不是避税地居民,但信托资产的经营所得却归在信托公司名下，并通过契约或合同使受托人按其原意行事，从而可以避税。例如，加拿大A公司在百慕大设立一个信托公司，并把远离百慕大的财产虚设为避税地的信托财产，随后将这部分财产的经营所得挂在避税地信托公司名下，对A公司来说，通过虚设信托财产，不仅可以逃掉这部分财产所得应缴纳的税款，而且还可利用这笔资金在百慕大从事投资拿利，获取不缴投资所得税的好处。

(4)以基地公司作为金融公司。金融公司可以利用避税地从事特殊业务活动。其中包括从事庇护外国消极投资收入的业务，为外国投资者掌握存款，并为各种公司及附属机构提供经营管理的便利条件。例如，设在我国香港的金银财务公司，实际上就是为了某一大集团的利益提供内部借贷，充当中间人并有时为第三方提供资金的金融公司。它的主要功能之一就是为使该集团内部实际支付的借贷利息少纳税或不纳税。

九、逆向避税

在一般的国际避税中，纳税人常常是尽可能避免高税管辖权，而进入低税管辖权，以进行国际避税，但是客观上也存在着另一种避税现象即跨国纳税人避免低税管辖权，而进入高税管辖权。由于避免高税管辖权而进入低税管辖权所进行的国际避税是顺向的，而避免低税管辖权进入高税管辖权则正好相反，所以称之为逆向避税。逆向避税这一概念可以表述为跨国纳税人借助避免低税管辖权而进入高税管辖权，以最大限度地谋求所需利益的行为。

1.逆向避税的特点

逆向避税除了在方向上与顺向避税相反外，还在谋利上有以下几个特点。

(1)谋利上的间接性。从表面上看，逆向避税并不能减轻国际纳税义务，反而会加重国际纳税义务，这似乎不可理解。但是，借助这种手段确能达到了最大限度地谋求利益的目的，具有极大的隐蔽性，往往不易引起人们注意。

(2)谋利的非税性。逆向避税不仅不能直接谋取税收利益,而且还要牺牲税收利益。但通过牺牲税收利益,将带来所需的更大的非税收利益,它已不只是一个税收问题。

(3)谋利的多样性。逆向避税所要谋求的利益随具体情况而变,有时为了实现净利润最大化;有时是为了有效地实现某项必要的经营策略;有时在当期不能谋利,但对将来有利。

2.逆向避税的形式

逆向避税的方式很多,最常见的大致有三种。

(1)以谋求即期净利润最大化为目标

举例来说,甲国的税率为50%,乙国的税率为20%,甲国某公司A到乙国开办了一家合营企业B,并负责原材料进口和产品的出口。按一般做法,外方合营者应向乙国转移利润,如采用高价将B的产品卖给A,或采用低价从A购买原材料,但相反。假设某年度B应实现应税所得100,向乙国纳税20,税后利润80,但由于外方合营者的操纵,B仅实现利润50,向乙国纳税10,税后利润为40;而A多实现应税所得50,多向甲国纳税25,同时增加税后利润25,A公司因独享所增加的利润25,将会实现净利润最大(假设税后利润对半分配,则有$40 \times 50\%+25 > 80 \times 50\%$)。在这个过程中,乙国减少税收10(20-10),甲国增加税收25,跨国纳税人多纳15(25+10-20),而本国合营者少得利润20($80 \times 50\%-40 \times 50\%$)。

这种逆向避税,以谋求即期利润最大化为目标,故与一般的国际避税较接近。

(2)以有效实现某项必要的经营策略为目标

举例说明:甲国(税率为30%)A公司在乙国(税率为20%)开办了一家子公司B,某年度A公司因缺乏资本,需从B公司补充,但由于乙国采取了较为严格的外汇管制措施,A公司难以从B公司直接取得资本。这时,可通过转让定价的方式使B公司少实现应税所得

100,而相应地A公司多实现应税所得100。这样,跨国纳税人共需多纳税10(100×30%-100×20%),其中乙国减少税收20(100×20%),甲国增加税收30(100×30%),但跨国纳税人借助税收损失10而有效地实现了资本转移70(100-30)。虽然以损失一定的即期税收利益为代价,但有效地实现了所需的资本转移,预期会带来更大的利益。

(3)以逃避预期风险为目标

这里的预期风险常常主要是指政治方面而非经济方面的,因而是一种政治性的逆向避税。例如,一国现行税率很低,但政局不稳或政策多变,跨国纳税人会因存在预期风险(没收财产,大幅度提高税率),而借助逆向避税以实现逃避预期风险的目标。跨国纳税人会采用种种手段尽可能将所得转移走,以谋求预期大量利益。

一般来说,对于第一类型的逆向避税,纳税人是主动运用的;对于后两种类型的逆向避税,却是纳税人迫不得已而为之。

十、国际避税与偷漏税的结合

在国际税收实践中,跨国纳税人的避税和偷漏税活动实际上是密切配合的,纳税人的一项旨在减轻税负的安排往往会兼有避税和偷漏税的双重性质。跨国纳税人通常会利用有关国家在国际税收征管方面的困难和疏漏,采用下列方法:

第一,匿报应税收入和财产。匿报应税收入和财产主要是通过隐瞒或减少营业所得、投资所得、劳务所得及财产等来逃避税负。跨国纳税人之所以采取这种办法,是因为有关国家税务监管不严和税务人员素质低下,尤其是利用一些国家的银行保密制度,将应税所得或财产转移到该银行,使有关国家的税务当局无法查获确切的财务资料,从而达到避税的目的。

第二,虚报成本费用。表现为把不应列入费用支出的项目列为费用,把应由个人负担的支出计入企业的费用,如将企业的董事、经理及其家属的生活费用和旅游费、招待费计入企业成本等,甚至凭空捏造，将根本没有发生的费用计入企业成本。这主要是因为世界上一些国家没有严格的费用开支标准，没有统一的收付款凭证，自然给纳税人虚报成本费用提供了机会。

第三，虚报投资额。一种是虚报投资总额，如虚报固定资产投资价款，可多提取折旧。另一种是把自有资金虚报为借入资金，虚列利息支出，既可提高扣除额，又可因预提所得税与所得税之间的差额获利。其可乘之机是有关国家税务当局对虚报借入资金审核相当困难。

第四，地下经营。这是指纳税人进行隐蔽的地下经济活动，完全逃避税务监督。包括不经注册，非法从事经营活动的企业和个人。现在世界上几乎每一个国家和地区都存在着地下经济，跨国纳税人进行地下经济活动，不管是居住国政府还是非居住国政府，要对其监管的确不容易。

第七节　避免国际双重征税及税收协定

在第二节中我们已经分析过，跨国从事经济、贸易、服务的法人和自然人，由于其经济活动涉及两个或两个以上国家，受两个或两个以上国家税收管辖权的约束，因而很有可能负有双重纳税义务，即不仅要向其母国纳税，而且还要向其收入来源国政府纳税。双重课税必然使跨国纳税人或有关各国政府的经济利益受到不同程度的损害。鉴于这种情况，各国纷纷采取避免对跨国纳税人的双重征税的措施。在实施和推广避免国际重复课税的方法，克服和消除跨国纳税人受双重课税影响的同时，也为跨国纳税人躲避跨国税收创造了条件。就一般情况而言，凡是用于避免国际双重课税的方法，都可以用来回避跨国纳税义务，这就从客观上为跨国纳税人实现其避税愿望提供了方便。

为了使人们学会并利用这些国际上常用方法，达到有效地躲避跨国纳税义务的目的，必须先了解国际上避免双重课税方法本身。

一、避免国际双重征税的方法举例

1.豁免法

豁免法又称免税法，即行使居民居住管辖权的国家对本国居民取得来自国外的所得免予征税。它是以承认非居住国(外国籍国)地域管辖权的独占为前提的。

豁免法可以分为两种形式:一种是“全部豁免”,即一国政府在向本国纳税人征税时,将其被免税的国外所得从其总所得中扣除,但对其国内所得和某些不能豁免的国外所得征税。另一种是“累进豁免”,即行使居民居住管辖权的国家对居民国外的所得不予征税，但它在决定对居民的国内所得征税所适用税率时，有权将居民的国外所得加以综合考虑。

例如：一居民取得了收入共 20000 元，其中在居住国所得为 16000 元,在国外来源国所得 4000 元;居住国实行累进税率,按规定所得 20000 元的税率为 40%,16000 元为 30%;来源国实行的是比例税率为 20%。

如果居住国与来源国之间没有签订避免国际双重征税协定,那么纳税额将是 8800 元(20000×40%+4000×20%)。

如果采用豁免法时,纳税情况如下：

第一,全部豁免时,居住国对国外的 4000 元所得不予考虑,对国内的 16000 元所得按 30%征税。

即:居住国税收 16000×30%=4800(元)

来源国税收 4000×20%=800(元)

居民纳税总额 5600(元)

居住国放弃税收 8000-4800=3200(元)

第二，累进豁免时，居住国将国外的 4000 元所得与国内的 16000 元所得合计为 20000 元,找出其适用税率为 40%,然后用 40%的税率乘以国内所得 16000 元，求得该居民应在国内缴纳的税款。

即：

居住国税收 16000×40%=6400(元)

来源国税收 4000×20%=800(元)

居民纳税总额 7200(元)

居住国放弃税收 8000-6400=1600(元)

从上述实例看,"全部豁免" 是对本国居民的境外所得完全放弃管辖权,而"累进豁免"则是对本国居民的境外所得有保留地放弃管辖权。但无论如何,只要该居民的海外的收入就会有更多的机会躲避国内纳税义务,甚至全部豁免额都归纳税者本人。

2.抵免法

抵免法是行使居民居住管辖权的国家，对其居民取得的国内和国外所得一律汇总征税，但居住国允许居民将在国外向外国政府已纳的税额,在应向本国缴纳的税额中予以扣除。抵免法又分为直接抵免和间接抵免。

直接抵免适用于自然人和总公司与分公司同是一个法人时的税收抵免。假设居住国的一家总公司在外国的分公司与居住国的总公司之间的关系,根据法律规定,分公司不具有独立的法人地位。因此,国外的分公司与居住国的总公司同属于一个法人单位。其分公司向外国政府缴纳的公司所得税,必须视同总公司直接缴纳。居住国允许总公司将分公司在外国缴纳的所得税额，从应向本国缴纳的总税额中扣除,这种直接扣除方法,称之为直接抵免。

间接抵免适用于母公司与子公司这两个具有各自独立地位的法人之间的抵免。假设居住国一家母公司在国外设立了一家分公司,根据法律规定,该母公司与其子公司均具有独立的法人地位。因此,其子公司向外国政府缴纳的所得税,不能视为母公司直接缴纳的税收。所以,居住国按规定可以给予间接抵免,即母公司在向本国政府缴纳所得税时，可以将它从其外国子公司取得的股息中所含有的已向外国政府缴纳的所得税份额还原出来,在本国缴纳税额中予以扣除。

第一,直接抵免,又分为全额抵免和限额抵免。所谓全额抵免,就是行使居民居住管辖权的国家,将居民的国内和国外所得汇总计算,允许居民将向外国政府缴纳的税额在应向本国缴纳的税额中予以全部扣除。所谓限额抵免,也称普通抵免,就是行使居民居住管辖权的国家,将居民的国内和国外所得汇总计算,允许居民将其向外国政府缴纳的税额,在本国应纳的税额内抵免,但抵免额不得超过国外所得额按照本国税法规定的税率计算的应纳税额。

例如:一居民取得总收入为20000元,其中居住国所得为16000元,在国外来源国所得为4000元;居住国家的税率为30%;来源国家的税率为20%,(低于居住国税率)或者为40%(高于居住国税率)。

如果在国际重复征税的情况下，该居民税收负担应是6800元（20000×30%+4000×20%），或者是7600元（20000×30%+4000×40%）

当采用全额抵免时，居住国允许居民将在国外缴纳的税款在本国税额中予以全部抵免。

居住国实行全额抵免,不管来源国税率高低,均放弃对纳税人国外收入的征税权利。

当普通(限额)抵免时,居住国允许居民抵免的税额最高不得超过外国所得额乘以本国税法规定的税率计算的应纳税额。

表7–3

	居住国税率30%	来源国税率20%	来源国税率40%
居住国税收	6000（20000×30%）		
来源国税收		800（4000×20%）	1600（4000×40%）
居住国税收减来源国税收		5200(6000–800)	4400(6000–1600)
居民纳税额		6000	6000
居住国放弃税收		800	1600
居住国实收税款		5200	4400

表 7-4

	居住国税率 30%	来源国税率 20%	来源国税率 40%
居住国税收	6000 （20000×30%）		
来源国税收		800（4000×20%）	1600（4000×40%）
最高抵免额			1200（4000×30%）
居住国税收减来源		5200（6000-800）	4800（6000-1200）
国税收		5200	4800
居住国实收税款		6000	6400
居民纳税总额		800	1200
居住国放弃税收			

由上述可知，当外国税率高于本国税率时，采用限额抵免，居民在国外缴纳的税额，就会有一部分不能抵免。如本例当外国税率为40%，居民在国外已交纳款1600元，但本国政府的抵免限额为1200元，有400元超出限额，不准抵免。这就是说，限额抵免只是在一定程度上起了缓和重复课税的作用。对跨国避税者来说，掌握直接抵免的具体作法有助于测度其可躲避国内税责的程度。

第二，间接抵免。

间接抵免就是国家在征税时，允许母公司将从外国子公司取得的毛股息收入已纳的外国企业所得税，从应向本国政府缴纳的公司所得税额中予以扣除。

间接抵免额＝母公司从其外国子公司取得毛股息／（1－外国公司所得税率）×外国公司所得税率

例：一个美国公司在国内无所得，但从国外子公司获得股息收入10000美元，扣除向外国政府缴纳的预提税1500美元后，净股息收入为8500美元。该公司希望保留这笔股息收入，要向美国政府缴纳税率为50%的所得税款。若外国子公司所得税率为40%，在只有直接抵免的情况下，其结果如下：

外国来源所得10000美元

在美国的纳税义务5000（10000×50%）

减外国税收直接抵免 1500

应付美国税款 3500(5000–1500)

在有间接抵免的情况下,其结果如下:

外国股息所得按外国税率还原:

10000 ÷ (1–40%)=16600(美元)

在美国应纳税额:8300(16600 × 50%)

间接抵免额:6640(16600 × 40%)

应付美国税款 160(8300–6640–1500)

可见,在仅有直接抵免的情况下,该美国公司要向本国政府缴纳 3500 美元税款,而在间接抵免情况下,该公司只需向本国政府缴纳 160 美元的税款。这对跨国纳税人来说,间接抵免和避税效果已基本地趋于一致,对跨国纳税人有较大的吸引力。当然,实行间接抵免并非是无条件的,许多国家在实行该法时往往要附带一些条件,如:要求本公司至少直接或间接地控制着被投资的外国公司的一定比例的股份;被投资的外国子公司,必须是从事积极性经营活动的企业。所谓积极性的经营活动,是指从事制造业、商业、饮食业、建筑业等经营活动。如果投资于从事消极性经营活动(如单纯从事证券交易)的企业,则不能享受间接抵免的待遇;要求抵免的外国税收必须相当于本国的公司所得税。除上述条件外,有些国家还规定,只有来自于与本国签订了避免双重征税协定的国家的股息,才能予以间接抵免。这些条件对跨国纳税人来说并不算苛刻,在正常条件下还是比较容易实现的。

税收饶让下的抵免计算:

税收饶让的适用范围通常涉及对预提税的优惠减免和营业所得税的优惠减免。在税收饶让条件下进行抵免计算,关键是确定已缴外国税额时,应包括实际缴纳的税额和视同为已缴纳的减免税额两部分。

税收饶让条件下的直接抵免:

例如，甲国某公司年获所得 20 万元，甲国税率为 40%，该公司在乙国的分公司同年获所得 10 万元，乙国税率为 30%，享受减半征收的税收优惠，向乙国缴纳所得税额 1.5 万元。当甲国允许对乙国的税收惠给予税收饶让时，抵免限额为 4 万元(10 万元 × 40%)，允许抵免的税额 3 万元（实缴乙国税额 1.5 万元 + 视同乙缴乙国的减免税额 1.5 万元)，甲国在税收饶让条件下，对该公司征税 9 万元[(20 万元 +10 万元) × 40%-3 万元]。本例说明，乙国给予分公司的税收减免额 1.5 万元和实际征收的 1.5 万元，都在甲国得到了减免。如果没有税收饶让，该公司应对甲、乙两国共缴纳税款 12 万元，由于税收饶让，该公司只缴纳了 10.5 万元，乙国减免税优惠 1.5 万元落实到了该公司。

税收饶让条件下的间接抵免：

例如，甲国的某公司年获所得 20 万元，又收到乙国的子公司的股息 3.5 万元，甲国税率为 40%，子公司同年获得 10 万元，乙国税率为 30%，享受减半征收所得税的优惠。

首先计算应由母公司承担的子公司已缴所得税额 1.5 万元（实缴税额 1.5 万元 + 视同乙缴的减免税额 1.5 万元 × 股息 3.5 万元 / 子公司税后所得 7 万元)。应并入母公司所得额的子公司所得额 5 万元[3.5 万元 /(1-30%)]，抵免限额为 2 万元(5 万元 × 40%)

其次确定允许抵免的税额 1.5 万元（抵免限额 2 万元大于应由母公司承担的子公司已纳税额 1.5 万元)

最后计算甲国在税收饶让条件下应对母公司征收的税额 8.5 万元[(20 万元 +5 万元) × 40%-1.5 万元]。本例说明，在税收饶让条件下，甲国对母公司间接抵免的子公司已纳乙国税额 1.5 万元中，包括了视同为已纳税款的减免税额，使甲国对母公司征收的税额 8.5 万元，比不实行税收饶让少征收了 0.75 万元(1.5 万元 × 3.5 万元 /7 万元)，这使乙国的税收优惠落到了纳税人身上。

3.扣除法

扣除法是行使居住管辖权的国家，在对其居民取得的来自世界范围内的所得汇总征税时，允许居民将其在外国政府缴纳的所得税，作为费用在应税所得中予以扣除。假设居住国(国籍国)政府应征所得税或一般财产税税额为Tr,居住国(国籍国)的收益所得或一般财产价值为yr，非居住国（非国籍国）的收益所得或一般财产价值为yn,居住国(国籍国)的所得税或一般财产税税率为tr,并设已缴非居住国(非国籍国)政府的所得税或一般财产税税额为Tn。那么,按照扣除法,居住国(国籍国)政府应征所得税或一般财产税额的计算公式是：

Tr=(yr+yn−Tn)tr

例如,有个设在甲国的某公司年获所得额20万元,其中在甲国的所得是12万元，所得税率为40%，在乙国的所得为8万元已按30%的税率缴纳所得税款2.4万元。

如果未实行扣除法,计算结果为:甲国不予扣除条件下的应征税款8万元(20万元×40%),乙国已征收所得税款2.4万元,该公司共纳所得税款10.4万元(8万元+2.4万元)。由于甲国和乙国都对该公司在乙国的所得8万元行使了征税权，征税权的重叠使8万元所得共纳税5.6万元（8万元×40%+8万元×30%），税收负担率高达70%,这是纳税人很难承受的。

如果实行扣除法，计算结果就会发生变化：甲国应征税款7.04万元,(20万元−2.4万元)×40%,乙国已征所得税款2.4万元,该公司共纳所得税款9.4万元(7.04万元+2.4万元)。

对是否实行扣除法进行比较分析：扣除法下免除的税额为0.96万元(8万元−7.04万元),这是甲国实行扣除法比不实行扣除法少征的所得税,也是该公司在扣除法下比不实行扣除法少缴纳的税款。因为甲国免除的税额不足以抵消乙国所征税款1.44万元(2.4万元−0.96万元),与该公司已缴纳乙国的2.4万元所得税相比,甲国给予免除的税额还差1.44万元。也就是说，扣除法免除的不是该公司在乙国已纳的所得税款，只是已纳税款与甲国税率的乘积0.96万元（2.4×40%），甲国和乙国重复征收的税额中，仍有相当于1减去居住国（甲国）税率的部分没有免除掉1.44万元[2.4万元×（1–40%）]。

根据上述分析可得出如下结论：居住国（国籍国）实行扣除法，不能完全免除由于税收管辖权重叠交叉造成的国际双重征税，其给予跨国纳税人扣除的一部分税款，只能对国际双重征税起一定缓解作用。究其原因，在于居住国（国籍国）没有完全承认收入来源国行使地域税收管辖权的优先地位，而只是承认了一部分，以致使对跨国纳税人的重复征税问题，不可能从根本上解决。

尽管如此，扣除法对跨国纳税人仍具一定吸引力，主要是由于将国外已纳税款作为费用扣除本身，意味着费用范围的扩大和难以有效扼制的普遍使用费用标准，只要各种海外费用的总额不超过其海外总收入额，跨国避税较难实现。

4.缓缴法

缓缴法是税款可以推迟缴纳。这里是指国外子公司或其他跨国公司从国外取得的利润所得在未汇回本国之前，不在本国纳税。在实施这种方法的情况下，跨国纳税人可以长期将其海外收入所得保留在海外，甚至永远不汇回母国，这样就可以不履行缴纳国内税收的义务。特别是当纳税人海外收入来自国际“避税地”和自由港及其他抵税国时，这种避税方法产生的避税效果尤为明显，颇为跨国纳税人所喜爱。

二、国际税收协定

在国际经济技术交往中产生的跨国所得征税问题，涉及一国与其他国家间的税收分配关系，这是一国政府无法单方面通过国内立法解决的，当然也不能由哪一国政府实行强制约束，因此需要缔结国际税收协定来协调。

国际税收协定是指两个或两个以上主权国家，为了协调相互间在处理跨国纳税人征税事务和其他有关方面的税收关系，本着平等互利的原则，经由政府间谈判所签订的确定各自权利与义务的一种书面协议。它是在国际经济活动中协调国家间税制差异和利益冲突，实现国际税务合作的有效形式,是国际公法的重要组成部分。

1.国际税收协定的种类

国际税收协定的分类方法多种多样。按照缔约国的数量,可分为双边税收协定和多边税收协定。双边税收协定是指两个主权国家之间缔结的税收协定；多边税收协定是指三个或三个以上主权国家之间缔结的税收协定。按照税收协定所涉及的内容和范围的大小,可以分为一般税收协定和特定税收协定两大类。后者是一种主要的较常用的分类方法。

第一,一般税收协定。

一般税收协定是指缔约国各方所签订的广泛涉及处理相互间各种税收关系的协定。一般税收协定,通常包括缔约国之间所有有各种所得税和一般财产税的国际税收问题在内。有的除在一般税收协定之外,还加上特殊的工作协定和议定书。

第二,特定税收协定。

特定税收协定是指缔约国各方为处理相互间某一特定税收关系或特定税种所签订的协定。目前较多见的是有关避免海运和空运双重税收协定,有关避免特许权使用费双重征税协定、有关避免遗产双重税收协定以及有关公司税制度的协定等。

国际税收协定发展到今天,已由最初的偶然性、多样化、发展成为经常性、规范化。目前,虽然各国签订的税收协定内容各异,但通常都是以《经济合作与发展组织关于对所得和财产避免双重征税的协定范本》(简称 OECD 税收协定范本)或《关于发达国家与发展中国家间避免双重征税协定范本》(简称联合国范本)为样本制定的。

2.中国政府与外国政府签订的国际税收协定

1978 年前,中国与其他国家一般只是通过税收换文或在某些经济活动的协定中写进有税收条款，以达到对某项特定经济活动的收入或所得实行税收互免。1979 年 1 月 23 日开始对外签订综合税收协定,到 1991 年,中国已先后与 32 个国家签订了税收协定。

根据缔约国双方情况缔结的税收协定,虽然都是以《经合组织范本》和《联合国范本》为样本的,但仍不免有许多差异。分述如下:

第一,消除对纳税人双重征税的措施。

消除对纳税人双重征税，实际上就是要明确缔约国双方对纳税人以及纳税义务的确定标准。

根据税法规定，我国实行纳税人居住地与所得来源地相结合的税收管辖原则。对自然人以户籍标准确定居民身份,在我国境内居住满 1 年的个人为居民,居住不满 1 年的为非居民。对法人以总机构所在地标准确定居民身份,按照我国法律组成企业法人,在中国境内设立负责企业经营管理与控制中心机构的外商投资企业为居民企业;外国企业同中国公司、企业合作生产经营,不组成企业法人的中外合作经营企业的外方合作者,为非居民企业。

按照国际税收惯例,居民和居民企业要负全面纳税义务,就其来自境内境外的全部所得缴纳所得税；非居民和非居民企业则负有限纳税义务,仅就来源于中国境内的所得缴纳所得税。

第二,消除对所得双重征税的措施。

消除对所得的双重征税,就是明确缔约国双方对所得的征税权。应税所得包括营业利润投资利润、劳务所得、财产所得等不同形态,对这不同形态的所得要依从来源地优先征税的原则才可避免双重征税。

我国对外缔结的税收协定中规定，对常设机构仅以其营业利润为限。对常设机构的判定标准,一是必须有一个营业场所;二是营业场所必须是固定的,并且有永久性。像管理场所、分支机构、办理处、工厂、作业场所、矿井、油井或汽井、采石场或其他开采自然资源的场所等。对承包工程作业和提供劳务的，以连续6个月以上为常设机构。

对投资所得，缔约国双方都有征税权，但以来源地国为优先。我国对外缔结的税收协定中都坚持了来源地征税权，同时也不放弃居民国征税权。为此，在协定中除对投资所得的判定、征收预提税范围等作出明确规定外，对投资所得实行了限制税率。协定中还区分不同国家的不同情况，分别规定了相应的限制税率。对股息、利息和特许权使用费的征税，一般为10%，极个别的达到15%。

对个人劳务所得的征税，分三种情况作了规定。

首先，独立个人（也称自由职业者）劳务所得。具备下列三个（或两个）条件之一的，即可在缔约国另一方征税。经常设有固定基地，并且其所得是归属于该固定基地的；在一个年度中停留期连续或累计超过183天，并且其所得是在该期间内取得的；其所得是由缔约国另一方居民支付的或者是由设在该国的常设机构或固定基地负担，并且在一个年度内超过一定金额限度的。

其次，非独立个人（职员或雇员）的劳务所得，由来源地国征税。缔约国另一方不得征税。这些条件是：在一个年度内停留累计不超过183天；其报酬不是为缔约国另一方居民的雇主或代表该雇主支付的；该报酬不是由雇主设在缔约国另一方的常设机构或固定基地负担的。

再次，以特殊个人劳务所得，区分不同情况专列条款规定。如董事报酬所得由公司驻地国家征税，而不问其停留期限和实际劳务地点。艺术家、运动员的报酬所得，在来源地国征税，而不问其停留期限长短。

如果从事的交流活动是按照缔约国双方政府的文化交流计划，或是由缔约国一方政府给予交流资助，则其在缔约国另一方取得的报酬，该缔约国另方应予免税。对其他所得，如不动产所得，由位于地国征税;不动产转让所得以来源地国征税等等。

第三,消除双重征税的方法。

我国对外缔结的税收协定中,所确定的消除双重征税的方法有两种:一是抵免法(主要是限额抵免);二是免税法。由于各国情况不同,分别采用不同的方法。抵免法适用于日、美、英、加等,免税法适用于法、德、意、西班牙、奥地利等。

第四,饶让抵免。

税收饶让是居住国对跨国纳税人在非居住国所享受的减免税款,视同实际缴纳而准予在居住国应纳税款中抵免的一种特殊税收抵免方法,又称虚拟抵免、饶让抵免。

为了利用外资,我国的税法和有关的行政法规中,有很多鼓励外商投资和转让技术的减税、免税和从低征税的优惠规定。这些规定包括:

首先,对跨国营业利润的减免税有三种处理方式:对列出法律规定的减免税条文给予视同已征税抵免;对不列出减免的具体法律条文给予视同已征税抵免;采用免税法消除双重征税,不列为视同已征税抵免。

其次,对于跨国股息、利息和特许权使用费所得的减免和按照协定的限制税率从低征税的处理方式。在我国对外签订的税收协定中,其中有的规定按固定比例给予税收抵免。所谓按固定比例给予税收减免,即不论我国是按照协定规定的限制税率征税,还是另有条款规定给予更多的减税和免征,对方国家都应视为已按照协定规定的比例金额征税给予税收抵免。

第五,实行税收无差别待遇。

首先,国籍无差别,即不同纳税人国籍不同、身份不同(居民或非居民),而在纳税上受到差别待遇。

其次,常设机构无差别,即常设机构的税收负担不应高于所在国的本国企业的税收负担。

再次，支付无差别，即除联属企业和收支双方有特殊关系的以外，在计算应纳税所得额的费用扣除上，不因支付对象是本国居民或对方国居民而有差别。

复次，资本无差别，即不因资本为对方国家的企业或个人所拥有或控制，而与本国其他企业的税收负担不同或比其更重。

第六，情报交换条款。

为防止逃税、避税，税收协定规定了情报交换的内容：交换为实施税收协定的规定所需要的情报；交换与税收协定有关税种的国内法律的情报；交换防止税收欺诈、偷漏税的情报。

第八节　外商在我国的税收筹划手段

自从我国实行对外开放政策以来，对外经济技术合作和国际贸易活动日益扩大，外商来我国投资办厂越来越多，涉及国际税收方面的问题不断增加，国际间逃避税的现象也在我国出现。这不仅破坏了公平税负、平等竞争的原则，同时还影响了国家的财政收入，损害国家的权益。为了在对外经济交往中维护我国的主权和经济利益，加强对外商避税手法的研究将有助于反避税工作的开展。

外商避税手法花样繁多。其主要做法有：

一、外商利用掌握企业生产经营权和国外市场信息的有利条件，高价进口生产用原辅材料，低价经销出口产品，赚取进销差价

例如：扬州某有限公司是由香港某有限公司和扬州某厂合资经营的，双方投资各占注册资本的50%，该合营公司的总经理由港方人员担任。起初由港方负责合营公司的筹建和生产经营活动，在这一段时间内，该港商从香港某有限公司进口了74万美元的原辅材料，后来由于在港方管理期间发生严重亏损，经董事会研究决定，改由中方

管理合营企业。中方就生产上所需的进口原辅材料直接向外商购买，其价格比原港方进口的要便宜40%左右，而港商在那段时间里通过进口原辅材料，已经赚取了25.3万美元的商业利润。

又例：扬州某有限公司是由日本某编织材式会社、江都县某工业公司和中国银行某信托咨询公司三家合资经营的。该合营公司由外方担任总经理，负责公司的生产、销售活动。由于公司出口产品的定价权控制在外方手里，外方将合营公司的产品以低于正常交易价格50%的低价销给外方的关联公司，造成该合营公司自开业三年这段时间内不是微利，就是亏损，而外方则赚取了较高的商业利润。

二、有些外方通过进口设备价格，来达到避税的目的

(1)在合营合同中，中外双方投资的房屋设备等作价都很高，人为地加大投资额，虚增固定资产，以达到多计提折旧，少缴所得税的目的。

(2)有的外商通过买卖投资企业所需引进的设备，从中渔利。还有的外商以旧设备冒充新设备，以残次设备冒充完好设备，将已经淘汰过时的设备冒充先进设备，而这些都按新设备计价，不仅影响了合营企业的正常生产，同时也使合营企业蒙受很大的经济损失，影响国家的财政收入。

例如：通州某有限公司是由原通县某工业公司和香港某洋行合资经营的，其所需进口再生革生产设备是香港某洋行在台湾购买的旧设备，总价38.2万美元，其中港商赚去13.4万美元。而合营公司安装了港商所购的设备后，一直不能正常生产，致使合营公司几年来一直处于亏损状态。

三、通过设立100%控股的外资企业，转移利润

一些国外厂商利用我国沿海地区交通便利、信息灵敏、劳动力廉价和政策优惠等优势，将部分生产活动从国内或其他地区转移到我

国的沿海地区。这些外资企业多数是"两头在外"的制造,加工型企业。企业本身在境外没有独立的购销网和购销渠道,多要依靠境外的母公司或母公司的其他子公司为其代购原材料和包销产品。由于是集团公司内部的产品转移，所以外资企业与境外关联公司的结算多采用内部定价,通过提高原材料价格,压低产品价格的办法来逃避我国税收。这样就出现了一个怪现象,企业产品销路不成问题,生产也处于饱和状态,但企业表现为亏损、或虽有利润但获利水平较低,然而,尽管企业亏损或微利,但生产规模并不呈现萎缩,反而不断扩大。

例如:厦门某新潮手套有限公司,是美国某兄弟股份公司独家投资,在厦门湖里工业区举办的独资企业,主要生产各式手套,其母公司是美国有名的手套生产和销售公司,在世界市场上占有率较高。该企业产品全部由母公司包销,所需原材料全部由母公司与国内、外材料供应商店签订合同购买,并提供给该企业,该企业不设供销部门,根据母公司的订单生产,产品直接运往美国、加拿大、西欧等国销售。出口产品价格完全是母公司制定的内部结算价。结算价按工时计算,每打手套有标准的工时定额，平均计算每打手套工时费用为 3.3 美元,再加上工厂管理费等,母公司以每打手套 6.6 美元的价格支付企业,这个价格基本上是生产成本,没有利润。该企业的利润主要是由母公司以美元与其结算的加工费调剂成人民币所形成的调剂汇总利益。

四、合营、合作企业的外方通过承包控制企业的生产经营,独自获取经营利润

目前,一些合营、合作企业也实行承包经营,对于"两头在外"的企业一般由外方承包。通过承包,虽然保证了中方每年有一定数额的收入,但也为承包方转移利润提供了条件。

例如,深圳某针织实业有限公司开业后由合资外方承包,每年向合资中方上缴 40.8 万港元的承包费。某年该企业的销售收入为

7453884 港元，成本为 7338443 港元，成本利润率仅为 1.57%。企业的产品大部分由外方在中国境外包销，其出口产品价格与同行业深圳某有限公司销售给第三方的价格水平相比，低 30% ~ 40%，因是外方承包，中方无权干涉，只能听凭外方转移利润，让所得税自由流失。

五、通过转移定价转移应税所得

在当今世界经济中，跨国公司的涌现及迅猛发展，使得各国的经济活动越来越趋于国际化.据统计，跨国公司集团内部交易额占世界贸易额的比重已达 50%左右。公司集团的内部交易定价，即转让定价所带来的税收问题日益引起众多国家的重视。

在相关联企业之间，通过货物购销和财务收支的不正常计价，转移应税所得，这是外商进行避税的普遍做法。

我国某经济特区有一家电子有限公司 S，其母公司 T 设在香港。T 公司还在这个特区设立另一家子公司 K，T 公司向 S 公司购进 2 万台录音机，但没有出境，直接加价 20%转销给 K 公司。母公司 T 要 S 公司收到 K 公司货款后，将 300 万元价差汇给 T 公司，把本应由 S 公司取得的利润转移到境外。

还有一家联兴鞋业有限公司，其母公司 P 设在日本，P 公司在台湾设一家子公司 M。M 又在香港设一家子公司 N。联兴公司的原材料采购和产成品销售均按照 N 公司提供订单载明的数量、价格采取委托加工的方式结算。税务机关检查发现，联兴公司工缴费收入远远低于加工成本支出，年年亏损，实际上，联兴公司的制鞋利润全部转移到了 N 公司，同时逃避了所得税。

转让定价不仅反映在商品购销活动之中，而且在资金借贷、专业劳务、无形资产转让以及管理费用分摊等方面也有反映。譬如，外商投资企业列支境外母公司或总机构开具的费用清单或以协议中确定提取比例为依据，金额较大，而且多有不实之处。协作费是否真实、合理，往往难于稽核。再譬如，外商投资者将资本定得尽可能小，而企业经营所需资金则以信贷形式提供,并收取较高的利息,使企业的负债增大。企业贷款来源于境外关联公司,通过贷款,使企业节省本应投入企业的资本,并通过支付贷款利息,将其列入计算利润的减项,人为地使企业利润下降,从而转移利润,达到有效避税。

六、在引进项目的合同中,将应税项目纳入免税项目

在有些引进项目上,由于中方谈判人员无经验或其他原因,外商在中方默认的前提下,将应税的特许权使用费或工程款等项目都纳入设备价款中,合同价款仅反映设备总价,连技术服务或安装作业也有人数,没有金额,外商通过签订这样的合同,逃避了应负担的我国税收。

例如,有的引进项目合同中,将专有技术使用费不单列出,而是分散在技术文件、人员、培训、技术服务等费用中,逃避预提所得税。

七、利用承包工程进行避税

我国实行对外开放政策以来,许多外国公司纷纷来我国从事承包工程、提供劳务作业。对这些外国公司在我国境内承包工程、提供劳务所得的收入,国家在税收政策上本着优惠从宽、手续从简的原则,允许其扣除70%的设备、材料费用、仅就其余的30%的收入征收工商统一税和企业所得税。

目前,外国公司在我国境内承包工程主要有两种方式。

(1)外国公司(非集团公司)对工程进行总承包(即包工包料)。他们在与我国内工程发包单位商定了工程总价格的前提下,分别签订工程材料供应合同和工程劳务合同,利用我国内工程发包单位不熟悉国际市场行情,缺乏公平价格信息,只注重工程总价款的弱点,有意提高工程材料供应合同的价款,压低工程安装合同的价款(在缴税时,外方提出工程材料价款是垫付款,要求扣除),以达到避税的目的。

例如:香港某公司在一个承包工程项目中,工程材料供应合同的价款是工程总价款的97%,而工程安装合同的价款为3%,低于我国内同行业的4~5倍。

(2)外国的集团公司或联属企业内具有独立法人实体的两个公司共同承包一个工程项目，其中一个公司与发包单位签订工程材料供应合同,另一个与发包单位签订工程安装合同,他们通过这种应包方式,在内部相互转移商品、劳务的价款进行避税。

一般来说,外国公司的技术力量,管理水平与我国内的同行业相比,是比较强、比较高的,工程安装的取费标准应高于我国内的同行业;但是,他们有意压低工程安装的收费标准,目的就是要人为地加大工程材料的价格，因为工程材料的价款内大约含20~35%的毛利润,从而逃避了所得税。

八、利用我国对汇出利润的规定避税

根据我国《外商投资企业和外国企业所得税法》规定,企业外方分得利润汇出境外要缴纳汇出利润的所得税,不汇出的不纳税。针对这项规定,有些合资、外资企业采取种种手法将利润转移国外,躲避我国的税收。主要有以下几种类型。

(1)有些企业属非创汇型企业。自身外汇不平衡,在年终进行利润分配时,由于自有外汇不足,按照其合同规定,外方投资者的利润只能全部或部分以人民币的形式体现。在这种情况下,有些外方投资者将分得的利润暂不汇出，而是转入其设在我国境内的其他相关企业的账户内暂存,经过一段时间后,再转入另一个企业的账户,这样经过若干次空间上的转移，使税务机关失去对此项所得的跟踪与监控,然后通过某种途径兑换成外币,并以其他名义(如个人名义)邮汇或携带出境,最终躲避我国税务机关对该项收益的征收。

(2)有些企业的投资外方在年度中间来华期间,以个人借款名义从合资企业内取走相当或大于其年终可能分得的利润的外币，除在国内花费极小部分外,绝大多数都随身带出境外。这样,该企业年终分配利润时,其外方应分得的利润只能抵顶从企业的借款,自然就没有利润的汇出,这也同样避开了我国应征的税款。

(3)两个中外合资企业的外方投资者之间有某些事务上的联系或其他特殊关系,当其中一个企业已处于经营时期时,另一个企业尚处于开办时期,这样当前者分得年终利润时,由于其与后者之间的默契,也会将其所得的利润以借款方式借给后者,作为其股本的投入,而不汇出境外。而后者则可能在国外以还款或其他方式对前者予以补偿,这就避免了汇出利润所得税的征收。

九、有的外商投资企业挂靠国内企业避税

由于外商投资者企业已享受国家特殊的优惠照顾,他们生产的产品出口,不能按国内企业出口规定退税。但有的外商(包括代理人、中介人和部分“三资”企业中的外商代表)打着为国内企业增加投资,引进设备的旗号,千方百计地挂靠国内企业,与国内企业合谋,将外资企业生产的产品转由国内企业出口,或国内企业转让商标通过中介人挂靠在别的企业出口,以谋求退税。甚至有的外商专门从事以“投资”、“办厂”为诱饵,以索取出口退税凭证为条件,来要挟“招商外资”心切的地方政府和企业主管部门,为其提供出口退税的便利条件。

十、利用投资过程进行避税

投资过程的避税,就是在签订合同时,埋下了避税的“伏笔”,通过资本的控制投入、抽回、虚假等方式,引起股本的变化、利润的归属变化,以达到避税的目的常见的做法有:

(1)外商利用投资总额与注册资本的比例严重失调进行避税。先行法规规定,投资总额与注册资本要成正比例,可是在具体执行中,一方面中外双方为了得到政府的批准,故意压低投资总额,使注册资本与投资额形式上成比例;另一方面,有关部门吸引外资心切,对可

行性报告及合同缺乏逻辑审查,致使这方面的漏洞越来越大,避税问题相应而来。

如某房地产开发公司,主要从事房地产的开发、建设及经营,合同投资总额仅为500万元人民币,其中中方占75%为375万元,外方占25%为125万元,而该公司实际营运,第一期工程就需资金4000万元,主要用来支付庞大的土地转让费和水、电、暖等费用。随着经营规模的扩大,一期工程后贷款将达7000万元。资金缺口由国内银行贷款解决。这种投资状况,外方注册资本少,节省了自身资本,而把贷款营运要承担的巨额利息,塞进合资企业,列入当期费用,使企业利润基础下降,事实上这些利息带有资本利息的性质,违反了税法列支规定。

税基的缩小并不意味着外方少得，这里所说的税基缩小是相对而言的,外方节省的投资可以取得利息或另去投资;更重要的是企业所创造的效益，乃动用了超过注册资本几倍甚至十几倍的国内银行贷款资金,而分配却要按注册资金比例进行,可谓一举两得。

仍以上例说明,如果该房地产公司注册资本500万元,产出效益100万元,则中方分利75万元,外方分利25万元。实际投资额7000万元,产出效益1400万元,外方所出的资本仅为125万元,占全部资本的1.78%,应分利25.2万元,而实际上外方按25%的资本比例分利350万元,为出资125万元应分利的14倍。

(2)合作企业的外方抽回资本本息时,使税负转移,进行避税。目前,一种定期偿付外方本息、固定向外方支付利润的生产合作性企业较多,特别是组成企业法人的合作企业,所得税由原双方分别缴纳变为合作企业统一缴纳,问题较突出。如某合作企业,合作期15年,合同规定:外方注册资本100万美元,合作企业在头5年中归还外方本息150万美元,后10年每年固定向外方支付利润10万美元。

这种合作形式对中方的吸引力在于：可以享受免征进口环节的工商统一税及关税;可以得到自营产品的出口权,免缴流转税;生产性合作企业享受二免三减半所得税优惠政策。对外方的吸引力在于：税收优惠政策让中方用足、用活，外商可以不担风险，不管经营盈亏均可分得利润。这实质上中外方是建立在套取税收优惠的基础上达成一致协议。前例的外商5年将股本本息抽回，合作企业将不存在外方资本，而合作的双方仍然享受着国家有关优惠政策。表现在税收上既享受了两免三减半的所得税优惠，又使外方所得利润不含税收，尤其是合作企业亏损，该合作企业承包仍向外方支付利润，这部分利润未含税，即使税务机关补征，根据双方合同，依然是合作企业承担，外方基本上充当了征税者与税负实际承担者的中介，躲避了税收。

(3)合资企业外方变相抽回资本。如某企业外方履行合同规定为合资企业包销产品，而销货款不再汇回，截留自用，合资企业只好长期挂账。这样外方变相抽回了股本。合资成了形式上的合资，仍享受税收优惠待遇。

十一、利用利润分配过程避税

(1)多提并分配劳务费。合资企业在提取劳务费时，超过国家规定的提取基数和标准，扩大计提范围，对临时工也提劳务费，然后按投资比例进行分配。这样，实现的利润被劳务费吃掉，躲避了所得税的征收。

(2)调剂股本，分配假利润。企业利用外汇双轨制，调剂投资股本，使企业假盈利。在免税年度中尽早获利分配，待减免税期满又使企业亏损或微利，达到避税。该手段对外方的激励之处是：变相收回股本；免税年度利润高；纳税年度由于贷款增加，费用增大，利润减少。

(3)把中方老企业的利润转移到外资企业，享受税收优惠。这种情况主要表现在嫁接型外资企业中。如某家具公司，让原中方老厂中的一部分车间、设备、工人进入合资企业。合资双方议定，合资企业利润，外方不参与分配，但合资企业的产品加10%的利润，由外方包销，不论获利多少，由外方直接留取，不再汇回企业核算、分配。为此，中方故意将内资部分生产的产品转移到合资企业销售，利润也转移进来，以享受税收优惠。外方的利润也随之逃避了税收。

十二、利用税法的优惠条款避税

根据我国《外商投资企业和外商企业所得税法》的规定，“设在经济特区的外商投资企业，在经济特区设立机构、场所从事生产、经营的外国企业，经济技术开发区的生产性外商投资企业，减按15%的税率征收企业所得税”。外国人在我国举办生产性企业，经济特区、经济技术开发区的税负低于老市区，老市区又低于一般地区，差幅最大可达50%〔(30%-15%)÷30%〕，这给外商提供了一个很好的避税机会，我国经济技术开发区像雨后春笋一样到处涌现，使众多的外国投资者竞相趋之。这属于对区域性税收倾斜政策的利用。

还有对行业性税收优惠政策的利用。在我国，税负最轻的是港口码头建设的投资(税率15%，以获利年度起免征所得税5年，减半5年)，较轻的如高新技术产业开发区设立的高新技术企业(税率15%，从获利年度起免征所得税2年，减征3年)，而得不到轻税优惠的是那些非生产性企业。

国家政策意愿是针对新办企业起步时困难较多，有必要在税收上给予扶植，结果不少外商钻税法的空子，不断地换牌设厂谋得免税和减税。

据调查，深圳市近年来累计登记开办的外资、合资企业早已超过万家，但实际经营的不足2/3，另外的1/3强除极小部分转产或停产外，大多数在免税期满后，通过换招牌又变成了新办企业，从而再次享受免税。

例如：有一家合资企业针织厂，生产各式针织成衣。某年产值1300万元，盈利120万元。刚好年底减免税期满，企业早有准备，于年中就扩建了厂房，把印染车间划出去另建一个印染厂，并添购了大园机，跟原先工厂的生产流程基本相同，只是规模扩大了。新厂的营业利润约占原企业的80%,重新享受减免税期的优惠待遇。

再如:深圳市罗湖区有一家合资厂,从开办至今已有10多年的历史,按理应该是前两年免税,后10多年都纳税,可实际情况是,该厂前后4次更换厂名,3次搬迁厂址,使企业迟迟未进入纳税期,可谓是外商在我国投资避税的典例。

根据一般规律,利润从高税国向低税国转移,这就是"税向低处流"。在涉外税负如此之低的我国,为什么会大量存在避税现象呢?究其原因,主要在于企业管理大权旁落给外国投资者。以我国合资企业为例,中方股东多半是国有或集体企业的代表,一般不会把利润转移到境外,外方股东多半是私人投资者,避税可以得到直接的个人好处。目前许多三资企业,特别是那些两头在外的企业,购销两权多半由外方控制,避税更容易发生;中外合资企业,外方如果通过高进低出的手段把利润转移到境外,即使在境外补交了一笔"税差",也能赚到税后所得的大头;外方独资企业,在中国避免纳税,不等于在境外一定要补交税款,如果母公司是设在香港那样实行收入来源地税收管辖权的地区或其他避税地,由于它们对境外汇入的利润不征税,这笔应交的税款自然攫为己有。

总之,外商企业不择手段的避税已较严重地影响了我们的税收。据调查,目前外资企业的亏损面高达1/3,如果扣除外资企业中内销产品的利润,其亏损面更大,利润率更低,应纳税款更少。在我国工资水平很低(不足香港的1/10),土地等费用也很低的情况下,这种情况显然是不正常的。通过对亏损的三资企业作进一步分析的时候发现,有的是新办企业,有的间隔出现亏损,更多的则是连续多年亏损。众所周知,在资本主义社会,由于生产资料的私有制,亏损特别是连年亏损就意味着面临破产,其生产经营的规模反而越来越大,实际上,在我国的公司亏损了,而作为跨国公司的整体是盈利的,这反映在税收上,我们应该能征到税的现在征不到了;有的企业因连年亏损,连纳税期都进入不了。跨国公司的避税作为一种国际现象存在于我国并不奇怪，但像在我国那样进行普遍的避税恐怕在国际上也是少见的。我国税务管理人员曾调查过一些合资和外资企业，当问及外销产品的价格是否对任何第三者适用时，他们几乎一致的回答是“只对境外的关联公司，不适用于任何第三者”，当问及有的企业为什么有的年度有利润，有的年度没有利润时，他们更干脆的回答，有没有利润决定于中国境外的总公司，总公司要我们有利润我们就有利润，要我们没有利润我们就没有利润。为什么外方企业的管理者那么坦率，那么直言不讳，说穿了就是因为我国现行税法中还有许多漏洞，基本上没有反避税条款，对他们的避税是奈何不了的。

外商投资企业在我国的税收筹划手段，既为我国税务机关提供了弥补税法漏洞的素材，又值得我国的涉外企业在国际经济活动中加以借鉴。

第八章

我国对税收筹划的规避

尊敬的读者千万不要简单地将本书理解为怂恿企业逃避纳税，正因为现行税法存在着一些漏洞，才导致企业和个人绞尽脑汁去钻法律的空子来谋取私利。税务当局切不可把主要注意力放在贬损避税,甚至围追堵截上,而应该想方设法弥补漏洞,完善税法,让纳税人无隙可乘,最终使国家财政收入流失较少。

对税收筹划的规避可以理解为对税收筹划进行管理并对其行为采取有效的制止措施。最近10多年来,法学家、经济学家、国际机构与组织对国内外的税收筹划给予了日益增长的关注。国内外的税收筹划现象促使一部分纳税人以减少或避免纳税作为新的财力来源;同时,各国政府通过对税收筹划进行规避,以及整顿国家预算政策来强行收回损失的税收收入。为此,研究税收筹划规避对策具有重要的现实意义。

第一节　当前规避税收筹划工作的困难

大量税收筹划事实的存在和发展，已经给我国经济政治生活造成严重后果，它不仅减少了国家财政收入，而且破坏了公平税负原则，造成纳税人之间的负担不合理，干扰了我国改革开放事业的发展,影响了我国社会主义市场经济的健康运行。但一些有关部门的领导,在思想上有畏难情绪,信心不足担心防范避税措施的实施或执行紧了,会影响投资者的积极性,在全国大部分地区至今仍未把规避税收筹划工作列入议事日程,只得眼睁睁地看国家税源白白流失。从规避税收筹划的要求来看,当前最突出的问题是权威性不高,造成“法不是法”,纳税人敢于以身试法。统一性不强,导致各种优惠政策政出多门,使纳税人有很多空子可钻。严肃性不足,导致执法不严。

第一,缺乏权威性。新中国成立 60 多年来,我国税种几经改革,但经全国人民代表大会立法的税种很少，目前仅有外商投资企业和外国企业所得税法和个人所得税法,其他税种均以草案、暂行规定形式试行的多。不少税种少则试行了几年、十几年,多则试行了几十年,构成世界税制史上一大奇特现象。同时税种设置往往是头痛医头,脚痛医脚,仓促出台起不到预期作用,给避税提供了机会。一些税种的征纳程序、制度、权责和税收优惠不尽相同,这些都大大降低了税收征管的权威性,导致税收流失,税基腐蚀。

第二,缺乏统一性。突出表现在税收征管上有法不依。同样的税收政策在不同时期、不同区域执行不一致,各按各的理解执行。由于受财政体制和特区的影响，经济发展快的地方该收的没有及时足额收起来。“藏富”于企业,“藏富”于民的地方保护主义甚至配合企业和个人避税和逃税，收入和财富被重新分配给那些成功地进行了避税和逃税的人。他们支付低于应缴纳的税款,造成竞争条件的歪曲和国内资本的不正常流动,对财政收入极为不利。

第三,缺乏严肃性。当前逃税和避税范围越来越大,每年财税大检查中暴露的问题真正查清、定性准、处理快、纠正好的并不多,以致违法违章的越查越多,避税金额越查越大,到了“法不责众”的地步。该减免的优惠政策不到位,不该减免的享受了减免,使整个税收征管过程缺乏严肃性。不能遏制税源流失，更不能适应反避税工作的要求。

因此,必须进一步解放思想,统一认识,加强对反避税工作的研究、分析、寻找对策,使我国的反避税工作再上一个新台阶。

第二节　国际规避税收筹划的一般惯例

由于纳税人(特别是跨国纳税人)广泛利用避税地的税收优惠、税收漏洞等进行合法税收筹划活动，影响了纳税人居住国的财权利益,所以,许多国家和国际组织付出巨大努力,纷纷采取各种有力措施来加以防范。

一、加强规避税收筹划立法

从规避税收筹划的角度出发，国际上有两个专门的标准来判断税收筹划是否存在。这两个标准是:实质重于形式;税法是否被滥用。

第一,实质重于形式的标准更多应用于采用成文法的国家中。所谓形式,是指成文法的形式,是征税的必要的事实基础,即某一事实要对之进行征税或不征税，则它必须具有作为依据的法律或法律条款所规定的诸种要素。最终是要依据法律的立法意图,而不是把法律条文作为判断问题的标准,也称为法律对一件事实的适用性,它不仅要求这一事实和法律条文要有一致性,还要求它与法律意图相一致,否则就是不适用。国际上通常用以下几条标准来衡量:一是检验经济上的实质关系与法律上形式条件是否一致。其具体体现是“一个人在法律上即使不属于一项所得的所有人，但在事实上有权享受此项所得,则可认为是该项所得的有效拥有者。”二是是否存在虚伪的因素?虚伪指用蒙蔽事实的主要方法，或利用人为的或异常的法律上的形式。三是有无经营上的目的?如果没有合理的经营目的,该类交易行为就是税收法律所不可接受的。比如获取商业利润是商业的目的,而一项不以获取利润为目的的交易则要考虑是否存在避税的动机。对于实质重于形式直接运用于避税案件上，一些国家以法律上明订条款作为执法依据。如德国修正的税法通则规定“伪装的民法形式上无效的”。换言之,征税时可不予承认。

第二,税法不得被滥用的标准。是指法律法规的应用与该准则的意义、目的及适应范围显著抵触的情况。对于税法的滥用,尚未形成国际共识,但一些国家已有自己的标准。如德国税法通则规定:禁止以滥用合法的形式来规避税法规定,若发生此类情况,税务当局有权判定其仍负有纳税责任;法国税法通则规定:当事人的各项合法行为或交易,如有隐瞒其契约或协议的真实情况者,对税务机关不发生效力。

由此可见,各国的反避税实践经验,已逐步形成或提出了一些法律上的理论原则和指导思想,并取得了一定成效。

二、完善单边规避税收筹划措施

目前,各国在完善单边规避税收筹划措施方面,主要有以下几种做法。

1.制定或完善单边规避税收筹划法规

通过制定针对已出现的各种特定税收筹划方式的相应具体条款；制定包括预计可能发生的所有税收筹划行为在内的规避税收筹划一般条款;制定具体条款与一般条款相结合的规避税收筹划条款,即在某一条款里对某一交易行为加以具体描述，同时附上一般性规定,以致逐步整理出一部完整系统的规避税收筹划法规。

2.规定报告义务与举证责任

为了弥补越境调查国际税收筹划活动的困难，对与居民纳税人境外纳税义务有关的情况，以及与非居民纳税人境内纳税义务有联系的必要国外情况,可以通过国内税法单边规定,使属于本国管辖的纳税人本人或与纳税人本人有关的其他纳税人，有义务向征税当局主动报告各种动态和静态资料。为了使由于缺乏确凿证据的涉嫌国际税收筹划案件能得到迅速有效的处理,可以通过国内单边规定,将举证责任转移给纳税人。

3.加强税务行政管理

为了有效地对付和防范国际税收筹划、税务官员必须掌握第一手资料。除通过纳税人的申报书取得一些现成的资料外,还必须通过大量的调查来获取有关情报。尤其是应积极争取与银行部门合作,了解资金流转情况,才能有效地打击非正当的税收筹划活动。

三、加强双边或多边规避税收筹划措施

国际税收筹划活动至少涉及两个国家,因此,要有效地防范国际税收筹划,也必须依靠国际间的合作。有关国家要签订包括有规避税收筹划内容的双边税收协定。双边税收协定中的规避税收筹划内容主要体现为相互交换税收情报。经济合作与发展组织在1963年的范本中第26条就规定了税务当局之间的情报交换,从此,关于这个问题的条款普遍出现在避免双重征税的协定中。以后,《经合发范本》经多次修改,均强调了情报交换的重要性。在1978年范本的第26条中,规定缔约国将相互交换情报,交换的情报可能包括非居民的详细情况。在注释中还解释被要求提供情报的国家,必须以处理本国税收问题的同一方式去搜集另一国家需要的情报,使用的方法包括进行特别调查和特别审查。联合国在国际反避税工作中主要研究两个专题:一个是跨国公司转让定价处理方式;一个是发达国家与发展中国家的税收条约。专家小组提交的七次关于税收协定的报告都涉及国际税收筹划问题。

1973年,瑞典、丹麦、芬兰、冰岛、挪威五个国家签署了一个关于在税收事务中相互援助的协定——北欧协定,这是一个对签字国具有约束力的多边文件,它比一般的双边协定更为详细。它包括了在税款查定和征收方面给予援助,也提供了以文件发送形式的合作,缔约国应交换关于居民所得的大量情报,并列举了这些情报的内容。通过

上述措施，把跨国纳税人的避税活动降至最小的范围内。

四、对应税所得进行必要的调整

由于关联企业的转让定价扭曲了收入与费用在有关国家的正常分配，从而使有关国家之间的税收分配关系产生矛盾。为此，1982 年 5 月，联合国跨国公司委员会制定了《跨国公司行为守则(草案)》，明确规定跨国公司必须尊重东道国的国家主权，接受东道国的管理和监督。如因企业之间存在特殊关系(即关联企业)而会计核算没有正确反映发生在一国的应税所得额时，为了正确计算税收，该国的税务主管当局可以对该企业的应税所得进行调整，并据以征税。对关联企业转让定价所造成的应税所得不实，调整的依据是独立企业之间交易的正常价格标准，即所谓正常交易原则。任何交易事项，都应当按顺序采取市场标准、比照市场标准、组成市场标准、成本标准等进行合理核定价格。

1.市场标准

市场标准是指国际关联企业进行交易时，必须按照当时当地的市场价格作为其内部交易价格，如果内部交易价格不符合市场价格，都应依此进行调整。简言之，市场标准就是按当时当地独立竞争市场价格来确定关联企业之间各交易的价格。

在市场独立竞争的基础上，谋求以市场价格来解决收入和费用分配的问题，正是独立核算原则的本来要求。按照独立核算原则，在关联企业之间发生的交易往来中，必须把由相互进行控制而起作用的因素(如特殊的商业和财务关系)完全排除在外。也就是说，即完全以无关联独立竞争企业在市场上相互进行类似交易的市场价格，作为联属企业交易价格制定的标准。这种市场价格，首先应该是转出企业提供给其他并非处于相互控制下的独立企业的同类货物、专利和技术等特许权、咨询服务以及贷款等的市场价格或市场利率；其次，如果该转出企业本身并无此种同种市场价格或市场利率，也可以是转出企业所在地当时的一般市场价格或市场利率。

市场标准适用于联属企业之间的各种交易，如企业间内部的有形财产销售、贷款、劳务提供、财产租赁和无形财产转让等。实行市场标准的国家税务当局，对联属企业相互间的交易定价，包括销货收入、特许权使用费收入、劳务收入以及利息收入等各项主要业务收入的分配，都要用市场价格标准去检验、衡量。凡检验结果不符合市场标准的，即联属企业间交易的定价高于或低于市场价格，不管是转出企业因超过市场标准（即交易定价高于市场价格）而使转出国政府增加了财政收入，还是转入企业因低于市场标准（即交易定价低于市场价格）而使转入国政府增加了财政收入，转出国政府和转入国政府的税务当局也都要按照市场标准对跨国收入和费用进行重新调整和分配。

例如，甲国制造母公司在乙国设立了子公司，甲国公司所得税税率为50%，乙国则为20%。甲国母公司把其生产的一批产品以15万美元的转让价格销售给乙国子公司。甲国税务当局检查发现当时市场上同样数量的该种产品成交价格是20万美元。这时，甲国税务当局就可以按照市场标准加以调整纠正，向甲国母公司就调整后所增加的5万美元所得补征公司所得税。

2.比照市场标准

比照市场标准一般适用于联属企业之间工业产品销售收入的分配。它是市场标准的一种延伸。当转出企业和转出企业所在地，当时都没有同类产品的市场价格作为分配标准的情况下，可以采用比照市场标准。

比照市场标准是一种倒推算出来的市场价格标准，即通过进销差价倒算出来的市场价格。它是以转入企业的这批产品的市场销售价格，减去它当时本身的产品进销差价（即合理销售毛利）后的价格，作为联属企业之间工业品销售收入分配的标准。其计算公式为：

比照市场价格＝转入企业市场销售价格×（1－合理毛利率）

其中，合理毛利率是以转入企业所在地无关联企业同类产品销售毛利占其销售价格的比例计算出来的。

例:2012纳税年度,甲国A公司在乙国设立一子公司,甲国公司所得税税率为34%,乙国所得税税率为17%,甲公司的汽车制造成本为每辆10万马克,在甲国市场上尚未销售过,现以每辆12万马克作价销售给乙国子公司一批汽车,乙国子公司最后以20万马克的价格在当地出售这批汽车。

这样，甲国A公司销售这批汽车的所得额为每辆2万马克(12万-10万);乙国子公司取得利润每辆为8万马克(20万-12万)。

但是,这种企业集团内部作价分配是不符合独立核算原则的。根据乙国税务当局调查证明，当地无关联企业同类汽车的销售毛利率为20%,那么根据比照市场标准,这个企业集团内部甲国A公司向其乙国子公司销售汽车的价格每辆应调整为16万马克［20万×(1-20%)］。

税务当局按照比照市场标准，即可认定甲国A公司这批汽车的销售收入,每辆应按16万马克进行分配。

经过调整分配后,甲国A公司取得利润每辆为6万马克(16万-10万);乙国子公司取得利润为4万马克(20万-16万)。

3.组成市场标准

组成市场标准是指用成本加利润的方法，所组成的一种相当于市场价格的标准,以此来确定联属企业之间某种交易的价格,并进行分配。它要求联属企业要遵循正常的会计制度规定,如实记录有关成本费用，然后加上合理的利润作为联属企业间内部产品销售收入分配的依据。其中合理的利润(率)是从国内和国际贸易的情报资料中取得的。组成市场价格是一种运用顺算价格法计算出来的市场价格。

组成市场标准是市场标准的继续延伸。它一般适用于既无市场标准,又无比照市场标准的情况下,联属企业之间缺乏可比对象的某些工业产品销售收入和特许权使用费收入的分配。尤其是当联属企业之间发生有关专利、专有技术和商标等无形资产的转让时,必须收取一项符合独立核算原则的特许权使用费收入。由于无形资产种类很多,而且所涉及的技术、性能、成本费用和目标效益等差异也比较大,从而常常缺乏有可比的同类产品市场价格或比照市场价格能够作为分配的依据,也很难对其收费依据作出统一的规定。因此,只能采用组成市场标准。

具体来说,组成市场标准对联属企业之间工业产品销售收入的分配,要求以转出企业生产该产品的有关直接成本和间接成本,加上一个适当的利润(率),作为销售收入分配的依据。

计算公式为:

(转出企业生产加工该产品的直接成本 + 间接成本)÷(1- 合理毛利率)

其中:1- 合理毛利率 = 合理生产费用率

我们继续拿前面比照市场标准的实例来说明,假定在既无市场标准,又不能采用比照市场标准的情况下,甲国 A 汽车制造公司以成本价格(每辆 10 万马克)销售给乙国子公司,乙国子公司还是以 20 万马克的价格在当地售出去。

这样,这个企业集团内部经过人为地作价分配,使甲国 A 公司销售这批汽车的利润每辆为:10 万 -10 万 =0 万马克;乙国子公司取得利润每辆为:20 万 -10 万 =10 万马克。但是甲国税务当局认为,根据甲国市场资料,甲国 A 公司生产的这批汽车,一般的生产费用率为 64%,那么按照组成市场标准,对甲国 A 公司销售这批汽车的收入(价格)每辆应调整为:

10 ÷ 64%=15.625(万马克)

税务当局按照组成市场标准,就可以认定甲国 A 公司这批销售收入,每辆应按 15.625 万马克进行分配。

经过调整分配后,甲国 A 公司取得利润每辆为:15.625-10=5.625(万马克);乙国子公司取得利润每辆为20-15.625=4.375(万马克)。

对于联属企业在转让专利技术等无形资产时，组成市场标准同样要求以转出企业研究和发明该项技术的成本费用，加上一个合理的利润，作为转让收入分配的依据，也可以用转出企业的成本费用，除以市场的一般费用率(或 1– 合理利润率)，作为无形资产的组成市场价格。其计算公式为：

无形资产组成市场价格 = 转出企业研究和生产的成本费用 ÷ 合理费用率

如果是同时转让给几个企业，那么，还需要进一步将成本费用对几个转入企业进行分摊。其计算公式为：

无形资产组成市场价格 = 转出企业研究和生产的成本费用 × 分摊率 ÷ 合理费用率

如果是专利技术等无形资产的特许使用，那么应以转出企业研究和生产该项技术的成本费用，除以有效年限，乘以转让使用年限，再加上合理的利润，作为转让收入分配的依据。其计算公式为：

无形资产组成市场价格 = 转出企业研究和生产的成本费用 × 转让使用年限 ÷ (合理费用率 × 有效年限)

如果是把无形资产同时特许几个企业使用，还需要进一步将成本费用对几个转入企业进行分摊。其计算公式为：

无形资产组成市场价格 = 转出企业的成本费用 × 转让使用年限 × 分摊率 ÷ (合理费用率 × 有效年限)

例如：甲国 A 公司在乙国和丙国都设有子公司，甲国公司所得税税率为 34%，乙国为 17%，丙国为 15%，A 公司把一项新研究成的专利产品转让给乙国子公司和丙国子公司。

甲国 A 公司研制该项专利产品的成本费用为 15 万马克；技术的有效期限为 12 年；转让使用年限为 6 年；收取的特许权使用费各为 3 万马克。

根据甲国税务局掌握的有关情况，该项技术的合理研究生产费用率为 80%，成本费用分摊率为 50%，那么，按照组成市场标准，甲国

A公司转让该技术的使用费收入应调整为：

15万×6×50%÷（12×80%）=46.875（万马克）

对于上述计算结果，必要时还可参考转让的地理位置和范围，转让对象的替代可能性和承让人通过再转让可能取得的利润等因素加以适当调整。

4.成本标准

成本标准是指按实际发生的费用作为分配标准。这是一种与前述三种性质完全不同的分配标准。它并不包括利润因素在内，反映了联属企业之间的某种业务往来关系，而不是一般的商品交易关系。所以，成本标准一般只适用于联属企业之间非主要业务的费用分配，以及一部分非商品业务收入的分配。非商品业务包括贷款、劳务提供和财产租赁等，这些非商品业务的相应收入是利息收入、劳务收入和租赁收入等。联属企业之间主要业务的收入分配，以及商品销售收入及与商品生产有密切联系的特许权使用费等收入的分配，则不适用成本标准，而只能适用市场标准、比照市场标准和组成市场标准等包含有利润因素的分配标准。

成本标准要求转出企业必须把与该项交易对象有关的成本费用正确地记载在账册上，并以此为依据进行分配。而该项交易又必须是与转入企业的生产经营有关，并使转入企业真正受益。

例如：甲国A公司在乙国设立一子公司，2012年A公司为其乙国子公司专门垫付的有关成本费用如下：

A公司为其乙国子公司培训业务技术人员费用5万马克；

广告费0.7万马克；

购买器材所支付的运杂保险费0.1万马克；

调查原材料采购和产品销售的国际市场行情所支付的调查费用0.8万美元；

为乙国子公司的会计报表进行审计聘请高级会计师花费0.3万马克；

向联属企业集团外的银行借入一笔贷款，年利为 0.2 万马克，再转贷给乙国子公司作为流动资金；

为乙国子公司与其他外国公司的合同纠纷支付诉讼费 1.5 万马克。

按照成本标准，所有上述甲国 A 公司为乙国子公司垫付的这些费用，都可以按账面上实际记载的成本费用额，分配给乙国子公司承担。

但是，对于总公司或母公司的一般国际管理费用，可否按照成本标准分配给它的外国分公司或子公司承担的问题，有关国家政府的观点不尽一致。因为国际管理费用包括公司的董事和监事的酬劳金和车旅费、公司职员的工资薪金以及科研支出等。从总公司或母公司所在国政府来看，认为这些管理费用的受益者，不仅限于总公司或母公司本身，而且还包括它的外国分公司或子公司在内，从而应由总公司或母公司与其外国分公司或子公司共同承担这些管理费用。而分公司或子公司所在国政府则认为，这些管理费用与设在其国内的公司并不直接有关，这些管理费用应由总公司或母公司单独承担，而不应分摊给分公司或子公司。所以，对于国际管理费用必须通过有关国家政府间的协商，或由转入国政府单方面作出规定，在明确应该符合一定的条件下，准许按成本标准进行分配。

按照国际惯例，对于总公司或母公司的国际管理费用，按成本法进行分摊时，必须满足下列条件：

第一，转出管理费用的总公司或母公司应纯属管理性质机构，而并不是直接对外营业的机构；

第二，转出的管理费用必须与转入企业的生产经营有关；

第三，其他单独为转入企业提供服务所发生或垫付的管理费用。

对于母公司作为整个企业集团的控制机构，以及对外国子公司有控制权的股东所进行的与其职能有关的活动而产生的费用，应属母公司的费用，不得向其子公司计取劳务收入，也不得以补偿成本的名义把费用分摊给子公司。对于母公司向子公司提供某项劳务而计取劳务收入后，要防止它向子公司销货时，又把此项劳务费用分摊给子公司。对于母公司从事的有利于联属企业集团和各个单位的一些劳务，如母公司的研究和开发活动，母公司对整个企业集团的财务、生产、销售等工作所花费的劳务费用，由于各联属企业的结构不同，企业之间的关系不同，以及各联属企业集团内部所采用的费用分摊方法不同，所以应该由各有关国家税务机关协商解决。

至于对联属企业之间发生的某些非商品业务往来的收入，则要区别不同情况，以确定是否适用成本标准进行分配。例如，甲国母公司将本身所有的机器设备等有形财产租给它的乙国子公司所收取的租赁收入，如果出租者（母公司）或承租者（子公司）有一方是专业租赁公司，那么，必须按照市场标准进行分配，即按照含有利润的市场价格计取租赁收入。否则，一般应按成本标准分配。又如，甲国母公司向乙国子公司提供咨询服务收取的劳务收入，如果提供的劳务，是该项劳务提供企业（甲国母公司）或接受企业（乙国子公司）的主要经营业务，那就必须按含利润的价格计算劳务收入，即必须按照市场标准进行分配。如果该母公司不是主要经营业务，那么，它就可以按照成本费用，确定向其乙国子公司的收费，即按照成本标准进行分配。

上述几种标准是对关联企业转让定价的应税所得调整的一般方法。由于商品、交易、价格的复杂性，调整关联企业的应税所得时往往非常困难。许多国家都有各自的具体规定，概括起来，通常有以下三种做法：一是按交易项目调整，即对关联企业之间的交易事项进行逐笔审查，符合正常交易价格的不调，不符合的要调到正常交易价格的水平；二是对某些交易项目的收付定价标准实行“安全港规则”，比如贷款利率允许按市场平均利率上下浮动20%，非专业劳务允许按成本收费，加工订货规定工缴费统一比率等；三是按总利润进行合理分配，即从企业集团的整体利润的分配水平进行考察，低于合理平均利润率的予以调高。许多国家在实践中都采用“合理的利润率”作为核定关联企业应税所得的依据。由税务机关采取核税的办法来调整应税所得已成趋势。这种办法的实施,无疑大大缓和了税收筹划活动。

五、实行预约定价制

预约定价制(advancedpricingagreement,简称 APA),指的是纳税人事先将其和境内外关联企业之间内部交易与财务收支往来所涉及的转让定价方法(transferpricingmethodology,简称 TPM)向税务机关申请报告,经税务机关审定认可后,可作为计征所得税的会计核算依据,并免除事后税务机关对定价调整的一种制度。APA 的突出特点是税务机关把对关联企业转让定价的事后审计改变为事前审计,对保护纳税人的合法经营和税务机关的依法征税都有好处。美国于 1991 年推出了预约定价制,随后日本、澳大利亚、加拿大、西班牙和英国等先后实行。

1.预约定价制的申请和审定程序

纳税人向主管税务机关提出加入 APA 申请,要求提交有关资料。资料的内容可根据税务当局的具体要求而设置,但以下内容是必备的:纳税人涉及的关联企业清单。包括企业名称、生产经营范围、经营地点、机构设置、员工人数和所在国的税务编码;关联企业内部交易的作价方法;各个关联企业的财务成果和税收数据。

税务机关接到纳税人申请,对有关资料进行初审,初审后,指定税务人员同纳税人约谈,提出有无必要补充报送相关资料。

各项资料齐备后,税务主办者提出审定意见,经主管人员复审后正式批准。

一旦实施,税务机关将进行跟踪管理,了解转让定价方法是否符合关联企业的实际,关联企业生产经营和交易往来若发生重大变化,纳税人必须及时向税务机关报告,作必要的修改。

纳税人每年需向税务机关提供 APA 的实施报告,并按规定期限保留有关的原始资料和会计凭证,以备检查。

2.预约定价制的实施

预约定价制加强了税务机关对关联企业转让定价的跟踪管理，能够有效地防止税款流失；预约定价制由事后审计转变为事前审计，可以增强税企双方的合作热情；预约定价制减少了纳税人和税务机关在调查、举证、审计、复议、诉讼阶段的时间和费用；通过建立双边或多边 APA 制，可以促进税收管理在国际间的合作，有利于解决国际间的重复课税问题。

由于预约定价制的优越性十分明显，已成为国际间反避税的有力手段，在我国也势在必行。但目前实施困难重重，一是实施程序多，时间跨度大，发达国家对一户企业实行 APA，从调查分析、协商谈判到协议执行，一般需要 3 年以上时间；二是实施费用较高，美国 1996 年 APA 修改后的规定为，对每一次 APA 申请，标准用户费是 25000 美元，每年劳务交易额不超过 5000 万美元或每年特许权使用费额不超过 1000 万美元的公司，每项用户费为 7500 美元。更新 APA 时，如果 TPM 没有实质性变化，用户费同样为 7500 美元。

因此，在我国推行 APA 必须适合国情，适当精减申报审批程序，减少执行费用。具体地说，第一，可在合资企业和合作企业采用简单的 APA，即把事后调整改为事前约定，在合资企业中通过中外合资者的合同方式把关联企业的内部交易定价事先明确下来，如产品作价原则以产品所耗原材料、包装材料、生产人员工资为直接成本，再乘以 130%为出厂销售价。销售价格与直接成本的差额减去厂房的租金、管理人员工资、办公费，以及不能直接计算成本的其他费用、设备折旧费等后为税前纯利。第二，在外商独资企业和外国企业中，税务机关可充分利用已有的纳税档案资料，与企业协商较为合理的利润率以确定定价的调整方法。对各方面条件已具备的大型企业，应尽可能实施规范化的 APA

第三节　国际规避税收筹划的具体措施

一、对自然人进行国际税收筹划的约束

1.限制自然人避税性移居

根据国际公法的一般原则，一国政府不应禁止其公民或居民外侨移居出境。联合国于1966年制定了关于民事和政治权利的盟约，其中包括个人自由流动在内。许多国家参加了这一盟约。但它并没有被所有签字国纳入各自的法律体系中，主要是出于保护国家安全，公共秩序等需要，对个人自由流动有所限制。诸如对于有违法偷税、漏税、欠税行为的移居者，有关国家禁止其离境，但是，好于并没有违法的有避税意图的移居者，则不能用禁止离境的简单方法加以阻止，而只能采取其他手段加以制约。

对以税收筹划为动机的自然人的国际迁移，有些国家采取了使移居出境者在移居后的很长一段时间内，在其原居住国（国籍国）仍负有纳税义务的措施。如美国有保留追索征税权的规定。根据美国《国内收入法典》，如果一个美国人以逃避美国联邦所得税为主要目的，而放弃美国国籍移居他国，美国在该人移居后的10年内保留征税权。对其实现的全部美国来源所得和外国的有效联系所得，按累进税率纳税；出售位于美国的财产以及出售由美国人发行的股票或债券所实现的收益，被视为美国来源所得。美国税务当局通过对该人滞留在美国境内的银行存款、房地产等财产的留置权，实行有效的征管，从其在美国的财产中扣除应纳税款。

2.限制自然人假移居和临时离境

对自然人以税收筹划为目的假移居和临时离境，居住国往往采用不予承认的方法加以约束。例如，英国曾有一个对移居出境的自然人仍保持3年居民身份的非正式规定。该规定限制一个自然人要放

弃在英国的居民身份,必须为此提供证据,比如卖掉在英国的房子,并在国外建立一个永久住宅,才能于其离境之日,暂时批准其要求。然后等该人在国外居留至少一个完整的纳税年度，如果在这段时间内对英国的任何访问天数全年累计不超过 3 个月,那么,才正式认定其移居。否则,对其放弃英国居民身份要求的批准决定要延期 3 年。在这 3 年内,将仍视为英国居民征税。待 3 年届满,再参考在这一段时间内实际发生的情况作出决定。

对于采用临时离境方式来避免达到法定居住天数的避税方法,有的国家采用对短期离境不予扣除计算的对策。有的国家则采用将前一、二年实际居住天数按一定比例加以平均,来确定某个人在本年是否达到居住天数标准。

3.限制自然人利用避税地公司积累所得

为了防止纳税人利用在国外低税或无税条件下积累所得和财产进行避税,若干发达国家制定了一些有关反避税法律条文。

(1)英国的享有权规定。英国税法中规定,凡是对英国境外“人”的所得有“享有权”的英国居民,应在英国就享有的国外所得纳税。“享有权”适用于下列情况:第一,不论是否以所得的形式表现出来,事实上是由某人支配的所得;第二,收到或应计的所得,这类所得起到了增加个人持有资产的作用;第三,个人收到或有权收到的各种所得或货币收益；第四，个人通过行使一种或多种权力就可得到的收益;第五,个人能以各种方式直接或间接控制所得的运用。这种“享有权”的规定非常广泛,使得一个英国居民在许多情况下,要就其在另一税收管辖权下拥有的所得纳税，而不论他的这笔所得是否汇回英国。

(2)法国对利用避税地公司税收筹划的规定。《法国税收总法典》规定,一个在法国定居或开业(包括只在法国开业,而不在法国定居)的人提供服务的报酬,而由一个在国外定居或开业的人获取。如果符合下列条件之一,应由前者在法国纳税。第一,获取服务报酬的人,是由法国纳税人直接或间接控制；第二，不能证明获取服务报酬的人是主要从事工商活动，而非提供服务；第三，获取服务报酬的人，是在低税负国家或地区定居或开业。

(3)美国对个人控股公司未分配所得余额征收惩罚税。个人控股公司是指在纳税年度的后半年中任何时间内，其股票价值50%以上直接或间接为五个或更少的人(包括非美国人)所拥有，其消极所得在调整所得中达到一定比例的公司。对这种公司，除了征收正常的公司税外，再对其应分配而未分配的"累积盈余"比照个人所得税最高税率征收一道惩罚性所得税。这种个人控股公司税主要针对个人的三种税收筹划方法。第一，为了躲避个人所得税比公司所得税税率高的那部分差额负担，便组建一个公司来持有个人的投资证券，使个人的利息和股息所得转变为公司的应税所得，从而可以按较低的公司税税率纳税。第二，将个人的劳务所得，转给一家公司。比如某个人组建一家公司，使自己成为该公司的雇员。由公司出面与服务需要方签订合同，个人只负责提供服务，而由公司收取服务收入，公司支付给个人的薪金少于赚取的服务收入，通过这种方法，个人可以成功地将某些收入转给公司，使其按较低的公司税税率纳税。第三，利用公司营业活动扣除的好处。如个人将其游艇、赛车或度假别墅等财产，连同其投资一并转给公司，使与个人财产有关的费用，像上述财产的维修保养费等，由非扣除性费用转化为可扣除性营业费用，用以冲减营业所得，而获得少缴所得税的好处。

二、对法人进行国际避税的约束

1.限制迁移出境

英国在税法中规定，在没有得到财政部允许的情况下，英国公司不能向避税地迁移和转移部分营业，或建立一个避税地子公司。违反者将受到严厉处罚，包括对当事人的2年监禁、总额为应纳税额3倍的罚款。

2.限制转移营业和资产

英国在税法中,除了约束法人的直接迁移外,还规定居民公司将贸易或经营转让给非居民,居民母公司允许非居民子公司发行股票或出售债券以及售出子公司等行为,也必须事先得到财政部的批准,否则将受到处罚。

3.限制利用公司组建、改组、兼并或清理进行税收筹划

在法国,当改组涉及法国公司被外国公司合并,或者法国公司以其资产缴付换取外国公司的股份时,应按适用于合并的一系列税务规定执行,并须经法国财政部批准。本期应纳税利润仍由被合并公司承担纳税义务,对合并前的亏损也准予核销。但是,所转让的资产必须保留在法国境内,并必须列入外国公司在法国的分支机构的资产负债表中。

4.限制改变经营形式

美国规定,对本国公司在国外以分公司形式从事经营的初期损失,允许从美国公司的盈利中予以扣除;但国外分公司如有盈利而改变为子公司,仍须责令美国公司退还以前的扣除额,以防止通过改革经营形式,从损失扣除和延期纳税两方面获利。

为了防止将股东投资改变为举债,以增加利息费用扣除,减轻税负,一些国家在税法中明确规定了债务与产权的比率,不得超过3∶1或5∶1等,超过这一比率的债务所支付的利息不予扣除。

5.在税收征管与税务司法中运用“实质重于形式”的原则

“实质重于形式”是指法律上承认形式合法而实质上违背立法意图的行为和安排。这一原则运用在对避税问题的处理上,意味着对那些符合法律要求,但却没有充分商业理由的公司和交易,将不被承认。在形式上以公司名义进行的交易,依事实可能被认定为个人的行为。税务当局查出有造假避税交易,有关合同或交易将被宣布为无效。

三、对滥用税收协定的约束

各国限制滥用税收协定的措施,大致有以下几种方法。

1.节制法

节制同那些实行低税制的国家或易于建立导管公司的避税地国家(如列支敦士登、摩纳哥、巴拿马等)签订税收协定,因为税收协定滥用往往是借助于在这类国家中建立导管公司来实现的。

2.排除法

将缔约国另一方被课以低税的居民公司(如控股公司),排除在享受协定优惠待遇的范围之外。

3.透视法

将享受税收协定优惠的资格不限于公司的居住国,而是要透过法律实体看其股东的居住国。它不考虑名义股东而是考虑受益人,即最终接收股息人的居住国。

4.承受税收法

该法给予协定优惠应以获自一国的所得,在另一国必须承受起码的税负为基础。其目的是为了避免同一笔所得,在缔约国双方均不纳税。

5.渠道法

该法限制一个公司一定比例的毛所得,不得用来支付不居住在缔约国任何一方的个人或公司收取的费用。否则,该公司付出的股息、利息、特许权使用费不给予协定优惠。这是一种针对踏脚石导管公司的对策。

6.真实法

该法规定特许条款,来保证真实交易不被排除在税收协定优惠之外。这些条款包括:建立公司的动机、公司在其居住国的经营交易额、公司在其居住国的纳税额等。除非建立一个公司的动机具有充分的商业理由,公司在居住国有大量的经营业务,公司在居住国缴纳的税款超过要求的扣除额等，否则，不给予该公司协定优惠。

7.调整法

在加强税收调查的基础上，确实掌握居民的真实身份，对滥用税收协定的做法，及时予以调整，防止国家税款的流失。

例如，甲国国内税法规定对其境内汇出股息应缴纳20%的预提税；乙国国内税法规定对股息征30%的预提税。甲国和乙国签有税收协定，规定发生在签约国的同类所得只征收5%的预提税，以协调甲乙两国的税收利益关系。某跨国公司A总机构设在丙国，其拥有甲国B公司50%的股票。B公司当年所得税后利润为200万美元，须支付丙国A公司一定的股息。股息在汇出前须缴纳20%的预提税。跨国公司A为减轻税收负担，在乙国租用一个邮箱，地址显示A居住地为乙国。根据甲乙两国的税收协定，对于B从甲国向A汇出的股息按税收协定所规定的税率5%来计算预提税，结果使跨国公司A的税负大大减轻。

此例中A采用邮箱方式冒充乙国居民，滥用甲乙之间的税收协定，使B公司逃避了一定的税款。

实际上，A的真实身份，应是丙国居民，因为他的总机构设在丙国。所以，对于B向A汇出的股息应按一般办法处理，即缴纳20%的预提税。

应纳税额 $=200\times50\%\times20\%=20$（万美元）

但由于A冒充了乙国的居民身份，在税收处理上仅对汇出股息按5%的税率纳税。

应纳税额 $=200\times50\%\times5\%=5$（万美元）

经比较，可以发现，B公司缴纳的预提税减少了15万美元（20–5），税负减轻了75%[（20–5）÷20×100%]。跨国公司A从中获得了极大的利益，但B公司所在国甲国政府则损失了15万美元。因此，对这种滥用税收协定的做法，必须给予调整。

第四节　我国对外商投资企业税收筹划的规避对策

面对外商投资企业的种种税收筹划行为，已经比较严重地损害了我国的权益，再不能等闲视之了。应该采取切实可行的措施。当然在目前条件下进行规避税收筹划工作确有许多困难，特别是在思想上，一些人还有相当模糊的认识，认为我国当前对外开放的主要目标是引进外资，开展规避税收筹划活动是否与此相悖?我们认为，这两者是不矛盾的。为贯彻引进外资的方针、政策，国家制定了一系列的税收优惠措施，在执行中受到广大外商的欢迎。开展规避税收筹划斗争，只要我们坚持有理、有利、有节的方针，措施得当、合理，是能够被外商理解和接受的。

为了维护国家的权益，贯彻公平税负，平等竞争的原则，根据我国的实际情况，可以采取下列措施。

一、加强规避税收筹划宣传

规避税收筹划是一项政策性强，涉及面广的工作，仅靠税务部门孤军奋战是难以防范避税行为的。因此，必须加大税法宣传力度，增强纳税人依法纳税意识，增强相关部门的税收意识，使各地政府、外贸、海关、注册会计师事务所等部门配合税务部门，共同开展规避税收筹划工作，以维护国家的税收权益。

二、制定规避税收筹划的法律

开展规避税收筹划工作，必须有法律依据。因此，国家税务总局应参照国际上的通常做法，尤其是一些发达国家已经形成了一套比较完整的法规体系和措施体系，取得了一些有益的经验，应该借鉴，制定一套适合我国国情的规避税收筹划法规。

在一般条款中，注意准确地使用文字，设法堵塞漏洞。比如，对纳税客体的表述，一方面采用经济概念，而不用法律概念。因为前者内涵广泛，适用性强；后者则显得狭窄，刻板。像对应税所得，可以明确规定为“来自营业企业的任何种类的所得”。对可扣除成本，明确规定为“正常营业过程中发生的全部成本”。这样就好比一张网、大张的罗网，所有要捕的鱼都尽在其中。另一方面，对一些税源大或容易避税的项目，可以采用专门列举的办法，做到在法律解释上不给纳税人留下模棱两可的空子。这就好比一把钩子，把网中或是分量重、对收获有举足轻重的，或是活动能力强，容易逃出的鱼再一条条用钩子钩住。

对容易税收筹划，而且用一般条款又难以控制的项目，采用在一般条款外再另设一条附加准则办法。可以参考美国《国内收入法典》第367条的附加准则，“这类交易不是根据其主要目的在于避免联邦所得税的计划进行的”。也就是说，公司的交易必须被税务当局认为其目的并不主要是税收筹划，否则，便不适用该节的规定。

在规避税收筹划法规中，既要明确纳税人有举证的责任，即纳税义务人要向税务机关提供与纳税有关的资料、文件等，又要授予税务机关核定纳税人应税收入的权力，坚持依法治税，以确保国家税收及时定额入库。

另外，还应将现行税法中有关规避税收筹划条款具体化。在涉外税收法规中把国际税收筹划惯用手法以案例形式作出典型又明确的规避税收筹划处理原则、方法和规范，例如将税法中“企业有义务就其与关联企业之间的业务往来，向当地税务机关提供有关价格、费用标准等资料”等条款具体化，这包括事前、事后两类义务。事前义务指规定在税法中单独具体的报告义务，事后义务指规定跨国纳税人在国际偷漏税案件发生后，有事后向政府提供准确、有效的举证义务。

与此相应，在完善税法的前提下，必须加强规避税收筹划宣传。规避税收筹划是一项政策性强，涉及面广的工作，仅靠税务部门孤军奋战是难以防范税收筹划行为的。因此，必须继续加大税法宣传力度，增强纳税人依法纳税意识，增强相关部门的征税意识，使各地政府、海关、外贸、注册会计师事务所等部门，共同开展反避税工作，以维护国家的税收权益。

三、正确确定税收优惠幅度

在确定税收优惠幅度时，必须遵循从本国利益出发这一根本原则。从本国利益出发，并不意味着税收优惠越少越好，当经济发展迫切需要借助于外资时，如果由于税收优惠过少而未能将外资吸引进来，影响本国利益，相反，如果税收优惠过多，同样也损害本国利益。因此，对不同的部门在税收优惠上要有所区别，要么区分重点与非重点部门，要么按照各个部门在本国经济中所处的地位，分成若干等级，或增加、或减少、甚至不实行税收优惠；对不同的地区在税收优惠上要有所区别，为了加速落后地区的经济发展，可在落后地区规定较多的税收优惠，以便将外资引向这些地区；按投资额的多寡在税优惠上要有所区别，一个规模现代化先进企业往往需要巨额投资，由于该种企业对一国的经济发展有十分重要的作用，为了发展巨型企业，就需要对投资额大的外国投资给予特殊的税收优惠；按投资给东道国带来的经济效益的大小在税收优惠上要有所区别，外国投资能否给东道国带来经济上的好处，是东道国必然关心的事情，可就投资所带来的经济效益规定不同的税收优惠办法。当前，一些发展中国家为了吸引外资而竞相提高税收优惠的幅度，从长远利益来看，这是不利的，它将使发展中国家丧失本来可以征收到的税款导致资金更加匮乏，而发达国家却坐收渔翁之利。因此，根据我国国情，应缩短外资企业亏损弥补年限，从最长年限五年改为最长不得超过三年，并改“获利年度”“开业之日”起享受税收优惠，以维护我国财政权益。

四、国家税务总局建立信息库

由于各地税务机关收集的信息有限，而反避税工作又离不开信息资料，国家税务总局如果能在近期内建立信息库，为全国税务部门提供有关信息，必将推动规避税收筹划工作的开展。这个信息库可收集国内、国外的产品价格信息，主要原材料价格信息、设备和特许权使用费的价格信息、国外个人收入水平的信息等等。

五、对未违法的避税行为进行引导

在实际生活中，有些纳税人的行为并没有违反税收法规，少缴税款只不过是通过对税收负担的优化选择而实现的，譬如回避征税管辖权、选择低税点、利用税收优惠待遇等，都属于此，在法律上应当允许。补救的对策只能是实行正确的税收导向，堵塞可能发生的漏洞。比如，对减免期终了的企业，通过分设或更换牌号，重新享受新办企业优惠，税法上应当规定有准许和不准许的明确界限。对新开办的企业，允许其亏损两到三年，过期还未盈利的，按企业所得额怎样进行调整等等，必须有明文规定以便征纳双方有据可循，共同遵守。

六、对带有欺骗性的避税行为，申明正常交易标准

纳税人的有些行为表面上没有触犯税收法规，但实质上是采取欺诈的手段，有意违背市场的公平交易原则，钻税法的空子，以达到逃避税收的目的。譬如滥用税收协定、转让定价、骗取出口退税等均属于此类。

借鉴国际经验，可以针对不同的交易类别，分别规定“正常交易标准。”

(1)相关联企业间的贷款利率，按没有关系的双方在独立进行借贷往来中使用的利率。必要时可规定上下浮动的幅度。

(2)相关联企业之间提供劳务，劳务费的收取标准按没有关系的双方提供劳务活动时的费用收取标准执行。劳务费的成本应包括工薪、材料等直接成本和管理费、辅助费等间接成本。

(3)相关联企业之间租赁有形财产，租赁费收取标准执行没有关系的双方之间的正常往来中和用相同的或类似的财产所支付的租费

标准。

(4)相关联企业之间发生的无形资产的使用或转让,其特许权使用费收取标准也应按没有关系的双方之间的计费标准。如无同类业务可资比照,可以按照竞争性出让人要价或承让人的出价,原则上都应包含利润因素。

(5)相关联企业之间的货物购销,按照无关联企业之间的可比价格,即采取所谓"比较价格法";如无比较价时,采取倒扣价格法、成本加利法或税务当局核定价格法处理。

当税务局对企业提供的数据真实性表示怀疑时，有权让国外的会计师事务所或公证机关给予公证。

七、坚持转移利润的责任人或受益人负有举证和补税义务的原则

在反对关联公司转移利润的斗争中,既要积极,又要注意和考虑目前我国的实际情况。国际资本向成本低的地区转移是客观规律,在制定反避税措施时,既要注意其转移利润,损害我国权益的一面,也要考虑引进外资对社会发展的综合效益。在采取的措施上,注重掌握充足的证据。

从我国当前外商投资企业转移利润的实际看，外国公司主要是利用我国企业对国际市场行情不熟,信息不灵,没有独立的购买材料及销售产品渠道等弱点,控制企业销售权转移利润。而转移利润的受益人是合营、合作企业的外方,而不是合营、合作企业本身,更不是合营、合作企业的中方。如果反避税措施只对合营、合作企业本身实施,有可能将这部分应由外方承担的税负转嫁到中方头上，最终仍是损害国家或集体利益,也使中方难于接受。因此必须坚持其责任人或受益人有举证和补税义务。

八、正确确定外商承包工程应税所得额

如何确定外国公司在我境内承包工程的应纳税所得额，这是一个比较复杂的问题，税务机关不应仅停留在对外国公司如何扣除材料，如何提高利润率核定水平进行征税的基础上，因为税务机关按照材料供应的实际发生额，在征税时予以扣除是不现实的，税务机关对外国公司代购工程材料的实际发生额无从考查和掌握，要获得材料的实际价格和费用的真实情况难度很大。而且由于外国公司转移利润后的劳务费水平基础差，税务机关对其核定的利润率水平再高，也难以达到准确合理征税的目的。因此，应要求外国公司所承包工程项目的工程材料价格和工程设计、装修、安装价格，符合以市场价格为基础的正常交易价格。

首先，对于一个工程项目，不论外国公司是独自承包，还是以不同公司的名义分项承包，都应将工程材料和工程设计、装修、安装视为一个不可分割的整体，就整个工程项目征税。税务机关不应局限在对外国承包公司只核定利润率的基础上，要按市场价格对工程价款进行核定、调整，然后就其征税。

其次，国家应在我国内同行业的一般收费标准的基础上，结合外国的工程管理费和劳务费高于我国内同行业的特定因素，分类分项地制定一个基本设计、装修和安装的收费标准，以便使各地税务机关掌握，参照执行。

九、加强对企业外方借款、用款的掌握

税务机关要通过有关政策的制定，对此做出明确的规定。合资企业应将其外方年终应分得的利润与其外方从企业内的借款区分开来，不得以利润顶借款，躲避税收。另外，国家各级税务部门之间以及税务与银行之间要有力的配合和紧密的衔接，建立必要的查询监督制度。对外方分得的利润暂不汇出境外的，各地税务机关要通过有关

资料的传递，掌握其转移资金的流向，一旦发现被提取和兑换，并可能流向境外时，应立即对该笔资金硬性冻结，强行扣税后才可放行。

十、要加强国际税收协作

在与国际避税的斗争中，面对在广阔的国际背景中进行活动的对手，许多国家逐渐认识到，仅靠本国的力量，单枪匹马去禁止，难以收到预期效果，只有通过加强政府间的双边合作和开展更广泛的多边合作，组成反国际避税同盟，协同行动，才有可能在这场避税与反避税的长期较量中取得胜利。

在国与国税收协定中，要规定防范滥用协定的条款，明确调整联属企业应税所得的具体程序，并加强税收情报的交流。要注意的是，世界各国由于经济发展水平的差异，以及税收政策目标的不同，反避税的态度也是不同的。我国对外缔结税收协定时，原则性要与灵活性相结合，不能拘泥于一种模式。

十一、密切涉外经济部门的横向联系，互相支持，通力合作，共同做好反避税工作

按照我国现行的有关法律法规，工商、银行、司法等部门及会计、审计、税务师事务所等中介机构，负责审查并确保外商投资的及时足额到位，禁止企业多头开立基本账户，对企业资金采取冻结措施，企业破产清算时优先偿还所欠税款，出具有关企业重大财务事项的资资信证明等。税务机关必须与这些部门密切合作，工商部门应严格外商企业登记制度，杜绝假“三资”的出现，并严格审查外商出资比例；商检部门应对外商投入的设备给予客观地评估；海关应加强对出口产品的检验，防止外商骗取出口退税。

外商避税手法高超，情况复杂，涉及面广，只靠税务部门是难于防范的。在引进外资的全过程中，包括立项、可行性研究、协议、合同的签订和执行，各有关部门都要注意不能留下外商避税的空子。

十二、提高税务审计水平

在税收征管过程中，提高税务审计水平是发现和杜绝偷漏税与避税行为的重要环节。各国除了积极运用现代科学技术和统计技术提高税务审核的质量外，一些国家税务当局在实践中还创造了许多方法来查明或发现不正当的申报或虚假的账簿和账户。例如，美国税务部门采用一种称为“净值法”的审核方法。这种方法根据纳税人申报的所得和资产负债表，就一个或两个税收年度的某项营业净值的增减额进行估计，并与其申报的所得相比较，由此推断出纳税人的真实应税所得。美国税务部门采用的另一种审核方法是“银行存款法”，即把纳税人申报的收入与费用同根据其银行账户收支变动情况估计的收入与费用相比较，以此来推断纳税人申报的合理程度。

十三、加强税务机关的处置权

根据国外规避税收筹划立法经验，应该明确具体地规定税务机关的处置权，如日本《租税特别措施法》第66条规定，纳税人不仅要按照税务机关的要求提交自己的账簿，其关联企业的名称，地址、股份持有情况以及有关交易的情报，还要努力提供由其关联企业保管的账簿等有关资料，否则，国税厅就可自行确定这项交易的公平交易价格，对纳税人的应纳税所得额进行重新计算。因此，必须明确规定：税务机关在掌握充分的资料和确凿证据情况下，如果纳税人不与税务机关配合，税务机关有权自行确定交易价格，并调整利润，拥有充分的处置权。与此同时，还要加强对避税行为的处罚措施。如果对避税行为仅仅是重新调整其利润，重新计算其应纳税所得额，据以重新征税，这远远不够，对避税的企业和准备避税的企业没有强有力的威慑作用。所以，我们在制定避税罚则时，应根据纳税人税收筹划行为引起的应纳税所得额减少的程度不同而给予不同的处罚。

我国实行规避税收筹划立法，如果停留在对避税行为仅仅是重新调整利润，重新计算应纳税所得额，进而据以重新征税，这对税收筹划的企业和准备税收筹划的企业没有强有力的威慑作用。我们可以参考美国《国内收入法典》第6662节中对由于“实质性申报不实”而引起的少缴税款，通常处以少缴金额的20%的罚金，在“金额申报严重不实”的情况下，罚金加倍。因此，我们在制定避税罚则时，要根据纳税人避税行为引起的应纳税额的多少给予不同程度的惩罚，特别对那些情节复杂、手段恶劣、藐视反避税立法的人，应给予狠狠打击，从而把税收流失降至最低限度。

十四、要加强规避税收筹划工作的领导

要经常总结规避税收筹划工作的经验，搜集整理规避税收筹划的典型案例，加强对涉外税收人员的培训工作。培训内容要丰富实用，包括外语、涉外税收业务（管理、审计查账）、国际税收及协定、国际会计、国际贸易、国际金融、法律（国内、国际）等。根据涉外税收工作不断发展的形势，手工操作（纳税登记、鉴定、审查、查找资料等）效率不高，差错不断，税收管理电脑化的需要已日益迫切。从现在起就应加紧培养这方面的人才，以便早日实现税收管理电脑化。

另外，还应充分发挥我驻外机构在规避税收筹划中的作用，及时在所在国搜集有关情报、资料并向我税务机关提供，税务机关在可能的情况下，也可以派员去国外协同我驻外机构进行专项调查，以确保国家的权益不受侵犯。

参考文献

1.财政部,企业会计制度.经济科学出版社,2001
2.财政部注册会计师考试委员会.税法.经济科学出版社,2007
3.王传伦、朱青.国际税收.人民大学出版社,1997.11
4.盖地.税务会计与纳税筹划.东北财经大学出版社,2001.1
5.朱洪仁.国际税收筹划.上海财经大学出版社,2000.3
6.张中秀.纳税筹划宝典.机械工业出版社,2001.1
7.胡怡建.税收学教程.上海人民出版社,2008.6
8.张彤等.如何做税收筹划.大连理工大学出版社,2000.8
9.杨智敏等.走出纳税筹划误区.机械工业出版社,2002.3
10.黄凤羽.税收筹划理论与实践.中国财经出版社.2003.7
11.刘隽亭.面对 WTO 规则的我国税制调整.现代财经,2003.2
12.刘隽亭.论我国所得税制的完善.中国财政,2003.5
13.刘隽亭.工资所得税的税收筹划.纳税方法研究,2004.8
14.刘隽亭.个人所得税的税收筹划.纳税方法集萃,2005.5
15.刘隽亭.论我国遗产税制的设计.现代财经,2006.3
16.刘隽亭.企业增值税的税收筹划.纳税方法集萃,2006.6
17.中华人民共和国税收征管法.经济日报,2001.5.6

18.中华人民共和国个人所得税法.2007 年第十届人民代表大会第五次会议通过

19.中华人民共和国增值税暂行条例.国务院令第 134 号

20.中华人民共和国消费税暂行条例.国务院令第 135 号

21.中华人民共和国营业税暂行条例.国务院令第 136 号

22.中华人民共和国进口关税暂行条例.国务院令第 392 号

23.中华人民共和国资源税暂行条例.国务院令第 139 号

24.中华人民共和国房产税暂行条例.国发[1986]第 90 号

25.中华人民共和国契税暂行条例.国务院令第 224 号

26.中华人民共和国车船税暂行条例.国务院令第 482 号

27.中华人民共和国印花税暂行条例.国务院令第 11 号

28.中华人民共和国城镇土地使用税暂行条例.国务院令第 17 号

29.中华人民共和国土地增值税暂行条例.国务院令第 18 号

后 记

本书是我多年从事税收实务教学与研究的结晶，经过较长时间的调研和向专家请教，在吸取了前人、洋人间接经验的基础上，并根据最新的税收法规实务形成了现在的书稿。

本书稿的完成，既是对我从事高教工作30周年的纪念，也是对我退休前夕教学研究成果的文字总结。我之所以有今天，离不开同学、同事、领导、学生在精神和物质上的鼎力相助，大家就像家人一样挽留住了我。借助这个平台，我首先非常真诚地说一声谢谢！

坦率地说，如果没有同行学者的悉心指导，缺乏他们的研究成果以资借鉴，就不会形成本书的特色。王奎俊和刘英伟、刘琼承担了大量的资料搜集与整理及文字斟酌、数据核对工作。山西经济出版社的编辑对本书的出版倾注了相当的心血。值此机会，谨向他们致以诚心诚意的谢忱。

限于作者的水平，书中舛误在所难免，敬请读者和专家不吝赐教。

刘隽亭

2012年12月

图书在版编目（CIP）数据

现行税制与税收筹划 / 刘隽亭著. —太原：山西经济出版社，2013.9

ISBN 978-7-80767-700-0

Ⅰ.①现… Ⅱ.①刘… Ⅲ.①税收制度－中国②税收筹划 Ⅳ.①F812.422②F810-423

中国版本图书馆 CIP 数据核字(2013)第207188号

现行税制与税收筹划

著　　者：刘隽亭
责任编辑：赵宝亮
装帧设计：赵　娜

出 版 者：山西出版传媒集团·山西经济出版社
地　　址：太原市建设南路 21 号
邮　　编：030012
电　　话：0351-4922133（发行中心）
　　　　　0351-4922085（综合办）
E－mail：sxjjfx@163.com
　　　　　jingjshb@sxskcb.com
网　　址：www.sxjjcb.com

经 销 者：山西出版传媒集团·山西经济出版社
承 印 者：山西三联印刷厂

开　　本：880mm×1230mm　1/32
印　　张：13.5
字　　数：350 千字
印　　数：1-3000 册
版　　次：2013 年 11 月　第 1 版
印　　次：2013 年 11 月　第 1 次印刷
书　　号：ISBN 978-7-80767-700-0
定　　价：28.00 元